医療介護の
一体改革と財政

再分配政策の政治経済学 VI

権丈善一

慶應義塾大学出版会

はじめに

　前著『社会保障の政策転換——再分配政策の政治経済学Ⅴ』を出版したのは、2009年3月であった。それから現在に至る6年余りの間、自公政権から民主党政権、そして再び自公政権になるという時代をわれわれは経験した。そうした歴史のなかで、社会保障論議はいったん大混乱に陥っていたのだが、その混乱も今ではおおよそ過去のものとなり、医療介護も年金も、変えるべきところは変え、守るべきところは守るべく、前向きに議論できるようになってきている。のみならず、社会保障に関して世間の誤解をいかに解き、正しい理解をいかに広めるかという社会保障教育の動きも、ようやくスタートした。

　そこで、6年前に政権交代がなされた前後から、社会保障論議が混迷する渦中で、私が書いたり話したりしてきたことを——年金については、平成26年財政検証の解説や社会保障教育、とくに年金教育の現状と課題を本書用に書き下ろした文章も含め——、2001年のⅠ巻以来刊行し続けてきた「再分配政策の政治経済学シリーズ」の2冊の本にまとめてみることにした。医療介護については『医療介護の一体改革と財政——再分配政策の政治経済学Ⅵ』。年金については『年金、民主主義、経済学——再分配政策の政治経済学Ⅶ』である。民主主義というのは実に忘れっぽいものである——そのなか、2009年9月の政権交代前後から今日まで、社会保障政策の周りでいったい何が起こっていたのか、そして今起こっていることはいかなる意味を持ち、これからの社会保障政策は——私にはあまり関心がない軌道から外れた短期的な動きはともかく——、中長期的にはどういう展開を見せるのかを知るには最も現実味のある歴史の記録、1つの座標軸、そして社会保障の理論と政策のつながりを知るうえでの1つのテキストになっていると思う。

個人的には、2009年3月に出したⅤ巻の最後に書いていたように、民主党政権になった2009年8月30日の総選挙の翌日には、この政党のやり方には許しがたいものがあったので政府の仕事に辞表を出して、永田町、霞が関とは関わりを絶っていた。再び政策と関わりを持つのは、政権交代から2年を少し過ぎた2011年10月、厚生労働省社会保障政策統括官所属の検討会として、政治の中心から遠く離れたところで立ち上げられた「社会保障の教育推進に関する検討会」の座長としてであり、この検討会は2014年6月23日に報告書をまとめた。さらに、2012年11月30日に発足した社会保障制度改革国民会議に委員として参加し、この国民会議では、報告書の起草委員の1人となって、2013年8月6日に報告書を提出した。そして国民会議の報告書は、2013年12月成立の社会保障改革プログラム法に引き継がれていった。

　その後、医療介護では昨年2014年6月に医療介護の総合確保推進法が成立し、今年に入って2015年5月には医療保険改革関連法が成立している。国民会議が道筋を示した提供体制の再編、それを実効化するための医療保険の再編に向けた改革がかなり早いスピードで動いている。

　年金では5年に一度の定期的な制度の検診である財政検証が2014年6月に行われている。この財政検証では、国民会議報告書が求めた将来の給付水準の底上げを図るための改革について3つのオプション試算が示され、年金は今、その方向での改革を待っている段階にある。

　そして2014年7月には、社会保障制度改革国民会議の後継組織である社会保障制度改革推進会議が立ち上げられ、2013年の制度改革国民会議で提案された改革のフォローアップをすることができるように制度上準備されている。

　この間、社会保障教育と社会保障制度改革国民会議の両方——そして今は推進会議——に関わった私は、研究者であると同時に、一種のプレイヤーでもあったのかもしれない。その立場から見れば、今の社会保障は、よくもあの大混乱の時期から、なお大きな後遺症を残しながらも立ち上がり、前向きに進み始めたものだという思いがある。そうした気持ちが、昨年6月に開催された教育検討会の最後の場面での次のような発言に表れているとも言える。

　　今、社会保障政策統括官のほうから話がありましたように、民主党政

権の2年目の平成23年10月にこの検討会はこっそりと立ち上げられました。当時はまだ抜本改革論華やかなりし時代でして、そうした雰囲気と対立することになる社会保障教育の正しいあり方の検討、いわば世間の誤解をいかに解き、正確な理解をいかに広めるかということを検討していることは表だって言えない環境でした。検討会で話し合っている内容といいますと、前（民主党）政権に喜ばしくない彼らへの批判を結構していたのですけれども、そこからずっと続いて、われわれ、この検討会は生き延びて、ここまで到達することができ、報告書もまとめることができました。

　とここで終えたいところですが、昨年の社会保障制度改革国民会議の報告書には、「政府は、社会保障の現状や動向等についての情報公開等を行うだけにとどまらず、若い時期から、教育現場等において社会保障の意義や役割を学ぶことのできる機会を設けていくことが必要である」とあります。したがって、事務局の皆様方には、ここで終えたり休むことなく、社会保障の意義や役割を教育現場で教える機会がこの国でしっかりと整備されるまで、今後とも継続してがんばって頂かなければなりません。よろしくお願いいたします。

　この10年、社会保障はこれ以上ないほどに政争の具とされてきた。その政争の過程では、現在の制度が国民に憎悪の対象として受け止められるように政治的に仕立て上げられていくわけで、その時代に生きた国民の意識のなかには、社会保障へのいくつもの誤解、そうした誤解に基づく制度への憎しみが深く刻まれていった。そうしたなか、今デフォルトとして進められている改革——すなわち、とくに指定しないでも進められる予定された改革——、および必要でありながら、なお形に表すことができていない改革を着実に成功させるために大切なことは、社会保障というものに対する国民の正確な理解と国民からの協力である。

　医療介護の改革では、医療福祉の関係者たちをはじめとして、広く多くの人たちに、なぜ今、提供体制の改革が進められているのか、そして提供体制の改革のなかで、なぜ医療保険の大改革が必要となるのかを理解してもらわ

なければならないし、公的年金の改革では、どうして今、短時間労働者の厚生年金適用拡大が最も重要な課題であるのか、そして誰がその改革を阻止しているのかをはじめ、なぜ、将来世代の給付の引上げのために現在の高齢者に給付の調整に協力してもらわなければならないのかなどを理解してもらう必要がある。

さらに現段階で何よりも重要なことは、社会保障の教育である。将来の世代に社会保障を正しく引き継いでもらうために、社会保障教育によって、国民に正確な理解を広めることが大切な時期になっているのである。この度まとめた2冊の本が、その一助となればと願う。

目次
『医療介護の一体改革と財政──再分配政策の政治経済学Ⅵ』
- Ⅰ　賽は投げられた──競争から協調の時代への一歩
- Ⅱ　混迷のなかで──2009年から2012年
- Ⅲ　大混乱期を過ぎて
- Ⅳ　国民会議と医療介護改革の政策形成過程

『年金、民主主義、経済学──再分配政策の政治経済学Ⅶ』
- Ⅰ　年金、民主主義、経済学
- Ⅱ　平成26年財政検証の基礎知識
- Ⅲ　混迷のなかで──2009年から2012年
- Ⅳ　大混乱期を過ぎて
- Ⅴ　前途多難な社会保障教育

タイプ別読み方
『医療介護の一体改革と財政──再分配政策の政治経済学Ⅵ』
Aタイプ：医療介護はじめ社会保障制度の勉強をしたいと思っている学生は、辛かろうが苦しかろうが頭っから取りかかり、全部を読み通してください。

Bタイプ：社会保障をめぐる政策形成過程に関心を持つ読者は、冒頭から読

み進めてもよし、著者の既刊書を読んでいるなら、ひとまずⅣ部で社会保障・税一体改革の大詰めの議論がどのようなものであったのかを把握してから、Ⅰ部に戻るもよし。

Cタイプ：高校の先生など社会保障教育に携わったり関わったりする人々——とくに、年金こそが社会保障の最大の問題と信じきっている人たちは、まずⅡ部を読んで、みなさんへの情報の発信源となっていた日本の民主主義過程において、いったい何が起こっていたのかを把握してほしい。それから、Ⅲ・Ⅳ・Ⅰの順に読み進め、社会保障政策のなかで最も難題である医療介護改革の全体像を捉えてもらいたい。そのうえで、本書に続く年金の本『年金、民主主義、経済学——再分配政策の政治経済学Ⅶ』に進み、なぜ、年金よりも医療介護のほうが議論、政策の優先順位が高いのかを理解していただければと思う。

Dタイプ：医療介護の現場あるいは関連政策に携わる方々は、まずⅣ部で斯界のリーダーのメッセージを受け取るとともに、ぜひとも問題意識を共有してもらえればと思う。

『年金、民主主義、経済学——再分配政策の政治経済学Ⅶ』
Aタイプ：年金はじめ社会保障制度の勉強をしたいと思っている学生は、辛かろうが苦しかろうが頭っから取りかかり、全部を読み通してください。

Bタイプ：社会保障をめぐる政策形成過程に関心を持つ読者は、冒頭から読み進めてもよし、著者の既刊書を読んでいるなら、ひとまずⅢ・Ⅳ部でここ10年ほどの流れを把握してから、Ⅰ部に戻って理論的なところを補強するもよし。

Cタイプ：高校の先生など社会保障教育に携わったり関わったりする人々は、まずⅤ部を読んで、いま自分が信じ込んでいるものを疑ってかかれるくらいに頭をほぐしてから、Ⅲ・Ⅳ部を読んでこの10年あまりに日本で何が起きた

のかを知り、そうして頭と心の準備をしてから I・II 部で正確な知識を吸収してもらいたい。

D タイプ：財政検証について読みたいと思っているプロ方面の人々は、I・II 部だけで本を閉じずに、どうか V 部まで読んで問題の本質と事態の深刻さに対する認識を共有し、日本の社会保障を守っていく、責任ある一員に加わっていただきたい。

シリーズ「再分配政策の政治経済学」とは──II 巻「はじめに」より

　2001 年 12 月に私が出した本のタイトルは、『再分配政策の政治経済学──日本の社会保障と医療』であった。2004 年 3 月に『年金改革と積極的社会保障政策』を出す時に、次の文章を書き、「再分配政策の政治経済学」をシリーズ化した。そして、1 冊目の『再分配政策の政治経済学──日本の社会保障と医療』を 2005 年 9 月に第 2 版とする際に、このシリーズの I 巻に位置づけた。

> 　この本は、2 年ほど前に出版した『再分配政策の政治経済学──日本の社会保障と医療』の第 II 巻に位置づけた。というのも、前著に記した「経済学では、効率という価値に、他の価値をならべ重ね、それら価値の間の軽重是非を論じる判断を不可避とする問題を、分配もしくは再分配の問題と呼んでいる。そしてこの問題は、利害が衝突する場では、いつも確実に生じるのである。本書では、この再分配の問題を取り扱うことになる」という研究対象を、ここでも継承しているからである。のみならず、「政策は、所詮、力が作るのであって正しさが作るのではない」という視角や、「政策形成過程における権力の作用や価値判断の問題を視野に入れながら政治経済学的な分析を行う姿勢は、最近になればなるほど固まってくる。その意味で、本書の分析は、物事の考え方、物の見方に大きな特徴をもっている」という前著の特徴を、この本もそのまま備えもっているからでもある。
>
> 　　　　　　　　　　　　　　　　　　　　　　　　「はじめに」より

勿凝学問とは

　Ⅵ巻、Ⅶ巻には、勿凝学問（学問ニ凝ル勿レ）という言葉がしばしば出てくる。これは私が気の向いた時にホームページにアップしていた雑文の呼び名である。Ⅱ巻の「はじめに」に書いた文章を紹介しておく。

> 　本書をまとめるにあたり『勿凝学問』〔学問に凝る勿れ〕というコーナーを設け、そこには、最近書いた随筆やインタビュー記事をおいた。「学問に凝る勿れ」とは、1890年に慶應義塾に大学部が設置された開設式における福澤先生の演題である。慶應義塾大学を開校するという記念すべきまさにその日に、第1期の入学生を前にして次のように演じる福澤先生の痛快さは堪らない。

>> 「之（学問）を好むと同時に学問に重きを置かず、唯人生の一芸として視るのみ。学を学んで人事を知らざるは碁客、詩人の流に異ならず、技芸の人に相違なしと雖も人生の完全なるものに非ずとて、物に触れ事に当たりて常に極限せざるはなし。〔中略〕学問に重きを置くべからずとは、之を無益なりと云うに非ず、否な、人生の必要、大切至極の事なれど、之を唯一無二の人事と思い、他を顧みずして一に凝り固まる勿れの微意のみ」

>> 　　　　　　　　　　　（『福澤諭吉著作集』第5巻所収）

　わたくしの雑文や雑談を1つにくくる呼称を求めて案じているとき、ふと『勿凝学問』がひらめいた。それがこの企画の由来である。

　勿凝学問のリストは次から読むことができるので、お手すきの時にでもご笑覧あれ。

http://kenjoh.com/korunakare_index.htm

目次

はじめに　*i*
医療介護一体改革　関連年表　*xxii*

第 I 部
賽は投げられた
──競争から協調の時代への第一歩──

第1講　医療介護一体改革の政治経済学
　　　──The die is cast, it's your turn next　*3*
　　The die is cast──賽は投げられた　*3*
　　国のガバナンス問題　*4*
　　医療政策を取り巻く財政問題　*6*
　　所得再分配制度としての社会保障制度　*15*
　　医療者と保険のかかわり方　*20*
　　税と社会保険料の政治経済学　*24*
　　財源調達のあり方に関する考え方　*29*
　　完全雇用余剰と日本の税構造の弱点　*31*
　　財政の持続可能性とピケティの『21世紀の資本』　*35*
　　公的年金と比べて明るい医療介護の財政ポジション　*42*
　　人口減少社会に向けての街作り、コンパクト・シティと医療界　*45*
　　It's your turn next──次はあなたたちの番　*48*
　　医療介護の一体改革　*51*
　　改革の方向性　*58*
　　医療は"競争から協調へ"　*61*
　　役員との質疑応答より抜粋　*63*

第2講　医療は「競争から協調へ」　65
　　　　社会保障制度改革国民会議での発案　65
　　　　競争よりも協調が必要となる理由　67
　　　　医療の経済特性とガバナンスの基本　68
　　　　ご当地の社会的共通資本構築の理念として「競争よりも協調を」　68

第Ⅱ部
混迷のなかで
——2009年から2012年——

第3講　依怙によっては弓矢はとらぬ、ただ筋目をもって何方へも合力す——2009年総選挙直前のとある日に　73

第4講　多数決、民主主義、集合的意思決定考
　　　　——はたして民意、団体の意思とは？　81
　　　　追記　83

第5講　医療費の将来見通し方法の進化　84
　　　　日本の前提としての政府債務　84
　　　　「医療介護費用のシミュレーション」提出への道程　85
　　　　社会保障国民会議の設置　86
　　　　医療費の将来見通しに関する検討会　86
　　　　医療費の将来見通し方法の進化　91
　　　　あるべき医療介護の財政シミュレーション　92
　　　　社会保障機能強化のための中期プログラム　95

第6講　増税と景気と社会保障　97

第7講　不磨の大典「総定員法」の弊　99

第8講　政界と税と社会保障　101
　　　　参考資料——貧困の減らし方　102

第9講　皆保険50年の軌跡とわれわれが次世代に残した未来　104
　　　　租税に強く依存した皆保険制度の財源　104
　　　　必要に応じて利用できる"平等主義型の医療サービス"を実現した日本　105
　　　　財源を租税に依存する"制度の危うさ"　108
　　　　トレード・オフの関係にある制度の「普遍性」と「安定性」の価値　109
　　　　なぜ、医療費が予算削減のターゲットになるのか　112
　　　　高齢化と国民負担率　114
　　　　財源確保のルール「ペイアズユーゴー」　115
　　　　G20サミットで特別扱いされる日本　115
　　　　消費税率アップが財政再建の鍵を握る　116
　　　　われわれが次世代に残した未来は高負担・中福祉社会　118
　　　　社会保障の機能強化で持続可能な中福祉国家へ　122
　　　　恵まれた環境下にある日本　123

第10講　憲政史上最大の確信犯的公約違反とその後遺症への学術的関心　127
　　　　２月24日の書き込み　127
　　　　２月25日の書き込み　129
　　　　２月26日の書き込み　130

第11講　消費税と福祉国家　136

第12講　震災復興と社会保障・税の一体改革の両立を　138
　　　　以前からの国難に足し合わされた新しい問題　138
　　　　中福祉国家実現の負担とは　140
　　　　社会保障は新たな改革が必要　142
　　　　復興は前線、財政は兵站　143

第13講　財政・社会保障一体改革の工程表を　145

第14講　政治は税制改革を邪魔する存在　147

第15講　無政府状態下の日本の財政・社会保障　*149*
　日本が無政府状態に至った理由　*149*
　あるべき社会保障の「設計図」と「見積書」はとうの昔にできている　*157*
　前門の虎、後門の狼　*158*
　追記　*160*

第16講　いかにして社会保障を守るか　*161*
　100兆円って、何メートル？　*161*
　社会保障と市場の関係　*165*
　臼杵市から見通す日本の将来　*168*
　第2号保険料で地域間の再分配機能を　*170*
　税と社会保険料は何が違うのか　*172*
　借金のストック問題　*174*
　借金のフロー問題　*179*
　日本の財政支出構造　*181*
　日本は低負担すぎた　*184*
　社会保障の財政問題と政治の立ち位置　*186*
　ポピュリズムと戦う静かなる革命戦士　*190*
　民主党のマニフェストは何だったのか　*190*
　われわれが次世代に残した未来　*192*

第17講　合成の誤謬の経済学と福祉国家
　　　　――そのなかでの医療団体の政治経済学的位置　*194*
　合成の誤謬と自由放任の終焉　*194*
　合成の誤謬を改善する政策に抗う経済界　*204*
　資本主義的民主主義のなかでの医療政策　*207*
　経済界のプロパガンダと規制緩和圧力　*208*
　資本主義的民主主義と対日圧力　*211*
　成長戦略と戦略的貿易論　*212*
　イノベーションと経済政策　*215*
　付加価値生産性と物的生産性　*219*
　福祉国家を支える集団としての医療界に求められるもの　*224*

第18講　持続可能な中福祉という国家を実現するために　228
　　　　2012年春という今　228
　　　　政権交代から一体改革法案提出までの財政運営　230
　　　　今回の一体改革の意味　234
　　　　持続可能な中福祉という国家像　235
　　　　最後に──胴上げ型、騎馬戦型、肩車型？　238

第19講　国民皆保険という不安定な政治均衡　242
　　　　社会保障としての国民皆保険制度　242
　　　　皆保険という不安定な政治均衡　244
　　　　皆保険維持に要する費用とその負担　245
　　　　社会保障としての国民皆保険の将来を左右するもの　247

第20講　研究と政策の間にある長い距離　249
　　　　HTAとのかかわり　249
　　　　実証分析と規範分析　250
　　　　規範経済学の学説史──基数的効用から序数的効用へ　252
　　　　厚生経済学から新厚生経済学へ　254
　　　　アローの不可能性定理と分配問題　255
　　　　経済学と価値判断　257
　　　　QALYに内在する基数的効用　258
　　　　HTAの政策立案への活用可能性　260
　　　　パネルディスカッション　263
　　　　後日談　265

第21講　税収の推移と見せかけの相関　266
　　　　追記　268

第Ⅲ部
大混乱期を過ぎて

第22講 あるべき医療と2つの国民会議　　271

第23講 医師国保は必要か　　273
　　　財政補助の論理性──支払能力に応じた負担が社会保険の原則　　273
　　　医師国保がもし国庫補助を絶たれたら？　　274
　　　47都道府県医師国保による健保組合で、「支払い側」交渉力を　　274

第24講 社会保障制度のなかの歯科医療　　277
　　　医療サービスと歯科サービス　　277
　　　歯科サービスに対するニーズの変化と歯科医師数　　279
　　　歯科口腔保健の推進に関する基本的事項と歯科サービス分配のあり方　　281

第25講 日本的医療問題の解決に道筋を　　282

第26講 医療介護の一体改革　　284

第27講 国民会議報告は医療界の"ラストチャンス"　　286
　　　日本の低い医療費水準、経済界は目を背けたい事実　　286
　　　建て替えのタイミング、統合や連携を基金で後押し　　287
　　　国民会議の見どころ、7月12日には"事件"も　　289
　　　メディアの反応に見る「持てる者と持たざる者の戦い」　　290
　　　追記　　290

第28講 民主主義と歴史的経緯に漂う医療政策　　293
　　　財政健全化のスピードと社会保障機能強化の取り分　　294
　　　問題意識と事実認識という社会を見る角度　　297
　　　社会保障制度改革国民会議の位置づけ　　303
　　　制度設計における税と社会保険料の相違　　306

　　　　　将来給付費の名目値と対GDP比　*310*
　　　　　社会保障給付費の経費別割合の見方　*317*
　　　　　胴上げ、騎馬戦、肩車論への批判と「サザエさん」の波平さん話　*327*
　　　　　「あるべき医療、あるべき介護」と2008年社会保障国民会議　*330*

第29講　競争ではなく協調に基づいた改革を　*333*
　　　　　社会保障国民会議から社会保障制度改革国民会議　*333*
　　　　　社会保障制度改革国民会議報告書のポイント　*334*
　　　　　2008年社会保障国民会議が示していた改革の方向性　*336*
　　　　　日本の医療制度の特徴　*337*
　　　　　行政や経済界への要望　*339*
　　　　　囚人のジレンマと競争から協調へ　*340*

第30講　守るべき国民医療とは何か　*342*

第31講　超高齢社会の医療を考える　*344*
　　　　　病院完結型から地域完結型へ　*344*
　　　　　医療と介護の一体化　*348*
　　　　　国民皆保険制度　*352*

第32講　医療供給体制と経済界のあり様　*357*
　　　　　経済界の社会保障に対する見識　*357*
　　　　　組合運営は瀬戸際？　問われる保険料格差　*360*
　　　　　保険者機能と被用者保険の一元化　*363*
　　　　　提供体制の改革を苦手とする診療報酬　*365*

第IV部
国民会議と医療介護改革の政策形成過程

第33講　2025年に向け、医療専門職集団に求められるもの　*369*
　　　　「医療政策フィールド」のなかでの各国の位置と日本の特徴　*374*
　　　　医療の経済特性と制度設計　*382*
　　　　医療提供体制の制御機構　*391*
　　　　医療とはQOLの維持・向上を目指すサービス　*398*
　　　　患者側の意識とインセンティブ　*401*
　　　　病状にふさわしい提供体制への改革と効率化の意味　*402*
　　　　職能集団の責務　*404*
　　　　医療職種の業務見直しと医師不足　*413*
　　　　フリーアクセス　*414*
　　　　国民健康保険の都道府県化と被用者保険のあり方　*418*
　　　　提供体制の再編とホールディング、そしてまちづくり　*425*
　　　　QOLとQOD　*428*

あとがき　*437*
主要参考文献　*439*
索引　*443*

図表一覧

第1講

図表1-1	主要経費別の歳出増減（1999年度→2013年度）	9
図表1-2	歳出側から見た公債残高の増加要因	11
図表1-3	歳入側から見た公債残高の増加要因	12
図表1-4	政府の規模と国の形（OECD、2007年）	13
図表1-5	政府の規模と国の形（概念図）	13
図表1-6	社会保障とは何をしているのか？	16
図表1-7	社会保障給付費の内訳	18
図表1-8	平成18年診療報酬改定に伴う病床数の変化	24
図表1-9	現状の病床における問題点	25
図表1-10	一般病棟入院基本料（7対1と10対1）の届出病床数推移	26
図表1-11	医療提供体制の改革イメージ	27
図表1-12	地域ごとに異なる医療提供体制の実情	27
図表1-13	社会保障財源の全体像（イメージ）	29
図表1-14	ワニの口と、完全雇用余剰という概念	32
図表1-15	1890年度以降の政府債務残高の名目GDP等に対する比の推移	33
図表1-16	莫大な累積債務	34
図表1-17	公的債務残高と金利1％上昇時の債務増加額（消費税率換算）	36
図表1-18	名目成長率と長期金利の関係	37
図表1-19	福祉政策の実行可能領域	38
図表1-20	ライフスタイルの変化を引き起こす力を持つ政策・イノベーション	41
図表1-21	付加価値と利潤の相違	41
図表1-22	利潤最大化行動の合成の誤謬	41
図表1-23	年金、医療、介護給付費の将来見通しの対GDP比	43
図表1-24	給付水準の自動調整と最終的な所得代替率	43
図表1-25	厚生年金保険料率の引上げ予定	45
図表1-26	人口大幅減少社会での国づくりとは	46
図表1-27	2050年には年間110万人の自然減少	47
図表1-28	人口規模下位20県（2010年）	47
図表1-29	市町村の人口密度と行政コスト（2006〜2008年）	48
図表1-30	社会保障制度改革推進法に基づく改革の流れ	49
図表1-31	医療提供体制の改革に関する議論の経緯	49
図表1-32	地域における医療および介護を総合的に確保するための仕組み	51

図表一覧　xvii

図表1-33　社会保障改革プログラム法に基づく改革推進体制について（フォローアップ体制）　53
図表1-34　「医療・介護情報の活用による改革の推進に関する専門調査会」の設置について（社会保障制度改革推進本部）　54
図表1-35　専門調査会の枠組み（検討体制）について（2014年8月11日、第1回開催）　55
図表1-36　医療・介護にかかわる長期推計の手法の変遷　56
図表1-37　2つの2次医療圏の医療提供体制　58
図表1-38　医療提供体制の改革が道筋どおりに進んだ場合（2次医療圏A）　59
図表1-39　医療提供体制の改革が道筋どおりに進んだ場合（2次医療圏B）　60
図表1-40　医療の機能分化、退院の受け皿問題（2次医療圏A、B改革シミュレーション）　60
図表1-41　看護マンパワー問題（2次医療圏A、B改革シミュレーション）　61

第3講

図表3-1　ポピュリズムと政策評価の難易度　78

第5講

図表5-1　医療費の将来見通しの手法の概略（改革実施前）　88
図表5-2　医療費将来見通しの国民所得比　89
図表5-3　これまでの将来見通しにおける医療費の伸びと経済成長率　90
図表5-4　新しい医療費試算　92
図表5-5　平均在院日数と1病床当たり職員数　93
図表5-6　医療介護従事者の需要と供給　94
図表5-7　租税社会保障負担と公的医療費　96

第8講

図表8-1　GDP比国民負担率と相対的貧困率　103

第9講

図表9-1　国民医療費の財源別構成割合　105
図表9-2　医療の所得支出線（皆保険前の階層消費型医療制度）　106
図表9-3　所得と医療サービス支出の日米比較　107
図表9-4　「平等消費実現手段」としての政府の利用価値　107
図表9-5　税と社会保険料の財源調達力（対GDP比）　109
図表9-6　税と社会保険料の財源調達力（収入額）　109
図表9-7　社会保障制度設計における社会保険と租税の選択　110
図表9-8　日本の2011年度予算　112

図表 9 - 9　社会保障関係に占める医療介護および年金関係費の割合　*113*
図表 9 -10　高齢化率と国民負担率（1965～2009年）　*114*
図表 9 -11　閣議決定「財政運営戦略」（2010年 6 月22日）　*116*
図表 9 -12　G20「財政再建目標」と日本の「財政運営戦略」の比較　*116*
図表 9 -13　経済財政の中長期試算（2011年 1 月21日）　*117*
図表 9 -14　自民党と菅内閣の財政健全化目標　*118*
図表 9 -15　人口高齢化率の国際比較　*119*
図表 9 -16　累積純債務の国際比較　*120*
図表 9 -17　国債費の規模　*120*
図表 9 -18　長期国債（10年）新発債流通利回り　*121*
図表 9 -19　「財政運営戦略」以降の論調の推移　*122*
図表 9 -20　高齢化水準と国民負担率の国際比較　*123*
図表 9 -21　日本の国難　*124*

第12講

図表12- 1　財政再建と社会保障機能強化を両立する消費税増税案　*139*

第16講

図表16- 1　社会保障と財源調達問題　*161*
図表16- 2　再分配政策としての社会保障（図表 1 - 6 再掲）　*166*
図表16- 3　欧米諸国と日本の医療の GDP 比（2007年）　*167*
図表16- 4　再分配政策としての介護保険　*169*
図表16- 5　臼杵市の人口および年齢構成の見通し　*169*
図表16- 6　65歳以上人口比率の市町村間分布　*170*
図表16- 7　G 7 ＋北欧諸国の財源調達　*171*
図表16- 8　税と社会保障の財源調達力（対 GDP 比）（図表 9 - 5 再掲）　*173*
図表16- 9　これは何の図？　*174*
図表16-10　公的債務残高と金利 1 ％上昇時の債務増加額　*176*
図表16-11　一般会計歳出総額に占める社会保障費と国債費（図表 9 -17再掲）　*177*
図表16-12　国から地方への補助金額（一般会計＋特別会計）　*178*
図表16-13　基礎的財政収支の考え方　*179*
図表16-14　GDP に対する財政収支および基礎的財政収支比率　*180*
図表16-15　社会保障給付費の対 GDP 比（OECD30カ国、2007年）　*181*
図表16-16　社会保障以外の政府支出の対 GDP 比（OECD30カ国、2007年）　*182*
図表16-17　労働力人口に占める一般政府職員、公的企業職員の割合　*182*
図表16-18　租税社会保障負担率の対 GDP 比（2007年）　*183*
図表16-19　65歳以上人口割合と対 GDP 国民負担率（2009年）　*184*
図表16-20　高齢化率と国民負担率（1965～2009年）（図表 9 -10再掲）　*185*

図表16-21　日本の純支出の内訳（2009年度）　*186*
図表16-22　日本の政治変遷の概略　*188*

第17講

図表17-1　セイの法則の世界と有効需要理論に基づく過少消費の世界　*199*
図表17-2　ケインジアンマクロモデルのシミュレーション　*201*
図表17-3　経済政策思想と知的巨人　*209*
図表17-4　業界別に見た政界ロビー活動経費、上位20業界（1998～2008年の累計）　*212*
図表17-5　利潤極大化行動の合成の誤謬（図表1-22再掲）　*217*
図表17-6　医療介護の労働生産性　*219*
図表17-7　医療保険の加入者1人当たりの所得・保険料の比較（粗い試算）　*225*
図表17-8　被保険者数ソートの健康保険組合（2008年）　*226*

第18講

図表18-1　民主党マニフェスト2009実施率の推移　*231*
図表18-2　子ども手当をめぐる迷走　*231*
図表18-3　国・地方の基礎的財政収支の対GDP比（慎重シナリオ）　*235*
図表18-4　公的債務残高と金利1％上昇時の債務増加額（消費税率換算）（図表1-17再掲）　*238*
図表18-5　扶養負担を表す就業者1人当たり人口など　*240*

第19講

図表19-1　日本企業の米国子会社のロビイング経費の状況　*244*
図表19-2　医療・介護サービス費用と財源の見込みと改革の内訳（対GDP比）　*246*
図表19-3　平等消費型医療制度と階層消費型医療制度（横の皆保険と縦の皆保険）　*248*

第20講

図表20-1　実証経済学と規範経済学　*251*
図表20-2　限界効用逓減の法則と基数的効用　*253*
図表20-3　新厚生経済学の誕生　*255*
図表20-4　社会的厚生関数を目的関数とする制約条件下での極大化行動　*256*
図表20-5　アローの不可能性定理　*256*
図表20-6　効用に関する仮定と研究領域の特性　*259*
図表20-7　医療政策をめぐるステークホルダーの利害調整と政治活動　*260*

第23講

図表23-1　公的医療保険の保険者の主な種類　*276*

第24講

図表24-1　医業収益に占める保険診療収益、その他の診療収益の割合　278
図表24-2　収益階層Ⅰにおける消費支出を1とした時の消費支出の変化(単身世帯)　278
図表24-3　歯科診療所の推計患者数と歯科医師数指数の推移　279
図表24-4　歯科口腔保健の推進に関する基本的事項の目次（抜粋）　281

第28講

図表28-1　財政健全化のスピードと社会保障機能強化の取り分　296
図表28-2　福祉国家（福祉生産）の3類型　300
図表28-3　特殊平等主義を組み込んだ市場社会　301
図表28-4　一般病棟入院基本料などの病床数（図表1-9再掲）　305
図表28-5　社会保障制度設計における社会保険と租税の選択（図表9-7再掲）　307
図表28-6　医療費の将来見通しの手法の概略（改革実施前）（図表5-1再掲）　311
図表28-7　1人当たり所得と医療費の関係（1960〜1985年）　312
図表28-8　これまでの将来見通しにおける医療費の伸びと経済成長率（図表5-3再掲）　313
図表28-9　社会保障給付費の推移　314
図表28-10　高齢化率と社会保障給付規模の国際比較　315
図表28-11　政策分野別社会支出の構成割合の国際比較（2009年度）　318
図表28-12　社会支出の対GDP比の国際比較（2009年）　318
図表28-13　65歳以上人口比率と高齢給付費の対GDP比（2009年）　319
図表28-14　高齢給付費の対GDP比の推移　320
図表28-15　政策分野別社会支出の構成割合（2000年）　320
図表28-16　社会保障給付費の対GDP比　321
図表28-17　国の規模と現代国家の機能（社会保障への還元率）　322
図表28-18　国の規模と高齢者給付・現金給付の割合　323
図表28-19　人口構成の変化と就業者数の推移　328

第31講

図表31-1　日本の「高齢化社会」「縮小社会」へのプロセス　345
図表31-2　年齢別に見た統計患者数の年次推移　346

第33講

図表33-1　舞鶴市の事例　371
図表33-2　医療政策フィールドと各国特性　376
図表33-3　人口千人当たり病院病床数の推移（G7とデンマーク、スウェーデン）　378
図表33-4　後期高齢者と前期高齢者の推移　381
図表33-5　65歳以上年齢階級別に見た入院患者、外来患者、要介護者などの構成割合　381

図表33- 6　医師の病床規模別賃金格差　　386
図表33- 7　医療政策の制度的枠組み　　389
図表33- 8　現状の病床における問題点（図表 1 - 9 再掲）　　394
図表33- 9　平成18年診療報酬改定による実際の病床数の変化（図表 1 - 8 再掲）　　395
図表33-10　2025年に目指すべき医療供給の姿（図表 1 -11再掲）　　396
図表33-11　一般病棟入院基本料（ 7 対 1 と10対 1 ）の届出病床数の推移（図表 1 -10再掲）　　397
図表33-12　健康保険組合間の保険料格差　　424
図表33-13　日・独・仏における被用者保険（医療）の保険料率および労使負担割合　　424

医療介護一体改革　関連年表

日付		出来事	出版・執筆・インタビューなど
2006	12月27日	第1回医療費の将来見通しに関する検討会（第5講・第28講参照）	
2007	7月10日		『医療政策は選挙で変える——再分配政策の政治経済学Ⅳ』
	7月27日	第1回医療費の将来見通しに関する検討会、5回の会議を経て「議論の整理」をまとめる（**第5講参照**）	はじめにより「（2005年）9.11の郵政民営化選挙の際、よもや与党に投票した医療関係者はいなかったでしょうね」
	7月29日	第21回参議院議員通常選挙（民主、参議院にて第1党　民主／自公＝1.06）[1]。自民・公明党は少数与党（参議院議席総数242の43％）となりねじれ国会となる	
	8月27日	安倍改造内閣	
	9月26日	福田内閣成立	
2008	1月29日	第1回社会保障国民会議（親会議と雇用年金分科会に所属し、医療介護福祉分科会、少子化・仕事と生活の調和分科会はオブザーバーとして参加）（第28講参照）	
	3月4日		社会保障国民会議に「あるべき医療介護の費用シミュレーション」を要求
	3月21日		「あるべき医療介護費用シミュレーション」の実施許可要請
	4月16日		「あるべき医療介護費用シミュレーション」の実施許可2度目の要請
	5月27日		「生かすべきは社会保障の再分配機能——理想社会の実現に向けて財源論議を」『Visionと戦略』2008年6月（第27講参照）
	6月19日	社会保障国民会議「中間報告」（第33講参照）	社会保障国民会議事務局主催「医療介護費用シミュレーション勉強会」で報告（第5講参照）
	7月22日		
	8月2日	福田改造内閣	
	9月24日	麻生内閣成立	

1) 民主／自公＝民主党議席数／自民・公明党議席数
＊週刊誌の日付は実際の刊行日を記載

医療介護一体改革　関連年表　*xxiii*

日付		出来事	出版・執筆・インタビューなど
	9月25日	第1回高齢者医療制度に関する検討会	
	10月7日		第2回高齢者医療制度に関する検討会で、全面総報酬割の試算要求を出す
	10月23日	第8回医療介護福祉分科会で「医療・介護費用のシミュレーション結果について」発表（第5講参照）	
	11月4日	社会保障国民会議「最終報告」	
	12月24日	「中期プログラム」閣議決定（持続可能な社会保障構築とその安定財源確保に向けた中期プログラム）	
2009	3月11日		第6回高齢者医療制度に関する検討会で、資料「これまでの発言が寄って立つ位置」を配布し、高齢者医療費制度への全面総報酬割、国保の都道府県化を提案
	3月14日		『社会保障の政策転換——再分配政策の政治経済学Ⅴ』はじめにより「この国の今の状況で、負担増のビジョンを示さない政党には拒否権を発動すべし」
	3月24日	高齢者医療制度に関する検討、7回の会議を経て「議論の整理について」まとめる	
	3月27日	平成21年税制改正法成立——附則第104条（税制の抜本的な改革に係る措置）	
	6月17日	党首討論で、麻生首相より医療の財源を問われた鳩山民主党代表は、「人の命よりも財源の方が大事なのか」と答える（第3講追記参照）	
	7月10日		「負担なくして福祉なし」『産経新聞』2009年7月10日（第3講追記）
	7月21日	衆議院解散	
	8月26日		講演「勿凝学問246　謙信ではないけれど、依怙によっては弓矢はとらぬ、ただ筋目をもって何方へも合力す」『茨城県　病院協会報』No.74（2009年10月発行、講演2009年8月26日）（第3講）

日付	出来事	出版・執筆・インタビューなど
8月30日	第45回衆議院議員総選挙（民主、衆議院にて第1党に　民主／自公＝2.20）〔第44回総選挙（2005年9月11日）の民主／自公＝0.35〕	
9月16日	鳩山内閣成立	
10月6日		講演「医療費の将来見通し方法の進化と政策の意思」医療経済研究機構第15回シンポジウム（第5講）
10月26日		講演「社会保障国民会議の医療介護費用シミュレーションを語ることは、死児の齢を数えるようなもの」『Vison と戦略』2009年11月号（第27講脚注参照）
2010　3月16日	自民党、「財政健全化責任法案」提出	
3月22日		副総理兼財務大臣と会う（第9講参照）
4月1日	日医会長選（第4講参照）	
4月4日		「勿凝学問297　多数決・民主主義、集合的意思決定考――はたして民意、団体の意思とは？」（第4講）
5月17日		「増税と景気と社会保障」『週刊東洋経済』2010年5月22日号（第6講）
6月8日	菅内閣成立	
6月22日	「財政運営戦略」閣議決定（第9講参照）	
7月11日	第22回参議院議員通常選挙（民主、参議院にて第1党維持　民主／自公＝1.03）しかし、民主・国民新党は少数与党（参議院議席総数242の45％）となり、再びねじれ国会となる	
7月26日		「"持続可能な中福祉"という国家像」『週刊東洋経済』2010年7月31日号
9月17日	菅第1次改造内閣	
10月12日		「不磨の大典"総定員法"の弊」『週刊東洋経済』2010年10月16日号（第7講）
12月25日		「政界と税と社会保障」『週刊東洋経済』2010年12月25日－2011年1月1日号（第8講）
2011　1月14日	菅第2次改造内閣で与謝野馨社会保障・税一体改革担当相	

医療介護一体改革　関連年表　**xxv**

日付	出来事	出版・執筆・インタビューなど
1月20日		「日本の社会保障と財政——足りないのはアイデアではなく財源と実行力」『世界の労働』第61巻第1号（第10講参照）
1月26日	谷垣自民党総裁、代表質問（第10講参照）	
2月4日		講演「皆保険50年の歴史と我々が次世代に残した未来」日本医師会シンポジウム『医療皆保険50周年——その未来に向けて』（第9講）
2月27日		「勿凝学問363　憲政史上最大の確信犯的公約違反とその後遺症への学術的関心」（第10講）
3月6日	外務相が外国人献金問題で辞任	
3月7日		「消費税と福祉国家」『週刊東洋経済』2011年3月12日号（第11講）
3月11日	首相への外国人献金疑惑報道が朝刊より始まり、午前の国会で質問。午後2時46分、東日本大震災	
4月20日		「震災復興と社会保障・税の一体改革両立を」『WEDGE』2011年5月号（第12講）
5月23日		「財政・社会保障一体改革の工程表を」『週刊東洋経済』2011年5月28日号（第13講）
6月2日	午前中に菅内閣不信任案が否決され、その夕刻「社会保障改革に関する集中検討会議」で「社会保障改革案」がまとめられる	
6月30日	「社会保障・税一体改革成案について」が政府・与党社会保障改革検討本部で承認される	
7月1日	「社会保障・税一体改革成案について」〔いわゆる「成案」〕閣議了承	
7月15日		講演「無政府状態下の日本の財政・社会保障」日医医療政策会議（第15講参照）
7月21日		「永遠のウソ　つき続けたまま」『朝日新聞』2012年7月12日（第15講参照）
8月1日		「政治は税制改革を邪魔する存在」『週刊東洋経済』2011年8月6日号（第14講）

日付		出来事	出版・執筆・インタビューなど
	8月26日	14時ころ菅首相退陣表明、同日16時より「マニフェストの中間検証」が注目されぬようにひっそりと発表される（第15講参照）	
	9月2日	野田内閣成立	
	10月27日		講演「いかにして社会保障を守るか」『介護サミット in うすき』（第16講）
2012	1月6日	「社会保障・税一体改革素案」〔いわゆる「素案」〕閣議報告	
	2月9日		「合成の誤謬の経済学と福祉国家——そのなかでの医療団体の政治経済学的位置」日本医師会『平成22・23年度医療政策会議報告書——医療を営利産業化していいのか』（第17講）
	2月17日	「社会保障・税一体改革大綱について」〔いわゆる「大綱」〕閣議決定	
	4月1日		「持続可能な中福祉という国家を実現するために」『地銀協月報』2012年4月（第18講）
	9月8日		「国民皆保険という不安定な政治均衡」『医薬ジャーナル』2012年9月号（第19講）
	9月18日		「研究と政策の間にある長い距離——QALY概念の経済学説史における位置」医療経済研究所主催シンポジウム（第20講）
	10月22日		「税収の推移と見せかけの相関」『週刊東洋経済』2012年10月27日号（第21講）
	11月14日	党首討論で野田首相解散を表明	
	11月16日	衆議院解散	
	11月19日	社会保障制度改革国民会議委員決定	
	11月30日	第1回社会保障制度改革国民会議（欠席）	
	12月16日	第46回衆議院議員総選挙（自民、衆議院にて第1党に　民主／自公＝0.18）	

日付		出来事	出版・執筆・インタビューなど
	12月25日		「あるべき医療と二つの国民会議」『週刊東洋経済』2012年12月29日-2013年1月5日号（第22講）
	12月26日	第2次安倍内閣	
2013	1月9日		「医師国保への補助金、不公平？（下）――慶大・権丈氏の提示する未来」『キャリアブレイン』（第23講）
	2月1日		「社会保障制度の中の歯科医療」『日本歯科医師学会雑誌』65巻11号（第24講）
	2月19日	第4回社会保障制度改革国民会議において経済界・労働局もヒアリング（第27講・第29講・第32講参照）	
	2月28日	第5回社会保障制度改革国民会議において地方団体ヒアリング（第33講参照）	
	3月11日		「日本的医療問題の解決に道筋を」『週刊東洋経済』2013年3月16日号（第25講）
	3月27日	第7回社会保障制度改革国民会議において医療提供者団体ヒアリング（第27講・第33講参照）	
	4月4日	第8回社会保障制度改革国民会議において医療保険者ヒアリング	
	4月19日	第9回社会保障制度改革国民会議において医療介護を議論。13時から18時、4時間半に及ぶ会議――うち17時から18時は非公開。4月22日の第10回会議と並び国民会議は山場を迎える（第33講参照）	
	4月22日	第10回社会保障制度改革国民会議において医療介護の議論の整理	
	7月12日	第17回社会保障制度改革国民会議での事件（第27講参照）	資料「国民の医療介護ニーズに適合した提供体制改革への道筋――医療は競争よりも協調を」と配布に報告
	7月28日	第23回参議院議員通常選挙（自民、参議院にて第1党に　民主／自公＝0.44）。自民・公明党は過半数（参議院議席総数242の56％）を獲得し、ねじれ国会解消される。	
	8月5日		「医療介護の一体改革」『週刊東洋経済』2013年8月10-17日号（第26講）

日付		出来事	出版・執筆・インタビューなど
	8月6日	社会保障制度改革国民会議報告書──確かな社会保障を将来世代に伝えるための道筋	
	9月5日		「国民会議報告は医療界のラストチャンス」『キャリアブレイン』(第27講)
	9月16日		講演「民主主義と歴史的経緯に漂う医療政策 ──国民会議を振り返って」虎ノ門フォーラム (第28講)
	10月1日		「競争ではなく協調に基づいた社会保障制度改革の道筋」『Visionと戦略』2013年10月号 (第29講)
	12月5日	プログラム法成立(持続可能な社会保障制度の確立を図るための改革の推進に関する法律)	
2014	1月6日		「守るべき国民医療とは何か」『週刊東洋経済』2014年1月11日号 (第30講)
	1月27日		対談「日本が超高齢社会を迎えるにあたって、今後の医療はどうなっていくのか」『アニムス』78号 (第31講)
	3月27日		「医療・介護の一体改革、2025年をめざして──医療専門職集団に求められているもの」(日本医師会『平成24・25年度医療政策会議報告書──日本における社会保障のあり方』平成26年3月)(第33講)
	4月10日		講演「医療提供体制改革について」医療経済フォーラム・ジャパン(講演日4月10日)『社会保険旬報』(2014.6.21－7.1号)(第32講)
	6月18日	医療介護総合確保推進法成立(地域における医療及び介護の総合的な確保を推進するための関係法律の整備等に関する法律)	
	8月11日	第1回医療・介護情報の活用による改革の推進に関する専門調査会	
	8月19日		講演「医療介護一体改革の政治経済学──The die is cast, it's your turn next」日本医師会役員勉強会 (第1講)

日付	出来事	出版・執筆・インタビューなど
9月10日		「医療は競争から協調へ──医療施設整備が量的飽和を迎える時代の医療経営の方向性」『医療経営白書──競争から協調へ（病医院経営の新時代到来）』2014-2015年版（第2講）
11月4日	第1回今後の経済財政動向等についての点検会合（11月18日まで全5回──国民生活・社会保障は第2回11月13日）	
11月14日	首相官邸は14日までに関係庁省に消費税率引き上げを1年半延期し2017年4月からとする方向で準備をするように指示。民主党は14日に消費税先送りを容認	
11月18日	首相、消費税10％への2017年4月まで先送りすると表明	
11月24日	衆議院解散	
12月14日	第47回衆議院議員総選挙（民主／自公＝0.22）	
12月24日	第3次安倍内閣	
2015 5月27日	医療保健制度改革関連法成立（持続可能な医療保険制度を構築するための国保法等の一部を改正する法律）	
6月15日	医療・介護情報の活用による改革の推進に関する専門調査会、5回の会議及び12回のワーキンググループによる分析・検討を経て、第1次報告「医療機能別病床数の推計及び地域医療構想の策定に当たって」をまとめる	

第Ⅰ部

賽は投げられた
―――競争から協調の時代への一歩―――

第1講 医療介護一体改革の政治経済学
──The die is cast, it's your turn next*

The die is cast──賽は投げられた

　昨（2013）年、社会保障制度改革国民会議の委員をやっていました。'らしくなく' ちょいと働いてしまいまして、さすがにもういいだろうという気持ちがありました。事務局の彼らも私がそのように考えているのを分かっているみたいで「先生、逃げるのですか」と半分冗談で言われたりしまして、性格上、そう言われると内容も詳しく聞かずに引き受けてしまいます。そうして現在携わっている仕事が、「社会保障制度改革推進会議」と「医療・介護情報の活用による改革の推進に関する専門調査会」の2つです。

　もっとも、福岡でしたか、市設病院協会で話をした時、これから市設病院を含めてほとんどの病院がかかわる大きな変革があると理解してくださっている先生が──たぶん70代の先生でした──フロアから私に、「最後まで見届けてください」としみじみとおっしゃられまして、「さすがにな」というのがあります。もうしばらく、この推進会議と医療・介護情報の専門調査会には籍を置いておこうかと思っています。

　さて、医療介護の改革が去年から本格的に動き始めました。昨年8月に社会保障制度改革国民会議の報告書がまとめられ、12月にプログラム法が成立。そして今年（2014年）の6月には、「地域における医療及び介護の総合的な確保を推進するための関係法律の整備等に関する法律（通称「総合確保推進法」）」が成立しました。本日演題の副題 The die is cast というのは「賽は投

＊　日本医師会役員・理事勉強会（2014年8月19日）講演録を、書籍用に筆削補訂。

げられた」ということです。そして it's your turn next は「次はあなたたちの番だ」。

　私がこの春の平成25・26年『医療政策会議報告書』[1]に書いているのは、次のステップは専門家集団の意思決定だということです。そういうつもりで、『医療政策会議報告書』に「医療・介護の一体改革、2025年をめざして──医療専門職集団に求められているもの」を書いていました。

国のガバナンス問題

　そして現実の政策が、今日、医療者に対して the next is your turn になっているわけです。ただ、そうした話に入る前に、1点の留保事項があります。私は医療政策の話をする時に、これまでは「経済社会環境と政策の動向」という演題をイメージして話をしてきました。しかし最近は、はじめに「政治」という言葉を入れて、「政治経済社会環境と政策の動向」とするようになりました。

　なぜかと言うと、私は「国のガバナンス問題」と表現しているのですが、それは本日の配付資料[2]にあるような事態が、2～3年前に次の文章を書いた時よりも進んでいるように見えるからです。すなわち、

　　他国が経験したことのない猛スピードの高齢化が日本を襲い、65歳以上人口比率は40年前の7％から23％に届く世界最高水準にまで急増している。さらにはキャッチアップを目標とした強力な産業政策が主流であった時代が終わり、規制緩和の流れが強まることにより行政需要は質的にも変化した。……行政需要が増えゆく府省の人員は余裕を失っていく一方、行政需要が減少している府省では人員が余りはじめ、仕事を求めて活発に動き始める。

　他にも、お配りした資料[3]には、次のように書いています。

---

1) 本書第33講所収。
2) 「不磨の大典 "総定員法" の弊」『週刊東洋経済』2010年10月16日号。本書第7講所収。

公的領域は、国内外の民間企業や経産省等の経済官僚の目からは新しい市場や仕事の場に見えるようで、皆保険制度は、彼らのビジネスや権益拡大を阻むものとしてつねに攻撃される。その時のキーワードの一つに「規制改革」がある。

　2012年8月に消費税の引上げが国会を通過して、社会保障・税一体改革に一端の区切りがついた後、永田町や霞が関で、かなりのパワーシフトが起こっているように見えます。消費税を10％まで上げることが決まった瞬間に、「次は俺たちの番だ」と考える人たちが、医療では混合診療、年金では積立金の民間運用、財政では法人税の減税論議などを主導していくことになります。これは理屈でどうなるというような話ではありません。
　2001年中央省庁再編で、通産省が新組織に移行する際の名称に「経済」という文字を勝ち取って、業務の囲いが外されました[4]。今や国のガバナンスが構造的にそうなっているから仕方がなく、彼らは経済界という強力な団体を味方につけてもいますし、何よりも、実際の効果は抜きにして、彼らが使う「成長戦略」などの言葉は国民や政治家に聞こえが良い。国民にとっては岩盤規制らしい混合診療の禁止についても、「理論的にはとうの昔に決着がついているから、もう大丈夫」では済まされないものがあります。
　だから、配付資料の「不磨の大典"総定員法"の弊」[5]に書いていますよ

---

3) 「守るべき国民医療とは何か」『週刊東洋経済』2014年1月11日号。本書第30講所収。
4) 経済産業省設置法より。

　（任務）
　第三条　経済産業省は、民間の経済活力の向上及び対外経済関係の円滑な発展を中心とする経済及び産業の発展並びに鉱物資源及びエネルギーの安定的かつ効率的な供給の確保を図ることを任務とする。
　（所掌事務）
　第四条　経済産業省は、前条の任務を達成するため、次に掲げる事務をつかさどる。
　一　経済構造改革の推進に関すること。
　二　民間の経済活力の向上を図る観点から必要な経済財政諮問会議において行われる経済全般の運営の基本方針の審議に係る企画及び立案への参画に関し、所掌に係る政策の企画を行うこと。

うに、「総定員法は不磨の大典と化しているようで、行政需要に応じた人員配置という視点など永遠にありえないのが、この国らしさなのであろう」と皮肉の一つも言いたくなります。

　と言いましても、こうは書いていますが、仕事量に見合ったマンパワーを配分する行政改革を行わないかぎり、この国は「国のガバナンス問題」を永遠に抱えていかなければなりません。今回の、選択療養から患者申出療養あたりの動きも、「これらの制度のどこが問題なのか」というような理屈や正しさの世界でどうなるものではなく、「力の問題」だと思います。私が2001年に出した本の冒頭の言葉「政策は、所詮、力が作るのであって正しさが作るのではない」[6]という話です。構造的な国のガバナンス問題があることを念頭に置かないと、今何が起こっているのかを理解できず、これから何が起こるかの予測も誤るかと思います。付け加えますと、官邸では、首相秘書官に一時期いた厚労省出身者が、今は1人もいない状況に戻っています。社会保障を取り巻く政治環境として、認識しておいてよいことかもしれません。

医療政策を取り巻く財政問題

　演題の「政治経済社会環境」の「経済」環境については、財政問題があります。昨年の国民会議報告書には、「将来の社会保障を支える世代に負担の先送りをしないために、今しっかりと負担していこう」と書かれています。けれども、実はすでに1,000兆円という借金のストックを抱えています。今を生きるわれわれも、これまでの負担の先送りの影響を受けているのです。

　この借金は変動金利の住宅ローンを借りているようなもので、金利が高くなると借金も増えます。おもしろいのは、「公的年金の積立金で物価連動国債を買えば、インフレにも強い積立方式の公的年金ができる」と言う人も出てくるわけですが、それは国が年金積立金から変動金利で借金をするということであり、インフレリスクが債権者である年金から債務者である国家財政にシフトされるだけのことです。財務省は現在でもGPIF（年金積立金管理運用独立行政法人）がわずかばかりの物価連動国債を購入することも拒んでい

---

5)　本書第7講参照。
6)　権丈（2005〔初版2001〕）21頁。

るのに、何を考えているのでしょうかね。まぁ、何も考えていないのでしょうけど。

　固定金利の国債の場合も、借り換えまで視野に入れれば変動金利のローンと同じであり、金利変動から生じるリスクは財政当局、つまりは広く国民が負わなければならなくなります。金利が上昇して財政負担が増えるとなれば、いつかは増税か歳出カットで対応せざるをえなくなります。そしてその大元の国家財政は、1,000兆円超の借金のストックをすでに抱えてしまっているわけです。1,000兆円というと、金利が1％上がれば、これが借り換え終える頃には10兆円の債務が新しく増えることになります。この10兆円を消費税に換算すると4～5％に相当するという、かなりきつい状況にある。と言っても、これはいったん価格が低下しはじめた国債を、今の保有者が評価損を恐れて売り急がない状況の話です。もしそうでないとすれば、状況はまた異なるわけですけどね。

　政策基準の1つに、GDPに占める公的債務の割合があります。分母であるGDPは経済成長率が動かし、分子である債務は金利が動かします。だから、成長率よりも金利のほうが高いとすれば、仮に単年度の基礎的財政収支（プライマリーバランス）がとれていたとしても、GDPに占める公的債務の割合は発散していきます。今から3年前の2011年7月15日に、日医の医療政策会議に呼ばれた時も話していることですけど、今年の政府債務残高を $B=(1+r)B_{-1}+G-T$ で表すとします。r は金利、G は歳出、T は歳入です。この式の両辺を $\left(\frac{1-g}{1-g}\right)Y$ で割って少し小細工をしますと、$\frac{B}{Y}-\frac{B_{-1}}{Y_{-1}}=(r-g)\left(\frac{B_{-1}}{Y_{-1}}\right)+\frac{G-T}{Y}$ が得られ、これは政府債務残高（B）のGDP（Y）比が発散しないためには、$\frac{B}{Y}-\frac{B_{-1}}{Y_{-1}}=0$、すなわち、$(r-g)\left(\frac{B_{-1}}{Y_{-1}}\right)=\frac{G-T}{Y}$ という条件が満たされる必要があることを示します。この式は、金利が成長率を1％上回る時、債務残高がGDPの2倍ならば、債務残高比率を上昇（すなわち、発散）させないためには基礎的財政収支黒字比率は2％（GDP50兆円のもとでは10兆円）ほどになることを意味します。ですから、公的債務のストックが1,000兆円ほどある状況下で、GDPの伸び率と金利の差が仮に1％程度ある場合、GDPに占める借金の割合を安定させるためには、消費税に換算して5％ほど余計に負担し続ける必要が出てくるわけです。嫌になりますね。

GDPに占める公的債務の割合を減らすことは、この国ではよほどの幸運が重ならないと無理ですし、主に国内の資本で国債を購入しているわけですから、中低所得層から国債を保有する資産家への仕送りをずっと続けることができるのならば、国債の返済というような無理をおかさなくてもいい。しかし、プライマリーバランスを単年度でとりながら、なおかつGDPに占める公的債務の割合を安定させるためには、借金のストック問題も視野に入れれば、そこそこの中福祉国家を目指そうとしても、かなりの高負担になってしまいます[7]。

この「公的債務のストック問題」というのは実にやっかいな問題です。現在、展開されているさまざまな政策のなかに「デフレマインドを払拭してインフレを起こす」というのがありますね。インフレと言っても、ディマンドプルなのか、コストプッシュなのかで国民経済、国民の生活に与える影響は異なり、輸入インフレによるコストプッシュの場合は国富が海外に流出するので避けてもらいたいのですけどね。どうせ物価上昇が起こるのでしたら、消費税の引上げによるほうが（税収は政府のサービスのために国内で使えるので）はるかにましなのですが、そうした詮無きことは、まぁ抜きにしたとしても、インフレが起こると、特別なことをしなければ、いずれは名目金利は実質金利にインフレ率が上乗せされた形に近づいていきます。

さて、その時の財政運営をどうするか。「いやいや、金利は上げないでやっていく」という話がなきにしもあらずで、国債が値崩れしないように、日銀が債券市場で既発の国債を買い続けるという話も出るのでしょうが、そこから先は、僕たちは知らないよ（!?）という世界になります。この国がそうした世界に一歩踏み出していなければいいのですが。

こうした財政問題ゆえに、社会保障をカットしろという話は絶えず出てきます。しかし、社会保障は現在の程度、あるいはもう少し機能強化をして、今日の「ほころびのある中福祉」を、「きちんとした中福祉」まで持ち込むというのが、2008年の社会保障国民会議で出されたビジョンでした[8]。2008年の国民会議のビジョンでは、消費税5％分は社会保障に回すことが想定さ

---

7) 本書第15講参照。
8) 権丈（2009）参照。

れていました。と言っても、5％増のうちの3％分は自然増ですので、ネットで増やすのは消費税2％分です。これでほころびのある中福祉をしっかりとした中福祉にするというビジョンを2008年国民会議で描いていて、現在までもそうした考えは引き継がれてきたと考えてもいいです[9]。

よく「反社会保障キャンペーン」とでも言いますか、「国の借金がどんどん増えているのは、社会保障のせいである」ということを示すデータが示されます。たとえば、主要経費別に1999年度から2013年度までを見てみると、歳出が増えていったのは社会保障費だということになる（図表1-1）。これに対して反論の1つでもしたくなるのですが、それは事実です。

医療関係者に私がずっと昔から言い続けているのは、国民皆保険を守りたいのであれば、増税あるいは社会保険料の引き上げを言うポジションにいてもらわないと矛盾するということです。

私が初めて日医に登場したのが、今日配付している2008年2月5日号の『日医ニュース』のオピニオン「2008年は穏やかな年になるのか、それともまた事件の連続？」[10]です。当時の日医は、「元祖埋蔵金話！」という立場にあ

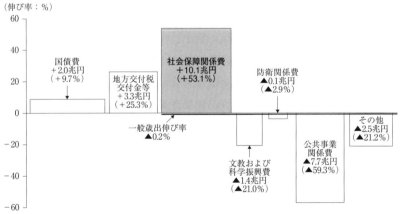

図表1-1　主要経費別の歳出増減（1999年度→2013年度）

注：1999年度は決算、2013年度は予算の数値を使用。
出所：財務省資料。

---

9) 「震災復興と社会保障・税の一体改革両立を」『WEDGE』2011年5月号。本書第12講所載。

り、増税反対の急先鋒でした。そこで私は、「僕は皆保険を守りたい、社会保障を充実させたいと思っているのに、なぜ日医と戦わなければいけないのか。参ったものだよなぁ」という日医への宣戦布告のような文章を、よりによって日医からの依頼原稿『日医ニュース』に書いたわけです。

　もっとも、現在の日医は違います。私が2008年の年始に日医に宣戦布告をして5年ほど経った昨（2013）年8月の末、消費税を上げるかどうかの意見を60人の有識者から聞くという点検会合が官邸で行われていました。その時、60人の1人として横倉義武日医会長は、「孫やひ孫の世代まで負担を残すべきではない。消費税率を引き上げて、われわれも負担をしながら、社会保障の財源として使っていくべきだ」と発言されています。月日というのは大きいです。

　一方、反社会保障キャンペーンの話の続きをしますと、財務省は、赤字国債を脱却した1990年というバブルの絶頂期を基準年にして、その後、歳出が増えて赤字国債を累積させていった要因を、次の図のように可視化しています（図表1-2）。最初は景気刺激策です。続いて、やはり社会保障が目立ちはじめ、地方交付税も財政に負担をかけてきたという状況になります。そして、これから増えていくのは社会保障なのであって、社会保障関係者がしばしば口にする「いや、こんな借金を作ったのは我々ではない」というような過去のことを言ってもどうしようもないです。

　ただし、財務省も正直に、公債残高の増加要因として「税収等の減少」を挙げて、次のように約148兆円を計上してはいます（図表1-3）。しかし、本当は、歳入サイドからの公債残高増加要因は、税収等の減少148兆円という額にとどまらないと思います。過去において、歳出の増加分——とくに社会保障のような継続性を持つ構造的な歳出項目の増加分——は、赤字国債に頼ることなく増税によって賄っていなければならなかったはずなんですね[11]。予算は毎年度国会で予算審議を通して、歳出は国会の議決を得て増えているわけですから、財源調達側面を原因として赤字国債がここまで累積したことはあまり言われることがありません。財政需要を満たすのに税収は十分でな

---

10) 権丈（2009）vii–xii 頁。

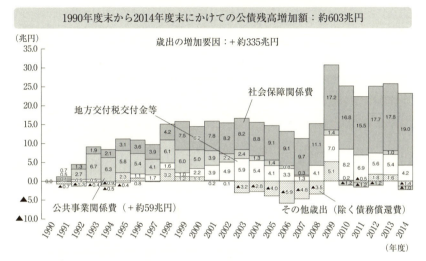

図表1-2　歳出側から見た公債残高の増加要因

注：特例公債（赤字公債）脱却を達した平成2年（1990年）基準。
出所：財務省『日本の財政関係資料』平成26年版。

ければならないという「課税の十分性」は、財政学の入門書に書いてあることです。ですから、社会保障が赤字の増加要因と言われるのは少し心外ですね（笑）。過ぎたことは仕方ないと言えば仕方なく、受け止めるしかないん

---

11)　『日本の財政関係資料』（平成26年版）では、この図の説明として次のような説明がある（14頁）。

　　公債残高の増加要因
　　　特例公債の発行から脱却することのできた平成2年度以降の公債残高の累増について見てみると、歳出面では、90年代は公共事業関係費の増加が主要因でしたが、近年では高齢化の進行等に伴う社会保障関係費の増加や地方財政の悪化に伴う財源不足の補てん（地方交付税交付金等）の増加が主要因となっています。また、歳入面では、景気の悪化や減税による税収の落ち込みが主要因となっています。

　　　この説明は、一面では正しいのかもしれないが、公債残高の増加要因としては、必要な増税を行うことができなかった歳入面にそのほとんどを帰すこともできる。他の先進国と比べてなお高くはない社会保障の給付水準を考えると、そうした論も成り立つはずである。

図表 1-3　歳入側から見た公債残高の増加要因

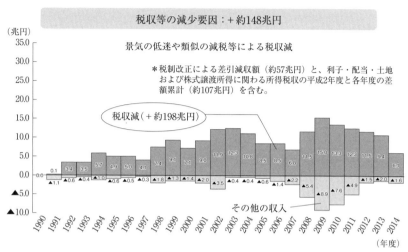

注1：平成25年度までは決算、平成26年度は予算による。
2：東日本大震災からの復興のために平成23〜平成27年度まで実施する政策に必要な財源として発行される復興債（平成23年度は一般会計において、平成24年度以降は東日本大震災復興特別会計において負担）を公債残高からは除くとともに（平成26年度末で11.4兆円）、平成23年度歳出のうち復興債発行に関わるもの（7.6兆円）を除いている。
3：税収のうち交付税法定率分は、歳入歳出両建てである（増減が公債残高の増加に影響しない）ため、歳出・歳入双方の増減要因から控除し、地方交付税交付金等のうちの交付税法定率分以外の部分（地方の財源不足補てん部分等）を歳出の増加要因として計上している。
出所：財務省『日本の財政関係資料』平成26年版。

ですけどね。

ちなみに、2014年度末の公債残高見込み、つまり地方の債務などを除いた国の債務残高は780兆円で（復興債11.4兆円含む）、図表1-2の基準年である1990年末の公債残高は166兆円、つまり2014年度末の公債残高の20％の水準でした。

さて、歳出規模増大の主因が社会保障関係費であることは確かなのですけど、それはなぜなのでしょうか。

図表1-4は私が昔から描いている図で、OECD諸国を対象とし、GDPに占める社会保障給付の割合と社会保障以外の割合を積み上げたものです。実は社会保障以外の割合を見ると、各国でさほど差がありません。大きな政府なのか、小さな政府なのか、そして国の形というのは社会保障が決めているんですね。

もっと簡略化すると、国の形は図表1-5のようになります。

国はまず基礎的なインフラを整えます。そして、そこに社会保障という三角形部分をどれだけ上乗せするかで国の形は大方決まります。したがって、

図表1-4　政府の規模と国の形（OECD、2007年）

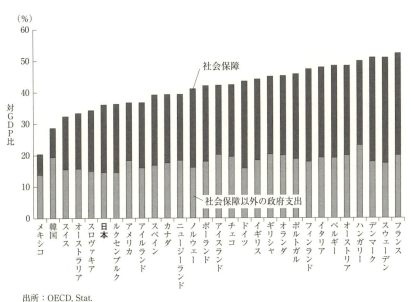

出所：OECD, Stat.

図表1-5　政府の規模と国の形（概念図）

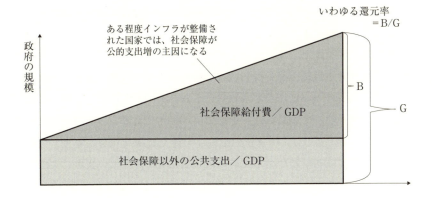

ある程度の先進国において、歳出の増加は社会保障が原因であると言われるのは当たり前なのです。しばしば、「社会保障給付費（B）／歳出総額（G）」が、いわゆる「還元率」と呼ばれて、この還元率はヨーロッパの福祉国家では日本よりも大きい、したがって日本では増税をしなくても予算の組み替えで社会保障を大きくすることができると言われてきましたが、それは大ウソ。還元率を高めるためには、政府の規模を大きくする必要がありました。

社会保障に価値を置く人たち、とくに日本の国民皆保険を守るという人たちは「速やかに負担増をすべし」と言い続けるしかないと同時に、過去においても言い続けるしかなかったんですね。そうであったのに、医療界は、ほんっと呆れた状況にあったわけでして、トンデモ論者をオピニオンリーダーとして重用していたりしました。私の医療界でのデビューは、まずはそういう人たち潰しから始まりました。

また、図表1-5「政府の規模と国の形」について1つ説明しておきたいことがあります。財政学では、普通税と目的税という言葉があります。目的税は使途が限定されている税であり、普通税の使途は年度ごとに国会で決められることになっています。教科書の世界ではそうです。しかし図表1-5から分かるように、ある程度の先進国において財政問題の中心は社会保障に要する財源をどのようにして調達するかということになります。そうした国々では、財源調達力がきわめて強い付加価値税、日本で言えば消費税に大きく依存しながら社会保障の財源を賄うことになるのですが、教科書の世界では付加価値税・消費税は、使途が限定されていない普通税ということになるはずです。しかし、現実には、社会保障のどの給付のために付加価値税・消費税をどの程度引き上げるということが先決されて、それらの税を上げるという政策形成プロセスを経ています。

日本でも1999年以降は消費税の国税分は基礎年金、高齢者医療、介護という高齢者3経費に用いることが決められており、消費税国税分は実質的に社会保障目的税となっていました。そして、2008年12月25日の閣議決定「中期プログラム」のなかで、「消費税の全税収を確立・制度化した年金、医療及び介護の社会保障給付及び少子化対策の費用に充てることにより、消費税収はすべて国民に還元し、官の肥大化には使わない」と記されることにより、

年金、医療、介護に少子化を加えた社会保障4経費に消費税を使うことが規定されました。消費税の使途を確立・制度化した社会保障4経費に限って使うという消費税の社会保障目的税化の方針は、今回の社会保障・税一体改革でも踏襲される……と言いますか、一体改革の核になっている部分です。

となりますと、消費税の増税を国民に問う前に、誰かがその使途を議論し、方針を示しておかなければなりません。その役割を担ってきたのが、2008年社会保障国民会議、そして社会保障税一体改革のもとでの社会保障改革に関する集中検討会議、社会保障制度改革国民会議だということかと思います。これらの会議は、政治的には多分に偶発的に生まれたものではありますが、よく考えてみると、ある面、歴史的には必然性をもって生まれてきたとも言えます。そうした機構が存在しないことには、社会保障目的税としての増税分の使途に関する道筋を事前に示すことができないわけですから。社会保障が政府規模増大の主因に入った時代の多くの先進国では、日本に限らず、財政学の教科書に書いてある、普通税と目的税の定義が当てはまらなくなっています。

その意味で、増税をストップするとなると、予定されていた給付増、すなわち、10％まではすでに使途の概略が決まっていますので、社会保障機能強化における具体的な政策がストップすることになります。今の時代、政府は、「消費税の増税を支持しますか、反対しますか」という雑な選択を国民に問うているわけではなく、かなり社会保険に近い性格をもつ目的税としての消費税が論点になっていることを、メディアも世論調査などをする際には気をつけたほうがいいと思います。

所得再分配制度としての社会保障制度

社会保障が具体的にどのような役割を果たしているのか、簡単に説明します[12]。今日の社会では、まず、労働、資本、土地という生産要素が市場活動に対してどれだけ貢献したのかという「貢献度」に基づいて、市場が所得を分配します。これを所得の一次分配と呼ぶのですが、この一次分配だけでは、

---

[12] 詳しくは、本書第6講参照。また、権丈（2006）26-30頁における「混合経済の基本的機能」も参照。

過去、世の中が政治的にも経済的にもうまく回りませんでした。そこで、医療や介護などは市場から外し、人々・家計の「必要度」に応じて、そうしたサービスを利用できるようにしていきました。市場経済が勢いを増す以前は、人々の必要に応じた分配というのは主に家計のなかで行われていましたが、市場の役割が徐々に強まる産業化・都市化の過程で家族機能や地域での助け合いが弱体化していき、そうした相互扶助のシステム、とくに家族機能の弱体化を compensate（埋め合わせ、補償）していったのが社会保障でした。要するに、市場活動への貢献度に基づいて分配された所得を人々の必要度に基づいて修正しているのが社会保障で、別の見方をすれば、社会保障の大方の役割は必要度に応じて人々に分配する役割を担っていた家族機能を社会化・保険化したものであるとも言えます（図表1-6）。

したがって、家計にいったん租税・社会保険料の負担をしてもらい、それを必要度に応じて家計に再び戻す「所得の再分配制度」という市場経済のサブシステムがないことには、医療を必要に応じて分配することができません。

結局、小さな政府なのか、大きな政府なのかは、貢献度に基づいて分配された所得を必要度に応じて分配し直している度合いが小さいか、大きいかに

図表1-6　社会保障とは何をしているのか？

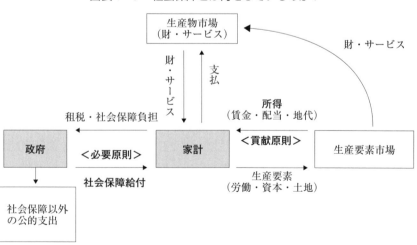

出所：権丈（2006）28頁。

よって決まります。言い換えれば、家計における人々への必要の充足を、個々の家計の責任、つまり自己責任に強く求めるかどうかで決まるということです。そうであるのに、この国の多くの人たちは、なにか良からぬことばかりをする政府、とくに官僚が肥大化するのはいけないことだ、非効率なことだというキャンペーンにのせられていました。このキャンペーンは、政府の一員であるはずの政治家も利用……と言いますか、彼らは実に無責任、いや、政治家のレベルがみるみる低下していって、あくどくも利用する政治家が大勢出てくるようになりました。そして困ったことに、こういうキャンペーンにのせられる人が、医療界に実に多かった。また、保団連や保険医協会は、一部の地域を除いておかしなことばかり言い続けてきました。そうした組織は共産党と繋がりがあるのでしょうが、彼らは、公共政策の支出側面についてはよく勉強していますが、財源調達側面になるといきなりお子ちゃまレベルになってしまいます。2007年に京都府保険医協会に呼ばれて増税の必要性を話していたら、フロアから、「降りろ、誰がこんなのを連れてきたんだ！」と怒鳴られました。彼らは、共産主義が国民負担率100％の社会であることを分かっていないわけで、誰も、彼らにそうした事実を教えようとしない。

　そうしたなかで、マクロ経済のところで私が論じてきたのは、資本主義というのは、再分配制度をある程度の規模で持っておく混合経済のほうが都合がよいということでした。社会保障という再分配制度は、貧困層を事後的に救済するという「救貧機能」を果たしていることは確かですが、社会保障は所得の高い人から低い人への垂直的再分配に加えて、個人の力だけでは備えることに限界がある生活上のリスクに対してみんなで助け合う形としての保険的再分配、さらには個人あるいは家計のライフサイクルにおける時間的な再分配を行うことにより個々の家計の消費の平準化を果たしています。そうした総合的な再分配政策である社会保障によって、中間層の貧困化を未然に防ぐという「防貧機能」を果たしています。

　ここでクイズを出したいと思います。今、社会保障の給付費は100兆円を超える規模に達しています。このうち、テレビなどでよく取り上げられる生活保護の給付費は、30％、40％、50％、それに「該当なし」という４つの選

択肢のうち、どれだと思いますか?

　この問題には、大方みんな引っかかります。答えは「該当なし」です。生活保護、すなわち図表1-7における「公的扶助」は3％強にすぎず、そのうちの半分弱が医療扶助でして、多くの人が「生活保護」という言葉で連想する現金給付の生活扶助は、社会保障給付費総額の1％強しかないんですね。要するに、社会保障は医療、介護、年金などからなる社会保険がおよそ9割を占めており、それはまさにこの会場にいる我々みんなが負担と給付の双方にかかわっていることを意味します。

　社会保障の主な役割は、中間層の保護育成にあると言っていいです。社会保障がないときよりも厚い中間層が育つことになり、この中間層が一国の購買力を支えてくれるようになります。だって、顧客がいないところで商売しろといっても無理ですよね。一国の経済政策のなかでは、広く厚い層をなす顧客、つまりは分厚い中間層は意図的に創出しなければならないのですが、この広く厚い中間層の創出を、いわゆる「市場」は大の苦手としています。もっとも、中間層なき成長も一瞬ありうるにはありうるのですが——そうした短期の景気回復は厳密には成長とは言わないのですけど——、そうしたものは金融界が無理に咲かせた、バブルという徒花に頼ったものになってしま

図表1-7　社会保障給付費の内訳

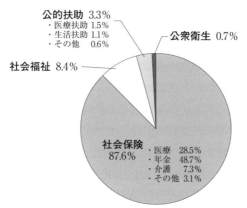

資料：国立社会保障・人口問題研究所（2013）『平成23年度社会保障費用統計』を基に作成。
出所：社会保障の教育推進に関する検討会作成「社会保障を教える際に重点とすべき学習項目の具体的内容」
　　　より転載 http://www.mhlw.go.jp/stf/seisakunitsuite/bunya/0000051472.html

います。だから、市場に介入しながらも中間層の保護育成を図り、顧客、需要層、有効需要を育て下支えする社会保障が、堅実な経済政策として重要になってくるわけです。

私は昔から、「積極的社会保障政策」という経済政策を提案しています[13]。高所得者ばかり、企業サイドばかりに都合の良い社会は、需要と供給のバランスのとれた均整成長を阻害します。高所得者や企業のミクロ的視野に強く依存した経済政策を展開すると、マクロには高所得者や企業の私的利益と公共善の間に不都合が生じるという意味で、「合成の誤謬」が起こります。合成の誤謬を緩和するためには、市場サイドからの政治圧力、資本の力に抗って、政策介入が必要になります。

ところが、多くの経済学者と言いますか、伝統的な経済学というのは「いや、市場に介入することは、よくないことだ」と条件反射的に反応します。そこが経済学のおもしろいところと言いますか、問題のあるところと言うほうが妥当だと思いますが、経済学のロジックは、さまざまな歴史的経緯や政治的理由もあって、根っこの部分でそのような思想的バイアスを持っていたりします。ですから私は、ある時は経済学のロジックの根っこの部分をからかうような論文を書いたりしています[14]。平成23・24年度『医療政策会議報告書』[15]でもそういう文章として、2つの節「合成の誤謬と自由放任の終焉」と「合成の誤謬を改善する政策に抗う経済界」を設けて10頁以上にわたって説明し、「合成の誤謬」の対立概念としての「セイの法則」、すなわち、「供給はそれ自らの需要を創出する」という販路法則を大前提に置いた伝統的経済学を批判していますので、お手すきの時にでもご笑覧いただければと思います。

伝統的な経済学は、深層部分でセイの法則を前提としており、たしかにセイの法則が成立するかぎりは、供給側、市場側、資本側の言い分どおりの社会を作っておけばよいことになる。ところが、合成の誤謬が起こるとそのロ

---

13) 権丈（2004）「3章　積極的社会保障政策と日本の歴史の転換」参照。
14) 権丈（2012b）「社会保障と係わる経済学の系譜序説」『三田商学研究』2012年12月、
　　権丈（2013）「社会保障と係わる経済学の系譜（1）」『三田商学研究』2013年2月参照。
15) 本書第17講参照。

ジックは崩れます。この合成の誤謬という概念が私の考え方の核になっているわけです。

　そういうわけで、伝統的と言いますか、学校で教えられているような経済学を素直に学んだ人たちは、皆、悪気があって「市場に任せたほうがいい」とか「再分配はよくない」とか言うようになるのではなくて、経済学をまじめに勉強すると、そういう考えになってしまうんですね。私は、研究者として、伝統的と言いますか正統派の経済学は議論のスタート地点でおかしな前提をおいた論になっているという批判を行ってはきたのですが、やはり伝統とか正統派は強いです。根強いがために、伝統的、正統派、そして多数派の地位を得ることができたわけですし、その地位を保ち続けることができたとも言えるんですけどね。

　だから、反社会保障キャンペーンというのは、はじめから多くの経済学者が支持層として存在していますし、今日の歳出の増大は、社会保障が原因となっていることは事実です。もっとも、「今日の（歳出の増大ではなくて）財政赤字の増大は社会保障のせい」と言われると、「それはウソで、歳入がだらしなく国民負担率が低いままだからだ」と言い返したくもなりますけどね。そうしたなかで、医療は支払能力に基づくのではなく人々の必要性（ニーズ）に基づいて提供されるべきだという、市場が苦手とする役割を政府に求めて、日本の皆保険制度を守るべきだと考えられる人たちは、「速やかに増税するべし」「速やかに社会保険料を上げるべし」と言い続けてもらわないと困るわけでして、論理整合性も持ちえません。そういう意味で、私が言っていることは、昔から何も変わらない。

医療者と保険のかかわり方

　ただ、少し変えようかなと思っている点はあります。それは、医療関係者と医療保険との関係です。

　今後、この国の財源調達で税を当てにするのはなかなか苦しい。はっきり言って財務省は社会保障への国庫負担削減を狙う手負いの獅子みたいなものです。財務省の厚労担当がちょっと厚労省に理解を示そうとすると、今度は上から睨まれるというような、非常につらい状況があるわけです。そうした

環境のもとでは、医療保障政策はやはり社会保険料を主財源とせざるをえません。

　私は数年前から「廃止が予定されている医師国保を医療界自らが進んで潔く解散して、医療者皆で医業健保を作り、医療界が健保連を乗っ取ればいい。健保連の会長に日医の会長が就き、中医協の支払い側に医師が座るくらいのことをやらないと、皆保険を守りきることは難しいでしょうね」と言ってきました。三師会（医師会、歯科医師会、薬剤師会）が一斉に医業健保を作れば被保険者数は65万人になりますから、健保連のなかで、最大の人材派遣業界の組合46万人を抜いて被保険者数トップの組合を作ることができます[16]。このビジョンは、医療関係者が前向きになれば実現可能な策ではあったのですが、2つの理由で去年くらいから私の言うことは大きく方向転換しています。

　1つは、医療関係者が一向に動こうとしない。むしろ、医師国保関係者が、実に情けない理由を根拠に反論してきたりする。こういうのはタイミングが大切で、「そうだよな」と思ったところで、まわりの人たちから見れば何が起こっているのか分からないくらいにスピーディに動かないといけませんが、一向に動かないし、これからも、きっと動かないでしょう。

　もう1つは、健保連の現執行部のやり方があまりにもひどい。彼らの存在は、益よりも害のほうが大きいと考えるようになったからです。健保連で昔から働いている人たちがかわいそうです。たとえば去年、社会保障制度改革国民会議で、後期高齢者医療制度の財源調達に対して、総報酬割の全面導入といったことを話し合っていました。協会けんぽなどの所得が低い層の保険料があまり上がらなくてもよいように、所得の高いところから低いところに回していきましょうと議論していたわけです。そうしましたら、去年（2013年）の6月、私が理事を務める慶應健保の常任理事会宛てに、健保連から総報酬割反対の嘆願書を政府に出してほしいという依頼状が届きまして、親切にも健保連が作ってくれた嘆願書の案には次のような文章が延々と書いてありました。

---

16) 『平成23・24年度医療政策会議報告書』。本書第17講中「福祉国家を支える集団としての医療界に求められるもの」参照。

当健康保険組合は、平成25年度予算において、保険料率を69‰に引き上げた上でもなお1.7億円の別途積立金を繰入、大変厳しい財政運営を強いられています。厳しい財政状態は、平成18年度から7年連続の赤字状態であり、組合運営はまさに瀬戸際の状況にあります。こうした状況を招いている最大の要因は、過重な高齢者医療制度の負担にあります。
……

　たしかに慶應健保は7年間赤字でした。ただし、これは別途積立金[17]が少し多くなりすぎたので、早めに減らしておこうといって、日本の約1,400ある健保組合のなかの下から十数番目の保険料率まで下げて、意図的に赤字を出していたんですね。だから赤字だからといっても財政的に苦しいという話ではありません。まして、嘆願書に書いてあった「現行の過重な負担による厳しい財政状況の中では安定した組合運営を行うことができないうえ、健保組合の存続さえ難しい状況です」など、大ウソです。私は慶應健保で十数年間、理事として実際に医療保険を運営してきましたが、慶應健保の存続が危ぶまれたことなど一度もありません。今日の健保連は、陰でこういうことばかりやっている。
　世の中には「度」というものがあり、度を超すと何もかも失うおそれがあるということが、どうして現在の健保連執行部には分からないのか。この話に関しては、私は我慢に我慢を重ねて公にしなかったのですが、ますます度を増していく彼らの政治活動にこらえきれず、去年（2013年）9月に行われた「虎ノ門フォーラム」という、社会保障や医療政策の関係者がフロアにいた講演で少しだけ触れました[18]。その後この4月にも、医療政策のプロが集まる「医療経済フォーラム」[19]で触れたのですが、健保連執行部の方針はまったく変わろうともせず、さらにその後は前期高齢者医療制度への国庫負担導入に関しても同じような連絡を各健保組合に送っています。だから、この話をすると後味の悪さが残るのですが、今日も触れておきます。彼らのそ

---

17)　法律で義務づけられた法定準備金とは別途に、任意で保持できる過去の剰余金。
18)　本書第28講参照。
19)　本書第32講参照。

うした政治活動を見ていた私のなかで、何かが大きく変化し、「もういい加減にしろよな」という気分になってきたようです。さらに言えば、医療提供体制の改革という、この国の最重要課題になると、健保連はまったく参加できない。企業単位の健保組合では提供体制の改革とかかわりようがないんですね。かかわることができるのは協会けんぽのような県単位になってきます。はたして今日、企業単位の健保組合に、存在意義はあるのか。

　したがって私は、横倉会長が去年の４月19日に国民会議に出席された時に「将来的には医療保険の一元化を目指すけれども、せめて被用者保険だけでも一元化できないだろうか」という話をされて、「それはそうだよな」と思い、次第に医業健保創設の考えを転換していくことになります。日医は武見会長の頃から医療保険の一元化を提唱していたのですが、最近の日医は実行可能性に配慮して被用者保険一元化を言われていますよね。私もそのとおりだと思います。したがって、医療関係者も協会けんぽと国保に分かれていただき、健保組合は協会けんぽに統合するということを去年の末くらいから言い始めています。

　医療関係者は、医師国保を解散して医業健保の創設に向けた動きを一向に見せないし、健保連の現執行部は、勝ち目なんかあるわけがない玉砕戦へと数年前に踏み切ってしまったようです。希望に応えて健保組合は解散して協会けんぽに移行し、医療関係者には協会けんぽと国保に分かれてもらい、そこで高所得者として再分配の費用をしっかりと負担する側になってもらう。医業健保を作るより医療関係者が負担する保険料は増えます。それが、医師国保の解散に抵抗した人たちがもたらす結果です。医業健保を立ち上げての健保連乗っ取り作戦は捨てました。そこが、従来の論から変わったと言えば変わったところです。

　ただし、協会けんぽに医療関係者などの比較的所得の高い層が多く加入し、財政に現在よりも余裕が出てくれば、協会けんぽへの国庫補助率はいずれ下げられます。それが、国の責任分担を示すためではなく、財政力を調整するために投入されている国庫補助というものです。

税と社会保険料の政治経済学

ちなみに、財源としては、「社会保険料というのは逆進的でよくない、税に頼ったほうがいい」というのは素人さんがよく考えることですが、税に頼るということは、政策の主体が厚労省から財務省に移っていくことでもあります。

たとえば、次の図（図表1-8）の右側にあるワイングラスの図は、かつて厚労省が作りました。しかし現在は、その左に、財務省が2つの図を付け加えています。

財政審でこの図が配られたわけです。財務省は、厚労省が7対1の病床をどれくらい作りたいと考えていたかという具体的な情報を得て、それを真ん中の図に書き込みます。「君ら厚労省は、7対1病床を分量的にはこの真ん中の図の頭のちょんまげの数くらいを想定していたはずなのに、7対1という診療報酬を作ったら、現実は右の図のようになってしまったではないか」と。

図表1-8　平成18年診療報酬改定に伴う病床数の変化

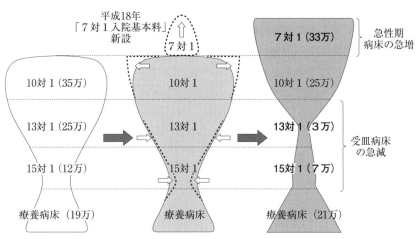

出所：2013年10月21日　財政制度審議会配付資料。

日本の看護師の密度は他国と比べれば薄いのだから、7対1の医療そのものは悪いわけではありません。けれども、厚労省が財務省から、「7対1病床を想定していた目標数にとどめることができなかったんだよね」と言われると、厚労省は失敗だったと答えざるをえなくなる。さらにたたみかけるように、「そもそも診療報酬で提供体制の改革ができるの？」と財務省が厚労省に言うと、なかなか反論できない状況が生まれることになります。こうした積み重ねを経て、医療政策に関するパワーシフトが徐々に起こっていく。昨年（2013年）末の診療報酬改定に影響を与えた11月末の「平成26年度予算の編成等に関する建議」などは、みなさんにも記憶に新しいと思います。

次につづく4枚の資料（図表1-9～12）も、すべて財政審の資料です。

医療提供体制の現状、改革の方向性、そして、過去、診療報酬による誘導では失敗してきた歴史絵巻が描かれています。

診療報酬の誘導では、増やすつもりでいた10対1が減っていき、それほど

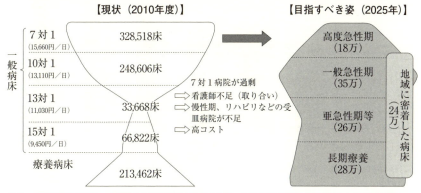

図表1-9　現状の病床における問題点

○現状では、急性期を念頭に高い報酬（15,660円／1日）となっている「7対1入院基本料」を算定する病床が最も多い（患者7人に対し看護師1人）
○これは、2025年に向けた目指すべき姿とは著しく異なっており、看護師不足や受皿病院の不足、高コストの要因ともなっており、是正が必要。

資料：平成23年11月25日　中央社会保険医療協議会総会資料、厚生労働省保険局医療課調べ（厚生労働省提出資料）。
出所：2013年10月21日　財政制度審議会配付資料。

までは増やす必要のなかった7対1が目標数をはるかに超えて増えているというように、厚労行政の痛いところを財務省が突いています（図表1-10）。

厚労省も考えてきた医療提供体制の改革イメージは、図表1-11の中央のように、カシンカシンと映画『トランスフォーマー』のように変身してもらわなければならないのですが、厚労省が持っている伝統的な政策手段である診療報酬による誘導では難しいのではないか？と、厚労省は財務省から責められます。

こうしたストーリーの資料は、すべて財務省作成の資料ですからね。

そして図表1-12のように、医療提供体制改革のめざすべき方向は、医療のニーズに地域差があるのだから、地域の状況に見合った形で医療計画を

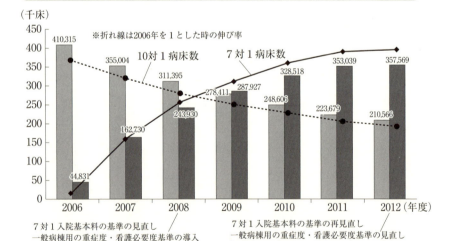

図表1-10　一般病棟入院基本料（7対1と10対1）の届出病床数推移

○「7対1入院基本料」を算定する病床数は、2006年度の新設以来、一貫して増加。
○一方、報酬の低い「10対1入院基本料」の病床は一貫して減少。
○2008年度、2012年度の診療報酬改定では、「7対1入院基本料」の要件を厳格化したが、この傾向は継続。

出所：2013年10月21日　財政制度審議会配付資料。

図表1-11 医療提供体制の改革イメージ

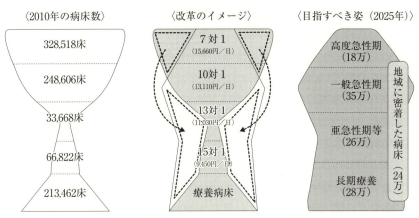

資料：平成23年11月25日 中央社会保険医療協議会総会資料、厚生労働省保険局医療課調べ（厚生労働省提出資料）。
出所：2013年10月21日 財政制度審議会配付資料。

図表1-12 地域ごとに異なる医療提供体制の実情

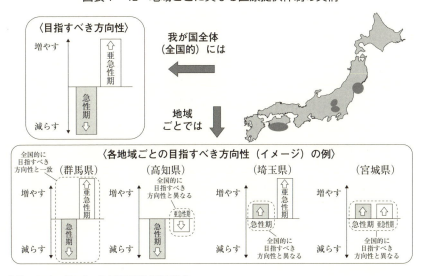

出所：2013年10月21日 財政制度審議会配付資料。

作ってもらい、そして中央ではなく地方・地域でやってもらうほうがいいのではないか、というストーリーを作っていきます。

　そうした動きに対して、去年は、不意を突かれた形でドタバタと抵抗していたのが厚労省サイドでした。当時、そうした状況の渦中にあった私は、国民会議直後の『Visionと戦略』のインタビューで、思わず「ここで、あまり指摘されない重要なポイントを指摘しておくと、それは、霞が関の人事だ。……何事も、源は人、人事だ」[20]と答えてしまっています。医療介護に対する政策技術、人的資本の蓄積は圧倒的に厚労省内にありますから、改革の成否は彼らがどれほどリーダーシップを発揮できるかにかかっています。そして今、厚労省は当時とはガラリと方向転換し、人材を集め適材を適所に配置して前向きに取り組んでくれています。

　そのような状況のなかで、これから先の医療の財源というのは、後期高齢者医療制度には税が入っていますし、義務的経費として比例的に入っているものがありますので、これを守るのが精いっぱいですが、財務省はこの伸びをいかに抑えるかを考えてくると思います。

　さらに言いますと、国保にも国庫負担がかなり入っています。これを減らそうとする財政当局の力学は、私には魅力的に見えるわけでして、私は年金の最大の課題は厚生年金への適用拡大だと思っていますし、そう言い続けてきました[21]。厚生年金という被用者保険への適用拡大を進めると、医療保険でも国保から被用者保険への適用拡大が自動的に進みます。そうなると、国保への国庫負担も減るんですね。財務省には、ぜひとも年金と医療の双方において被用者保険への適用拡大を強力に推し進めてもらいたいと思っています。そして医療界の人たちには、財政当局からの歳出カットの圧力を少しでも緩めるためにも、被用者保険への適用拡大にぜひとも協力してもらえればと思います。

20）　本書第29講参照。
21）　権丈（2015）第4講参照。また、第52回社会保障審議会医療保険部会（平成24年4月18日）資料2「短時間労働者への厚生年金・健康保険の適用拡大について」4頁も参照。

財源調達のあり方に関する考え方

図表1-13は、2014年度予算ベースの値ですが、社会保障への国庫負担は図の淡い網掛けの部分です。

義務的経費として入っている国庫負担を確保し続け、そして皆保険制度の機能強化として全体的に医療費を上げていくには、主財源かつ牽引役を社会保険に頼らざるをえないでしょう。

そして、日本の社会保険料は、組合健保の場合、いちばん低いところと高いところで3倍ぐらいの格差があります。ですから、これが全部協会けんぽに統合され、組合健保の人たちが所得再分配の所得を負担する側に回っていくという形で、全体をならしつつ上げていく。昨年の社会保障制度改革国民会議で私は、フランス、ドイツの医療保険料率を紹介していまして、これら

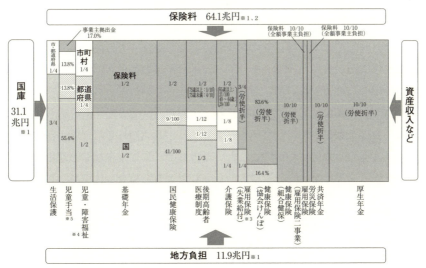

図表1-13 社会保障財源の全体像（イメージ）

※1 保険料、国庫、地方負担の額は平成26年当初予算ベース。
※2 保険料は事業主拠出金を含む。
※3 雇用保険（失業給付）については、当分の間、国庫負担額（1/4）の55％に相当する額を負担。
※4 児童・障害福祉のうち、児童入所施設等の措置費の負担割合は、原則として、国1/2、都道府県・指定都市・中核市・児童相談所設置市1/2等となっている。
※5 児童手当については、平成26年度当初予算ベースの割合を示したもの。

出所：厚生労働省「社会保障制度改革の全体像」（社会保障と税の一体改革説明資料　平成26年5月）。

の国の医療保険料率は14％前後です。

　これに対しては、「そこまで保険料を上げたら企業がもたない」などとも言われます。しかし、この国も昔は、児童労働をはじめとんでもなくひどい労働条件のもとにありましたが、そういう劣悪な労働をどんどん禁止して、許された領域でやってくれる企業しかこの国では生き残っていけないようにしながら、日本で許容される労働条件を高いレベルに引き上げてきたわけです。だから、日本の労働者に日本の生活水準を保障することができるだけの年金保険料、医療保険料を負担できるような、それだけの付加価値を生むことができるような企業が日本で活動してもらわなければならないのです。これができないのであれば、日本人の生活水準は落ちていく。そして長期的にそうした不幸が日本を襲わないように、人的資本を充実させる政策はしっかりと展開していく[22]。

　2007年にパート労働の厚生年金適用をめぐって私もいろいろと、パートへの依存がきわめて高い大手スーパーマーケットや外食産業の事業主とやり合っていました。「パート労働に厚生年金を適用すれば我々は潰れる」と企業側は言う。そこで私は「別にあなたの会社が潰れても、ほかの人がやってくれますよね。スーパーマーケットとか外食産業のニーズ、需要がなくなるわけではないのだから。あなたたちとは違う新しいビジネスモデルを考えた人たちが皆さんに替わってやってくれますから、大丈夫です」と言っていました。たとえば、あるスーパーマーケットは、商品知識を持っている人たちに働いてもらったほうがいいのだという方針で、厚生年金などを適用する正規の労働者を雇う努力をしている。そうした努力を社会全体でやっていかないと。「新興国に負ける、だから安い労働力を」ということをこれからも続けていくと、残念ながら、負のスパイラルに陥って、最終的に日本人は新興国の人と同じ生活水準に収束していくしか道がありません。この負のスパイラルを絶つためには、「あなたたちのように安価な労働力に依存したビジネスモデルしか考えつかないのであれば、市場から退出してください」と言うしかなく、そこはシビアにやっていかなければなりません。

22）　権丈（2015）第4講参照。

去年の社会保障制度改革国民会議の時、終盤で「低所得者・不安定雇用の労働者の増大にも対応できるように社会保障の改革を」という方向に話が進みそうだったので、私は、「一次分配がしっかりしてなかったら、再分配としての社会保障は機能しない」という切り返しをしています。かつて18世紀末から19世紀のはじめに、広く低所得者の賃金補助を行ったイギリスのスピーナムランド制度が経験したように[23]、「企業が賃金をいくら低くしても社会保障があるから大丈夫」というような社会にすることは、労働市場をその社会からなくすことに等しく、それこそ社会の持続可能性が脅かされます。「労働市場がどんなに質を落としても大丈夫なように社会保障の改革をやるべき」と読み取れる文言が国民会議の報告書にあっては困るんですね。そのあたりが、報告書の「まずは、非正規雇用の労働者の雇用の安定や処遇の改善を図ることが必要であり、また、非正規雇用の労働者に対して社会保障が十分機能するように、こうした労働者にも被用者保険本来の姿に戻し、制度を適用されるようにしていくこと（被用者保険の適用拡大）が重要である」に反映されているのかもしれません。

完全雇用余剰と日本の税構造の弱点

　さて、財政の話に戻りたいと思います。今日、覚えておいてもらいたい言葉は、「完全雇用余剰」です。図表1-14はこの国の財政状況を示しています。
　景気は変動します。良い時もあれば、悪い時もあります。したがって、悪い時には赤字国債を出して景気を下支えするということは当然あっていい。しかし、良い時には余剰が生まれなければいけません。
　ところがこの国は、バブル時にも財政余剰が生まれていない税構造なのです。あのバブルのピーク時でさえ、赤字国債がゼロになったといっても、完全雇用余剰が生まれない税構造だったということは理解していただきたい。
　景気が良い時には余剰が生まれ、悪い時には赤字になるというシステムになるのが健全な税構造です。ところが日本の税構造はそうなっていない。景気が良くなれば、「景気の腰を折るのか」と増税に反対し、景気が悪いと

23）権丈（2015）第3講参照。

図表 1-14　ワニの口と、完全雇用余剰という概念

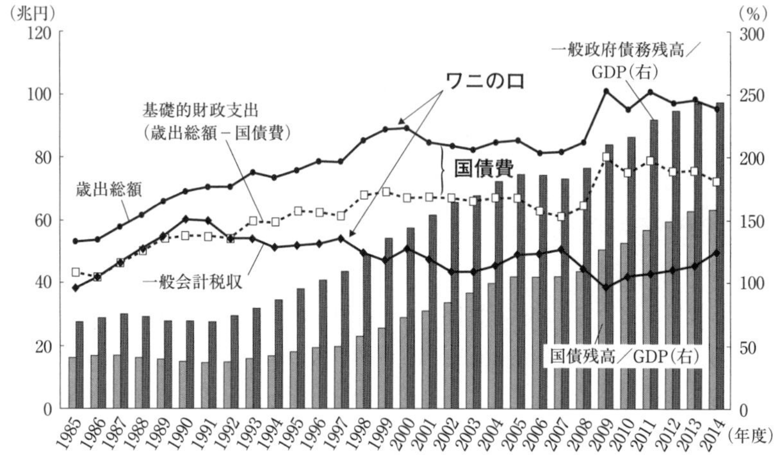

出所：財務省「わが国税制・財政の現状全般に関する資料（平成26年4月末現在）」より筆者作成。

　「増税などもってのほか」と増税に反対し、借金のストックを延々と増やして、今やGDPに占める公的債務残高の割合は、第2次世界大戦の水準を超えてしまいました（図表1-15）。私は「積み上がった借金を返済しましょう」とは言っていません。しかし、少なくともどこかでとにかく増えないようにしなくてはならず、そうした財政規律を守ろうとするだけで、20数％まで消費税を上げなければいけないということです。消費税の他にも所得税および社会保険料、資産への課税などを強化して、財政の持続可能性と社会保障の機能強化の両立を図らなければならない状況です。そして今や社会保障の機能強化と言っても、量的増加はさほど見込めず質的転換が主な改革になります。

　来年（2015年）10月の消費税増税の判断を行わなければならない今日[24]、完全雇用余剰というコンセプトを理解してもらうことは重要だと思っています。

　GDPに占める公的債務残高の割合は、他国と比べても圧倒的に大きい（図表1-16）。この国は、これまでの日本人が残してきた莫大な債務、つまりすでに大きなハンディキャップを抱えた状況から財政運営を考えなければなりません。基礎的財政収支がとれ、かつ金利が成長率を上回っても政府債

図表1-15　1890年度以降の政府債務残高の名目GDP等に対する比の推移

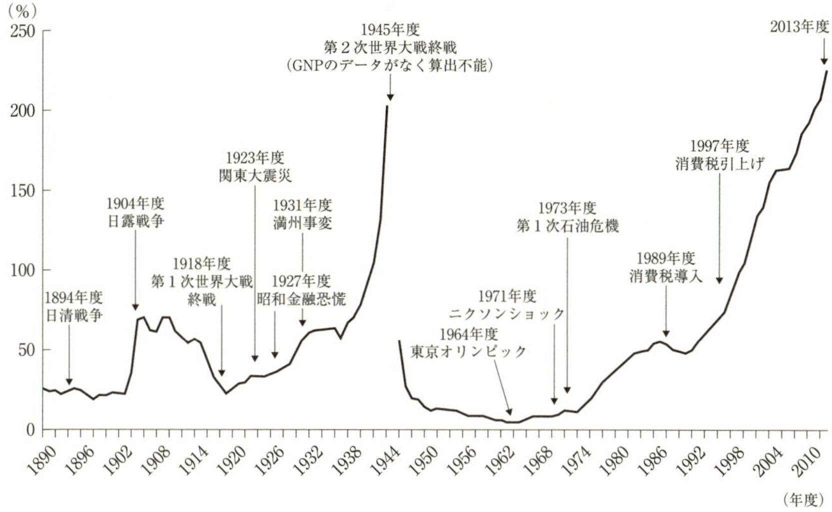

出所：財務省『我が国の財政事情』。

務残高のGDPに対する比率が上昇しないようにするまでは、増税した際の税収の相当部分は財政再建に回さなければなりません。つまり、それは増税した税収の大部分——今回の一体改革では消費税増税5％のうち4％分——を財政再建に回すため、社会保障をはじめとした公共支出に使うことはできないということを意味します。

したがって、この国はしばらくの間、総需要を減少させる、すなわち景気にブレーキをかけるおそれのある増税を続けざるをえません。これまで負担増を先送りしつづけて基礎的財政収支の赤字が肥大化した日本で、政治家に

---

24) 周知のとおり、2014年11月18日、首相は会見で、消費税10％への増税を2017年4月まで先送りすると表明。とはいえ、首相官邸は14日までに、関係府省に消費税率引き上げを1年半延期し、2017年4月からとする方向で準備をするよう指示していた。その時点では、2015年4月からの消費税増税の可否を有識者に問う「今後の経済財政動向等についての点検会合」は第3回（11月14日）から第5回（11月18日）が残されていた。そして、点検会合は予定どおり第3回以降の28人が呼ばれて行われた。もっとも、国民生活・社会保障関係者9人が呼ばれた11月13日の第2回点検会合の時には、すでに増税先送りは既定路線となっていた。

図表1−16 莫大な累積債務

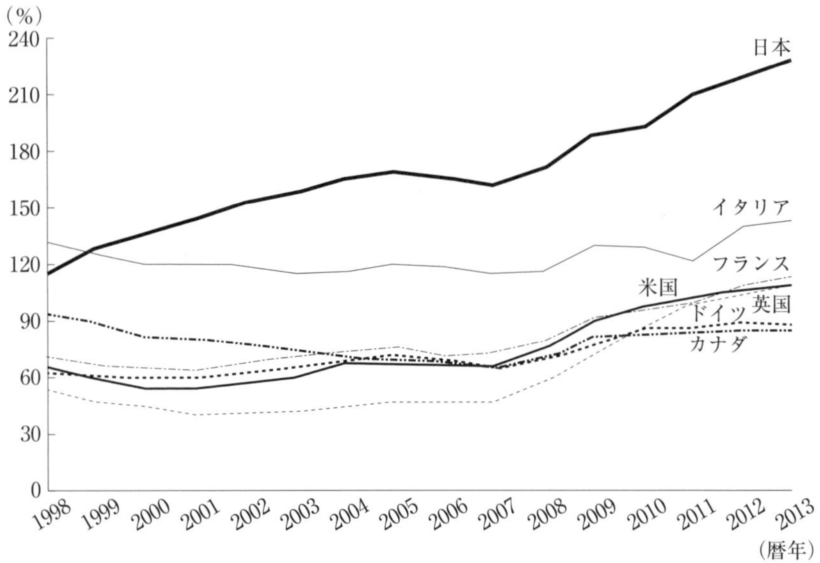

出所：財務省『日本の財政関係資料（平成25年10月）』18頁。

なるということは、そういうこと。

　社会保障の機能強化が必要だからといって、増税分のすべてを社会保障へ回すように求めることは遠慮せざるをえず、増税が景気にブレーキをかけるからといって、それだけで増税を諦めるほどの余裕もありません。もっとも、財政再建、社会保障の機能強化、景気対策の優先順位は、たとえばリーマンショックや東日本大震災レベルのショックに見舞われれば短期的には変わりえますが、長期的には財政の持続可能性を確保するための財政再建が最優先の課題と位置づけられます。そう位置づけざるをえないんですね、残念ながら。財政の持続可能性がなければ元も子もなくなりますから。そうした、特殊日本的財政状況のもとで、税に強く依存した社会保障政策を求めるというのは、かなり無理があります。

　日医をはじめ医療界は、ずっと「税に頼りましょう」と言ってきました。医療界そのものが、実は国民を敵に回すのを恐れていたのかもしれませんが、

医療界は、財源としての租税を打ち出の小槌のように位置づけていました。以前は全額税負担による高齢者医療制度というビジョンも掲げていましたが、全部を税に頼るような制度を作らなくて、本当によかったと思います。高齢者の医療費をすべて税に頼って、財務省が、金を出したから口も出す、全額税なのだから他者の口出しには聞く耳持たぬとなっていたら、大変なことになりますからね。

財政の持続可能性とピケティの『21世紀の資本』

　先ほども言ったように、GDPに占める公的債務の対GDP比というのは、分子は金利が動かして、分母は成長率で変動します。基礎的財政収支がとれて金利と成長率が等しければ、GDPに占める公的債務残高の割合は一定になりますが、世の中なかなかそうはいかない厳しい状況があるのです。

　図表1-17は、図表1-16で見た国際比較のなかの日本のGDPに占める公的債務残高の割合を、内閣府が2022年まで外挿したものです。実線は消費税5％増税の織り込み済み、破線は増税なしです。5％の増税を行っても焼け石に水であることは自明なのですが、このグラフに私は、仮に金利が1％高くなった場合に、増加した債務を賄うのに必要となる消費税率を右座標に書き込んでいます[25]。2009年8月30日の総選挙で、国民は消費税の増税などまったく必要ないと主張する政治家たちを歓喜しながら選んだわけですが、その頃この国は、金利1％上昇時に4％近い消費税率が必要なほどに、公的債務のストックを抱えていました。

　近頃、トマ・ピケティの『21世紀の資本』が流行っているようです。あの本の第一の発見は、いろいろな国の歴史をずっと調べてみると、「成長率よりも資本収益率のほうが高い——r＞g」ということでした。したがって、資本家の所得が経済全体の伸びよりも大きく増えていくのがどうも資本主義だというのが、『21世紀の資本』のメインストーリーです。

　彼の言う資本収益率は、金融資産だけではなく土地を含む実物資産からのキャピタルゲインも含めた総合的な利回りでして、金利は、その部分になり

---

25) 「持続可能な中福祉という国家を実現するために」『地銀協月報』2012年4月号。第18講参照。

図表1-17 公的債務残高と金利1％上昇時の債務増加額（消費税率換算）

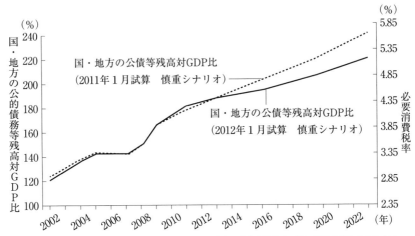

注：消費税率を引き上げる場合に、物価上昇を通じて政府が物資を購入する際の歳出も増加するために、消費税引上げによる財政健全化効果が15％ほど減殺されることも考慮して計算している。なお、金利上昇が経済成長と並行する場合は、消費税1％当たりの税収は増え、必要消費税率は小さくなる。
出所：「持続可能な中福祉という国家を実現するために」『地銀協月報』2012年4月、20頁。

ます。では、金利と成長率の関係はどうか。次の図表1-18は、私がずいぶんと前から講演や講義で使っているグラフですので、皆さんのなかには見覚えがある方がいらっしゃるかもしれません。年次だけ直近まで伸ばしてみました。

200年のタイムスパンで見たピケティと比べればわずか20年間とも言えますが、日本では、概して名目成長率よりも金利のほうが高かったわけです。成長率よりも金利が高いという条件は、基本的には賦課方式で運営されながらも積立金を持っている日本の年金財政にとっては好都合ですが[26]、日本の財政にとってはなかなか辛い。だから、「金利が上がらないようにやっていきます」「国債の購入は中央銀行にお任せください」という話も出てくるわけでしょうけど。そうすれば、たしかに債券市場で国債への需要を維持することができて、長期金利を安定させることも当面はできるでしょう。でもそ

---

26) 権丈（2015）第8講参照。

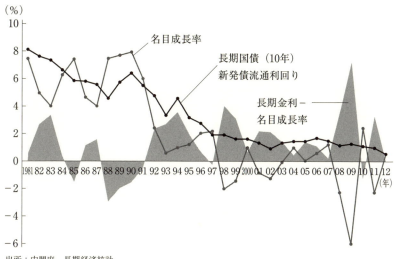

図表1-18　名目成長率と長期金利の関係

出所：内閣府、長期経済統計。

うした、あたかも政府が中央銀行に国債を購入させて財源を調達するマネタイゼーション（monetization）にも見えてしまう政策を、いつまで続けることができるのか。「それは誤解で、デフレ脱却策なんだ」と言い続けるでしょうけど、そうすると、「もし、デフレを脱却したら、その後、つまりデフレからの出口の向こうの世界はどうなるの？」と知りたくもなります。

　ピケティの論は、結局、「成長率よりも資本収益率のほうが高いので、労働者よりも資本家の所得増加スピードが高まり、所得分配が不平等になっていく。よって、資産課税と累進所得税をしっかり実行して所得の平等化を図っていかないと、資本主義はうまくいきません」というメッセージです。できるかどうかの実行可能性を抜きにすれば、理屈のうえではそのとおりだと思いますが、金利に限って言えば、金利と成長率の歴史的・長期的な大小関係は、大きな借金のストックを抱える日本の財政に不利な条件とも言えます。

　だから、ずいぶん昔から言っているのですが、普通に考えれば、負担と福祉水準の組み合わせの実行可能領域というのは、図表1-19の「実行可能領

図表1-19　福祉政策の実行可能領域

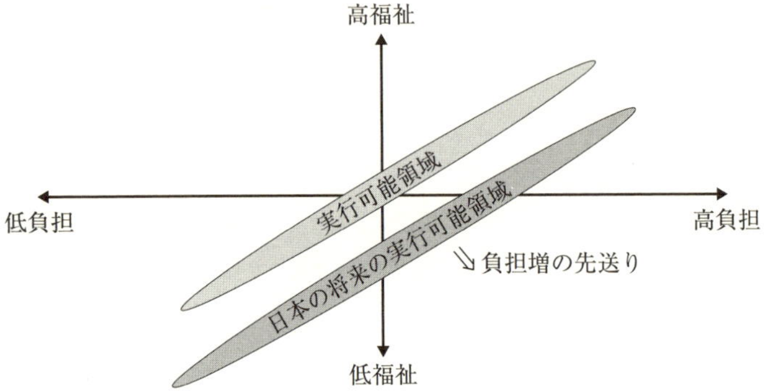

　高福祉／低負担／高負担／低福祉／実行可能領域／日本の将来の実行可能領域／負担増の先送り

域」になります。ところが、これまで長らく実行可能領域の北西に居続けたために、財政面で公的債務のストック問題という大きなハンディキャップを抱える日本の将来の実行可能領域は大きく東南の方向にシフトしており、現在のほころびのある中福祉のほころびを繕うだけでも、北欧に近い高負担になってしまいます。そして、公的債務のストックが増えれば増えるほど、つまり実行可能領域の北西に居続けて負担増を先送りすればするほど、将来の日本の実行可能領域は東南方向へシフトしていき、高負担で中福祉、中負担で低福祉の度合いが強まっていくわけです。

　私は'物心'ついた前世紀から「増税しようよ」と言っているので、日本が今日のようになった責任をあまり感じていませんが、増税反対を唱えた記憶のある人は胸に手を当てて反省したほうがいい。とはいえ、今、日本がそういう状況にあるのは仕方のないことだから、受け止めるしかない。そして今日、医療関係者の方々がとにかく負担増をやろうではないかというポジションに立っていただいているのは、私としては心強いものがあります。

　ちなみに、昔から「税率を上げるのではなく、税収を上げることこそが大切だ」「民の竈こそが大切だ」というのが増税からの政治家の逃げ口上ですが、税収を上げるための経済規模のコントロール、つまりは成長戦略というような言葉は、まぁ、恥ずかしくって口にしない経済学者が多いということも知っておいてもらえればと思います[27]。

平成23・24年『医療政策会議報告書』[28]に書いていますように、「イノベーションを起こすためには、規制緩和をはかって市場に任せるべし」という議論は絶えずありますし、たしかに、経済発展はイノベーションを原因として起こります。しかしながら、イノベーションを唱えたシュンペーターは、これが経済発展にとって重要であることを指摘しても、その起こし方については何も語っていないんですね。シュンペーターが29歳で出版した『経済発展の理論』(1912) を読めば分かりますが、彼の言うイノベーションは、シュンペーターが理論を動学化するために取り入れていた進化論、そのなかでも1900年代初頭に出てきた「突然変異論」にも当てはまりそうな事柄として描写されていますし、さらに言えば、イノベーションを起こすことのできる企業家（アントレプレナー：entrepreneur）は「ニーチェ的な英雄主義」として描かれています。このことは、国内外のシュンペーター研修者をはじめ、森嶋通夫LSE（ロンドン・スクール・オブ・エコノミクス）名誉教授たちも指摘しているところです。

進化論は生物学上の事実でしょうが、進化を人為的に操作することが難しいことと同じように、シュンペーターの言うイノベーションを原因とする経済の進化は、政府が先導するかしないかで起こる・起こらないが決まるようなものではありません。シュンペーターは、29歳の時の著書でイノベーションを論じましたが、それを凡人にでも起こすことができるような実用性のある方向に発展させることは最期までありませんでした。「イノベーション」というキーワード付きの成長戦略を売る経営コンサルタントや経営学者や官庁が雨後の竹の子のように出てくるのは後世のことです。そうした状況をからかって、私は「シュンペーターは草葉の陰で失笑しているはずである」と書いたこともありますが、まぁ、みんな、よく恥ずかしげもなくイノベーション、イノベーションと連呼するものだと思います。

この点、経済成長の主因である全要素生産性（TFP）に対して不可知論、

---

27) このあたりは、ずいぶんと前から論じているところである。たとえば、「勿凝学問61 イノベーションを促す政策とは――今日の論調とオリジナルなシュンペーター理論」(2007年1月23日脱稿、権丈 (2007) 所収) を参照。

28) 本書第17講中「イノベーションと経済政策」参照。

つまり全要素生産性を向上させる方法はよく分からないと公言した、成長論のパイオニアであるソローのほうを、私は立派な学者だと評価しています。それに対して、シュンペーターは罪深い。経済や経営に対するコンサルタントたちがシュンペーターの論にすがるのはよく分かりますけどね。シュンペーターの話ならば、あたかも威勢のよい未来が約束されているように語ることができますから。

さらに最近は勢い余って、「TFP」、「イノベーション」、それに「期待」というようなものまで、容易にコントローラブルな変数とみなす大前提で議論が行われているように見えます。そうした論のニーズが、太古の時代から存在する「予測」に対するニーズと同様に、世の中には根強くあることは分かりますが、研究者がそうしたニーズに応えて暮らしを立てているという状況はあまり好きではありません。できることとできないことの分別がつくようになるというのも、研究や学問の1つの成果であると思っていますので。ちなみに、イノベーションとか、成長戦略という言葉が表に出すぎている今という時代を理解する際にも、本日の冒頭に話しました「国のガバナンス問題」という考え方が必要かもしれません。

と言っても、私は、2011年の2月に、自民党の国家戦略本部第1分科会成長戦略というところに友人から呼ばれてしまいまして、「灌漑政策としての社会保障 呼び水政策と灌漑政策との相違」という話をしています。

そこで、流行りの"イノベーション"という言葉を使って、年金の第3号被保険者制度や配偶者控除を見直せば、女性のライフスタイル、家族の支出構造が大きく変わり、新しい消費を創造し、需要構造の転換が起こるだろうから、成長が起こるかもしれないという話をしています（図表1-20）。スライドのなかで、「洗濯機」という言葉を使っているのは、ハジュン・チャンの『世界経済を破綻させる23のウソ』のなかの「洗濯機はインターネットよりも世界を変えた！」という話にかけたものですので、興味のある方は、チャンの本を読んでいただければと思います。

もっとも、自民党の国家戦略本部の成長戦略分科会で一番伝えたかったことは、あの日に使った次の2枚のスライド（図表1-21・22）にあるように、

図表1-20　ライフスタイルの変化を引き起こす力を持つ政策・イノベーション

> 第3号被保険者や配偶者控除の見直しと洗濯機の発明は、女性のライフスタイルを変え、新しい消費者を創造するという意味で、成長論的には似たような効果。

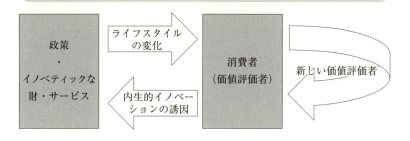

図表1-21　付加価値と利潤の相違

- 付加価値＝生産額－中間投入額
  （付加価値＝営業余剰＋雇用者所得）
- 利潤＝販売額－費用

- 雇用者所得を減らし続けて、付加価値が増えるわけがなく、結果、成長が起こるはずがない。

図表1-22　利潤最大化行動の合成の誤謬

企業が主導権を握る政策のリスク

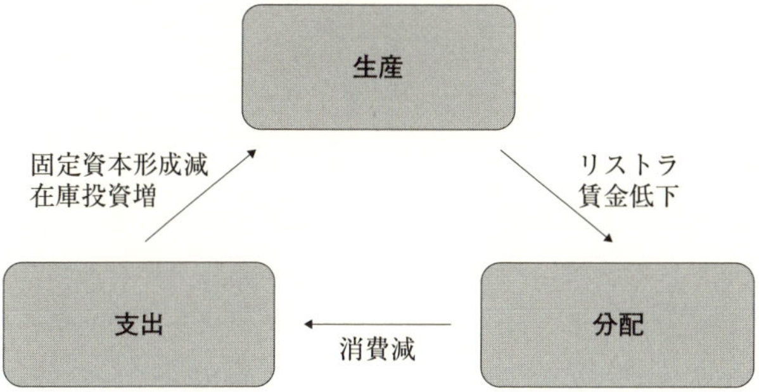

```
              生産
           ／      ＼
固定資本形成減        リストラ
在庫投資増          賃金低下
        ↑            ↓
        支出  ←消費減―  分配
```

① 経済成長を測る物差しであるGDPは付加価値の総計であり、この「付加価値（＝営業余剰＋雇用者所得）」と「企業の利潤（＝販売額－費用）」とは根本的に異なるものなのに、みんな勘違いしていないか？
② そして企業の利潤極大化行動に都合のよい政策、つまりは企業が政策形成において一方的に主導権を握る政策に偏向すると、マクロ的には合成の誤謬という政策リスク、もっと言えばデフレリスクを抱えることになるということを分かっているのか？

ということでした。もし、もしですよ、「成長戦略」という言葉が世の中にあるとすれば、それは経営者側と労働者、生活者側の言い分を双方バランスよく聞くことであり、それは分配面における制度的配慮として行われるべきものなんだという話をしてきたわけです。

公的年金と比べて明るい医療介護の財政ポジション

さて、財政状況はかなり厳しい。医療を取り巻く経済環境、財政状況は相当にきつい。ただ、そうは言いながら、GDPに占める給付の割合を見ると、日本のなかで医療・介護分野は増えていくことが予定されています。これは一連の一体改革にかかわってきた厚労省の人たちが勝ち取った路線とでも言いましょうか。いま、国土強靱化計画とか、南海トラフ地震への備えや地域創生戦略など、中長期のさまざまな試算で予算編成に影響を与えようとする動きが散見されますが、振り返れば、2008年社会保障国民会議での医療・介護費用のシミュレーションはその走りだったように思えます。

ここで公的年金に関して少し説明しておきますと、実はこれから正念場となる事態が起こります。少子化が進み、長寿化が進み、いろいろなものが年金財政にとって不利な方向に進んでいくわけですが、GDPに占める年金の給付割合は下がります（図表1-23）。

それはどのように行われるのか（図表1-24）。

今日の現役世代の所得に対して年金受給者の給付水準が何％かを示す指標に「所得代替率」があり、現在は約62.7％です。一方、2004年の年金改革で保険料を徐々に上げて2017（平成29）年9月に18.3％とし、これを上限とす

図表1-23　年金、医療、介護給付費の将来見通しの対GDP比

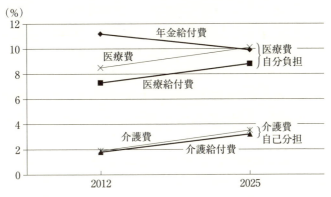

出所：厚労省「社会保障に係る費用の将来推計の改定について（平成24年3月）」より筆者作成。

図表1-24　給付水準の自動調整と最終的な所得代替率

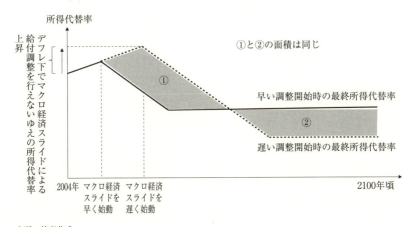

出所：筆者作成。

るということを決めました。またこの時、将来的には、年金財政に入ってくる収入に合わせて給付が調整されるように、すでに受給しはじめた人の年金を含めて、自動的に給付水準が下がっていくメカニズム「マクロ経済スライド」が年金制度のなかにビルトインされました。

ですから我々は、しばしば耳にする「今後ますます増える高齢者のために年金給付が増大しすぎて、負担できなくなって破綻する」という論をバカではないかと言ってきたわけです。むしろ年金では、負担そのものは難しくないが、給付水準が自動的に下がりすぎることを食い止めなければいけないというのが、これからの最大の課題です。厚生年金保険法の第81条4には、「保険料率は、次の表の上欄（図表1-25左欄）に掲げる月分の保険料について、それぞれ同表の下欄（図表1-25右欄）に定める率とする」と書かれています。

財政面で持続可能性の見通しが立つまで、消費税でもこのくらいのスケジュールを作るべし、消費税を毎年2％ほど上げていくスケジュールを作れば、デフレマインドを払拭する手段としては金融政策よりもリスクは少なく、しかも政策効果は確実に見込めると長年言い続けてきたのですが、年金については2017年9月以降は18.3％の保険料率を超えることができないので、その18.3％という保険料率のもとで、もう少し給付水準が高くなるように、被保険者期間を40年から45年に延ばせないだろうかということを論じているのが年金の世界です。

年金はこれだけきついことをやっている。GDPに占める公的教育費の割合はOECD諸国のなかで最下位だ……そうした財政状況のもとで、医療と介護だけは増やすことになっている。そのなかで国庫負担は先ほどの後期高齢者医療制度のところが増えると見込まれています。ここを守るためにもかなりのエネルギーが必要ですから、あの制度を解体してしまったら、次は給付費の2分の1の公費、うち国：都道府県：市町村＝4：1：1の財源確保などとてもできません。名前はいくら変えてもいいから、この制度はじっと我慢して持っておくべきだと思います。そのうえで、保険料はやはり上げていかなければなりませんし、上げることを見込んでいます。

私から見れば、医療・介護は恵まれた状況にあります。けれども、今までの医療を継続した場合に予測される医療費・病床数までは増やすことができません。ここは大切なところです。今までと同じ提供体制を、高齢化に見合わせて相似形に拡大した場合に予測される医療費までは、増やすことができません。この認識をしっかりと共有していただきたいと思います。

図表1-25　厚生年金保険料率の引上げ予定

平成16年10月から平成17年8月までの月分	1000分の139.34
平成17年9月から平成18年8月までの月分	1000分の142.88
平成18年9月から平成19年8月までの月分	1000分の146.42
…	
平成27年9月から平成28年8月までの月分	1000分の178.28
平成28年9月から平成29年8月までの月分	1000分の181.82
平成29年9月以後の月分	1000分の183.00

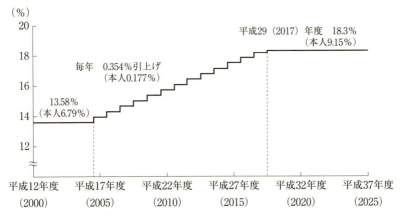

注：保険料率は、年収（総報酬）に対する率である。
出所：厚労省『平成21年財政検証結果レポート』15頁。

人口減少社会に向けての街作り、コンパクト・シティと医療界

　なお、医療を取り巻く政治経済社会環境のなかの「社会」に該当する高齢化や人口減少については、後日この勉強会で増田寛也さんが呼ばれるようですので、人口問題を通じて医療介護のあり方について詳しく話してくださると思います。ここでは概要を示しておきます。

　この国では日露戦争から100年を経た2004年に人口がピークを迎え、また100年を経て日露戦争当時の人口に戻ります（図表1-26）。

　ただし、日露戦争当時はきわめて若い社会でした。ところが、これから先の社会は、100年前と同じ人口規模と言っても、高齢化の度合いは全然違う。しかも、100年前の人たちは社会サービスが存在していない時代に生きていた人たちです。ところがこれからは違い、社会サービスのありがたみを知っ

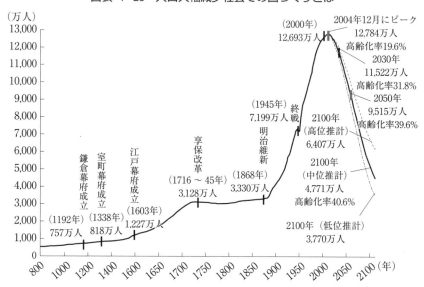

図表 1-26　人口大幅減少社会での国づくりとは

出所：総務省「国勢調査報告」、同「人口推計年報」、同「平12年及び17年国勢調査結果による補間推計人口」、国立社会保障・人口問題研究所「日本の将来推計人口（平成18年12月推計）」、国土庁「日本列島における人口分布の長期時系列分析」（1974年）をもとに、国土交通省国土計画局作成。

ている人たちが生きる社会となります。そういう人たちの生活の満足度をあまり下げることのないような社会を設計していかなければなりません。

また、今後は死亡数が増え、出生数が減るのですが、人口は100万人規模で減っていきます（図表1-27）。その規模は、今年は富山県、来年は宮崎県が消えたというような規模に相当します（図表1-28）。

こうした事態にどう対応していけばよいのか。国民会議の報告書では、コンパクトシティを提案しています。

行政コストは人口密度が高いほど低くなる（図表1-29）。人口密度が高いと医療・介護の経営コストも当然下がってくる。つまり、社会サービスがみんなに行き渡るようにするためにコンパクトシティ化する。高齢者をはじめとしたより多くの人たちが充実した社会サービスを利用できて安心して生活できるように、街そのものをつくり変えていこう。これがコンパクトシティ構想です。そうした街づくりを医療関係者にリードしてもらいたい。その思

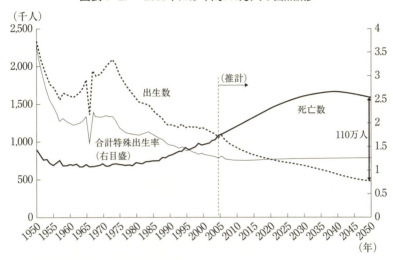

図表1-27　2050年には年間110万人の自然減少

注：2005年までは実績値、2006年以降は推計値。
出所：厚生労働省「人口動態統計」、国立社会保障・人口問題研究所「日本の将来推計人口（平成18年12月推計）」における出生中位（死亡中位）推計をもとに、国土交通省国土計画局作成。

図表1-28　人口規模下位20県（2010年）

(千人)

滋賀	1,411	大分	1,197	秋田	1,086	福井	806
奈良	1,401	石川	1,170	和歌山	1,002	徳島	785
沖縄	1,393	山形	1,169	香川	996	高知	764
青森	1,373	宮崎	1,135	山梨	863	島根	717
岩手	1,330	富山	1,093	佐賀	850	鳥取	589

出所：総務省「平成22年国勢調査」。

いが、昨年の国民会議報告書の次の文章に込められています。

　　介護事業者も含めたネットワーク化や高齢化に伴いコンパクトシティ化が進められているまちづくりに貢献していくことも見据えて、医療法人や社会福祉法人が非営利性を担保しつつ都市再開発に参加できるようにする制度や、ヘルスケアをベースとしたコンパクトシティづくりに要

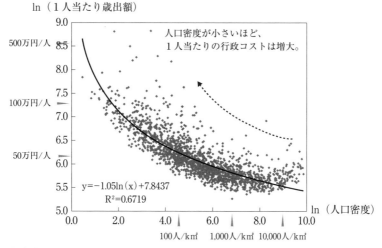

図表1-29　市町村の人口密度と行政コスト（2006〜2008年）

出所：行政コストは、総務省「平成18年〜20年市町村別決算状況調」をもとに、国土交通省国土計画局作成。平成18〜20年の3年の平均値をもとに算出。

する資金調達の手段を、今後慎重に設計されるべきヘルスケアリート等を通じて促進する制度など、総合的な規制の見直しが幅広い観点から必要である。

　国内外の金融機関によるヘルスケアリートのセミナーなどが開かれています。私たちの希望は、福祉マインドを持つ医療福祉関係者に、これからの街作りをリードしてもらいたいということです。打って出てもらいたいということです。

It's your turn next——次はあなたたちの番

　さて、日本が迎える未曾有の高齢化社会を乗り切るための医療介護の青写真が、昨年（2013年）、社会保障制度改革国民会議の報告書に書かれました。その報告書が総理に手交されたのが昨年の8月6日。これに基づいてプログラム法が12月5日に成立、これに沿って今年6月に総合確保推進法が成立しています（図表1-30）。

第1講　医療介護一体改革の政治経済学　49

図表1-30　社会保障制度改革推進法に基づく改革の流れ

平成24年社会保障・税一体改革
- 社会保障制度改革推進法（自民党が主導し、民主党・公明党との3党合意に基づく議員立法）
  - ○社会保障改革の「基本的な考え方」、年金、医療、介護、少子化対策の4分野の「改革の基本方針」を明記。

↓

平成25年8月6日：国民会議報告書とりまとめ
- 社会保障制度改革国民会議（会長＝清家篤　慶應義塾長）
  - ○改革推進法により設置され、少子化、医療、介護、年金の各分野の改革の方向性を提言。
  - ○報告書総論では、意欲のある人々が働き続けられ、すべての世代が相互に支え合う全世代型の社会保障を目指すことの重要性を強調。
  - ○医療・介護制度改革については、医療・介護提供体制の改革と地域包括ケアシステムの構築、国民健康保険の財政運営の責任を都道府県が担うことなど医療保険制度の改革、難病対策の法制化などを提言。

↓

10月15日：社会保障改革プログラム法案の提出
- 社会保障改革プログラム法案（社会保障制度改革の全体像・進め方を明らかにする法律案）の提出
  - ○社会保障4分野の講ずべき改革の措置等について、スケジュール等を規定。
  - ○改革推進体制の整備等について規定。

↓

12月5日：社会保障改革プログラム法成立、同13日：公布・施行

↓

今年の通常国会以降：順次、個別法改正案の提出

出所：厚労省医政局作成。

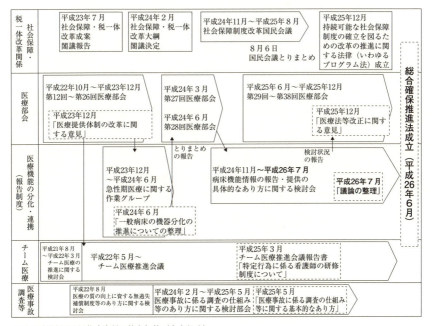

図表1-31　医療提供体制の改革に関する議論の経緯

出所：厚労省医政局作成資料に筆者加筆（太字部分）。

図表1-31の太字が、医政局の資料に今日の講演のために私が書き込んだ部分です。このような形で社会保障制度改革国民会議以降、審議会をはじめいろいろな場でご議論いただいて、そこで報告書や意見書が出て、総合確保推進法が成立しました。

　この動きの大きなポイントは、次に意思決定するのは医療関係者だということ、"The next is your turn"（次はあなたたちの番だ）ということです。そのために協議の場が準備されているわけです。たとえば、地域医療構想（ビジョン）については、そこで協議が整わなかった場合、都道府県知事が次の措置を講ずることができるように、一応なってはいます。

- 病院の新規開設・増床への対応
- 既存医療機関による医療機能の転換への対応
- 稼働していない病床の削減の要請

　医療機関が上記の要請に従わない時は、都道府県知事が勧告を行うことができ、その勧告にも従わない場合や、とくに公的医療機関が上記の命令・指示に従わない場合には、次の措置を講ずることができるようにもなりました。

- 医療機関名の公表
- 各種補助金の交付対象や福祉医療機構の融資対象からの除外
- 地域医療支援病院・特定機能病院の不承認・承認の取消し

　しかしながら、プロフェッショナル・オートノミー（専門職者の職業的自律性）が尊重されるべき医療の世界に、知事が登場するのは望ましい事態ではありません。知事の措置は、あくまで非常手段、伝家の宝刀であり、できるだけ、いや決して抜かせずに温存しておかなければならないものです。総合確保法案が審議されていた4月23日に、衆議院厚生労働委員会で医政局長が「（都道府県知事は）ある意味では、一応、懐に武器を忍ばせている、そういうようなことで、それを実際に使うということを想定しているわけではない」と発言されていましたが、つまりは今、専門職集団の自己規律が強く求められているのだと思います。

　さて、法律的にはこのような形で全体が動いています（図表1-32）。次は、

図表1-32 地域における医療および介護を総合的に確保するための仕組み

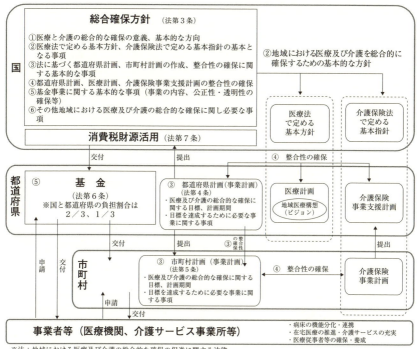

※法:地域における医療及び介護の総合的な確保の促進に関する法律
出所:厚労省医政局作成。

都道府県計画や市町村計画を作ってもらわなければいけません。そしてこのようなところで、私が去年ひとつ、意識していたのは、地域包括ケアの領域に医療者にかかわってもらいたいということでした。

医療介護の一体改革

近頃、「医療介護の一体改革」という言葉が広く使われています。あの言葉は、私が道を歩きながら「うん、この言葉で行こう」と思いついたものだと思います。この言葉を最初に使ったのは、先ほども触れた去年の『週刊東洋経済』8月10-17日号に書いた「医療介護の一体改革」です[29]。国民会議報告書のなかでは、「医療と介護の一体的な改革」とまでは表現しておりま

したが、国民会議の報告書を書き上げ、その勢いで『週刊東洋経済』の文章を書いている時に、まとまってきたのです。

> 今回の国民会議では、医療を病院完結型から地域完結型に再編するために、医療と介護を一体的にとらえた議論が行われてきた。その結果、急性期病院から在宅までの提供者間のネットワークとしての地域包括ケアシステムの構築が、進むべき改革の方向性として明確に位置づけられたのである。
> ……
> 同じ費用をかけて、より質が高くゆえに満足度の高いサービスを提供できる効率化策があるのならば、躊躇なく推し進めればよい。そうした考えの下に、今般の国民会議は、迎えるべく超高齢社会に向けて、医療・介護の一体改革を目指そうではないかと、と呼びかけている[30]。

病院完結型から地域で治し支える地域完結型の医療に切り替えていかなければなりません。地域で治し支える医療となると、医療と介護の境界がなくなります。そして地域包括ケアに対して、医業者、まさに日医がリーダー／主役となって参加してくれると、きっと前に進むだろうという思いをもって国民会議の文章を書いていました。さらに、地域包括ケアというネットワークの構築と並行してどうしても行わざるをえない、これからの新しい街づくりでも、リーダーシップを発揮してもらいたいという期待も込めて。

そして今、昨年の国民会議で提案された政策のフォローアップ体制として、政治家からなる「社会保障制度改革推進本部」と、私も参加している「社会保障制度改革推進会議」があります（図表1-33）。

また、社会保障制度改革推進本部は、「医療・介護情報の活用による改革の推進に関する専門調査会」というのも立ち上げています（図表1-34・35）。この専門調査会は、松田晋哉先生（産業医科大学教授）、伏見清秀先生（東京医科歯科大学教授）が中心になっていくことになります。DPCシステムを考

---

29) 本書第26講参照。
30) 同上。

図表1-33　社会保障改革プログラム法に基づく改革推進体制について（フォローアップ体制）

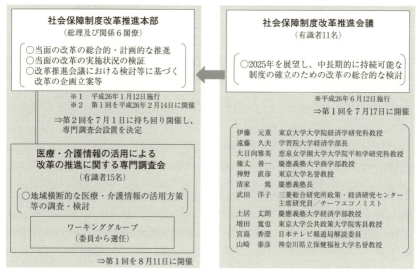

出所：厚労省医政局作成。

案・作成し、それゆえに誰よりも医療情報に詳しい松田先生、伏見先生が中心になるというのは、非常に大切なことだと思っています。

　この専門調査会の1回会議が、先週8月11日に開催されました。メンバーは15名で、会長は去年の社会保障改革推進会議でも一緒でした自治医科大学学長の永井良三先生です。

　その第1回会議では、「マクロの医療費を見ていかなければいけない、ミクロの分析だけで大丈夫か」という議論も出ました。

　私は、かつて「GDPキャップ制」のようなマクロの、上からの包括的な枠組みをつける動きがあったけれども、これはあまりにも暴力的すぎるので、積み上げ方式でやっていこうと発言しました。「あるべき医療、あるべき介護」という言葉も2008年の国民会議から使われると言いますか、私が言い始めるのですが、「あるべき医療、あるべき介護」というものを先に描いて、そしてそれを積み上げて、そこに単価を掛けた形での標準医療費であれば、目標値にもなりえます。こうした積み上げ方式でやっていくための作業が、

図表1-34 「医療・介護情報の活用による改革の推進に関する専門調査会」の設置について（社会保障制度改革推進本部）

Ⅰ．これまでの議論について

1．経済財政諮問会議における議論
（1）麻生財務大臣からの提案
　○4月22日の諮問会議では、麻生財務大臣より、福岡県の先進事例やフランスの医療費支出目標制度などを踏まえ、合理的かつ妥当な医療需要を前提とした支出目標を設定し、医療費を適正化することを提案。
　○併せて、そのためのデータ分析や制度設計等については、改革推進本部において、有識者を集めたチームを立ち上げて行うことを提案。

　　【参考】平成26年4月22日経済財政諮問会議　麻生財務大臣提出資料（抜粋）

　　　　　　　　　　　　　　　今後の推進体制
　　○必要なデータ分析、国による標準的な算定式の策定、制度設計等について、関係大臣横断の枠組みである社会保障制度改革推進本部において、有識者を集めたチームを立ち上げて行う。

（2）総理からの指示
　「麻生大臣からの提案を含め、ICTによる地域横断的な医療介護情報の活用については、国や都道府県ごとの医療費の水準の在り方を含め、社会保障・税一体改革担当大臣において、関係大臣と協力して、有識者の知見を活かしつつ、その具体化に向けた検討を進めていただきたい。」

出所：内閣官房資料。

この専門調査会で行うべきことなのだというように位置づけてきました。

　今まで「あるべき医療」を積み上げて総医療費を出すことが、技術的に難しかった。ところが、2008年国民会議時に始まり今日まで続く、価格と量を分離する医療介護費用の長期シミュレーションの手法（図表1-36）[31]、これは日本が世界に誇るべき先進的な方法なのですが、そうしたスキルのストックと、松田先生・伏見先生がたの技術を統合することができれば、政策論議における基準になりうるものを作成できるのではないかと思います。

　そのための専門調査会にしてもらいたいということを先週の会議で話してきたわけです[32]。8月11日の専門調査会では、委員のなかの6人からなるワーキンググループが設置されることになり、医療では先ほども言いました

---

[31]　講演録「医療費の将来見通し方法の進化と政策の意思」医療経済研究機構シンポジウム（2009年10月6日）。本書第5講参照。

図表 1-35　専門調査会の枠組み（検討体制）について（2014年8月11日、第1回開催）

○社会保障制度改革推進本部の下に、有識者からなる専門調査会及びワーキンググループを設置し、社会保障制度改革を推進する観点から、地域横断的な医療・介護情報の活用方策等の調査・検討を行う。

【検討体制】

社会保障制度改革推進本部
（総理及び関係閣僚）

医療・介護情報の活用による改革の推進に関する専門調査会(仮称)
（有識者（16名）により構成）

※政令（改革推進本部令）で、専門調査会を置くことができる規定を整備した上で、「改革推進本部決定」により設置。

○地域横断的な医療・介護情報の活用方策等の調査・検討を行うために設置
国・都道府県ごとの医療費水準のあり方、医療提供体制のあり方、医療費適正化対策のあり方　等

医療・介護情報の分析・検討ワーキンググループ(仮称)
（専門調査会委員から選任（6名））
※必要に応じ、地方関係者・保険者団体もオブザーバーとして参加。

※「専門調査会決定」により設置。

○専門調査会における調査・検討に資するため、医療・介護情報に係る実務的な分析・検討及び論点整理等を行うワーキンググループを設置
地域における医療・介護情報の分析、地域における医療・介護情報の連携・推進方策の検討、専門調査会における検討課題の論点整理　等

※上記のほか、関係省（内閣官房、総務省、財務省、厚労省）のメンバーによる検討チームを設置。

出所：厚生労働省医政局作成。

ように、DPCを開発された松田先生、伏見先生、非DPC入院レセプトをDPCデータの形にコーディングしてDPCデータとの比較可能性を持たせるプログラムを作られている藤森研司先生が参加されています。また介護では、介護保険創設時に数量化した客観的な要介護認定の仕組みをつくった筒井孝子先生が参加され、さらにこの問題は財政とかかわるために、2人の財政学者——佐藤主光先生、土居丈朗先生が参加されています。

　結局、昨年の社会保障制度改革国民会議での大きな動きは、私自身、少し気持ちを込めて書いた箇所ですが、次の文章に要約できるかと思います。

---

32)　2015年6月15日、「医療・介護情報の活用による改革の推進に関する専門調査会」は報告書をまとめる。

図表1-36　医療・介護にかかわる長期推計の手法の変遷

【国民会議以前の医療費・介護費用の推計方法】
　一定の経済前提を仮定し、将来人口推計と医療・介護費用にかかわる過去のトレンドを将来に投影して推計を行う手法。
　→年齢別の1人当たり費用などの費用面を主に着目

↓ 試算の考え方を大幅に転換

平成20年10月
社会保障国民会議における検討に資するための医療・介護シミュレーション
将来の「医療・介護サービスのあるべき姿」を実現するという観点のもと、「将来の医療機関の機能分化・強化を徹底し、急性期医療の在院日数大幅短縮と医療資源の集中投入による大幅な単価増を仮定」「地域ケア体制整備の一環として、グループホームや小規模多機能サービスの大幅増による認知症ケアの充実を仮定」など、現状の医療・介護の問題点を解決するために設定された多くの具体的仮定に基づいた、将来のサービス需要、それを支えるサービス基盤やマンパワー、必要となる費用や財源などについての総合的なシミュレーション

↓ 国民会議シミュレーションと同様の手法で試算
　※ただし、医療については精神科入院の改革、長期療養における平均在院日数の短縮等の影響が織り込まれており、また介護については在宅介護への移行をさらに重視し、マンパワーを増強するなどの変更を行っている

平成23年6月　**社会保障にかかわる費用の将来推計**

↓ 新たな将来推計人口を元に、試算結果を改定。また保険料水準を新たに推計

平成24年3月　**社会保障にかかわる費用の将来推計の改定**

出所：社会保障制度改革国民会議第6回（2014年3月13日）配付資料「社会保障に係る費用の将来推計について」3頁。

　医療政策に対して国の力がさほど強くない日本の状況を鑑み、データの可視化を通じた客観的データに基づく政策、つまりは、医療消費の格差を招来する市場の力でもなく、提供体制側の創意工夫を阻害するおそれがある政府の力でもないものとして、データによる制御機構をもって医療ニーズと提供体制のマッチングを図るシステムの確立を要請する声が上がっていることにも留意せねばならない。そして、そうしたシステムの下では、医療専門職集団の自己規律も、社会から一層強く求められることは言うまでもない[33]。

　この文章にある「データによる制御機構」という言葉は、「医療・介護情報の活用による改革の推進に関する専門調査会」会長の永井先生の社会保障

33）『社会保障制度改革国民会議報告書』23頁。

制度改革国民会議で2度ほどご発言された言葉に基づいています[34]。

このような文章に基づいて、「データによる制御機構をもって医療ニーズと提供体制のマッチングを図るシステム」構築のためのデータ解析チームが、永井先生を会長、松田先生を会長代理として先週8月11日に動き始めたわけです。今回の医療提供制度改革の成否にはこうしたデータ解析がカギを握ることになります。そのことを社会保障制度改革国民会議報告書では次のように記しておりました。

> まず取り組むべきは、各2次医療圏における将来の性別、年齢階級別の人口構成や有病率等のデータを基に各地域における医療ニーズを予測し、各地域の医療提供体制がそれに合致しているかを検証した上で、地域事情に応じた先行きの医療・介護サービス提供体制のモデル像を描いていくことであり、こうしたデータ解析のために国が率先して官民の人材を結集して、先駆的研究も活用し、都道府県・市町村との知見の共有を図っていくことであろう。また、このデータ解析により、実情に合っていないと評されることもある現今の2次医療圏の見直しそのものも可能となる[35]。

---

[34] たとえば、次は第14回会議（2013年6月10日）での発言である。

> **永井委員** ……アメリカは医療を市場原理で制御しています。ヨーロッパの場合には日本よりも社会主義的な体制をとっていると思います。日本はその中間にありますから、非常に制御が難しい。自助、公助、共助、その組み合わせでという点はよいのですけれども、誰がどう制御するかというシステムがないところが問題です。この会議での議論も短期的にどうするかという話は出ていますけれども、長期的に自律的な制御システムをどう作るかということはどなたからも御意見を伺っていないように思います。
>
> 　私のプレゼンのときにもお話ししましたが、日本は市場原理でもなく、国の力がそれほど強いわけではないですから、データに基づく制御ということが必要になると思います。

また、本書第3講中「医療提供体制の制御機構」も参照。

[35] 『社会保障制度改革国民会議報告書』32-33頁。

改革の方向性

　病院病床を公が所有している国では、提供体制の計画的整備も日本ほど難しくありません。日本は民間の競争に委ねて医療提供体制の整備を図ってきました。それゆえに医療費を低く抑えることができたというメリットがありましたが、そのメリットを生んだ原動力が現在は若干の足枷となっています。
　医療改革の方向性の原型は、2008年国民会議で出されたと考えていいと思います（図表1-9参照）。
　これまで、改革の青写真は全国レベルのものしかなかったので、昨年、私は2つの2次医療圏をピックアップして同じ計算をしてみました。それは、昨年3月の日医の役員勉強会で紹介し、社会保障制度改革国民会議で医療介護を議論した4月19日に、私の配付資料のなかで紹介したものです（図表1-37）。
　近年は、データが充実しているので、2025年の人口構造、そして、現在ど

図表1-37　2つの2次医療圏の医療提供体制

〈病院病床数〉		病院所在地		患者所在地換算				
		病床数	人口千人当たり病院病床数	患者流入	患者流出	病床数	人口千人当たり病院病床数	(参考)人口千人当たり病院病床数(全国)
一般病床	2次医療圏A	23,368	1019	13%	1%	21114	901.0835	704
	2次医療圏B	1,650	450	22%	47%	2412.97	657.8076	704
〈医師数〉			常勤換算人数	100床当たり(常勤換算)	(参考)全国の100床当たり			
2次医療圏A	病院	医師数	4,544	11	13			
		看護師(准看護師含む)	22,173	53	54			
	診療所	医師数	2,018					
		看護師(准看護師含む)	2,874					
2次医療圏B	病院	医師数	234	9	13			
		看護師(准看護師含む)	1,259	48	54			
	診療所	医師数	212					
		看護師(准看護師含む)	455					

出所：社会保障制度改革国民会議第9回（2013年4月19日）筆者提出資料より。

れだけの患者がどこに流出して、どこから入ってきているとかということも分かります。

2次医療圏Aですと、病床は次の図の左側のグラフの数だけあります。そして仮に年齢階層ごとに同じ入院率を維持しながら、2025年の人口構造に対応していく、つまり現状投影をした場合は、次の中央のグラフの提供体制が必要になります（図表1-38）。

この2次医療圏Aの病床機能を分化して連携してもらえれば、上の図の右側のグラフのようになります。2次医療圏Bについても同様の試算が可能で、図表1-39のようになります。

医療圏ごとの機能分化と連携が進めば、これまで入院していた患者が地域完結型の医療に移ることになりますので、診療所の医師や看護師のニーズは高まり、それぞれの必要数も増えます（図表1-40・41）。

もちろん、これは国の基準を一本だけ立てて、それを2つの2次医療圏に当てはめたもので、その地域ごとの個性、特性を反映させたものではありません。言うまでもなく、地域ごとに伝統があり、個性があり、中央から見えない要因であってもその地域では重視すべきものがいくつもあるはずです。

図表1-38　医療提供体制の改革が道筋どおりに進んだ場合（2次医療圏A）

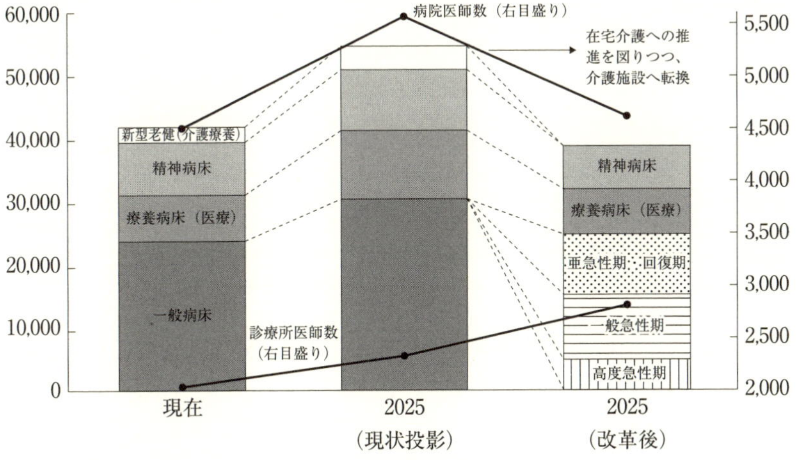

出所：社会保障制度改革国民会議第9回（2013年4月19日）筆者提出資料より。

図表1-39 医療提供体制の改革が道筋どおりに進んだ場合（2次医療圏B）

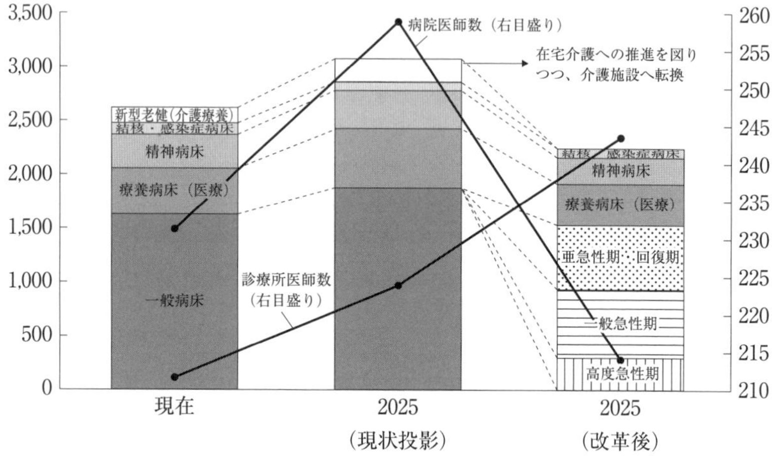

出所：社会保障制度改革国民会議第9回（2013年4月19日）筆者提出資料より。

図表1-40 医療の機能分化、退院の受け皿問題（2次医療圏A、B改革シミュレーション）

	2025年病床数		他へ移転	
	現状投影	改革後	介護施設へ	在宅・外来・介護へ
2次医療圏A	51,235	39,075	4,146	8,014
2次医療圏B	2,859	2,247	199	413

・医療の機能分化のためには、しっかりした地域包括ケアを構築しなければならない。また、介護施設利用の適正化のためにも町のインフラ作りの全体的な取り組みが必要。
　－介護は、24時間巡回型介護、訪問看護などで、重度要介護者の在宅生活限界点を高める。
　－サービス付き高齢者住宅（住まい＋生活支援等）の整備。
　－数百万戸とも言われている空き家・空き施設など既存社会資源の有効活用。
　　・このための改修やマッチングの推進を阻む規制緩和が必要。

出所：社会保障制度改革国民会議第9回（2013年4月19日）筆者提出資料より。

　その部分に関しては地域で協議の場を設けていただいて、地域の特性に基づいて案を作ってもらう。そして、その案に基づいたシステムの構築に協力していくという姿勢が示されたところには財源を出すという仕組みが組み立てられつつあるところです。

図表1-41　看護マンパワー問題（2次医療圏A、B改革シミュレーション）

		現在	2025年(現状投影)	2025年(改革後)	改革後増加率(対現在)
2次医療圏A	病院看護師数	21,410	26,864	27,554	29%
	診療所看護師数	2,874	3,416	4,225	47%
2次医療圏B	病院看護師数	1,214	1,375	1,418	17%
	診療所看護師数	455	495	564	24%

■一体改革による看護職員の必要数　約15年で　＋50万人
■少子化が進む中、抜本的な看護職員確保対策が不可欠

出所：社会保障制度改革国民会議第9回（2013年4月19日）筆者提出資料より。

医療は"競争から協調へ"

　最後に、9月に出る『医療経営白書』に書いた文章の話をしておきます。今年の『医療経営白書』の企画は、「医療は競争から協調へ——病医院経営の新時代到来」となっています。この仕事も、もう私は、「医師でもある松田さんや伏見さんたち理系・技術系の人に託したんだから、私ではなく彼らがいい」と言って2回くらい断ったのですが、今年の企画が「競争から協調へ」ということで、なんとしても巻頭言を書いてもらいたいという話になり、「さすがにこれは社会科学系の仕事だろう」と思い、押し切られて書いたのが、皆さんにお配りしている文章「医療は競争から協調へ——医療施設整備が量的飽和を迎える時代の医療経営の方向性」です。このあたりにつきましては、なぜ病院再編が産業競争力問題、経産省マターになっているのだろうかという疑問がありまして、病院に競争力をつけるといった話ではないということを書いています[36]。

　とにかく、2次医療圏のなかで社会的共通資本として提供体制のチームを

---

36)　本書第2講参照。

作っていただきたい。そして社会的共通資本を唱えた宇沢弘文先生が記されてきたように、社会的共通資本としての医療は「私有ないしは私的管理が認められているような希少資源から構成されていたとしても、社会全体にとって共通の財産として、社会的な基準にしたがって管理・運営される」[37]べきものでありますから、そうした社会的な管理・運営基準をしっかりと詰めていただかなければなりません。

さらに医療というのは、その経済特性に加えて、今後は、量的にある程度飽和してきますので、その状況下での医療の競争は、実は害のほうが大きいのではないか——ここは提供者間で競争ではなく協調してもらったほうが患者と医療提供者の双方にとって得策である——という医療産業に関する戦略をまとめています。

私は去年（2013年）4月19日の社会保障制度改革国民会議のプレゼンテーションでは、大病院について、現在でも量的に多すぎる感のある一方で、マンパワー配置が薄い急性期のところをまず調整しなければならず、そのための政策装置として「非営利ホールディングカンパニー」という言葉を使いました。しかし、ホールディングカンパニーという言葉が資本での支配関係を想定されるのであれば、そんな言葉を使う必要はないというように、『医療経営白書』の巻頭言には書いています。

このホールディングの解釈をめぐっては、なぜだか、と言いますか、本日の冒頭に述べたような原因、つまり国のガバナンス問題もあって、私の昨年の意図と違う方向に向かっているようにも見えますので、『医療経営白書』の巻頭言のなかで、そのあたりを書かせていただきました。その巻頭言の最後の言葉で、本日の話を終えさせていただこうかと思います。

　　以前、医療者の集まりで講演をした時、私の話を聞いた主催者は最後に、フロアにいる病・医院経営者に「ノーガードの殴り合いは止めましょう」と呼びかけられていた。一歩間違えるとそうなる。そうした怖れのある時代の医療改革の理念として、特に強き側にある人たちに「競

---

37)　宇沢（2000）4頁．

争よりも協調を」という言葉を心に留めておいてもらえればと思う。

以上、どうもありがとうございました。

役員との質疑応答より抜粋

質問 かつての「自助・共助・公助」の考え方が、国民会議で自助・共助にシフトして公助が薄れたという印象を持っていたのですが、先ほどの話ですと、公助もしっかりした役割を果たさないといけないという趣旨だったように思うのですが、先生はどのようにお考えなのでしょうか。

権丈 最近、国民会議でのそのあたりの書きぶりを批判する文章をいくつか見る機会がありましたけど、自助・共助・公助という話は、私から見れば、どうだっていいです（笑）。こういう言葉を使って文章を書こうとしても、はたして私保険はどこに属するのか？とか、イギリスのNHSは？とか、筆者が読者と同じイメージを共有できる文章を書くのはなかなか難しいです。

今日の話では、そういう言葉は一言も出しませんでした。私の場合はフィールドの機能を観察して帰納的に政策を考えていくというアプローチと演繹的な手法とを併用しますので、共助とか公助という言葉を先に定義して、その定義から演繹的に何らかの政策を言うことはまずありません。ですから、そういった議論にかかわる必要性も感じていません。皆保険は守ろう、増税は必要だけど、医療の主財源は税よりも社会保険料になるとか、報告書の医療介護のところに私が書いているように「負担面では、保険料・税の徴収と給付段階の両側面において、これまで以上に能力に応じた負担の在り方、負担の公平性が強く求められることになる」や、今日の医療は提供体制の改革こそが重要で、提供体制の改革を行うためには国保は地域医療計画を作成する主体である都道府県単位にというような話に、自助、共助、公助という言葉は必要ないです。

ちなみに私が書いた箇所については、二木先生から「国民会議報告の『医療・介護分野の改革』で見落としてならないことがあります。それは、混合診療の解禁はもちろん、保険外併用療養費制度の拡大、医療の（営利）産業化等、医療への市場原理導入につながりかねない表現・提起がまったく書か

れていないことです」[38]という評価をいただいておりまして、私が起草した医療・介護の箇所では、国民会議の報告書では公助が薄れたというような世間からの評価など、どこ吹く風という感じでしょうか（笑）。

---

38) さらに、二木先生の文章「国民会議報告に書かれていない2点に注目」をご参照あれ。二木立「社会保障制度改革国民会議報告を複眼的に評価し『プログラム法案』を批判する」『安倍政権の医療・社会保障改革』52-53頁。

第2講 医療は「競争から協調へ」*

社会保障制度改革国民会議での発案

　用語が多義的（polysemy）となると、その言葉をめぐってどうしても論争的（polemic）となってしまう。多くの意味を持つ言葉は、それにかかわるステイクホルダーや研究者、そして一部の府省が自分に好都合な解釈に引きつけてその言葉を用いるため、必然、論争的となるのである。論争を落ち着かせたり、はじめから論争が起こらないようにしたりするためには、伝えたい意味をより高次で表現する言葉を示しておく必要があり、そうした意図を込めて、社会保障制度改革国民会議（以下、国民会議）で医療介護を議論した際に私が提出した資料の副題に「競争よりも協調を」と記していた。すなわち「国民の医療介護ニーズに適合した提供体制改革への道筋――医療は競争よりも協調を」[1]。

　国民会議の報告書では、「競争よりも協調」という言葉は次のような場面で登場している。

> 医療法人制度・社会福祉法人制度の見直し
> 　医療法人等の間の競合を避け、地域における医療・介護サービスのネットワーク化を図るためには、当事者間の競争よりも協調が必要であり、その際、医療法人等が容易に再編・統合できるよう制度の見直しを行うことが重要である。

＊　吉原健二編（2014）『医療経営白書　2014-2015年版』日本医療企画、所収「巻頭言」を、書籍用に筆削補訂。
1）　社会保障国民会議提出資料、2013年4月19日資料3-2。

> このため、医療法人制度・社会福祉法人制度について、非営利性や公共性の堅持を前提としつつ、機能の分化・連携の推進に資するよう、例えばホールディングカンパニーの枠組みのような法人間の合併や権利の移転等を速やかに行うことができる道を開くための制度改正を検討する必要がある。複数の医療法人がグループ化すれば、病床や診療科の設定、医療機器の設置、人事、医療事務、仕入れ等を統合して行うことができ、医療資源の適正な配置・効率的な活用を期待することができる[2]。

　実はこのあたり、国民会議報告書の起草者として、私は次の下書きを持っていた。しかし、文章が説明的すぎて政府の文章としては不向きであったため、上記のように変えていったという経緯がある。

> 　日本は歴史的に民間が運営する医療提供者間の競争意識をテコとして施設の量的拡張を進めてきたが、医療施設の整備がある程度飽和点を迎えた後、競争は過当競争に入ってしまい弊害のほうが目立つようになっている。施設の整備が量的に整備された段階でも、今までのような競争を続けていけば、「囚人のジレンマ」——協調すれば皆にとって良い結果になることが分かっているにもかかわらず、皆が自身の目の前の利益を優先している状況下では互いに裏切り合って逆に損をしてしまうジレンマ——に陥って、提供者皆が辛い状態に陥ることになる。こうした状況を脱するには、当事者間の競争よりも協調が求められる。

　起草文の下書きから最終的な報告書に書き変える過程で、「競争よりも協調」の意味も少々多義的になり、そのために、改革の方向性をめぐって論争的になってしまった感がある。そこで、なぜ日本の医療では競争よりも協調が必要と考えていたのかを、この機会に述べておこうと思う。

2）『社会保障制度改革国民会議報告書——確かな社会保障を将来世代に伝えるための道筋』2013年8月6日、社会保障制度改革国民会議、28頁。

競争よりも協調が必要となる理由

　まず、日本は、「医療提供者間の競争意識をテコとして施設の量的拡張を進めてきたが、医療施設の整備がある程度飽和点を迎えた」段階であることを議論の始点としよう。

　国民会議での私の報告（2013年4月19日）では、施設の量的拡張が進んだ結果、むしろ医療圏全体としては病床が飽和、もしくは機能重複が強く問題視されている京都府舞鶴市の事例を紹介している。舞鶴市では国家公務員共済連合組合、独立行政法人・国立病院機構、舞鶴赤十字病院、市立舞鶴市民病院が重複する診療科などを抱えて競合し、医師不足、労働環境悪化の悪循環に陥っていた。そのために、市長が4病院の統合を提案したのだが、その案は挫折する。だが、過当競争から病院経営を救う道としての統合は無理のない提案であった。

　舞鶴市に限らず、高度急性期医療は、大学病院、国立病院、自治体病院、および日赤・済生会・共済・厚生連などの公的病院が担っている場合が多い。これらの運営主体がそれぞれに独立したままで機能分担しようとしても、経営上の利害がぶつかるためにうまくいかない。このため、地域のなかで複数の病院がグループ化し、病床や診療科の設定、医療機器の設置、人事、医療事務、仕入れなどを統合して、さらには地域医療と高度医療を相互に学ぶことができるような人材育成環境の整備を行うなど、互いに協調できる環境を作る。そこに、地域の民間病院も協調的に参加する。

　こうした協調の手段として新型医療法人の枠組みを創設する。この新型医療法人を類推してもらうために、「例えば」という言葉に続けて非営利ホールディングカンパニーという名称を用いたのであるが、ホールディングカンパニーが資本関係での支配を連想させるのであれば、必ずしもこの言葉を使う必要はない。上記のとおり「例えばホールディングカンパニーの枠組み」と呼んでいるだけであり、「法人間の合併や権利の移転等を速やかに行うことができる道」が開かれるのであれば、より適切な呼び名を考えたほうがよいとも思う。大切なことは、ここで創設される新型医療法人は、地域住民が共有する社会的共通資本であるという認識の確認である。このような新型医療法人のもと、地域のなかの官民、中小民間病院や診療所、介護事業所など

が協力し、理念の共有、地域連携パスや紹介・逆紹介の推進に努める。そういうイメージを、「競争よりも協調を」のスローガンのもとに描いていた。

医療の経済特性とガバナンスの基本

医療は、供給者と利用者の間の交渉上の地歩（バーゲニング・ポジション）に強い不均衡があるという経済特性を持つため、医療システムにかかわる病院、医療保険などを営利企業に任せることはあってはならない。これに営利企業を強くかかわらせると、病院、医療保険を所有する資本が、交渉上の地歩の優位性を利用して国民から資金を吸い上げることを目的とし、きわめて合目的的かつ効率的なシステムが容易に構築されてしまう。

しかもいったん出来上がった問題の多いそのシステムの解体が、すぐに大きな課題として認識されるようになる。ところが、ひとたび出来上がった強靱なシステムはなかなか解体することができないために、永遠の課題として社会は抱えていくことになる。この国をそうした方向に進めてはならず、したがって、ここで想定している新型医療法人は、自由競争的な規制改革論議とはまったく異なるものであることは言うまでもない。

ご当地の社会的共通資本構築の理念として「競争よりも協調を」

今後進むべき方向は、国民会議の報告書にもあるように「ご当地医療」の構築である。地域住民が共有する社会的共通資本としての医療が、住民第一の視点に立って安定的に「そこにある」という目的を具体化するために、国公立、公的病院は、本部よりも地域の民間病院・診療所との共存を優先する姿も想定していた。そして何よりも避けなければならない事態は、全国的な大型病院による医療法人の買収である。目下、個々の医療法人の体力が低下するなかで目に見えないかたちで買収が進行している。新しい体制が出来上がる前に虫食いで買収が進んでしまえば、協調を基にする地域医療秩序構築の機会を失う。

加えて、ここで言う新型医療法人は、まちのインフラづくりも含めた全体的取組みも必要となり、そうした社会的共通資本という一種の「公共財」の構築には、個々の医療機関が乗り越えるべき壁を低くする意味も込めて基金

で財政支援されるとともに、非営利を厳正化しつつも資金調達の自由度を高めるというイメージもあった。

そして国民会議の報告書は、医療の定義をQOLの維持向上と再定義して、医療と介護の垣根を外した特徴も持つ。したがって、新型医療法人は、既存の社会福祉法人と一体的なネットワークを持つ地域包括ケアを整備する主体として存在することが理想となる。各地域で、理念の共有、救急患者の受入れルールの設定、退院支援・退院調整ルールの設定、在宅における医療・介護の連携ルールの設定などを行う新型医療法人――こうなると、非営利ホールディングカンパニーと呼んだほうが便利なのだが――のなかで共通マニュアルを作成し、土地を共同利用でき、資金も融通できるような仕組みを考えていく必要も出てこよう。医療と介護の間でも、競争よりも協調が強く求められているのである。

以前、医療者の集まりで講演をした時、私の話を聞いた主催者は最後に、フロアにいる病・医院経営者に「ノーガードの殴り合いは止めましょう」と呼びかけられていた。一歩間違えると、そうなる。そうした怖れのある時代の医療改革の理念として、とくに強き側にある人たちに「競争よりも協調を」という言葉を心に留めておいてもらえればと思う。

第Ⅱ部

混迷のなかで
——2009年から2012年——

第 3 講　依怙によっては弓矢はとらぬ、ただ筋目をもって何方へも合力す——2009年総選挙直前のとある日に＊

　2009年8月30日の総選挙の4日前、県知事選との同日選挙も直前にひかえて賑わっている茨城県つくば市（茨城6区）で講演をする。茨城県は、都道府県医師会のなかで最も早く民主党支持を表明した県であり、茨城県医師会が民主党支持を決めたのは2007年10月25日木曜日の夜である。実はその日、私は18時から茨城県医師会で会長はじめ役員が最前列に並ぶ前で講演をしたわけで、私が帰った後に、民主党支持の決議集会が開かれたらしい。
　私は2007年6月に『医療政策は選挙で変える——再分配政策の政治経済学Ⅳ』を出していて、それから4か月後の10月に私が茨城で講演をした当日、県医師会の人たちは私の本を持っていたのを覚えている。そしてこの日2007年10月から約2年半後、茨城県医師会の会長原中勝征氏は、民主党政権下で第18代日本医師会会長に選出されることになる。

　そうした県の医療関係者を前に、2009年8月30日の総選挙を4日後に控えた時に話したことの一部を紹介しておこうと思う。
　なお、講演に出かける直前、『週刊社会保障』（2009年8月24日号）で拙著

＊　筆者ホームページ内「勿凝学問246　謙信ではないけれど、依怙によっては弓矢はとらぬ、ただ筋目をもって何方へも合力す——衆院選、県知事選で賑わっている茨城6区で、今日、話してきたこと」（2009年8月26日脱稿）、「勿凝学問245　『私はマルキストではない』と言ったマルクスの気持ちが少し分かる今日この頃——Ⅳ巻を読んだ人は、Ⅴ巻も読んでくださいね」（2009年8月18日脱稿）および「勿凝学問248　あのねぇ、役人任せの政治をやっていたら、今のような財政状況にはなっていないよ——茨城県で民主党支持者に官僚支配の政治の打破が必要なのではないかと問われて」（2009年8月29日脱稿）を筆削補訂。

『社会保障の政策転換——再分配政策の政治経済学Ⅴ』の書評が掲載された。評者曰く「おそらく著者は、社会保障の立て直しには増税や社会保険料の引上げが必要であり、それを実現するならば、与党でも野党でも結構だ……、と直ちに指摘するだろう」と紹介してある。そのとおり。この書評を読んで思い出した上杉謙信の言葉「依怙によっては弓矢はとらぬ、ただ筋目をもって何方へも合力す」を、2009年総選挙を数日後に控え既に先勝ムード漂う茨城県の医療関係者を前にして、当日の講演タイトルとした。

＊　　＊　　＊

　私が2年前に出した『医療政策は選挙で変える——再分配政策の政治経済学Ⅳ』は、一部の医療関係者には、次のようにバイブルのように扱われているようです。

　　「医師会は自民に利用されてきただけ。なのに、上の方だけで自民支持を決めてきた」。「福田衣里子推薦」を提示した高原晶支部長（55）は憤りを隠さない。手元にあった本は『医療政策は選挙で変える』。至るところに鉛筆で線が引かれていた[1]。

でもですね、『医療政策は選挙で変える』には、次のようにしか書いていない（pp.xix-xx）。

　　今の時代、医療関係者や労働者たちが政治家をかかえたり、政党に大金を献金したりするような政治に媚びる旧来の手法を採ることは、かえってみずからの行動に足枷を科すことになるのではないかと思っている。政治家が欲するのは選挙の際の票にあり、他は票を得るための手段にすぎない。選挙の度に、自分たちに最も関心のある政策に集中して、政党を評価しては投票する。**選挙前夜にでもマニフェストの中の、たと**

---

1) 「'09政権選択：きしむ保守地盤／中　医師会、自民離れが拡大」『毎日新聞』2009年8月13日。

えば医療政策のページを見るまでは、どっちにつくか分からせずに、主体的に浮動票を演じる——それでいいではないか。

さらには（p.304）……。

ジャック・スパロウのすゝめ

政治を是々非々で判断する浮動票であることを愉しみながら、近い将来与党になる政党から積極的な医療政策を引き出すために圧力をかけ続ける。近い将来与党になる政党が経済界におもねるあまり、選挙当日になっても医療費抑制を継続する姿勢を示すのであれば、その政党にだけは医療関係者総出で拒否権を発動する。無記名投票なのだから、自分が所属する医療団体が、ある政治家や政党を支持していたとしても、みずからは浮動票を演じて、気に入った政党に投票する。

小選挙区制は、ひとりの政治家の力を限りなく弱め、党本部が政策形成の実権をにぎる党集権的な権力分布を帰結するため、小選挙区制の下では川上に位置する政党が方針を変えなければ政策は決して変わらない。ゆえに、医療関係者がひとりの政治家を支援したりする古典的な政治活動はほとんど意味がなくなり、党本部に圧力をかける方法を考えなければならない。

モデルは、映画『パイレーツ・オブ・カリビアン PartⅠ』のなかのジャック・スパロウ。

〈出演〉
不真面目な海賊　キャプテンジャック・スパロウ（ジョニー・デップ）
ヒロイン　　　　エリザベス・スワン（キーラ・ナイトレイ）
ヒーロー　　　　ウィル・ターナー（オーランド・ブルーム）

エリザベス　「ジャックはどっちについてるの？」
ウィル　　　「今は、こっちの味方みたいだ」

確かに私は2007年7月29日の参院選直前に、『医療政策は選挙で変える』

を出版して自公政権を徹底的に批判していました。しかし、自公がその参院選で大敗した後、9月末に発足した福田内閣では、政権交代に匹敵する方向転換がなされました。この内閣は社会保障国民会議を立ち上げ、そこに、半年前に本のなかで自公政権下の医療・社会保障政策を完膚なきまでに批判していた私が呼ばれて参加することになります。そして10か月間に及ぶ国民会議における政策転換の様子を、今年2009年春3月に『社会保障の政策転換——再分配政策の政治経済学Ⅴ』にまとめて出版しています。この本の最大のメッセージは、「この状況で、負担増のビジョンを示さない政党には拒否権を発動するべし」(p.52)[2]。

そして、かつて埋蔵金論議の巣窟であった日医は、与党自民党のマニフェストを「財源のあり方に踏み込み、消費税を含む税制抜本改革を掲げたことも合わせて評価する」としており、日医のこの評価を私は、高く評価しています。さらに言えば、日医は、民主党のマニフェストを「財源が不明確で不安が大きい」としており、日医のマニフェスト評価は、これまで私が見たいくつものマニフェスト評価のなかでも、かなりまともなものだと見てもいます。

人も組織も進化したり退化したりして動くものなんです。ある著者がある時点で批判した相手が、いつまでもそこに留まっているわけではない。だから、著者の評価軸が昔と今で変わらないとしても、その著者が書いた一冊の本を読んだだけで、いかほどのことが分かるのか。だからこそ、読書は楽しいのだし、歴史はおもしろいとも言えるのです。

* * *

さて、この日の講演。メインメッセージは、「ポピュリズムと闘う静かなる革命戦士」が共有する知識と問題意識を、とにかく民主党を心の底から応援しているみなさんも共有してくださいというもの。この言葉は、2009年8月8日に書いた次の文章のなかで出てきます[3]。

---

[2] 本書第16講中「社会保障の財政問題と政治の立ち位置」参照。

今日のような「官僚たちの冬」の時代、反官僚の時代に抗してなのか、それとも反官僚の時代ゆえなのか、日曜日に「官僚たちの夏」が放送されている。「名もなき男たちの闘い」……テレビで流れるこの言葉を聞く度に、ここ２年ほどの世の中の動きを考えてしまう。

　志を同じくする一部の政治家、一部のメディア人、一部の官僚、そしてほんの一部の研究者――誰がどういうふうに闘ったのか、その全体像を知っているひとは誰もいない。各人が自分の持ち場で、自分の仕事をこなす。そして、名前も知らず会ったこともない仲間を、陰ながら支えあう。あたかもみんなでスクラムを組みながら、ポピュリズムというとてつもなく大きな相手を、一歩一歩押しのけていく。この動きを、僕は学生に、静かなる革命と言っていた。

今でも、ポピュリズムと闘う革命戦士は募集中です。――申請していただかなくても結構、それぞれの持ち場でそれぞれ自分の仕事をこなしてくれれば、それで十分。なお、私は、みなさんご贔屓の民主党を眺めながら、ポピュリズムを次のように定義しています（図表３-１）。

　　正しい政治行為とは、合理的に無知な投票者に正しいことを説得することによって権力の地位を狙うことである。ポピュリズムとは、それにもかかわらず、合理的に無知な投票者に正しいことを説得する努力を放棄して（あるいは無知や誤解の度合いを増幅させて）、無知なままの投票者に票田を求めて権力を追求する政治行為である。

とにかく、私たちだけが現在の財政状況を知っていて、この制約条件のもとで社会保障の機能強化を図るための財源をいかに捻出するかということに頭を悩ますのもバカらしいので、茨城県の医師の皆さんもこうした事実を共有し、一緒に悩んでくださいませ。巷間賑やかに行われている総選挙に向け

---

3)「勿凝学問240　みんなよくガンバッタよ、日医が自民の負担増路線を支持する時代になったんだもんな――この国ではじめて社会保障の機能強化のために代金の支払いを国民に求める総選挙が行われる」（2009年８月８日脱稿）より。

図表3-1　ポピュリズムと政策評価の難易度

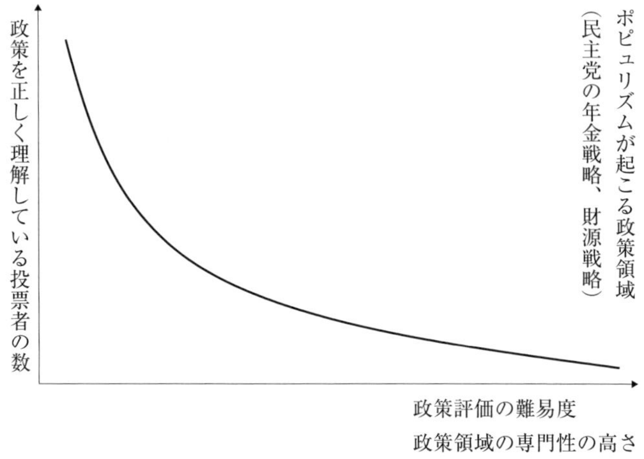

縦軸：政策を正しく理解している投票者の数
横軸：政策評価の難易度　政策領域の専門性の高さ
曲線右側：ポピュリズムが起こる政策領域（民主党の年金戦略、財源戦略）

出所：権丈善一「政策技術学としての経済学を求めて──分配、再分配問題を扱う研究者が見てきた世界」『atプラス』2009年8月号。

た議論などを読んだり・観たり・聞いたりしていると、この国は、やっぱり、もう、逝ってしまってるのかなと思いたくなります（笑）。後は野となれ山となれっだ……。

　講演を終えた後、茨城県医師会ゆえに民主党を支持する県医師会の役員から「官僚支配の政治の打破が必要なのではないか？」と質問された。僕は、答える。
　「あのねぇ、役人任せの政治をやっていたら、今のような財政状況にはなっていないですよ。野党が官僚叩きのキャンペーンを張っていて、それにまんまとのせられている人が山ほどいるけど、官僚って、そんなに力を持っていないんですよね」。少し考えれば分かることを、なぜ、考えようとしないのか。
　同じ医師が続けて、「2大政党による競争は必要なのではないか？」と問うてくるから、「まぁ、ルールを守って競争すればね。ウソ、いかさま、なんでもありのルール違反の競争が展開されると、有権者は何が本当のことな

のかよく分からないから、悪貨が良貨を駆逐するってことになって、政治のレベルが落ちていくんですよ」。

> **後日談**
> この日2009年8月から7か月後、民主党政権下の2010年4月1日日本医師会会長選で、茨城県医師会会長原中勝征氏が第18代日本医師会会長に選出される[4]。2011年7月15日、日本医師会での原中会長出席の会議で、私は「無政府状態下の日本の財政・社会保障」[5]と題する講演をする。
> 原中氏は2年後、2期目をねらい立候補するも、横倉義武氏に敗れ、1期で引退。この2012年4月の会長選挙の日からおよそ8か月後、3年3か月続いた民主党政権は幕を閉じる。

*　　*　　*

2009年総選挙前後の私は、折に触れて「この国の政治や報道を眺めていると、この国はもうすでに終わっているな」などと口にしています。2009年8月30日の総選後、政権交代で日本中が沸き上がっている頃には、学生とカラオケに出かけても「さぁ、日本のテーマソングでも歌うか」と言って、学生と一緒に中森明菜の『Desire』、「まっさかさーまーにー、落ちてディザイアー♪」と歌って遊んでいました。その私が、やがて本書第Ⅰ部にあるように「医療介護の一体改革」に向けて少しはまじめに働きはじめるのですが、本書はこれから、そこに至る経緯をたどっていくことになります。

では、2009年、政権交代前夜の『産経新聞』でのインタビュー記事から始めるとしましょうか[6]。

---

4) 本書第4講参照。
5) 本書第13講所収。
6) 「オピニオン　社会保障の財源をどうする？」『産経新聞』2009年7月10日。

「負担なくして福祉なし」

　先月の党首討論では、医療の財源を問われた鳩山代表が「あなたは人の命より財源のほうが大事なのか」と答えていた。翌日、多くのメディアが、この討論は「民主党優位」と評したのを見て、この国の民主主義は臨界点を超えたと思った。命を守るのは当たり前なのだから、そのための財源を問うのもあたりまえじゃないかな。鳩山代表が「在任期間中は消費税を上げない」と言ったり、財源を問われると官僚批判で応じる様子を見ていると、小泉路線の正統な継承者は今の民主党だと確信する。与党は昨年、これまでの政策を転換し、負担増路線に切り替えた。一方、野党は負担増を封印した。負担を先送りする戦略は選挙には強いが、国民を不幸にする。負担増がない間中、社会保障の機能強化が先送りされる。

……

　今、GDPに占める社会保険料と税の負担割合が日本より低いのは、OECD30カ国で韓国とメキシコ、トルコだけ。日本の高齢化率は世界一なのに……。日本は社会保障以外の政府支出が多いと誤解している人が多いが、実は、それも極端に低い。公共投資も随分と減ったし、公務員の数も人件費も低い。もちろん、ムダは削減するべきだが、その額と社会保障再建に要する額はケタが違いすぎる。

……

　誤解の上に成り立つ世論におもねるだけの政策を採る政党がいれば、僕は批判する。政治は、有権者に正しいことを説いて権力の地位を狙うことであってほしい。なのに、今の民主党は説得の努力を放棄し、国民の誤解を増幅させて権力の地位を獲ろうとしているように見える。政治家の権力闘争から国民生活をいかに守るかが、今この国の生活者に問われているんですよ。

［聞き手・産経新聞　佐藤好美］

第4講 多数決、民主主義、集合的意思決定考
—— はたして民意、団体の意思とは？ *

　僕のゼミに1年ほど在籍した学生が、もし、「民意」というような言葉を軽々しく使うと、「全員一致の多数決で決められているのならばまだしも、君はその民意をどういうふうにして知ることができたのか？」と叱られる。今日は、そういう話題である。

　多数決という意思決定過程を経て、民意とか団体の意思とかを抽出するのは、なかなか厄介な問題を抱えている。そういう、集合的意思決定過程まで研究の視野に入れているのも、僕の言う政治経済学の特徴である。

　いま、ある組織のトップの候補者、α、β、γ がいるとする。投票の結果は次で、有効投票数の3分の1以上という条件のもと、α が選ばれたとする。

　　　　　α　　131票
　　　　　β　　118票
　　　　　γ　　107票

　ここで仮に、上位2人 α と β の間での決選投票が行われたとする。結果はどうなると予測されるか？
　言うまでもなく、結果を読めるはずがない。

　では、次の情報が追加されたら、どうなるか。

＊　「勿凝学問297　多数決、民主主義、集合的意思決定考——はたして民意、団体の意思とは？」(2010年4月4日脱稿) を筆削補訂。

αが推薦した、ナンバー2候補3人　A、B、C
　　　　βが推薦した、ナンバー2候補3人　D、E、F
　　　　γが推薦した、ナンバー2候補3人　D、E、F
　　　　推薦なしのナンバー2候補　　　　　G

　つまり、トップを選ぶ選挙で2位、3位となるβとγが推薦したナンバー2候補は、3人とも同じD、E、Fとする。

　この時、トップの選挙でαが決まった後のナンバー2選挙の結果、αが推薦したA、B、Cは上位3人に入ることはできず、ナンバー2の3人は、β、γが推薦したD、E、そして推薦なしのGが決まったとする。

　さて、こうした条件下、トップを決める選挙で、αとβの間での決選投票が行われたとすれば、結果はどうなると予測されるか？
　その時、決選投票がない場合に、αが選出される意味は？
　さらには、ここで当然、トップの選挙において最後に過半数の支持を得た者を決める決選投票がない多数決のもとで、なぜ、βとγは、トップの選挙の際に一本化を図らなかったのかという疑問が出てくる。ある新聞には、「票読みが甘かった」とあるが、他に、どのような仮説を立てることができるだろうか？

　多数決、民主主義の意味を考えさせてくれる、良い教材となる事例であるように思える。

追記

　上述の日医会長選が行われた2010年4月1日から1年4か月後に行われた民主党の代表選挙では、5人が立候補している。所属国会議員による第1回投票で過半数に達するものがおらず、上位2名による決選投票が行われ、結果、第1回投票で2位の候補者が逆転勝利をおさめている。

　つまりは、日医と民主党が、日医方式同様に決選投票を行わない方式であれば、日医からは原中勝征氏、民主党からは（増税反対の小沢一郎氏が推薦する）海江田万里氏（有効投票数の36％を獲得）が決まり、民主党方式同様に決選投票が行われる方式であれば、森洋一氏と野田佳彦氏（社会保障・税一体改革派）に決まっている可能性が高い。ことほどさように、集合的意思決定のあり方というのは、選挙の結果が示すことになる民意とか団体の意思というものに大きな違いをもたらし、その後の社会の行く末に大きな影響を与えるのである。

　なお、日本医師会は、2012年の会長選から決選投票を行う方式に変更している。

　ちなみに、2012年9月26日に行われた自由民主党総裁選挙でも、第1回投票結果で過半数に達する者がおらず、上位2名による決選投票が行われ、結果、第1回投票で2位の候補者が逆転勝利をおさめている。しかし、この場合の第1回投票は議員票、地方票を含めて行われるものであり、第2回投票は国会議員により行われるものである。

第5講 | 医療費の将来見通し方法の進化*

　2009年10月6日、医療経済研究機構のシンポジウムで講演を行う。この日のテーマは、「日本のヘルスケアシステムの役割と財源——医療の機能強化に向けて」であった。「機能強化」という言葉は、「社会保障国民会議の中間報告」（2008年7月）のなかで初めて使われた言葉である。それまでの社会保障改革の目標は持続可能性の強化だったが、この中間報告で、機能強化が社会保障改革の目標に置かれたのである。その意味するところは簡潔・明瞭であり、「あるべき社会保障、あるべき医療・介護」を先に設定し、それを実現するための財源調達の努力を政府が行うという意思表示にほかならない。この講演では、この「社会保障国民会議の中間報告」からおよそ1年の間に、あるべき医療の実現を求めて、世の中がどのように動いてきたのかを話す。

＊　＊　＊

日本の前提としての政府債務

　まず、医療をはじめとした社会保障や公共政策を考える際に必須となる、日本政府の財布の事情を「話の前提」として紹介します。こうした情報は、皆さんが投票者として政策を評価する際に必須となるはずのもので、それに基づけば誰でも同じ結論に到達せざるをえなくなります。決して、経済学者の「見解」といった類のものではありません。

　結論から言えば、巨額の政府債務を抱えた日本では、中福祉を求めるのであれば高負担とせざるをえず、中負担に留めたければ低福祉に甘んじなけれ

＊　医療経済研究機構のシンポジウム「日本のヘルスケアシステムの役割と財源——医療の機能強化に向けて」（2009年10月6日）での講演を筆削補訂。

ばなりません。かつて麻生首相は、「中福祉・中負担」と言いましたが、そんなものは夢のまた夢。「高負担・中福祉」、「中負担・低福祉」がこの国の分相応というところです。これまで私が、「まずは、中福祉・中負担を」と「まずは」をつけて論じてきたのは、永遠に中福祉・中負担を続けることは、この国には無理だからなんですね。

　以前、あるシンポジウムで、司会者がフロアの人たちに「消費税は何％でしたら、引き上げてもよいと思いますか？」と質問され、「多くの人が３％くらいまでなら、上げてもよいと言っていますよ」と私に報告されていました。私は、「日本人には、『何％だったら負担してもよい』というようなことを考える自由は残されていませんよ。負担増が実現できなかったら、まずは社会保障支出が抑制され、弱者が切り捨てられていき、最後は財政が破綻するだけのことで、社会保障の機能強化など絶対に無理。消費税を３％上げても、焼け石に水」と答えました。負担を求めないで給付を増やすという泡沫の夢くらいは見ることができるでしょうが、その泡は所詮は泡であり、いずれはじけます。

「医療介護費用のシミュレーション」提出への道程

　では、本題に入りましょう。まず全体のストーリーを紹介しておきます。私は、厚労省が2006年末に立ち上げた「医療費の将来見通しに関する検討会」のメンバーになりました。その検討会では、医療費のシミュレーションのあり方について、いわゆる「新しい考え方」が確立されます。そして2008年に立ち上げられた「社会保障国民会議」で、私は「あるべき医療・介護のシミュレーション」を行うことを国民会議に要求し、その頃から、医療界には「受け身の政治活動ではなく、自分たちで、あるべき医療に要する『見積書』を作って、政府に突きつけるべきだ」と話し始めます。そして、2008年10月に「あるべき医療・介護を実現すれば、財政規模はどの程度になるか」を示す「医療介護費用のシミュレーション」、つまり日本で唯一かつ初めての「医療介護の見積書」を社会保障国民会議が提出します。私たちと同じ問題意識を持っている政治家をはじめとした人たちは、社会保障国民会議からの見積書の提出を奇貨として、この見積書に財源の裏付けを与えることにも

通じる「中期プログラム」という閣議決定を2008年12月24日に行います。そして2009年6月、経済財政諮問会議で、社会保障国民会議が提案した社会保障の機能強化を行った場合の「中長期的な財政シミュレーション」を出して、国民に日本の財政の窮状を視覚的に理解してもらおうと努力するわけです。

社会保障国民会議の設置

では、社会保障国民会議が立ち上げられた2008年1月29日から話を始めます。この会議のメンバーになった私は、年金については税方式への移行過程を明示した財政シミュレーション、医療・介護についてはあるべき医療・介護の財政シミュレーションを行うよう、会議の事務局に要求する書類を3月4日に提出します。そしてその頃から、「医療をなんとかしたいのならば、見積書を作るべし」という話を始めます。

6月末からは、社会保障国民会議で医療介護費用シミュレーションの作業チームが作られ、医療経済学者を20人以上1人ずつ招いて1時間ほどの講義を受ける勉強会が始まります。あるべき医療・介護のシミュレーションをどのように行えばよいのか、日本中の研究者を集めて検討したわけです。そうしたなか、私にも講義の依頼が届き、7月22日に出かけたその勉強会で、概略、次のような話をしました。

＊　＊　＊

医療費の将来見通しに関する検討会

2006年、厚労省が発表した医療費の将来推計がやり玉に挙げられます。というのも、1994年に立てた2025年の医療費見通しは141兆円だったのに、2000年に行った見通しでは81兆円になり、この2006年には65兆円とされたからです。「医療費を過大推計して、医療費抑制機運を高めようとする厚労省の陰謀だ」と、医療関係者は100％、メディアも100％、そして多くの人たちも100％受け止めました。そして2006年10～11月頃から民主党の山井和則氏や左翼政党の国会議員らが中心となって、「医療費をなぜこんなに過大推計したのだ」「なぜ国民にこのようなウソをついたのだ」と、いつもながらの

政局作りに励んでいました。そうしたなか、「医療費の将来見通しに関する検討会」が立ち上げられます。そして、10年ほど前に「総医療費水準の国際比較と決定因子をめぐる論点と実証分析」[1]という論文を書いていた私が呼ばれることになります。

　先に種明かしをしておきますと、1994年の見通し2025年の141兆円という値は、その頃、同時に推計されていた2025年の国民所得で割れば12.5％前後となります。そして、2000年の見通し81兆円も、同時に推計された国民所得で割ると12.5％前後、2006年のときも12.5％前後です。つまり、日本の将来医療費の国民所得に対する割合はおおむね安定していました。したがって、立てられるべき問いは、「なぜこれほど安定した割合になるか」であって、将来の医療費を141兆円だの81兆円だのといった名目値で比較することにはまったく意味はないんです。そして、そういうことを最初から分かっていたのは、この検討会のなかでも私しかいなかったわけです。

　そして、「医療費の将来見通しに関する検討会」で厚労省が第1回目に持ってきた資料が、図表5-1の破線から左側の図です。

　厚労省の説明によれば、医療費の将来見通しは、過去の医療費の伸び率を抽出して、この医療費の伸び率を高齢者とそれ未満に分けながら、将来の推計人口を勘案して立てられていました。その話を受けて、検討会の委員の間では、厚労省の予測はどうしてこれほど大幅に失敗するのかという話で盛り上がっていました。当然、医療経済学者もいれば、中医協の先生もいるし、過去に昔の厚生省で医療費の推計をやっていたという退職された方もいらっしゃいました。

　そこで私は、「厚労省も分かっていないですね。過去の国民所得の伸び率が配付された資料の右側にあり、これが政治調整を経て、医療費の伸び率が政治的に決められるんですよ」という話をします。「だから、その時代時代の経済成長の伸び率が影響して、医療費の伸びに反映していくんです」と説明したのですが、誰も信用してくれませんでした。

　しかし私は、第2回の会合でも説明を続けます。1人当たり所得は1人当

---

[1]　権丈（2006）第2章所収。

図表5-1　医療費の将来見通しの手法の概略（改革実施前）

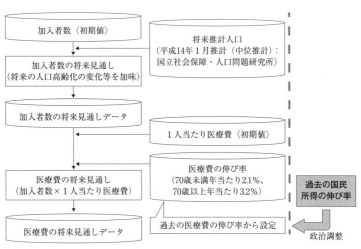

出所：「第1回医療費の将来見通しに関する検討会」（2006年12月27日）における厚生労働省提出資料に筆者加筆。

たり医療費に決定係数0.9以上の説明力を持ってしまうので、高齢化をこの推計式のなかに入れてしまうと、変数として効かなくなる。さらに、所得の単年度増加率は全然関係ないように見えるけれども、実は過去6年間の所得増加率の平均値をとると、医療費の単年度増加率と相関を持つようになる。つまり、医療費は、基本的には高齢化ではなく所得が決めるのであり、また所得は単年度ではなく、一定のタイムラグをもって医療費に影響を与えている。さらに、高齢化が進んでも医療費を増やさないことは可能であり、医療費の水準というのは、政策の意思の表れなのである、と。

　第1回、第2回の議事録を見れば、私の言うことを誰も信用してくれず、私が会議のなかで完全に孤立していることが分かります。すると、非常にありがたかったことに、第3回目の検討会では、保険局調査課の人たちが次のような表を作ってきてくれました（図表5-2）。

　経済成長率と診療報酬改定率の相関係数を見てください。タイムラグがないと0.489（つまり、相関関係が低い）ですが、経済成長率と診療報酬改定率の間に4年のタイムラグをもたせると0.884まで上がってきます（つまり、高

図表5-2　医療費将来見通しの国民所得比

- 診療報酬改定が、その改定率決定時における過去の経済動向を踏まえつつ、決まることを考えると、両者の関係に一定のタイムラグがあると考えられるため、診療報酬改定率と経済成長率の関係について、経済成長率を1年ずつ過去にずらして、相関係数をとる試みを行った。
- すると、タイムラグを4～5年とった場合に、約0.9という非常に高い相関係数が得られた。

診療報酬改定率と経済成長率の相関係数

タイムラグ	参照期間	相関係数
0年	改定率　（1986～2006） 成長率　（1986～2006）	0.489
1年	改定率　（1986～2006） 成長率　（1985～2005）	0.584
2年	改定率　（1986～2006） 成長率　（1984～2004）	0.603
3年	改定率　（1986～2006） 成長率　（1983～2003）	0.717
4年	改定率　（1986～2006） 成長率　（1982～2002）	**0.884**
5年	改定率　（1986～2006） 成長率　（1981～2001）	0.882
6年	改定率　（1986～2006） 成長率　（1980～2000）	0.764

出所：「第3回医療費の将来見直しに関する検討会」（2007年3月22日）における厚生労働省提出資料。

い相関関係を持つ）。このタイムラグは、足下のデータが揃い、それを基に政治調整を行うのに要する年月なのであり、これが日本における診療報酬改定率、ひいては総医療費を決定するメカニズムなんですね。そして、保険局調査課の人たちは横軸に名目経済成長率をとって、縦軸に医療費の伸び率をとったグラフによって両者に正の相関があることを示し、私が第1回検討会から話してきたことを証拠づけてくれたのでした（図表5-3）。

したがって、経済成長率が高い時に医療費の将来見通しを立てると将来の推計値が大きくなり、成長率が低い時に医療費の見通しを立てると将来の推

図表 5-3 これまでの将来見通しにおける医療費の伸びと経済成長率

過去に行われた将来見通しにおける経済成長率の仮定と国民医療費の伸び率の関係を見ると、いずれの将来見通しにおいても、おおむね経済成長率＋2％程度となっている。

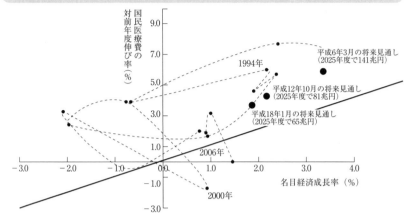

注：国民医療費は、2004年度までは実績。2005年度は医療機関メディアス、2006年度は医療機関メディアスによる4～9月伸び率。
　　経済成長率は、2005年度までは実績。2006年度は政府経済見通しによる実績見込み。
出所：「国民医療費」（厚生労働省大臣官房統計情報部）、「国民経済計算」（内閣府）。

計値が小さくなる。複利計算というのは、単年度では僅かな差でも長期的には大きな差をもたらしますからね。

　ただそれだけのことであって、厚労省陰謀説というのはあまりにもバカげた話だったわけです。誰が一所懸命に将来推計しても、それが名目値で示されるかぎり、厚労省が試算したような結果にしかなりません。

　そして、「医療費の将来見通しに関する検討会」の報告書では、「診療報酬改定率は政策的に決定されるものであるが、長期的には、タイムラグはあるものの、経済動向との間に結果として一定の関係が見られることから、医療費の伸び率を設定するにあたり、たとえば、自然増部分と診療報酬改定分を区分して、将来見通しの前提となる診療報酬改定率は経済との関係を勘案して設定することも考えられる」と議論が整理されることになります。

医療費の将来見通し方法の進化

　2008年国民会議の最中、先にも話しましたように事務局の人たちはみんな夏休み返上で医療経済学の専門家を20人以上呼んで、医療介護費用シミュレーションの勉強会を開かれていたのですが、2008年7月22日に医療経済研究者の1人として出かけた私は、そこで次のような提案をしました。

　　＜医療費の将来見通しに関する推計方法の改善点＞
　　・入院と外来は分離して見通し（projection）を行う
　　・1日当たり医療費という価格要因は、経済成長の動きに連動する（たとえば、内閣府「進路と戦略」や年金財政検証における経済前提に連動することを仮定）
　　・1人当たり日数という量的要因は、操作変数として設定する（無理な日数の短縮化を緩和するなど）

　つまり、医療費を量と価格に要素分解して、医療提供体制をあるべき姿に改革し、そうした改革を体現した医療供給に単価を掛け合わせて医療費総額を出すという、世界でも例のない医療費のシミュレーションの仕方を提案したわけです。そして、これが社会保障国民会議で実現します。これは、医療費の将来見通し方法の進化と呼んでよいことだと思います。もう一つ言えば、病院の平均在院日数は、病床当たりのマンパワーに依存しているのですから、日本で在院日数を短縮するのであれば、マンパワーをあてがわないと医療従事者の仕事が大変になるだけだということも話しています[2]。

　2）　二木立（1990）14-15頁参照。同書所収「わが国病院の平均在院日数はなぜ長いのか？」で二木氏は変数増加法による重回帰分析を行い、その結果「わが国病院の著しく長い平均在院日数は決して『異常値』ではなく、病床数の多さ、職員数の少なさ、老人施設の少なさの必然的産物であることを示している。さらに、欧米諸国に比べてわが国の人口当たり病床数が多い現象は、老人ホームの不足の結果生じたものだと解釈すべきであろう」と結論づける。となれば、今日の医師不足は、診療報酬の誘導による在院日数の無理な短縮化が一因であると考えられる――ということも、2008年7月22日の医療介護費用シミュレーション勉強会で話している。

図表5-4　新しい医療費試算

シミュレーションB（改革シナリオ）
（選択と集中～あるべき姿を踏まえたシミュレーション）

医療・介護の需要と供給	
【需要】急性期の重点化など疾病・状態像に応じた受けるべきサービス需要を見込む	【供給】疾病・状態像にふさわしい医療・介護を提供するためのサービス提供体制の改革・整備

（高齢化による需要増、改革を反映）

× 選択と集中により重点化・合理化された費用（単価） × 単価等の伸び

（経済成長・技術進歩など、効率化要素を反映）

出所：社会保障国民会議（2008）「医療・介護費用のシミュレーション（本体資料）」9頁。

あるべき医療介護の財政シミュレーション

　他方、社会保障国民会議の場では、「あるべき医療介護の財政シミュレーション」を行うことの許可、つまり従来の医療介護政策は間違えていて、あるべきものではないということを認めましょうということを、私は会議に出席されていた福田首相に、3月21日と4月1日の2度確認をとっています。

　そして、2008年10月23日、医療介護費用シミュレーションが発表されます。このシミュレーションには、あるべき医療介護を目指した改革が織り込まれており、改革を行うと医療費や介護費用が高まるというものでした。そのため、会議の場ではある委員から「改革を行っているのに、費用が増えるとは何ごとか？」という言葉が出ます。それを受けて私は、「この国では、医療も介護も、そして教育も、あるべき姿を求めて改革するとなれば費用が増えることは、当たり前だったんですね。この10年ほど、改革と言えば費用削減という考えが世の中で支配的であり、それが常識にまでなっていたことが、この国の今の不幸をもたらしただけなんですよ」と発言しています。

　社会保障国民会議の試算の新しさは、医療費を量と価格に分解して、量に改革を、価格に経済成長率を反映させたことにあります（図表5-4）。たとえば、2025年までに急性期医療の職員100％増、病院職員の業務量20％減などをあるべき姿とみなして、そこに成長率を反映させた単価をかけています。さらに、選択と集中の改革を行う際に在院日数の短縮を図るのですが、国際比較で観察される「平均在院日数と1病床当たりの職員数」の間にある負の関係を基準として、日本の病院の職員数を国際標準まで引き上げようとして

図表５－５　平均在院日数と１病床当たり職員数

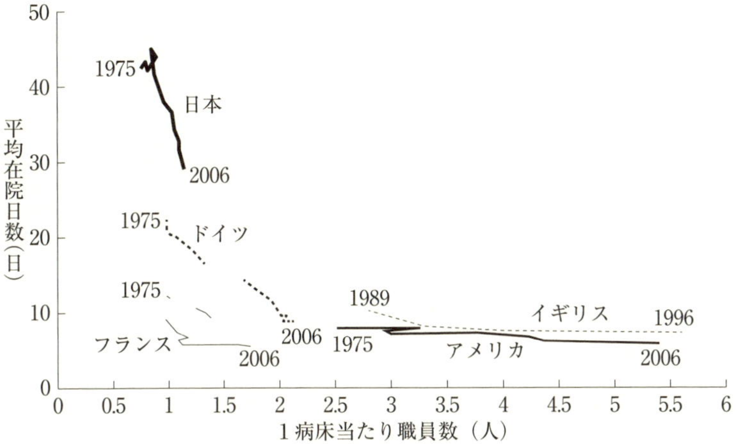
平均在院日数（日）
50
40
30
20
10
0
1975
日本
2006
1975
ドイツ
2006
1975
フランス
2006
1989
イギリス
1996
1975
アメリカ
2006
0
0.5
1
1.5
2
2.5
3
3.5
4
4.5
5
5.5
6
１病床当たり職員数（人）

出所：社会保障国民会議（2008）「医療・介護費用のシミュレーション（参考資料）」25頁。

います（図表５－５）。

また、介護では、「施設・居住系サービスをスウェーデン並みに拡充する」などをあるべき介護の姿として想定し、それを実現するための必要額を試算しています。

このシミュレーションでは、2025年のマンパワーの必要量は、医師で1.2倍、看護職員1.5倍、介護職員2.2倍など、大幅に増える必要のあることが仮定されています。そして、こうした改革を実現するためには、医療介護費用の対GDP 比が2007年の7.9％から2025年には４ポイント近く高い、11.6％から11.9％と試算されました。

要するに、あるべき医療介護を求めて改革をすれば費用は増えます。ただし、医療費を増加すべしと言うと、「医療費の配分はそのままでよいのか？」と言う人が必ず出てきます。もちろん、よいわけがない[3)]。提供体制の改革こそがこの国の医療政策の課題でもあるのですから、医療費が増えるといっても、現在の提供体制を相似形で拡大するわけではありません。あるべき医療を想定して改革を行えば、資源の再配分は当然行われます。

ただし、ここで注意すべき点は、「シミュレーション（参考資料）」44頁に

図表5-6　医療介護従事者の需要と供給

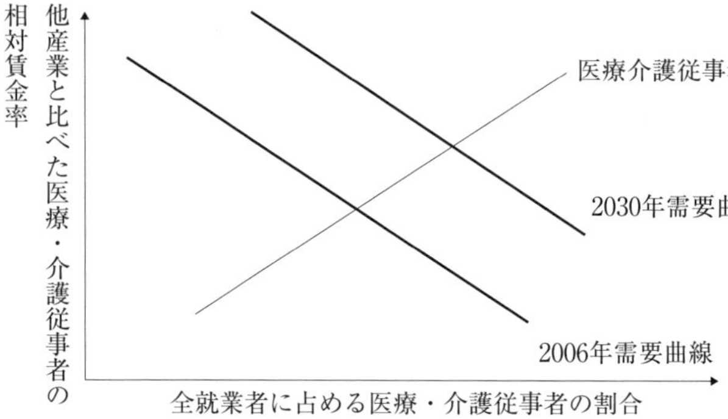

縦軸：相対賃金率（他産業と比べた医療・介護従事者の）
横軸：全就業者に占める医療・介護従事者の割合

医療介護従事者の供給曲線
2030年需要曲線
2006年需要曲線

出所：権丈（2009）229頁。

よると、将来、労働力人口が減少するなかで全就業者に占める医療介護従事者の割合を2006年の8.9％から2003年には11.8％にまで増やす必要があると言っているにもかかわらず、彼らマンパワーに要する単価の、他産業と比べた相対賃金率は現在の値を想定していることです。

世の中に医療介護産業しかないのだったら単価はあまり問題にならないのですが、現実には他の産業も山ほどある。そうしたライバル産業を含めた全就業者に占める医療介護従事者の割合を高めるためには、医療介護の世界に労働力を吸引できるだけの相対賃金率の引き上げが必要になるでしょう。そ

3）　ここで、私が「いわずもがな3大トピック」と呼んでいるものを紹介しておこう。とにかく、世の中というのはめんどくさい。
　①　「未納が増えても年金は破たんしない」と言うと……
　　　「未納者の無年金を問題視しないのか？」と言う人が現れる。
　　　が、問題視するのは当然である。
　②　「この国で負担増は不可避」と言うと……
　　　「税金の無駄遣いを放置するのか？」と言う人が現れる。
　　　が、放置しないのは当然である。
　③　「医療費を増加すべし」と言うと……
　　　「医療の配分はそのままでよいのか？」と言う人が現れる。
　　　が、よくないのは当然である。

して、この仮定以上に価格を上げなければならないということは、このシミュレーションは最低ラインの見積書にすぎないということになるわけです（図表5-6）。

社会保障機能強化のための中期プログラム

　さて、ここに、この国唯一の医療介護の見積書が出てきたわけですが、ここから先が重要です。

　2008年11月4日に社会保障国民会議の最終報告が提出され、それを受けて12月3日には経済財政諮問会議で「社会保障機能強化のための工程表」が議論されます。そして12月24日には、「中期プログラム」という、社会保障国民会議が行った医療介護費用のシミュレーションに財源の裏付けを与えるための閣議決定がなされました。さらに、閣議決定だけでは、もうすぐ起こる政権交代後の政治家は比較的簡単に負担増を逃げることができると考えた大勢の人たちは、平成21年度税制改正関連法案附則104条にまで「中期プログラム」の内容、すなわち、社会保障の機能強化を行うための負担増のシナリオを書き込みました。そして、2009年6月23日、社会保障国民会議が求めた社会保障の機能強化を実行した場合の中長期の財政展望が、経済財政諮問会議で議論されることになるわけです。

　しかし、現実には、この8月30日の総選挙での政権交代で、国民は、消費税は4年間議論する必要もないという政党、しかも将来の消費税の引き上げは、基礎年金の租税財源化を行うことが優先されるという道を選択しました。社会保障国民会議の「公的年金に関する定量的なシミュレーション」で示されたように、年金で民主党の言う税方式を前提とする場合、財政の持続可能性を担保するのに要する消費税率を加味すれば、日本の消費税率は30％を超える必要があるでしょう。ところが国民、さらには税方式を言い続けてきた与党・民主党にさえ、そうした自覚はまったくなさそうなのです。

　政府を利用せず、医療や介護はアメリカのように市場に任せればよいではないか、たとえば混合診療の解禁を行えばよいではないかと考える人も多いようです。しかし、医療を市場に委ねるということは、医療を必要性ではなく支払能力に応じてしか利用できない社会を作ることを意味します[4)]。むろ

図表５－７　租税社会保障負担と公的医療費

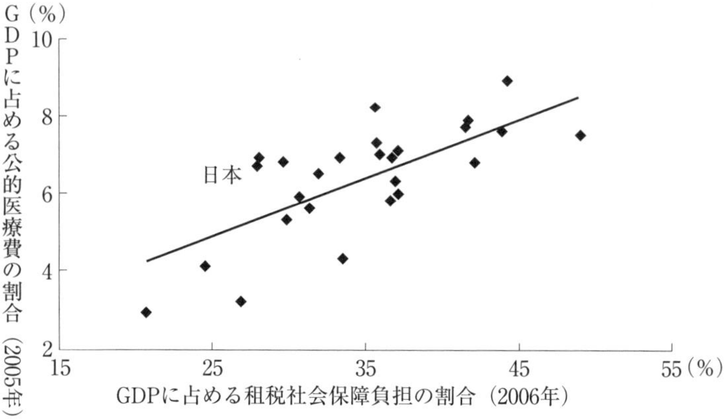
GDPに占める公的医療費の割合（2005年）
(%)
10
8
6
4
2
15
25
35
45
55 (%)
日本
GDPに占める租税社会保障負担の割合（2006年）

出所：OECD, Stat.

ん、それでもよいというのであれば、それでもよいのですが。

図表５－７は、2008年９月に舛添厚労大臣が立ち上げた「高齢者医療制度に関する検討会」に参加していた頃に、なぜ医療保険の財源調達力を高める必要があるのかを説明する際に用いていた資料です。私は、日本の公的医療費は、負担水準の割には大きいので、もし医療費を増やすというのであれば、負担増を図るしか道はなく、その際、今後の増税分の相当部分は財政再建に回されるだろうから医療保険を主財源とするほうが現実的であるという話を、この検討会でも延々としていました。組合健保の保険料率に３倍以上の開きがあり、その差のほとんどが所得と年齢で説明できる状態を放置しているから、財源調達力の弱い「ポンコツな医療保険」のままなんだと。

まぁ、いずれにしても、この国の政治や政策論争を眺めていて思うことは、財政の面でも、国民の意識の面でも、この国はもうすでに終わっているかなという感じですね。

以上で、報告を終えたいと思います。

4)　本書第９講、図表９－３参照。

第6講　増税と景気と社会保障＊

　2010年度予算が3月24日にようやく成立した。民主党政権下での初めての予算である。「命を守る予算と3つの変革」と銘打たれた予算は、現在の税・財政のままでは来年度の国債発行額は2010年度の44兆円から51兆円（財務省試算）、マニフェストの新規施策を実施すればさらに膨れ上がる現実を浮き彫りにもした。

　「増税をしなくとも、ムダを省けば財源を捻出できる」という鳩山首相の一連の言葉が、普天間問題よりもいち早く「浅かった」ウソであることを普通の人も気づき始めた頃、菅財務大臣は記者会見で「増税をしても使い道を間違えなければ景気はよくなる」と発言。メディアは「すわ、増税路線への転換か」と書き立てたが、政府への市場からの信認を視野に入れた判断を迫られる立場にいるかぎり、増税を口にせざるをえないのは当然である。

　国民負担率の引き上げは、日本の経済・国民生活を守る仕事に就く者たちが挙国一致で取り組むべき課題である。経団連は4月13日に発表した「成長戦略2010」で、「過去の消費税導入時、あるいは税率引き上げ時において、経済への明確な影響は必ずしも認められない。むしろ、現下の経済情勢において、税率を段階的かつ計画的に引き上げることにより、消費の前倒し効果が見込めることを重視すべきである」、「2011年度から速やかかつ段階的に（たとえば、毎年2％ずつ引き上げ）、消費税率を少なくとも10％まで引き上げていくべきである」と論じた。さらに「国民負担率が現行の40％弱から50％台へと上昇することもやむをえない」と実に潔く、従来の国民負担率抑制の

＊　「経済を見る眼　増税と契機と社会保障」『週刊東洋経済』2010年5月22日号（5月17日発行）を筆削補訂。

路線を転換した。
　一方の連合は、日本の財政の深刻さを選挙対策としてまたしても隠すつもりでいる与党幹部や、経済・財政の重篤さを知るに及んでいない国民と同じ位置を選択している。
　かつて、増税について「時局がこうなったうえは、やむをえない」という論陣を張ったジャーナリストに、東洋経済新報社の石橋湛山がいた（後に蔵相、1956年首相）。「納税者が持っておれば、かえって使用せずにおくかも知れない場合にも、政府にその購買力が入れば必ず使います」と彼は言う。「増税が行われたとて社会に流通する購買力には変化がないのみならず、かえってその流通速度が増すとさえ考えられる場合において、事業が社会の購買力の減少から衰微を来すことは絶対にない」。湛山がこの論を展開したのは1937年11月。その前年にケインズ『雇用、利子および貨幣の一般理論』が刊行されている。
　湛山は刊行後すぐに『一般理論』の原著を読んでおり、そこには「現状では、諸機関の貯蓄および償還基金という形をとった貯蓄は適量を超えており、消費性向を高めそうな方向で所得の再分配政策が採られれば、資本成長に断然有利に作用することになろう」とある。ケインズの論のあまり知られていない一面である。
　言うまでもなく社会保障は、限界貯蓄性向が高い高所得者からそれが低い低所得者への再分配を伴い、人々の生活不安を緩和して予備的動機に基づく貯蓄を減らす働きを持つ。要するに、社会保障は、ケインズの言う消費性向を高める経済政策手段と見ることもできるのである。この側面を強く意識しながら、私は、深刻さを増していく慢性的な需要不足の一つの解決策として、「積極的社会保障政策」という言葉を使ってきた[1]。この文脈に沿った政策を実現するためには、増税の壁を突破しなければならない。だが、民主党政権では、それを行う正当性が問われることになるはずである。

---

1) 権丈（2009〔初版（2004）〕）参照。

第7講　不磨の大典「総定員法」の弊*

　現在、与野党の最大政党では、ともに党首が財務大臣の経験者である。彼らはそろって消費税をはじめとした負担増が必要と言う。政府を支える「人」と「カネ」のうち、カネについては、差し当たり、そういう時代を迎えた。では、「人」についてはどうか。ある政党のパンフレットには、「わが国の公的部門の職員数（対人口千人比）は、諸外国と比較しても既にスリムな規模となっています。これをさらなる業務の見直しにより、純減させる取り組みが今回の総人件費改革です」とある。たしかに、日本の公務員の数は少ない。OECDによると、2005年の労働力人口に占める公務員の割合は、対象26か国で日本が最低である。総務省による人口千人当たりの中央・地方政府職員（軍人・国防職員除く）の比較では、英国とドイツは日本の1.7倍、フランス2.6倍、米国2.7倍。特殊法人など政府企業職員では、ドイツが日本の1.9倍、フランス3.0倍、英国6.7倍である（米国でようやく0.6倍）。

　日本の国家公務員の総定員数は、1969年度施行の「行政機関の定員に関する法律」、通称「総定員法」が規定している。同法施行以降、日本の政策環境は激変した。産業構造の転換で、たとえば15歳以上就業者に占める第1次産業就業者の割合は1970年の20％から2005年には5％に激減。そして他国が経験したことのない猛スピードの高齢化が日本を襲い、65歳以上人口比率は40年前の7％弱から23％に届く世界最高水準にまで急増している。さらにはキャッチアップを目標とした強力な産業政策が主流であった時代が終わり、規制緩和の流れが強まることにより、行政需要は質的にも変化した。

---

*　「経済を見る眼　不磨の大典"総定員法"の弊」『週刊東洋経済』2010年10月16日号（10月12日発行）より転載。

総定員法に基づいて各省からの定員要求の査定を行う総務省行政管理局に期待されていることは、「社会経済状況の変化に対応して、スクラップ＆ビルドの原則の下、行政需要の減退しつつある部門を廃止、縮小して、新しい行政課題に対応した組織を新設する」ことであろう。しかし、府省間の仕事の軽重を計る作業は「言うは易く行うは難し」であることは容易に想像がつく。いきおい、府省間の人員配置は「現状」が強い基準となり、スクラップ＆ビルドは各府省内に任される傾向が生まれる。
　結果、行政需要が増えゆく府省の人員は余裕を失っていく一方、行政需要が減少している府省では人員が余り始め、仕事を求めて活発に動き始める。そうした力学が強く働いていることを感じるのは、この（2010年）6月に医療ツーリズムをはじめとする医療の営利事業化を提案した経済産業省『医療産業研究会報告書』を眺めたり、かつて同省、その前身の省が年金の民営化や基礎年金の租税方式化を論じていたことを思い出したりする時である。
　さらに、総定員法による国家公務員の定員制限は、国の業務を地方に押しつけるという形で地方にまでしわ寄せが及ぶ。そうして、国は総定員法の縛りを受け、地方は財政の縛りを受けて、ともに人件費が「物件費」に計上される非正規雇用を増やし続けてきた。今や、ハローワークの職員の約6割が非正規の職員となっている。しかも非正規の公務員は、私企業を対象としたパート労働法の適用除外である。ゆえに、民間の非正規労働者よりもひどい待遇になりがちであるため、官製ワーキングプアが生まれ、現代の貧困の温床ともなっている。
　総定員法は不磨の大典と化しているようで、行政需要に応じた人員配置という資源など永遠にありえないのが、この国らしさなのであろう。

第8講　政界と税と社会保障*

　臨時国会を終え、われわれには政治家の就職活動に見えてしまう権力闘争というものに、彼らはなんとも忙しそうである。目の前で展開されている活動を眺めていると、種々考えさせられるものがある。

　1994年に、選挙制度が中選挙区制から小選挙区と比例代表との並立制に変わった。だが、政治の世界はいまだにこの制度変化に追いついていないようなのである。中選挙区制の場合には、1つの政党のなかに、違う考え、時には対立する考えの人たちが所属していたとしても、同一選挙区に複数の候補者を立てることができるから、さほど問題はない。

　ある政党にAとBという対立する考えの人物がいるとしよう。中選挙区制であれば、同じ選挙区にAとBの両方が立候補することができ、Aの支持者はAに、Bの支持者はBに投票できる。かつての自民党ではこうしたことが珍しくなかった。とくに、参院選で大敗した際には、総裁が、Aの考えに近い人物からBの考えに近い人物に代わり、実質的な政権交代が行われていた。

　その事例として橋本から小渕、安倍から福田への交代で大きな政策転換があったことを、我々は知っている。しかしながら、小選挙区制では、1つの政党は1つの選挙区には1人しか候補者を立てない。先ほどの例で言えば、選挙区でAが立候補したら、Bの支持者は投票先がない状態に陥る。

　いわば中選挙区は多神教で小選挙区は一神教の世界なのだから、小選挙区制のもとでは、1つの政党のなかで、真っ向対立する考えの神々の闘争はは

＊　「経済を見る眼　政界と税と社会保障」『週刊東洋経済』2010年12月25日号‒2011年1月1日号（2010年12月25日発行）より転載。

た迷惑なだけでしかない。だが、日本では、かつての中選挙区制時代の影響もあってか、いまだにどの政党にも考え方の違いすぎる人たちが共存し、同時に、似たような考えの人たちが異なる政党に散在している。

ところで、もし仮に、日本の政界がアメリカの民主党と共和党、イギリスの労働党と保守党のような形に再編されるのであれば、その分岐点は、税・社会保障のあり方をめぐってということになろう。

そして税・社会保障のあり方は、突き詰めていけば、医療、介護、保育、教育を必要に応じて利用できる社会を目指すか、それとも、支払能力に応じて利用できる社会をよしとするかに行き着く。

前者の社会を作るには、これらサービスを市場から外さなければならない。市場にのせる度合いを高めると、その制度は必ず、支払能力に応じて利用できる方向に変化する。むろん、前者の社会は、後者よりも税・社会保険料の負担を多く要する。

今日の日本では、所属政党に関係なく、先ほどの前者の社会を目指して消費税をはじめとした負担増の必要性を正直に言おうとする政治家と、その動きに反発する政治家がいる。ちなみに、今年度の国家財政（一般会計）の現実は、消費税（税率1％で2.5兆円相当）で換算すれば、税収は消費税率15％程度しかないのに、国債費は同8％規模、社会保障関係費が同11％相当であり、財政赤字は消費税率18％にのぼる惨状でもある。

こうした事実を国民に示し、速やかに負担増のビジョンを提示する覚悟を持つ者とそうでない者とに、現在の政党を横断する形でまとまってもらわなければならない。現実にはそうならないことは十分に分かっているが、政界の動きの1つの評価軸としてあえて書いておく。

参考資料──貧困の減らし方[1]

2009年10月20日厚労省発表によれば、「厚生労働大臣のご指示により」、

---

1) 「勿凝学問254　貧困の減らし方」（2009年10月25日脱稿）を転載。「勿凝学問256　2つの国民──日本人の少数派と多数派」（2009年10月25日脱稿）も参照。

OECDが発表しているものと同様の計算方法で、わが国の相対的貧困率が算出されたらしい。データとしては、OECD Stat.でも簡単に入手できる調査対象2003年の14.9％という日本の相対的貧困率が、調査対象2006年の15.7％に更新されただけで、目新しいことは別にない。

国民負担率を上げないことを至上命題としている現政権の厚生労働大臣は、貧困率を下げる何らか手品でも見せてくれるのかな。就任早々、わざわざ貧困率を算出するように「ご指示」を出されるのだから、きっと秘策があるんだろう。

ただし、国民負担率を上げないで社会保障給付を増やすというのは、「あるある」と大衆に信じ込ませたムダの削減で浮く財源を用いる以外は禁じ手だから、そこんとこよろしく——ムダといっても、フローから見つけてもらわないとね。特会などのストックは、「ストックはストックへ」の原則のもと、国債の償還に回すべきもので、それを一般会計で使ったら赤字国債発行と同じになるんでね (^_^)。

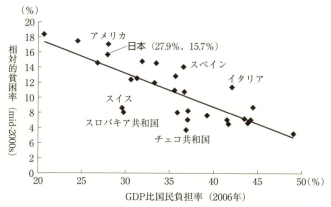

図表8-1　GDP比国民負担率と相対的貧困率

注：貧困率のデータは、OECD Stat., Social and Welfare Statistics, Social Protection, Income Distribution-Povery, 50 per cent of the current median income. 日本については、2009年10月20日厚労省発表の調査対象2006年値。なお、上記OECD Stat.上の日本の値は、調査対象2003年の14.9％。

ちなみに、65歳以上人口比率は有意ではない——効いたからといって政策変数にはなりえないけどね。

	係数	t
切片	26.68	11.28
GDP比国民負担率	-0.43	-6.30
65歳以上人口比率	0.00	-0.42

第9講　皆保険50年の軌跡とわれわれが次世代に残した未来*

　昨2010年の12月27日に日本医師会から「医師国保について話をしてほしい」と依頼され、この日本医師会に「医師国保を解体し、医業健保を作って、医療関係者は支払側代表として医療政策に関わりましょう」という話をしに来ました。

　実は講演前、たいへん天気もよく、時間もあったので六義園を初めて訪れました。入り口のところで「一般料金ですか？」と言われて、「えっ」と思って見ますと、「一般と65歳以上」の2種類しかない。ムカッとして、65歳以上の入場料の2倍の、300円をドーンと払って参りました（笑）。

　私は、皆保険が始まった翌年の1962年生まれなんですね。私の人生そのものが皆保険50年とほぼ同じ長さを歩んできたわけですが、その後半の25年間ほどで私がいろいろと'もの'を考えた視点から皆保険50年の歴史を振り返るとどのように見えるのか、ということを前半でお話しします。そして、さすがに50歳に近づくと社会に対する責任が出てくるとは思いますので、われわれが次世代に残した未来とはいったいどんなものなのかということを描写してみたいと思います。

租税に強く依存した皆保険制度の財源

　私は、'物心'ついた頃から、社会保障とは財源調達の問題だと考えてきた人間です。そのため、皆保険50年がどのような軌跡を歩んできたかを観察するとすれば、まず、皆保険政策の財源の構成割合を見ることになります

＊　日本医師会シンポジウム「医療皆保険50周年——その未来に向けて」（2011年2月4日）での講演録を筆削補訂。

図表 9-1　国民医療費の財源別構成割合

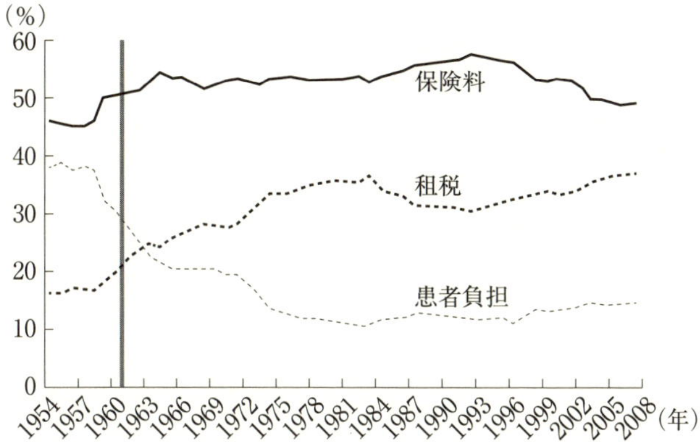

出所：厚生労働省「国民医療費」財源別国民医療費構成割合の年次推移。

（図表9-1）。

　皆保険は、同じく「皆」を目指した年金とは成り立ちが異なり、戦前からあったさまざまなパーツを集めながら開始されました。

　図表9-1中に縦線を引いた、この1961年から皆保険が始まります。医療保障政策を展開するということは、要するに患者負担を減らしていくということです。この患者負担を減らす時に、この国では租税を使いました。保険料を増やすという選択肢もあったはずですが、患者負担の引下げ分を租税に置き換えていったわけです。

　そうした歴史的な推移を示すこの図を見ると、私は、医療関係者のみなさんは大変だったでしょうねと思います。租税に財源を依存すると、医療政策を守るために、そして医療政策を意味あるもの、価値あるものにするためには、医療提供者たちは政府、とくに財政当局と相当に戦わなければなりません。

必要に応じて利用できる"平等主義型の医療サービス"を実現した日本

　まず、図表9-2を見てください。

　自己負担を減らすとはどういう意味を持つのか。上側の図では、横軸に医療以外の財・サービスの量をとり、縦軸には医療サービスの量をとっていま

図表9-2　医療の所得支出線（皆保険前の階層消費型医療制度）

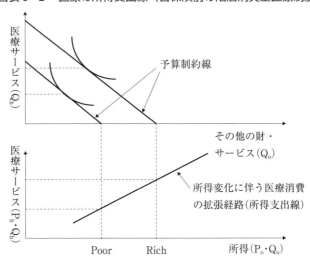

　す。上図は、持っているお金を医療サービスだけに使った場合の医療消費量の縦軸上の点と、持っているお金のすべてを医療以外に使った場合の横軸上の点、その２つの点を結んだ「予算制約線」を描いたものです。この線上の１つ１つの点は、医療と医療以外の購入量の組み合わせを表しています。

　今、RichさんとPoorさんがいて、RichさんとPoorさんよりも高いとします。Richさんの予算制約線は原点から遠いほう、Poorさんの予算制約線は原点に近いほうになり、医療と医療以外の消費量は、RichさんのほうがPoorさんよりも多くなります。これは医療に限らず、自動車であろうが食料であろうが何でもそうで、RichさんのほうがPoorさんよりも多く消費することになります。市場の原理として、所得が上がれば購入量が増える。通常の財・サービスではそうなります。また、原点からのタンジェントが所得の増加につれて低下する法則はエンゲル法則と呼ばれていまして、この図は、所得の増加につれてタンジェントが増加するように描いています。

　さて、この図は、医療保障政策が展開される以前の状態を図示しているわけですが、所得と関係なく、必要に応じて医療を利用できるようにするためには、患者負担を減らして、医療を市場から外さなければならなくなります。

図表 9-3 所得と医療サービス支出の日米比較

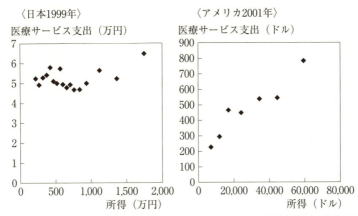

出所：鈴木玲子（2004）「医療分野の規制緩和──混合診療解禁による市場拡大効果」八代尚宏／日本経済研究センター編『新市場創造への総合戦略──規制改革で経済活性化を』。

図表 9-4 「平等消費実現手段」としての政府の利用価値

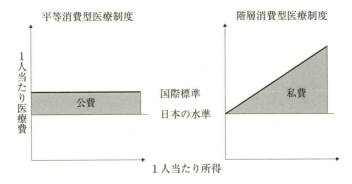

　横軸に家計所得を取り、縦軸に支払った医療費を取ると、日本は、所得と関係なく平等に医療を利用している、そういう皆保険下での医療サービス消費を実現していることが分かります（図表9-3）。

　医療ニーズが所得と関わりなく発生するのであれば、必要に応じて利用できるという目標と平等に利用できるという目標は一致しますので、これを平等主義型の医療サービス、医療保障制度と呼んでいるわけです（図表9-4）。

アメリカのように医療を市場にのせると、医療を必要に応じて利用できる社会ではなくなり、自動車などと同じように所得に応じて階層的に消費される社会になります。これは経済原則に則った現象で、医療を市場にのせるということはそういうことです。したがって、日本では医療を必要に応じて利用できる社会を設計するために、医療保障制度には医療を市場から外すためのルールが設けられています。このルールが90年代以降「規制」と呼ばれるようになり、「規制緩和」大合唱のなかで、医療を市場から外すためのルールの緩和、あるいは破壊が唱えられていきました。

皆保険制度を維持するということは、医療を必要に応じて利用できる社会を今後とも守っていくという政治的意思の表明なのです。

財源を租税に依存する"制度の危うさ"

次に、その皆保険制度の財源を租税に依存することの意味を考えてみましょう。医療保障制度を検討する審議会などには、支払側と診療側がいて、対面して話し合った結果、最後の結論は「公費、租税の導入が必要である」という、一見、誰も傷つかない結論に落ち着くことが多いのですが、そうした報告書を見る度に、私は租税と保険料の財源調達力の違いを考えてしまいます。

図表9-5では、GDPに対する社会保険料の収入割合と租税の収入割合の2つを足し合わせると、国民負担率になります。

租税収入は、景気のよい時には問題ないのですが、景気が悪化すると急激に落ちます。これには、景気の悪化そのものに加えて、景気対策として減税が行われることも一因となります。

ところが、社会保険というのは、2008年のリーマン・ショックの時も、年金の社会保険料は基礎年金も厚生年金も上がっていますし、健康保険料も上がっています。社会保険というのは逆進的です。消費税は逆進的だと言って1％の引き上げにもみんな揃って反対しているのに、社会保険料は毎年上がっているんですね。

こうした社会保険の財源調達力を考えると、租税に依存する制度の危うさを感じざるをえません。

図表9-5 税と社会保険料の財源調達力（対GDP比）

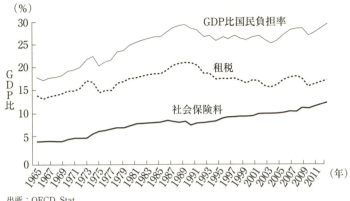

出所：OECD, Stat.

図表9-6 税と社会保険料の財源調達力（収入額）

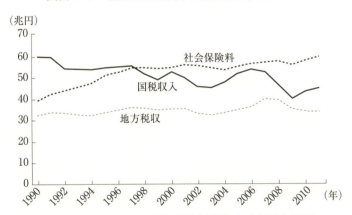

出所：国立社会保障・人口問題研究所「社会保障費用統計（旧社会保障給付費）」
『社会保障統計年報』「第330表 国税及び地方税」。

トレード・オフの関係にある制度の「普遍性」と「安定性」の価値

　次に図表9-6を見ると、OECD基準での社会保険料収入は1997年に国税収入に並び1998年から国税収入を追い抜いていて、実は社会保険料が社会保障を守っていると言うこともできます。租税は、バブル時をピークとして絶対額で減っています。そして租税収入が減っていくなかで、社会保障への国

図表9-7 社会保障制度設計における社会保険と租税の選択

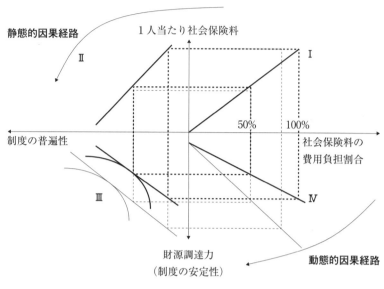

出所：権丈（2009〔初版2004〕）316頁に加筆修正。

庫負担抑制の圧力が強まり、歳出規模の大きい医療が抑制のターゲットとして狙われることになります。

そして図表9-7は、今から10年ほど前、皆保険が40年ぐらいたった時に私が作ったモデルです。

ある社会保障制度を設計する時に、社会保険料の費用負担割合を50％とするか100％にするか、あるいはゼロ（生活保護など）とする場合も設計することができます。

ここでまず、社会保険料の費用負担割合が高くなると1人当たり社会保険料が高くなります。この社会保険料の費用負担割合と1人当たり社会保険料額の関係を、第Ⅰ象限に描きます。

次に、1人当たり社会保険料が高くなると、払えない人たちが出てきます。したがって、この制度の普遍性が下がります（第Ⅱ象限）。多くの人たち、とくに医療関係者は心優しいので、低所得者でも利用できる普遍的な医療制度を作ることに大きな価値を置き、したがって医療は租税で賄わなければい

けないと主張する傾向があるようです。

　しかし、保険でやりながら低所得者対策は別途慎重に行うという方法もあるわけで、私はその方向に考えが向かいます。なぜなら、租税に依存した制度は安定したものになるのかどうかを考えるからです。「租税でやるべし」という意見は、時間を止めて瞬間的に見れば悪くないのですが、時間を動かしてみると、そう素直に支持できない側面が出てくるわけです。

　そのことを第Ⅳ象限に描いています。「動態的」に、つまり時間の経過を視野に入れて考えると、社会保険料の費用負担割合が高いほど、財源調達の安定性が高まります。社会保障制度の安定性と財源調達力の高さ、それと財政当局から見た財源の硬直性というのは、同じ現象を違った側面から見た評価にすぎません。つまり、社会保障の利用者から見た給付の安定性、厚労省から見た財源調達の安定性、財務省から見た財源の硬直性、これら3つは、同じものと言えば分かりやすいかと思います。

　そしてこの図の第Ⅲ象限に現れるように、制度の普遍性という価値と、制度の安定性の価値はトレード・オフの関係にあって、普遍性の価値を求めると安定性の価値を捨てなければならず、安定性の価値に重きを置くと普遍性を犠牲にしなければなりません。私たちは、この制約条件のなかのどこかを選択するしかないのです。もちろん先に述べたように、保険財源の制度は租税財源の制度と比べると、低所得者には辛い制度になりますので、低所得者対策は別途慎重に行わなければなりません。

　もっとも、北欧などでは租税への依存も強いではないかという意見もあります。彼の国とわが国の違いを言うとすれば、北欧などは、財政支出のなかでも生産関連社会資本より生活関連社会資本を日本よりも重視する特徴があり、それは日本よりも労使関係における労働側の力が強いことが原因であったりもするわけです。そうなると、第Ⅳ象限の細線のように、スウェーデンと日本、同じ租税割合であっても労使関係における労働の力が強い国では社会保障制度の財源が安定することになります。すると、第Ⅲ象限において、より高い予算制約線を得ることができます。したがって、北欧のような国々は、制度の安定性と制度の普遍性の組み合わせを日本よりも高いところで選択できることになります。

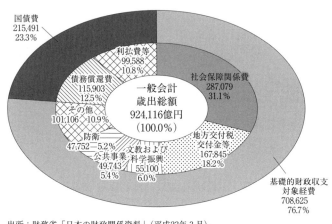

図表9-8　日本の2011年度予算

出所：財務省「日本の財政関係資料」（平成23年3月）。

なぜ、医療費が予算削減のターゲットになるのか

　さて、日本では、政府が一般会計から社会保障関係費という形で社会保障への国庫負担を支出します（図表9-8）。そして、社会保障関係費のなかで、医療費や年金に対して国庫負担が占める割合をそれぞれ示したものが、図表9-9です。

　社会保障関係費のなかで、医療は長く45％程度を占め、最大の歳出項目でした。それが、社会保障関係費2,200億円カットの際のターゲットとなった理由です。医療費を抑制しなければ、大きな抑制額は出てこない。それのみならず、日本の財政赤字を怨む人は、医療への国庫負担を憎んで、日本財政の惨憺たる状況の大きな原因は医療にあると主張することになります。

　さらに医療にとって都合の悪いことは、医療は「来年度までにいくらカットしろ」という要請に対応できるということです。ところが、年金は来年度の国庫負担分を減らすというような要請には対応できません。

　年金への国庫負担額はどんどん上がり、2009年に医療を抜きました。国庫負担の確保をめぐって、医療が年金と戦うのは無謀です。と同時に、年金への国庫負担を倍増するという年金改革案を掲げる政党を、医療関係者が支持してよいわけがありません。私たちが民主党の年金改革案を批判する理由の

図表 9-9　社会保障関係に占める医療介護および年金関係費の割合

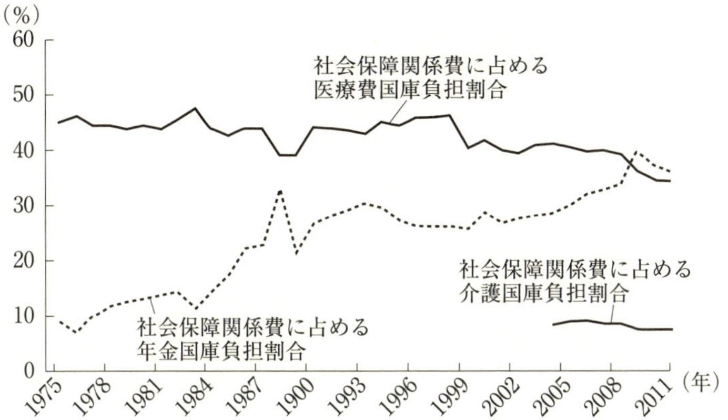

出所：厚生労働省「厚生労働省一般会計予算案社会保障関係費の内訳」（各年度版）。

1つに、年金にそんなに税を使って、医療・介護はどうするんだというのがあるわけです。

政権交代後に何が起こっているか。社会保障関係費は子ども手当分で1.4兆円ほど増えていますが、医療への国庫負担は増えていません。こうした状況のなかで税ばかりに頼ることの危うさは、もっと実感されてよいと思います。

みなさんは最近、次のような文章を見たことがあるのではないでしょうか。

　　医療保険制度は社会保障制度の根幹である。しかも保険料率は世界的に極めて高率であり、これ以上引き上げる余地がない。この際、保険給付費について相当程度の国庫負担をすべき旨を明らかにする必要がある。

これは、先般、政府がまとめた高齢者医療制度に対する報告書の文章と同じ内容です。ところがこの文章は今から56年前、1955年6月3日の衆院社会労働委員会に提出された資料にあります。昔から支払側と診療側が集まれば、国庫負担の引き上げを求めて、はい終わり。運がよければ国庫負担が増えることもありました。しかし、制度を長期運営していくなかでは、国庫負担は

図表9-10　高齢化率と国民負担率（1965～2009年）

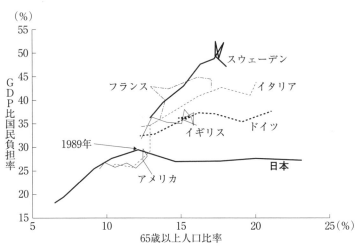

出所：OECD, Statより作成。

制度の不安定要因になるのです。

高齢化と国民負担率

　さて、これまで過去の話をしましたので、ここから先は未来について論じたいと思います。次世代に私たちが残した未来について何がしかを考えるために、過去をどのように見ればよいのかを思う時に、この国の過去の特徴を表す1つの図を示しなさいと言われたら、私はこの図を示します（図表9-10）。

　これは主要7カ国を対象として、1965年から2009年までの高齢化率と、その時々の国民負担率をプロットしたものです。日本が太線で表されており、その左端が1965年、右端が2009年で、その間の値を1年間隔で記しています。日本は高齢化が急速に進みましたが、国民負担率は上がるどころか、バブルがピークだった1989年以降に下がっているのです。これで、まともな社会保障ができるわけがありません。

　「韓国もアメリカも日本と同じぐらいの国民負担率でやっているじゃないか」という声もあるでしょうが、両国とも人口構成が若いわけです。日本は

世界一の高齢社会をこの負担水準で支えているために、大変な赤字を出しているわけです。しかも、大変な赤字を出してもなお、社会保障に対する政府支出のGDP比は、OECD諸国のなかで下から数えたほうが早い。

　日本の高齢化水準は世界一ですが、国民負担率が相当に低く、公務員の数も極端に少ないことは、各種統計から明らかです。多くの国民が信じているように、政府が大きすぎ、そこにムダが多すぎたために、莫大な借金を抱えたわけではありません。ただ単純に、国民負担率が低かったから、財政が惨憺たる状況になっただけなのです。

　こう言うと、「政府が信頼できないから問題なのだ。悪いのはあくまでも政府であって、われわれ国民ではない」という人が必ず出てきますが、信頼できる政府ができるまで待っている余裕などありません。政府など信頼しなくてもよいので、早く負担増を行わないと、そう遠くない将来、財政は立ち行かなくなり、負担増と給付削減が同時に行われることになります。

財源確保のルール「ペイアズユーゴー」

　2010年6月22日に閣議決定された「財政運営戦略」で、「ペイアズユーゴー」という言葉が使われています（図表9-11）。

　財政運営の基本ルールとして、「歳出増、又は歳入減を伴う施策の新たな導入・拡充を行う際は、原則として恒久的な歳出削減又は恒久的な歳入確保措置により、それに見合う安定的な財源を確保するものとする」ことを決めました。このルールは、何も、介護部会や医療部会の場で、誰かがこの歳出を増やそう、この政策を実行しようと言ったら、その財源はどこを減らすのかをその部会で議論しなさいというルールではないと思うのですが、実際には、部会ごとにこのルールが適用されているようです。政府の予算編成権の放棄ですね。

G20サミットで特別扱いされる日本

　「財政運営戦略」が閣議決定された翌週の2012年6月28日、トロントでG20サミットがあり、財政再建目標が宣言されました。これは、財政再建が経済回復に与える悪影響と、財政再建を実行しないことで成長を阻害するリ

図表 9-11　閣議決定「財政運営戦略」（2010年6月22日）

- 2．財政運営の基本ルール
- 各年度の予算編成及び税制改正は、以下の基本ルールを踏まえて行うものとする。
  - （1）財源確保ルール（「ペイアズユーゴー原則」）
  - 歳出増又は歳入減を伴う施策の新たな導入・拡充を行う際は、原則として、恒久的な歳出削減又は恒久的な歳入確保措置により、それに見合う安定的な財源を確保するものとする。

図表 9-12　G20「財政再建目標」と日本の「財政運営戦略」の比較

G20サミット宣言 2010年6月28日	閣議決定「財政運営戦略」 2010年6月22日
2013年までに財政赤字を少なくとも半減	2015年度までに基礎的財政収支の対GDP比を半減
2016年までに政府債務の国内総生産（GDP）比を安定化もしくは低下	2020年度までに基礎的財政収支の黒字化

スクとのバランスをとりながら、主要国が2013年までに財政赤字を少なくとも半減させ、2016年までに政府債務の国内総生産比を安定化、または低下させるというものでした（図表9-12）。

　ただし、日本は無理だから守らなくてもよいと言われています。G20サミットが掲げる財政再建目標なんて、日本には絶対に無理ですから。私の故郷の福岡では、鬼ごっこなどで一人前扱いされない子どもを「アブラムシ」と呼ぶのですが、日本はG20サミットでアブラムシ扱いされたのです。

消費税率アップが財政再建の鍵を握る

　図表9-13をしっかりと理解してほしいのですが、日本の財政赤字のGDP比は2009年度9.6％、2010年度8.0％です。

　消費税は1％の税率で約2.5兆円の収入があります。そして日本のGDPは約500兆円ですので、消費税1％の税収はGDP比0.5％に相当します。そこで、財政赤字のGDP比を消費税率に換算すると、2009年度は消費税19.2％

第9講 皆保険50年の軌跡とわれわれが次世代に残した未来　117

図表9-13　経済財政の中長期試算（2011年1月21日）

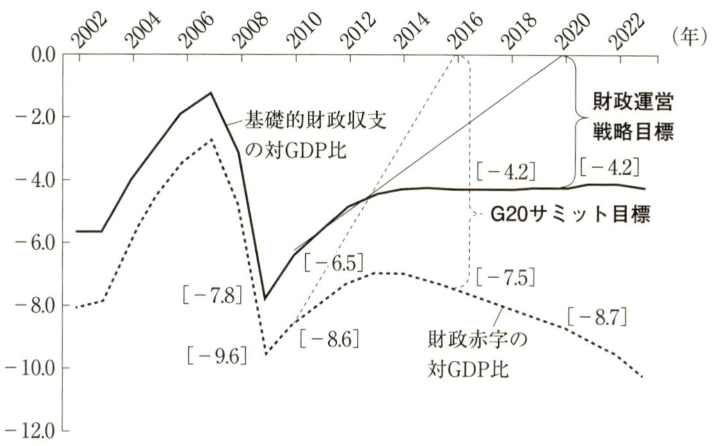

出所：内閣府「経済財政の中長期試算（2011年1月21日）」。

分の財政赤字、2010年度は消費税16％分の赤字に相当します。

　ここで、基礎的財政収支は、一般会計の財政支出から国債費という過去の借金に対する元利払い分を差し引いた額です。基礎的財政支出は過去の借金関係の支出をひとまず措いて、現在われわれが受けている政府サービスに対する料金と考えることができます。その料金を、われわれはGDP比で6.5％分、消費税に換算して13％分ほど支払っていないのです。みなさん、政府のサービスに対して不満をお持ちかもしれませんが、その程度の公共サービスに対しても、消費税であと13％分ぐらい払わないことには、料金を払ったことになりません。もちろん、その料金の未払い分は将来世代に先送りされます。

　菅内閣が作った「財政運営戦略」は、2020年度までに基礎的財政収支を黒字にするというものですから、G20サミットの目標と比べれば大甘だということが分かります。しかし、それとて本当に実行できるのかどうかは分かりません。

　なお、ここがおもしろいところですが、菅内閣が出した「財政運営戦略」は、自民党が2010年3月に出した財政健全化責任法案と、実は財政再建目標

図表9-14 自民党と菅内閣の財政健全化目標

	自民党 （2010年3月16日提出 2010年10月26日再提出） 財政健全化責任法案	菅内閣閣議決定 （2010年6月22日） 財政運営戦略
基礎的財政収支の対GDP比を2010年度のマイナス6.4%の2分の1に	2015年度まで	2015年度まで
基礎的財政収支の黒字化	2020年度まで	2020年度まで
国・地方の公債等残高のGDP比を安定的に低下させる財政構造の確保	2021年度以降	2021年度以降

に関してはまったく同じです（図表9-14）。実行可能性を考えれば、誰が考えても財政に関する政策解は自ずと収斂し、野党である自民党が作った政策目標に、民主党も同意、と申しますか抱きつかざるをえなかったということですね[1]。ある人たちから見れば、民主党も財務省に籠絡されたということになるのでしょうが、もういい加減、そういう陰謀話はやめにしましょう。

ところで、この財政健全化責任法案に従って財政再建を行ったとしても、財政再建が行われるだけで、そこには自然増分の社会保障は織り込まれていますが、社会保障の機能強化は入っていません。

われわれが社会保障国民会議で出した社会保障機能強化の将来像では、2015年には消費税に換算すれば2.3〜2.5％程度、そして2025年には5％程度が必要――そのうち3％程度は自然増――で、マンパワーについては医療関係者全体で1.8倍程度に増えることが想定されています。

われわれが次世代に残した未来は高負担・中福祉社会

私が言っていることは、「持続可能な中福祉という国家を作ろう。そうした国家像はすでに描かれているのだから、これを速やかに実行しよう」とい

---

[1] 多方面から強く頼まれたため、2010年3月22日に、私は菅副総理兼財務大臣に会っている。3月16日に自民党が提出した財政健全化責任法案を一緒にやりたいので協力をと言われたが、彼らとは仕事をしたくなかったので、断って帰ってきている。

図表9-15 人口高齢化率の国際比較

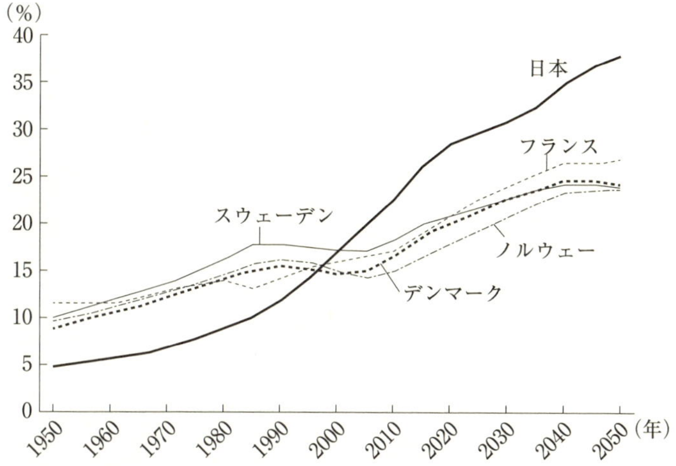

出所：OECD, Stat.

うことです。

　世の中では中負担・中福祉などと言っていますが、私が言う持続可能な中福祉は、結構な高負担になります。高負担でも、実現できる福祉水準は、社会保障国民会議が描いたささやかな中福祉でしかありません。

　なぜ、この国が高負担で中福祉、中負担だと低福祉になるのだと、みなさん疑問に思われるかもしれませんが、われわれ日本人は何十年間もバカなことばっかり言っていたのだから、もうこれは仕方がありません。

　その1つは、いつまでたっても本格的な少子化対策を行わなかったことです。そのため、他の高福祉国家と比べて高齢化水準が圧倒的に高く、将来的にもその差は開いていくと予測されています（図表9-15）。つまり、他の高福祉国家と同じ高負担をしても、日本の高齢者への1人当たり給付額は、高福祉国家の水準には追いつきません。

　もう1つは、すでに莫大な債務があることです。図表9-16は累積純債務の対GDP比をそれぞれ示しています。

　多くの人が、日本は国内で国債を消化しているのだから別に問題ないと言うのですが、先ほども申し上げたように債務があるために支払っている国債

図表 9-16 累積純債務の国際比較

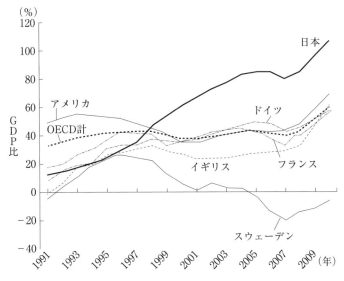

出所：OECD, Stat.

図表 9-17 国債費の規模

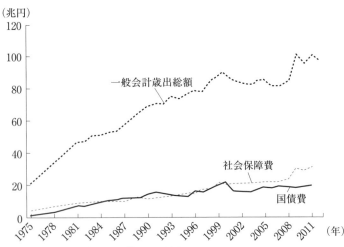

出所：財務省「一般会計歳出決算目的別分類」。

の元利払費である国債費というのが、図表9-17に見るような規模になっています。

みなさんも私も、社会保障への国庫負担を増やしたいと願っているのですが、その社会保障への国庫負担総額を国債費は1985年に抜きます。その後、社会保障への国庫負担と国債費は抜きつ抜かれつを繰り返してきたわけです。

もっとも、ほかの国と比べて莫大な借金を抱えている日本で、なぜ国債費の規模がまだ国家財政で支えることができる程度に留まっているのかという見方をされる方がいるかもしれません。その理由は簡単で、歴史的に異常な低金利が続いているからです（図表9-18）。

ハイパーインフレが起こったらこの国は終わりだと言う人がいますが、金利が数％上がれば国債費が跳ね上がります。現在GDPの2倍近い1,000兆円の借金があるわけですが、ここで金利が1％高くなるだけで、利子は10兆円増えます。10兆円は消費税に換算して4～5％分です。それだけの額の借金が、仮に基礎的財政収支がとれていても増えてしまうのです。

だから、成長率よりも金利が数％高くあり続けると、現在のギリシャや、この1月からのイギリスのように、負担増をして、かつ給付をカットしなければならない状況に追い込まれます。その時は、社会保障の機能強化なんて

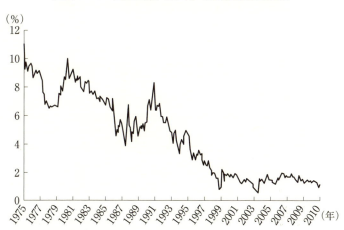

図表9-18　長期国債（10年）新発債流通利回り

出所：内閣府「長期経済統計」、2010年以降『日本経済新聞』。

夢の夢です。そうした未来はそう遠くないところまで来ているのではないかと私は思っています。

社会保障の機能強化で持続可能な中福祉国家へ

2010年6月22日に「財政運営戦略」が閣議決定されました。この閣議決定に反対という人はいらっしゃいますか?

もし、反対だということでしたら、それはそれでよいのですけど、そうなれば、日本の財政の持続可能性はありません。つまり、日本は終わります。

実際には、「分かった、分かった。その分だけの負担はちゃんとやる。だけど、だからこそ社会保障は抑制しなければならない」という意見が、「財政運営戦略」以降の論調としてものすごく強くなりました(図表9-19)。

そこで私は、"持続可能な中福祉"という国家像を提示しているわけです。

この持続可能な中福祉という国家は、高負担・中福祉程度の福祉国家です。残念ながら、われわれが次世代に残した未来は、そういうものでしかない。だから、規制緩和を図って社会保障を小さくしようという一派が今後も力を持ち続けます。みなさんには、そうした勢力に対抗する、持続可能な中福祉を目指す仲間に入ってもらいたいと願っています。私は、昔の日医に対して

図表9-19 「財政運営戦略」以降の論調の推移

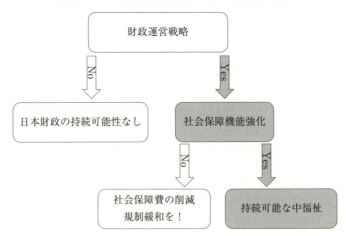

は「少なくとも邪魔だけはしないでくれ」と言っていたのですが、さすがに今日では日医も負担増に賛成されています。ですから、持続可能な中福祉国家を築くことに協力してもらいたいと言うことができる状況になっていますね（笑）。

ところが困ったことに、医療者のなかには、負担増は反対！という立場のままの人がいまだにいます。そういう人たちは、社会保障の削減を図り負担を抑えて低福祉を目指す一派を利するだけだということに、なぜ気づかないのか——頭が痛いところです。

恵まれた環境下にある日本

私は2003年初出の論文で、「日本はいくつかの恵まれた環境の中にある。第1に高齢化水準が世界でトップに到達しているにもかかわらず、なお、社会保障の規模が小さく国民負担率も低い」と書いています。現在、この国の国民負担率が低いのは、この国の最大の武器です。現在の財政状況でフランス、スウェーデンの負担水準にあったら、マーケットは日本を見放します。

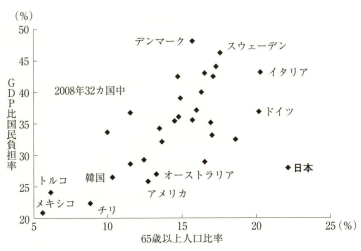

図表9-20　高齢化水準と国民負担率の国際比較

出所：OECD, Stat.

図表9-20は、横軸に高齢化水準、縦軸に国民負担率をとっているのですが、あまりにも国民負担率が低い水準にあるので、マーケットはまだ「日本は本気を出せば大丈夫だ」と見ているのではないでしょうか。政治がしっかりと機能すれば、日本はまだ財政的・経済的には大丈夫だと。

　フランスやスウェーデンの負担水準で今日の日本の財政状況、社会保障の状況だったら夢も希望もありません。しかし、まだこんなに低い負担水準にいるんだから、とにかく国民負担率の水準を速やかに上げていきましょう。

　私は、社会保障国民会議が提示した社会保障の機能強化を行い終え、かつ日本の財政が安定するまで、消費税を毎年2％上げていけばいいと思っています。日本は、財政再建、デフレ、そして社会保障の機能強化という問題を抱えています。増税した分すべてを財政再建に回せばデフレが加速します（図表9-21）。

　そこで消費税を毎年2％上げていくなかで、1年目の増税2％から得られる税収の50％は社会保障に使う、2年目は45％を社会保障が使うという形で、積分したら消費税5％分くらいの社会保障の機能強化（消費税3％分の自然増を含むため、純機能強化は2％程度）を行いたいのです。

　もちろん、今後の増税分の相当部分は財政を立て直すために使っていかなくてはなりませんが、こうした方法でいけば、総需要を急減させなくてすみ、デフレ対策になりますし、消費税が毎年2％上がっていけば、みなさん、「買い急ぎ」とまでは言いませんが、「買い控え」を控えようとしますよね。

図表9-21　日本の国難

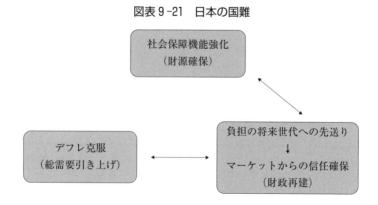

それがデフレ対策にもなります。

　こうしたビジョンは、社会保障国民会議の報告書をベースとしたものなので、実は政権交代以前から立てられていたものです。そして政権交代後の現在、政府与党は、与謝野馨さんが社会保障国民会議の事務局、会長などを再結集して社会保障と税の一体改革のもとに改革案をまとめ直そうとしています。ただ、問題は、与謝野さんたちがまとめる社会保障と税の一体改革案を、民主党が党の機関決定として受け入れるかどうかが読めません。なぜならば、増税や社会保険方式の年金を前提とした社会保障国民会議のビジョンに、政府が準備する社会保障と税の一体改革案が近づけば近づくほど、民主党が総選挙の時に掲げたマニフェストとは乖離していくことになるからです。あのマニフェストは、福田・麻生路線の否定の上に建てた砂上の楼閣ですからね。はたして、支持率が極端に落ち、党の掌握力を失っているように見える菅総理が、実行可能性のある社会保障と税の一体改革案を6月までにまとめ、それを民主党に認めさせることができるのか[2]。

　私は医師会の方々には、政治に翻弄されることなく、国民の健康を守り、皆保険制度を守っていく活動を続けていかれることを強く期待します。これまで50年間、たしかに国民皆保険は維持されてきました。しかしそれは、皆保険を守ろうとする勢力がこれを攻めようとする勢力よりも優勢であったから存続していただけの不安定な政治均衡の上に成り立っていた政策にすぎません[3]。今日、皆保険政策下の公的医療という領域に市場のフロンティアを求める国内外の経済界の力は、次第に強まっているようにも見えます。国民の健康を守り、皆保険制度を守り、持続可能な中福祉の実現を達成するため

---

2) 与謝野氏たちがまとめた改革案は、2011年6月2日、菅首相の内閣不信任案をめぐるどたばたを経て、内閣不信任案が国会で否決された日の夕刻、なんとか発表にこぎつけることができる。その改革案は、6月30日に政府・与党社会保障改革検討本部で承認されて「社会保障税一体改革成案について」となり、翌7月1日に閣議報告される。しかしその「成案」は、野田内閣のもとで2009年マニフェストに大幅に揺り戻され、2012年2月17日閣議決定「社会保障と税の一体改革大綱について」に変化していく——本書第13講、第14講などを参照。

3) 本書第19講参照。

に、今後ともご協力いただければありがたく思います。
　どうもありがとうございました。

第10講　憲政史上最大の確信犯的公約違反とその後遺症への学術的関心＊

「憲政史上最大の確信犯的公約違反」——これは、谷垣さんが代表質問で使った表現だけど、そのとおりだと思うよ。僕の政治経済学的な関心は、その後遺症の大きさにあるんだけど、そうした関心に関する一連の文章を、HPに書いていたので、こっちに引っ越ししておく。

２月24日の書き込み

今の総理や与党は、不思議と相手の論が正論になってしまうという大きな特徴を持っているんだよな。良いことなのか、悪いことなのか分からんけど、興味深い特徴ではある。

読売新聞も、社説で「谷垣総裁も、衆院解散要求を強めるだけでは、責任政党の取るべき態度とは言えない」[1]と言う前に、谷垣さんの代表質問時の次の論のどこがおかしいのかを、紙面のどこかで決着つけないとな。

> ここまでマニフェスト実現の状況が惨憺たるものであり、政策の優先度も見失われている状況ですと、民主党マニフェストがだまし絵であるとか、選挙用の毛鉤であると非難してきた与謝野大臣の従来の指摘は、極めて的を射たものでありました。憲政史上最大の確信犯的な公約違反とも言え、有権者を著しく冒瀆しております。こうしたマニフェストの上に成り立っている民主党の現在の議席ひいては民主党政権の正統性そ

＊ 「勿凝学問363　憲政史上最大の確信犯的公約違反とその後遺症への学術的関心」（2011年2月27日脱稿）を筆削補訂。
1) 「党首討論　菅首相は公約修正に踏み込め」『読売新聞』2011年2月24日社説。

のものがもはや崩壊したと言わざるをえません。このマニフェスト策定の中心にあったのは小沢元代表でありますが、党の要職にありながらこれに異を唱えなかった菅総理もまたその責任を免れえません。国民に幻想を振り撒いて政権を簒奪することが正当化されれば、わが国の民主制は瓦解します。苦しい言い訳に終始するのではなく、潔くマニフェストの過ちを認め、これを撤回し、有権者にお詫びしたうえで信を問い直すべきだと考えますが、総理の見解を伺います。

……

　繰り返し申し上げます。消費税を含む税制抜本改革は、無駄排除の財源確保を基本構造とするマニフェスト、国民との契約条件を根底から覆す一大政策転換である以上、解散して国民に信を問い直さなければなりません。

……

　この解散には、もう1つ重要な意味合いがあります。すなわち、小沢元代表が民主党にもたらした問題は「政治とカネ」に留まるものではありません。小沢元代表に作られた偽りのマニフェストを基盤とし、小沢元代表の選挙の手腕によって得られた砂上の楼閣が如き多数の議席を清算することなくして、「小沢斬り」は貫徹し得ません。一昨年の夏、民主党マニフェストを片手に国民に幻想を振り撒いた全員が胸に手を当てて、国民への嘘で政権を簒奪したことへのけじめをいったん付け、新たなスタートをきることこそが、わが国が健全な民主主義を取り戻す唯一の途と考えます[2]。

　2011年1月14日に菅内閣のもとでの経済財政政策担当大臣になっていた与謝野さんが民主党をかばって、民主党は野党の時には「知らなかった」「無知だった」と言ったこと自体がウソなんだよな。当時、民主党の要職に就いていた者たちは、マニフェストがだまし絵であることを知っていたわけで、まさに、故意による公約違反だったわけだ。

---

　2) 谷垣禎一自民党総裁、第177回通常国会における代表質問（2011年1月26日）。

2月25日の書き込み

今日の、「大機小機」はいろいろな意味でおもしろいな。

> マニフェスト選挙を実効あるものにするため、「新しい日本をつくる国民会議」(21世紀臨調)ではマニフェストの検証大会を開いてきた。09年総選挙前の8月にもこの会が開かれ、9つのグループが評価に参加した。改めて当時の資料を見ると興味深いことが分かる。
> 　総合的な評価でみて、連合など3つのグループが民主党のマニフェストに高い評価を与えている。連合は財源問題についても、「主要政策の工程表・財源が明示されており(中略)評価できる」としている[3]。

当時、次から次に依頼が来るマニフェスト比較の企画を、「百害あって一利なし」と言って次から次に潰していた僕が、当時の21世紀臨調の活動に対してどういうことを言っていたかは、2009年8月11日に次のように書いているね──あの頃、21世紀臨調代表・佐々木毅元東大総長の活動を眺めながら、全部とは言わないが政治学者有害論の確信を高めていたりもしたもんさ。

> 昨日8月10日の朝刊では一斉に一面で、「新しい日本を作る国民会議」(21世紀臨調)主催の公約検証大会のことを取り扱っていたけど、あれ、経済同友会と連合など異質な複数の団体の点数を足したり平均値を出したりすることになんの意味があるんだ？　少なくとも分かったことは、8月9日日曜日に、あの記事を翌朝の一面にせざるを得なかったほど、よほどなにも起こらなかったんだろうということかな。。。[4]

とにかく、与党は「あのマニフェストはやる気があれば実行できるというような代物ではまったくなく、総選挙の時は大ウソをつきました」と言わないことには、自らの存在意義・活動の大義を2009年衆院選マニフェストに求める人たちが、大きな勢力として生き残るという面倒なことになるんだよ。

---

3)　「大機小機　破綻マニフェストの責任」『日本経済新聞』2011年2月25日。
4)　著者ホームページ、2011年8月11日欄。

2月26日の書き込み

　次は、国会での議論を観ている人の意見だね。今ばかりは、媒体を通さないで直に観察することだ。でないと、また、後になって、「メディアが悪い」と、口にしても詮無いことを言うだけの、国を壊す加害者になってしまうだけだから。

　　　情けない。この一言に尽きる。
　　　最近 2 度〔2011年 2 月 9 日、 2 月23日〕にわたって行われた党首討論であるが、いずれも菅総理の答弁のレベルの低さに呆れるばかりである。新聞やテレビマスコミにおいては「野党が解散ばかりを求めて政局しか考えていない」などという論調を目にするが、国会での議論や党首討論を全編見ていると、とてもそうは言えない事に気がつくはずだ。
　　　菅総理は野党の質問にはほとんど答えず、質問に質問を返すだけで全く議論にならない。政府与党としての意見を言わず、ただひたすら野党に意見を出せと言い続ける。挙句の果てには野党が良い意見を出してくれれば丸飲みしますよなどと言い出す始末。
　　　日本国総理大臣として、そして与党代表として、そのような筋の通らない稚拙な討論しかできないのかと情けなくなるばかり。このようないい加減な対応しかされないのであれば、野党が辞任・解散を求めるのも仕方なかろう。菅総理および各大臣は国会での討論・議論について、もっと真摯に取り組んでいただきたい[5]。

　　　　　　　　　　＊　　＊　　＊

　谷垣さんの代表質問は2011年 1 月26日であった。ちょうどその頃、私は『世界の労働』から、2011年 1 月号に「日本の社会保障と財政」の原稿依頼があり、副題を「足りないのはアイデアではなく、財源と実行力」という文章を書いていた（ 1 月 6 日脱稿、 1 月20日発行）。抜刷を、年金落語で知られ

---

5) 「無意味な党首討論」『あらたにす』2011年 2 月26日アクセス（2012年 2 月29日サイト終了）。

る柳家さん八師匠[6]に贈ろうと思って書いた文章である。

……
この国で、今、何が起こっているのか
　ところで、ここ数年、とくに2008年以降、この国では何が起こっているのかを説明しておく。その際、文字数を節約するためと財政に詳しくない人にも分かりやすくするために、比喩を用いる。古典落語にご登場の愛すべき人物、八つぁん、熊さん、そして与太郎には申し訳ないが、ここは、彼らにご登場願おう。
　2008年から2009年にかけて、総理大臣であった八つぁんは、近々消費税を含む税制の抜本改革をやり遂げ、使途を社会保障に限定した消費税の引上げを行って、財政再建と社会保障の機能強化にとりかかりたいと言っていた。八つぁんには、多々難点があったが、この国は、国を救い守るためには、八つぁんの欠点には目をつぶり増税を言う彼を支持するしかない段階に至っていた。
　ところが、前々からとにかく権力の座についてみたかった熊さんは、国民はどうせ財政なんて分かりもしないんだからと高をくくり、自分に任せてくれれば八つぁんの言う増税なんか必要なく、埋蔵金やムダ退治で今よりは多くのサービスを実現できると言っては国民をダマし続けた。ここで「埋蔵金とは将来世代の資産」のことであって今の世代が使ってよい理由はないのだが、そんなことはお構いなし。そして、マニフェストは財源でウソをつけばその先はすべてがウソになることを、熊さんや彼の主要な部下たちは分かっていたのに、熊さんは「国民の生活が第一」などと白々しいことを繰り返し、八つぁんに総選挙で圧勝してしまった。もっとも、まさかそこまでウソをつくことはないだろうと政治家を信じていた国民を前にして、あそこまでポピュリズムを弄ぶデマゴーグが現れると、政権交代はいつか必ず起こることではあった。熊さんの大ウソを見抜いていた人たちは、いつか起こる政権交代を座して待つしかなかったのである。
　さて熊さん。勝ってはしまったが、財源なんかあるわけがない。そこで困った熊さんたち、「大ウソをつきました」と土下座をすると、それでは、この前の選挙の正当性が失われ、辞職しろ、解散だという流れになるに決まっている。

---

[6]　権丈（2007）中「勿凝学問65　柳家さん八師匠の年金高座」参照。
　なお、さん八師匠は、「いいみらい」にかけて11月30日に設定された「年金の日」創設記念シンポジウム（2014年11月30日）に招かれ、実に見事な年金落語を披露されていた。

要するに、政権の正統性そのものが揺るがされることになる。ゆえに、それだけは避けなければならない。そこで、ウソにウソの上塗りをしながら、土下座を避けて方向転換をする道を模索していたのが昨年後半の動きである。しかしながら、その道を模索すると言っても、困ったことがある。それは、こと社会保障と財政が進むべき選択肢というものは、実は08年から09年にかけて八つぁんが敷いていた道しかないのである。そこで熊さんたちは、大芝居を打って、あたかも自分たちで考え抜いてたどり着いた案が、八つぁん案と同じだったいうことになるためのアリバイ工作という茶番劇に精を出すことになる。それに、熊さんたちは、これまで年金だろうが医療だろうがなんだろうが、抜本改革と連呼してきたわけだが、そんなことは出来やしないことも分かりはじめてきた。自分たちが不勉強であったり、大ウソをついていたことへの批判をかわすためには、「八つぁんの意見を聞き入れた……」として、自分たちの意見を取り下げたように見せかけることである。そこで、熊さんたちは、厚かましくも、「八つぁんよ、超党派の会議で一緒に税と社会保障について話をしようじゃないか」と呼びかけたりもしている。かつて熊さんは、「政権交代が実現すれば具体的な抜本改革案を示します！」と言って逃げを打っていたわけだが、政権交代して逃げ場を失った今は、「超党派会議の場で具体的な議論を行おう！」と言って、新手の逃げ口上を言っているだけの話なのである。

　腹の虫が治まらないのは、八つぁん。熊さんが国民をダマした詐欺選挙のために、八つぁんの仲間たちは、前回の総選挙でひどい目にあっているわけである。それに最近、熊さんは、国民からの支持率がガタ落ち状態。そこで熊さんのライバルである八つぁんは思案する──「熊さんは、放っておけば辞任に追い込まれるんだから、なんで、超党派の会議なんかに参加しなければならないのか。協議に参加するなんてのは、熊さんの延命策に協力するだけのこと」。与野党協議というのは、野党から見れば敵に塩を送るようなもの、与党に票をあげるようなものであり、だからこそ、かつて首相だった八つぁんが、熊さんに与野党協議に参加するように幾度となく呼びかけたのに、熊さんは断固拒否し続けたのである。

　さて、八つぁんの立場としては、熊さんへの報復に血道を上げすぎると、今度は自分が国民から批判されてしまう。熊さんもそこを見こして八つぁんに揺さぶりをかけるつもりでいる。さてさて、来年度予算、国民の生活を人質にしたチキンゲームのお膳立てができたところで、2011年が幕開けとなった。

　やらなければならないことは消費税をはじめとした増税であるのはとうの昔から決まっているのに、それを誰も実行できない。財源で大ウソをついて政権

を奪い、この国を正しい政策にたどり着かせるのに大きく遠回りさせてしまったのみならず、この国の傷口を広げてしまった熊さんの罪は深い。ところが、今は「熊さんの政治主導はまやかしだ。俺さまがやれば、まだまだムダを絞り出すことができる」という与太郎というのが出てきて国民の人気を博している。国民というのはまったく困ったものなのであるが、数年前に、この困った国民につけこんだ熊さんの登場の後遺症のために、この国では、まず、政治が破綻し、政治は八方塞がりの状態に陥ってしまった。この政治の破綻を引き金にして、次に社会保障が、そして財政と国民生活の全般が破綻するという破綻連鎖が起こるのか、それとも破綻連鎖を阻止するために、社会の最も根源的かつ影響力のある位置にいる政界がなんらかの自浄作用をみせるのか——11年の新年を迎えた今、この国は混沌のなかにある。

政界の不安定さと来年度予算

　2010年12月14日の閣議決定「社会保障改革の推進について」には、「社会保障の安定・強化のための具体的な制度改革案……の実現に向けた工程表とあわせ、23年半ばまでに成案を得、国民的な合意を得た上でその実現を図る」[7]とある。菅内閣の下でのこの閣議決定は、2009年3月、麻生内閣時に成立した平成21年度税制改正附則104条にある「消費税を含む税制の抜本的な改革行うため、消費税を含む税制の抜本的な改革行うため、平成23年度までに必要な法制上の措置を講ずるものとする」に対応するものということになっている。

　ところで、政府与党が衆議院で3分の2を確保していないために、閣議決定が実行される保証は、実のところどこにもない。さらに言えば特例国債（赤字国債）の発行は財政法のなかで禁止されている。そこで、赤字国債を出すためには、毎年の通常国会で財政法の例外を認めるための特例公債法という予算関連法案が成立しなければならない。そして、この予算関連法案には衆議院の優位性はない。となれば、必ず赤字国債を発行せざるをえない今の与党は、予算関連法案を成立させるために、必ず野党の協力を得なければならなくなる。

　もっとも、2011年度予算の歳入92兆円のうち、約4割の38兆円は赤字国債、6兆円が財政法に合法的な建設国債である。ここでもし、特例公債法が成立し

---

7)　「社会保障・税一体改革成案について」の政府・与党社会保障改革検討本部決定は2011年（平成23年）6月30日。翌7月1日閣議報告。続いて、「社会保障・税一体改革素案について」は2012年（平成24年）1月6日閣議報告され、「社会保障・税一体改革大綱について」は2012年（平成24年）2月17日閣議決定。

ない場合はどうなるのか？　1つは、新年度が始まる4月1日以降の行政経費のうち赤字国債分の4割が不足するという考え方であり、これに基づけば、4月1日から行政は行き詰まる。いま1つの考え方は、1年365日の後半の4割（歳入における赤字国債の占める割合）、つまり11月頃から行政経費が不足することとなるのであって、10月末頃までは衆議院優位で成立させた予算を赤字国債に依存しない形で執行することができるという考え方であり、その頃が予算関連法案である特例公債法を成立させる必要があるデッドラインであるという考え方である。いずれにしても、異常な事態なのであるが、今年の通常国会では、このレベルの議論が行われ、予算も期限内に成立せず、暫定予算となる可能性が高く、予算関連法案に至ってはその確実な成立の見通しが立っていない。

誰がシュートを打つのか

　福田・麻生内閣で負担増のビジョンを示した自民党は、野党に下っても負担増路線の旗を下ろすことなく、日本の憲政史上、野党が増税を求めるという初めての事態が出来しているのである。……2010年2月1日の代表質問で谷垣自民党総裁は、「超党派の「社会保障円卓会議」を設置し、与野党で検討を深めることを提案します」と発言している。そして、自民党の財政健全化法案のなかに、「党派を超えた国会議員により構成される会議を設置し、国民的視点から検討するほか、学識経験者その他広く国民の意見を求め、その合意形成が図られるものとする」とある。一方、政府サイドは、2010年12月14日の閣議決定「社会保障改革の推進について」に「超党派による常設の会議を設置することも含め、素直に、かつ胸襟を開いて野党各党に社会保障改革のための協議を提案し、参加を呼び掛ける」という姿勢でいる。

　……

　付け加えておけば、民主党のマニフェスト2009に載っていた「被用者保険と国民健康保険を段階的に統合し、将来、地域保険として一元的運用を図る」は、マニフェスト2010では消えているし、民主党のマニフェスト2009および2010に載っていた「年金制度の一元化」は、2010年12月6日にまとめられた「民主党・税と社会保障の抜本改革調査会「中間報告」」では消えている。彼らの言っていた社会保障抜本改革は、国民の抜本改革シンドロームにつけ込んだ実体のない選挙戦略にすぎなかったのであるから、政治から日本の社会保障を守るために、政治から国民生活を守るためには、彼らがこれまで言ってきたことを忘れてあげる寛容さを持つことが重要なのかもしれない。

　今の政界の状況を鑑みると、誰がこの国を救えるポジションにつくのか皆目

見当がつかない。しかしながら、社会保障政策に関して、何年も前から足りないのはアイデアではなく財源なのである。ゴール前での球回しはいい加減にして、誰がシュートを打つのか。政治の破綻に続く、社会保障、財政の連鎖破綻だけはなんとしても避けなければならないのだが、はたして可能なのか。誰も答えを持っていないのが今の状況である。

第11講 消費税と福祉国家＊

　政権交代後、長らく滞っていた社会保障と税の一体改革が、再び動き始めた。昨今の動向は、2009年3月、自公政権下で成立した平成21年度税制改正附則第104条「消費税を含む税制の抜本的な改革を行うため、平成23年度までに必要な法制上の措置を講ずる」に則った動きである。何もしなければ政府は法律違反を犯すことになる。

　社会保障と税の一体改革の最大のねらいは、消費税の引き上げである。なぜ、消費税なのか？

　消費税が参考とした付加価値税は、前世紀半ばにフランスで発明された。この税のすごいところは、他の税と比較して圧倒的に強い財源調達力を持っていることである。この付加価値税の発明こそが、西欧諸国の福祉国家を生んだとも言える。逆に、これをしっかりと利用しきれないままに福祉国家のまね事をしてしまったため、日本の財政は散々な目に遭っているのである。

　たとえば現在、消費税は1％で税収2.5兆円を得られるが、相続税は1.4兆円程度の税収しかなく、相続税を強化しても消費税1％分に到達するのは難しい。

　所得税の最高税率を1％上げても350億円、消費税1％で得られる税収の1.4％分にしかならない。所得税の最低税率5％あたりは納税者が多いので、そこを1％増税すれば6,200億円の税収になるが、それとて消費税率1％の税収の25％にとどまる。それに、増収額が多いからと言って、低所得層にも課される最低税率を引き上げるのは実際問題として消費税の増税以上に難し

＊「経済を見る眼　消費税と福祉国家」『週刊東洋経済』2011年3月12日号（3月7日発行）より転載。

そうである。

　ところで、2010年6月のG20サミット宣言で、参加国の財政再建目標が決められた。それは、「2013年までに財政赤字を少なくとも半減させ、16年までに政府債務の国内総生産比を安定化または低下させる」というものであった。日本の国の財政赤字は、2009年度44.4兆円、10年度40.8兆円。これはそれぞれ消費税で、18％、16％に相当する。そのためG20サミット宣言では、日本はそもそも実現が不可能として、サミット宣言を目標としなくてもよいとされた。

　しばしば、1997年に消費税率を3％から5％に引き上げたら、景気が悪化し税収が激減したと言われる。たしかに、4月に消費税率を引き上げた97年には国税の一般会計税収は1.9兆円増えているものの、翌年度に4.5兆円減っている。だが、税収が減った主因は、97年7月のタイ・バーツの下落を引き金としたアジア通貨危機による経済環境の悪化である。その影響が98年度には大きく現れ、日本は実質マイナス成長に陥って、税収が激減したのである[1]。

　また、消費税の税率引き上げに際して、食料品への軽減税率を設けると言えば、なにか分別のあることを言っている人という雰囲気があるが、理想的な福祉国家として論じられるデンマークの付加価値税は25％で、食料品にも25％が適用されている。かの国は低所得者対策を家計が消費する段階で行うのではなく、社会保障の給付段階で行っている。

　食料品は、どう考えても高所得者のほうが多く購入するし、軽減税率を設けるとすれば、同じ税収を得るのに高い税率が必要にもなる。ゆえに食料品に軽減税率を設けないデンマーク方式は、EU諸国のなかで高い評価を受けており、それを設けた国々は後悔しているのが実情なのである。

1）　本書第21講参照。

第12講 震災復興と社会保障・税の一体改革の両立を*

以前からの国難に足し合わされた新しい問題

　東日本大震災が起こる前、日本の経済財政が直面していた課題は財政再建、社会保障機能強化、デフレ克服の3つであった。これら3つの課題は、それぞれ繋がりを持っている。たとえば、いま増税をして増収額をすべて財政再建に回せば、社会保障の機能強化を行うことはできない。のみならず納税者が資産や貯蓄を減らして増税額を負担しないかぎり、総需要が減少するためにデフレは加速する。他面、増収額をすべて社会保障に充てれば、市場は政府の財政再建姿勢を疑う。これら3つの問題に同時に取り組む方法として、私は、消費税を毎年2％ずつ段階的に引き上げることを提案してきた（図12-1参照）。

　そしてこの度、東日本大震災が起こった。災害からの復旧・復興事業は最も優先順位の高い政策であり、政府に万全の取り組みが求められる。だが現在も、これまで日本が抱えていた財政再建、社会保障機能強化、デフレ克服という国難を抱えたままであることには変わりない。我々は、これら3つの課題に、いまひとつ復興事業という新しい課題が加わったと受け止めるべきで、これまで取り組んできた財政と社会保障改革の流れを止めるわけにはいかない。

　震災復興をはじめとした公共政策にヒト、カネ、モノという資源を送り込む、日本経済の兵站、ロジスティックスを担当している者たちが恐れていることは、国内の成長分野に資本が振り向けられることもなく、日本の国債市

　＊　「震災復興と社会保障・税の一体改革両立を」『WEDGE』2011年5月号（4月20日発行）より転載。

図表12-1　財政再建と社会保障機能強化を両立する消費税増税案

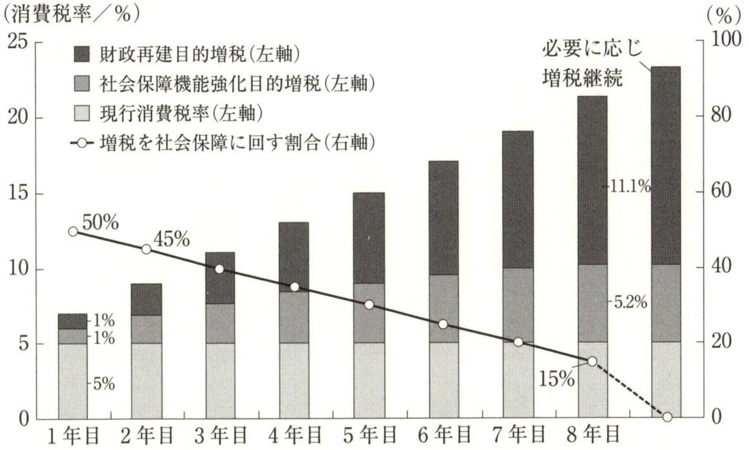
(消費税率／%)
(%)
25
20
15
10
5
0
100
80
60
40
20
0
財政再建目的増税(左軸)
社会保障機能強化目的増税(左軸)
現行消費税率(左軸)
増税を社会保障に回す割合(右軸)
必要に応じ
増税継続
11.1%
50%
45%
1%
1%
5%
5.2%
15%
1年目
2年目
3年目
4年目
5年目
6年目
7年目
8年目

注：消費税を毎年2%ずつ段階的に上げていき、マーケットに物価上昇期待を醸成する。増税額の使途は、初年度50：50で社会保障機能強化と財政再建に振り分け、2年目は45：55、3年目は40：60と財政再建に回す分を漸次増やしていく。9年目以降は財政再建の見通しが立つまで、必要に応じて継続。なお、社会保障の自然増は機能強化の一部として計算。
出所：筆者作成。

場がマーケットから見放されて資本が逃げ、国債価格が低下し、長期金利が上がることである。

そうなれば、国債費が高まり、その費用が財政を圧迫、そこで税収の伸びが期待できなければ、公共政策に資源を送り込むことが難しくなる。今年度の国家財政（一般会計）では、国債費は歳出の23%を占めており、最大の支出項目である社会保障関係費31%に次ぐ規模である。税収増を伴うことなくこの国債費が肥大化してしまうと財政運営が立ちゆかなくなる。

日本では、国・地方の債務がGDPの2倍近くになっており、先進国では群を抜いて高い。財政が破綻したギリシャのこの値は1.2倍程度であったのだが、なぜ、日本ではGDPの約2倍の債務を抱えているのに債券市場はまだマーケットから信認されており、結果、低金利が維持されているのか。主な理由を2つほど挙げることができる。第1に、日本の国民負担率が低いために、この国が本気を出して財政再建を行えば公債の不履行にはならないと期待されているからである。第2は、よもや日本の中央銀行が、意図的に公

債を減価させる政策をとることはないと信頼されているからである。

　日本は、高齢化水準は世界一だが、国民負担率は相当に低く、公務員の数も極端に少ないことは、各種統計から明らかである。多くの国民が信じているように、政府が大きすぎ、そこにムダが多すぎたために、莫大な借金を抱えたわけではない。ただ単純に、国民負担率が低かったから今日のような財政の惨状を招いたのである。マーケットは、日本は国民負担率を上げさえすれば大丈夫と見て、政治の動きを注視している。今後ともマーケットからの期待と信頼を裏切らない財政運営とは、いかなるものなのか、少し具体的に見てみよう。

中福祉国家実現の負担とは

　目下、「社会保障と税の一体改革」のための検討が進められているが、同様の財政・社会保障一体改革の動きは、過去3回あった。「社会保障構造の在り方について考える有識者会議」(2000年)、「社会保障の在り方に関する懇談会」(2004～06年)、「社会保障国民会議・安心社会実現会議」(2008～09年)である。これら3つの企画で、あるべき社会保障の姿は大差ない。

　現在の菅内閣で進められている作業は、民主党がマニフェストで掲げた荒唐無稽な財政計画・社会保障改革案を、現実の世界、国力に見合った姿に引き戻す作業である。これら一連の国家的試みから垣間見える事実は、財政の改革、とくに消費税をはじめとした増税は政治的に至難の技であるということであろう――何度やっても政治は振り出しに戻す。

　今後、必要となる財源規模の算出方法は複数あり、ここでは財政健全化目標との関係から迫ってみる。2010年6月の閣議決定「財政運営戦略」で、2021年度以降において国・地方の公債等残高の対GDP比を安定的に低下させるため、国・地方の基礎的財政収支を、2020年度までに黒字化することが目標とされた。

　内閣府が2011年1月21日に公表した試算の「慎重シナリオ」(現在の税制・財政運営のもとでの、実質経済成長率1％台、物価上昇率1％弱の慎重シナリオ)では、2020年度の国・地方の基礎的財政収支は23.2兆円の赤字と見込まれている。

一方、2020年度の消費税率1％当たりの消費税収を試算で想定されている名目成長率を元に算定すれば2.9兆円となる。消費税率を引き上げる場合には、物価上昇を通じて政府が物資を購入する際の歳出も増加し、消費税引き上げによる財政健全化効果が減殺される。2006年6月の財政制度等審議会では、この減殺効果について当時の消費税収が1％当たり2.6兆円であったところ、実質的に2.2兆円にまで減少するとしている。ここでも同様の減殺効果が生ずると仮定すれば、実質的な消費税増収は、1％当たり2.4〜2.5兆円となり、国・地方の基礎的財政収支黒字化の達成のために2020年度には10％近い消費税率の引き上げが必要と計算される。

名目成長率を長期金利が下回るという仮定を置けば、その後、GDPに対する公債等残高の比率は安定的に低下する。だが現実の経済では、名目成長率を長期金利が上回る場合がある。2020年度以降、金利が成長率を1％上回ると仮定したうえで、国・地方の公債等残高の対GDP比を安定化させる政府の目標を達成しようとすれば、対GDP比で少なくとも2.2％を超える基礎的財政収支の黒字が必要となる。この額は、消費税に換算すれば約5％に相当する。公債等残高の対GDP比を安定化できる消費税率の水準は、名目成長率と長期金利の動向次第であるが、2020年度において15〜20％超となる。

この試算には、「社会保障歳出は高齢化要因で増加」、いわゆる自然増が想定されているが、社会保障の機能強化は加味されていない。「社会保障国民会議」が2008年11月に提示したかなり控えめな「中福祉」を実現することを考えてみよう。国民会議は、現行の社会保障制度の非効率な側面を直視していた。ゆえに、現行の社会保障を相似形で拡大するのではなく、病床数や在院日数の大幅削減を行うなどの効率化を図りながら、選択と集中を織り込んで「社会保障のあるべき姿」を描き、その必要額を、今後の追加額として試算した。その額は、消費税に換算して、2025年度で5％（社会保険方式の基礎年金を前提）である。課税による物価上昇を考慮すれば、その分だけこれを上回る。

ただし、この消費税5％は、「自然増マイナス効率化プラス機能強化」に要する額である。2020年度までの公費の自然増が3％と別途計算されていることを勘案すれば、純粋機能強化（機能強化マイナス効率化）は消費税率2％

となる。そこで、内閣府試算と国民会議試算で重複計算されている自然増をおよそ等しいとみなすと、2020年度に基礎的財政収支の黒字化が達成される消費税率の水準は17〜22％超と計算される。

毎年度2％の消費税率引き上げを2012年度から行えば、2020年度の消費税率は23％になる。これぐらいの消費税率を達成してはじめて、長期金利が名目成長率を1％上回る場合でも、国民会議が提案した控えめな「中福祉国家」が持続可能なものとなる。だが、いわゆる逆進性対策として軽減税率や低所得者向けの給付を設ける場合や、長期金利が名目成長率を1％以上も上回る事態の出来が事前に予測される際には、社会保障機能強化を先送りして、いったんは2020年度に基礎的財政収支を黒字化し、それ以降も消費税率引き上げを行うかどうかの選択を迫られる未来が訪れる。

社会保障は新たな改革が必要

いずれにしても、今日の社会情勢のなかで、貧困対策、保育、医療介護、障害者福祉に積極的労働市場政策の充実を求める声の高まりに応えるためにも、社会保障国民会議が示した「選択と集中の改革」を力強く実行していくとともに、さらなる給付の効率化や、消費税に頼らずに社会保険料の引き上げで社会保障費を賄う方法、その過程で負担能力が高い者がそうでない者を助ける連帯の仕組み、再分配の強化も視野に入れる必要が出てくる。

社会保障国民会議が2008年に報告書を出して2年半が過ぎた。2009年に行われた年金の「財政検証」では、デフレを一時的な現象とみなして設計されていた年金制度の弱点が示された。2004年から2009年の間に、現役世代の賃金が低下しているのに、給付額が据え置かれてしまったため、年金の所得代替率が上昇したのである。そう遠くない将来にはインフレに悩まされる日が来るかもしれないが、低年金者への配慮を行いながらも、早急に、デフレ下でもマクロ経済スライドが機能する準備はしておくべきであろう。

さらに、財政の持続可能性が確保されるまでは、日本の財政は非常事態とも言える。公的年金は、物価上昇に合わせてその額が自動的に改善されることになっているが、今後の消費税引き上げ過程では、その影響による物価上昇分については、年金額の多寡に応じて全額を反映させないことも考えたい。

医療保険では、保険料率が高くなる原因が、医療費の増加ではなく賃金の低下によって起こる現象が目立ってきた。この問題は、持てる者が持たざる者を助ける仕組みの強化で対応すべきである。健保組合の2009年度の保険料率は、最低3.12％、最高10.0％と3倍以上の開きがあり、協会けんぽの保険料率は、2009年度8.2％から2010年度9.32％に上昇し、今後も引き上げが見込まれている。医療保険料率そのものは、ドイツ、フランスの14％前後と比べれば低いが、日本ではせめて前・後期を含めた高齢者医療制度の領域だけでも、持てる保険者が持たざる保険者を支援する仕組みの強化は必須である。

医療給付面においては、混合診療の解禁が話題にのぼるだろうが、混合診療の全面禁止でもなく全面解禁でもない「保険外併用療養費制度」が現実には運営されている。これは、「管理された混合診療」とでも呼べる制度であり、今後は、この制度を始点として深みのある議論を行ってほしい。さらに医療費の免責制度も検討にのぼるであろう。この問題は、たとえば500円の免責では医療費抑制効果が0.5兆円との試算もあり、いかにも効果が小さく、自己負担額による受診の反応は低所得者では大きいことも視野に入れたうえで評価を定めたくなる話である。

なお、日本の人口高齢化は急速だが、合計特殊出生率を1.26程度という慎重な仮定を置いたもとでも、2050年あたりからは各年齢の人口構成比率は定常状態に入る。定常状態に到達するまでの間の負担の平準化を、年金は積立金で行い、医療や介護は、高齢者にも保険料を負担してもらい高齢化が進めば高齢者層による負担割合が高くなる仕組みを設けることで調整することになっていた。ところが政権交代後、医療介護における高齢者の保険料負担を免除する改革への動きが目立つ。この動きは正さなければならない。日本で年金を先行して充実させたのは、保険の長所を保ちながら運営される医療そして介護保険に、高齢者も被保険者本人として加入してもらうためであったことも付け加えておく。

復興は前線、財政は兵站

それでは、東日本大震災を受け、復旧・復興事業財源を組み込んだ財政政策としては、どうあるべきか。まずは、不要とは言わないまでも不急のマニ

フェスト施策を復興事業に回すことは言うまでもない。ガソリン価格高騰の際のトリガー条項発動や法人税減税などで税収を落としている余裕もない。同じく2011年度税制改正予定の所得税・相続税の増税は速やかに実施して税収を確保せねばならない。

　それでも、安定財源の確保は欠かせない。そのために、いわば「復興連帯基金」の臨時的な創設が考えられる。しかし、そうした「復興連帯基金」の取り組みと社会保障・税一体改革を両立させるためにも重要なことは、今後の消費税引き上げは社会保障に充当するという政権交代前から継承されてきた政府方針を貫くことである。したがって、「復興連帯基金」の税収メニューとしては、やはり他の先進諸国と比べればGDPに占める割合が低い所得税の臨時増税などが挙げられよう。いずれにしても、被災地にはさまざまな優遇措置、物資支援を講じながら行うべきことである。

　震災復旧、復興事業は最も優先順位の高い政策である。そうした取り組みに全力を尽くしつつ、マーケットに向けて、日本が財政的に持続可能であるメッセージを出し続けることは、現場で努力されている人たちに資源を送り届けるためにきわめて重要なこととなる。

　マーケットが日本の財政再建姿勢をどう評価するか。今、マーケットが日本の政治に寄せている期待を裏切れば、マーケットは、次にはわれわれの生活そのものに情け容赦ない仕打ちをする恐れがある。幸いにも、日本の国民負担率は分不相応に低く、日本にはまだ余力があるとマーケットは見ている。マーケットの信認がある間に、速やかに国民負担率を引き上げようではないか。

　昔から、兵站を担当する者たちは、前線で闘う人たちからいつも疎まれてきたわけだが、兵站、ロジスティックスは、現場を成り立たせる必要条件として欠くことができないものである。公共政策の戦線が拡大すれば、なおさらであろう。だからこそ、財政と社会保障一体改革の歩みも止めてはならないのである。

第13講　財政・社会保障一体改革の工程表を＊

　社会保障改革に関する集中検討会議が、(2011年) 4月27日に再開された。与謝野馨社会保障・税一体改革担当大臣の要望で、当初の予定どおり6月に改革案をまとめるという。

　当日に会議の有識者メンバー5人が連名で配付した『集中検討会議の再開に際して』には、「もはや方向性の議論を行う段階から、それに沿って、改革の具体的内容をわかりやすく提示し、安定財源確保の道筋と工程表を明らかにして国民に提示する段階に来ている」とある。

　そのとおりである。マニフェスト不履行を隠す美辞麗句を求めるための会議の積み重ねはもう十分である。崇高な理念の実現には財源が要る。財源なき理念への拘泥などに付き合っている余裕はこの国にはない。

　方向性・理念を語ることが社会保障論だと信じていた、この国の空想的社会保障論者がこれまで等閑視していたこと——それは、社会保障問題は財源調達問題であるという側面だ。日本の社会保障論者たちのその弱点が、この国で社会保障を政治にいいように利用させる隙を与えてきたとも言える。

　社会保障給付費は、現在100兆円を超えており、その6割を社会保険料、4割を租税に依存している。そして、租税として社会保障が利用できる量は、他の財政支出との兼ね合いで決まる。「社会保障・税一体改革」というのは矮小化された表現で、本来なら「財政・社会保障一体改革」と呼ぶべき話なのである。

　ここで、今後必要となる財源の規模を算出してみよう。2010年6月の閣議

＊ 「経済を見る眼　財政・社会保障一体改革の工程表を」『週刊東洋経済』2011年5月28日号（5月23日発行）より転載。

決定「財政運営戦略」で、2021年度以降において国・地方の公債等残高の対GDP比を安定的に低下させるため、2020年度までに国・地方の基礎的財政収支（PB）の黒字化が目標とされた。内閣府が今年（2011年）1月に出した試算の慎重シナリオで試算すれば、2020年度には10％近い消費税率の引き上げが必要となる。

　さらに、現実の経済では名目成長率を長期金利が上回る場合がある。2020年度以降、金利が成長率を1％上回るという仮定では、国・地方の公債等残高の対GDP比はさらに膨らむ。これを安定化させる政府の目標達成には、対GDP比で少なくとも2.2％超のPBの黒字が必要だ。消費税に換算すれば5％程度となる。つまり、目標達成のための消費税率は20年度で15〜20％超となる。

　これで賄えるのは社会保障の自然増分だけ。機能強化も、食品などへの消費税の軽減税率といったいわゆる「逆進性対策」もない。

　まず認識すべきは、5％程度の消費税引き上げは、負担増の一里塚にすぎず、その程度では財政の健全化も実現できないこと。次に消費税率の実現可能な引き上げ幅を考慮すれば、今後の社会保障も、公費と言われる税への期待だけに偏らず、社会保険料中心の制度の維持強化にも努めるべきだということである。そして、財政全般を見れば、他の先進諸国と比べてGDP比でなお低さが目立つ、所得・資産課税の強化が必要となる。

　集中検討会議は、財政全体のなかで社会保障を位置づけながら、租税と社会保険料、双方で財源を確保する中長期の道筋を、正直に国民に示す工程表を出してほしい。そうした工程表を作れば、民主党のマニフェストと大きく矛盾する。だが、この種の報告書は内閣よりも寿命が長い。会議の有識者には、マニフェストに財政・年金などで絵空事を並べた民主党に妥協しない報告書を、毅然として提出することが強く期待されている。その報告書を機に政治は新たな動きを示すかもしれないのである。

第14講　政治は税制改革を邪魔する存在＊

　政治が壊れている。政府に法律を作る力がないという意味では、無政府状態とも言える。だが、予測できなかった事態ではない。

　2010年7月の参院選で、ねじれ国会となった。しかも、与党が衆院で法案を再可決できる3分の2の議席を持っていない「真性ねじれ」であり、自公政権末期よりも国会運営は明らかに厳しくなった。ところが、菅首相が有効な手を何も打たず新年を迎えたのは、なんとも不可解だった。

　今年（2011年）に入った1月5日、彼は突然テレビに出演して、「社会保障制度と一体で消費税を含む税制全体の改革に政治生命を懸ける」と発言。その数日後の党大会では「社会保障・税の一体改革に協力しないのは、歴史に対する反逆行為だ」と演説する。彼の「野党対策」はこうした挑発行為ばかりであった。

　事務局が準備した改革案は6月2日夕刻、内閣不信任案が昼過ぎに否決されて、なんとか発表にこぎつく。不信任案が可決されていれば、さまざまなレベルで20回以上の会議を重ねた末にまとまった改革案は水泡に帰すところであった。

　自公政権下の2005年から、消費税の社会保障目的税化、2010年代半ばでの消費税10％への引き上げを唱えていた与謝野馨氏と柳澤伯夫氏の悲願は、改革案のなかに「15年度までに段階的に消費税率を10％まで引き上げる」と書き込むことであった。

　だが、民主党内の「増税はマニフェスト違反だ」「それでは選挙に勝てな

＊「経済を見る眼　政治は税制改革を邪魔する存在」『週刊東洋経済』2011年8月6日号（8月1日発行）より転載。

い」などの声に押し戻され、「2010年代半ばまでに段階的に消費税率を10％まで引き上げ」という文言、しかも経済状況の好転という条件付きで成案となる。なお、議論が大詰めを迎えていた6月末、首相は消費税引き上げ反対の急先鋒たる国民新党代表に副総理を打診して断られている。

　政治は気ままに無責任に動くものである。昔から、社会保障・税の改革、とくに増税では、及び腰の政治家をいかにして現実に直面させるかが最大の課題であった。税については、政権交代前から、立派な「政治主導」が実現していたのである。その結果が、今や1,000兆円に近づきつつある公債の発行残高である。仮に長期利回りが1％上がれば、いずれ公債費だけで年10兆円、消費税率4～5％超の追加支出が必要となる。巨額の借金で、日本の財政は金利の上昇にきわめて脆弱な体質になってしまった。

　そうしたなかで出された今回の改革案は、消費税引き上げ幅5％のうち4％分は財政赤字の穴埋めに充てられ、社会保障の機能強化に使うのは1％。しかもその内容は、自公政権時代の「社会保障国民会議」などの結論とほぼ同じ。試算では、仮に2015年度に消費税率5％の引き上げが実現できても、国・地方の基礎的財政収支は、消費税率7％を超える税収に相当する大赤字のままである。

　とにかく次の選挙で生き残ることを本能とする政治家たちに、国民に不人気だが必要な中長期的な国家運営の課題に着手させることは不可能に近い。しかし、やらなければならないことは、とうの昔から決まっている。いかなる政治状況になっても改革が実現できるよう、粘り強く準備を進めていくしかない。

　政治の論理ゆえに、何度やっても振り出しに戻される徒労感を抱きながらも、使命感に支えられてこれまで繰り返し尽力してきた名もなき人たちに、この国の命運は託されている。

第15講　無政府状態下の日本の財政・社会保障

　2011年7月15日、日本医師会の医療政策会議で講演を行う。この会議には、会長の原中勝征氏をはじめ、日医の役員および同会議委員に選ばれた都道府県医師会会長も参加していた。

＊　　＊　　＊

　この国にはどうも法律をつくるだけの力を持った政府が存在せず、日本医師会が交渉する相手も存在しない。これはもう「政治空白」というような話ではなく、「無政府状態」と呼ぶべきではないかと考えている。
　今日は、まず、日本医師会会長より諮問された「医療を営利産業化してよいのか」について触れ、次に、無政府状態下の日本の財政・社会保障が直面している政治経済問題について話し、最後に、先日発表された一体改革成案が一里塚でしかないという意味を説明できればと思う。
　……

日本が無政府状態に至った理由

　今日の政治の行き詰まりは、現（菅直人）総理のキャラクターに依存する部分はある。ただ、ここで断っておきたいのは、日本が現在のように壊れて

＊　「無政府状態下の日本の財政・社会保障」日本医師会『平成22年・23年度医療政策会議報告書』原稿を筆削補訂。なお、この講演自体は、2011年7月15日に日本医師会で行ったものであり、追記「勿凝学問373」も、『平成22年・23年度医療政策会議報告書』に収められている。

しまうのは、別に予測できなかったわけではない。日本の政治が今日のような隘路にはまってしまった根本の原因は、財政や社会保障という国家運営の根幹の問題で確信犯的に大ウソをついて、選挙には最も強い戦略をとった政党が、残念ながらこの国に登場したことにある。「まさか、できもしないことをあそこまで正々堂々と、口約束だけでなくマニフェストに、しかも具体的な数字を列挙しながら書くことはあるまい」と信じる一般人の良心を逆手にとった選挙戦略をとるデマゴーグが出てくれば、早晩、彼らは確実に選挙で勝つ。彼らがそうした手法をとり始めた頃から、政権交代は時間の問題になっていた。ここでは、その様子の一端を回顧してみよう。

　野党時代の民主党が最大の争点とし、抜本改革を唱えてきた年金は、今回の一体改革案のなかで現行制度を継承し、自公政権下で示されていた改革を軸に進めていくことが確認された。年金の抜本改革を唱えていた彼らは、過去、どういう発言をしていたのか。
　現官房長官の枝野幸男氏は、2004年4月に、「(現行の公的年金制度は) 間違いなく破綻して、5年以内に変えなければならない」と言う。そして、現民主党幹事長の岡田克也氏は、2005年当時は民主党の代表であったわけだが、その代表は「国民年金制度は壊れている」とも言っていた。
　2005年、「年金制度をはじめとする社会保障制度に関する両院合同会議」が開かれることになる。そこで枝野氏は「私たちは、新しい制度をある意味で白地に書きたいと思っています」と言う。もっとも、まったく新しい制度を作るといえども、民主党の年金改革案は、基礎年金の全額を消費税で賄う最低保障年金を創設すると主張していたわけであるから、その税財源をどうするかという課題に直面することになる——はずである。この課題に関して、両院合同会議で、(原中日医会長のご出身である) 茨城県の丹羽雄哉氏 (自民党) が、枝野氏に適切な質問をする。

　　　民主党さんのマニフェストによりますと、足下で2兆7,000億円に上る巨額な費用が必要になるわけでございます。これを、具体的にどのような財源を削減することによって2分の1を捻出するのか、これについ

てお答えいただきたいと思っております。

答えて、枝野氏は

> 難しいことではありません。政権を代えていただければ、やる気があるかどうかという問題であって、予算の組立方の枠組みで、今のように各役所の積み上げ方式で予算編成している限りは大胆な予算配分の変更は不可能です。枠組みをしっかりと決めて、その枠の中でやれということで上からおろすというやり方をすれば簡単にできることだというふうに思っています。一度任せていただければ実現をいたします[1]。

　この基礎年金の国庫負担引き上げの問題は、政権交代後にも継続して論じられることになる。これについては、昨2010年10月、テレビに出演した海江田万里経済財政担当大臣（当時）は、ゲストによる「基礎年金の国庫負担の引き上げに要する2.5兆円をどうするのか」という質問に、「その話は今の年金のことでして、われわれはまったく新しい年金を作るわけですから」と答える。政権交代して1年を経た後であっても、その場限りのごまかし発言が閣僚から飛び出していた。

　基礎年金国庫負担引き上げ財源は、2011年度予算編成においては、いったん鉄道・運輸機構剰余金や財投・外為の剰余金などの一時金で賄われることになったが、東日本大震災後に、これらの一時金は補正予算の財源として使われることになる。穴が空いた基礎年金国庫負担引き上げのための財源は、年金積立金で賄われることになった。

　なお、民主党政権は、昨2010年6月の閣議決定「財政運営戦略」で、次を決めている。

> 構造的な財政支出に対する財源確保年金、医療及び介護の給付等の施策に要する社会保障費のような構造的な増加要因である経費に対しては、歳入・歳出の両面にわたる改革を通じて、安定的な財源を確保していくものとする。

2011度予算編成において、基礎年金国庫負担のために安定財源を確保しなかったのは、明白な閣議決定違反である。

 ちなみに、政権交代後の2009年11月には、当時の長妻厚生労働大臣は、テレビで、「年金が破綻するってことは、一言も言ったことはございませんで、年金は破綻しません」[2]と発言している。

 財政については、元代表であるとともに次期代表候補とも目されている前

---

1) 年金制度をはじめとする社会保障制度に関する両院合同会議第3回会議（2005年4月23日）。

　枝野氏のこの回答を受けて、質問者の丹羽議員が次のように発言するのは当然であるような気がする。

> 一番の焦眉の急でございます国庫負担を3分の1から2分の1に引き上げるということに対して、私ども与党は真摯なスケジュールというものを示したわけでございますが、枝野議員は予算の編成のやり方次第でどうにでもなるというような、木で鼻をくくったような返答をなさったことは大変私は残念で、遺憾に思っておるような次第でございます。
>
> （丹羽雄哉議員（自民党）、第3回両院合同会議（2005年4月23日））

　付け加えれば、2009年総選挙で丹羽氏は、原中日医会長が地元でご推薦の大泉博子氏に敗れて落選し、「ただの人」になる。そして枝野氏は今や官房長官で将来の首相候補――正直に生きるのがバカらしくなる立派な大人の世界である。経団連会長が、退陣表明した後も居座り続ける今の総理を評して「教育上具合が悪い」と言っていたが、教育上具合が悪いのは今の総理の存在だけではあるまい。

　枝野氏の弁には、他にも特徴的なものがある。

> 今一生懸命、民主党の（年金改革案に）数字がない、数字がないと大騒ぎをしておられますが、数字は簡単なんです。現役世代の平均納付額に対して、平均納付期間と納付期間終了後受給を始めてから平均寿命までの間の期間で割り算をすれば、1カ月あたりの平均納付額の大体2.5倍から2.6倍ぐらいが受給額になると言うのはすぐに計算が出てくるということで、そこに、物価変動率とかそういうものに応じて変わってくる。
>
> （枝野幸男議員（民主党）、第4回両院合同会議（2005年6月6日））

　そして、民主党の年金改革案は、今回の社会保障・税の一体改革案のなかでも、具体的な数字はまったくないままである。

2) 「新報道2001」（2009年11月1日）。

原誠司氏に、興味深い発言がある。

　　仮にこのまま民主党が政権を取っても大変です。私は「君子豹変」しないかぎり、まともな政権運営はできないと思いますよ。今、民主党が最もしてはならないのは、国民に対して耳触りのいいことばかり言っておいて、仮に政権を取った時に「やっぱりできません」という事態を招くこと[3]。

しかしその後、彼も他の民主党議員と同様に、民主党の選挙戦略批判を控え、口を噤んで、「不作為の罪」の世界に入っていくことになる。

財政というのは国家運営の根幹の問題である。そして社会保障論というのは、要は財源調達問題である。増税をしなくても財政は大丈夫、社会保障の充実はできるという甘い言葉で国民を騙すという手法は、選挙には強いが、その後、確実に国家運営を行き詰まらせる。どうして民主党は、財政と社会保障で大ウソをつくという選挙戦略に手を出してしまったのか。

先に見た枝野氏の「一度任せていただければ……」発言（2005年）は、彼の政治家としての資質そのものの問題だが、その後、党組織として財源論議で確信犯的にウソをつくようになるのは、小沢一郎氏が代表になった2006年からのようである。

彼が代表になった年に政策マグナカルタが作られ、そこで、消費税を5％に据え置き、税収全額を年金財源に使う方針が確立されるとともに、財政再建目標が捨てられた。そして、2007年参院選マニフェストを作成する際、小沢代表は「政権がとれれば財源など何とでもなる」[4]、「政権をとればカネなんて出てくるんだから」[5]と作成者たちに発破をかけたとのことである。

民主党の悪質な選挙戦略に強い影響を与えたもう1人に、大蔵省出身で、党内では財政通と認識されていた藤井裕久氏、現在の「民主党・税と社会保障の抜本改革調査会会長」が果たした役割は大きかった。藤井氏の発言については、今年（2011年）1月の谷垣禎一自民党総裁の代表質問の言葉を紹介

---

3) 『中央公論』2008年7月号。

しておこう。

　藤井官房副長官はかつて「総予算207兆円の1割から2割くらいは簡単に切れる」[6]と豪語されましたが、何のことはない、政権交代の効果として切れたのは総予算の1割ではなく、目標額の1割に過ぎません[7]。

政権交代間近になると、代表の鳩山由紀夫氏の発言が目立ってくる。彼は2009年6月の代表選で、消費税については「議論さえすべきでない！」と絶叫して勝利し、7月27日、マニフェスト発表会見の場で、次の発言をする。

　当面の間は5％で十分にまかなえるという試算が出ている。改めて、4年間は増税の議論をする必要はないということは申し上げておく。

この発言がなされた2009年度の財政赤字の対 GDP 比は－9.6％、基礎的財政収支の対 GDP 比は－7.8％であった。消費税1％の税収は GDP 比0.5％に相当するので、彼が消費税の増税は「議論さえすべきでない」と言っていた2009年度は消費税率に換算して約19％の財政赤字に相当し、基礎的財政収支

---

4) 『朝日新聞』（2008年8月13日朝刊）には次の文章ある。

　　小沢は総選挙のマニフェストの財源について相談に来た党幹部の肩をたたくとささやいた。「いいんだ、いいんだ。（政権運営を）やったことないから不安かも知れんが、何とでもなるんだ。心配すんなって。」
　　旧大蔵省出身、蔵相経験もある党税調会長藤井裕久も政策担当者に伝えた。「国と地方の行政経費200兆円の使い方を一割変えれば20兆円出る。それでいいじゃないか」。

このあたりの小沢氏の発言が、後に「政権が取れれば財源など何とでもなる」と表現されて広く流布することになったと思われる。

5) 2011年9月1日、民主党代表選共同記者会見における菅直人候補の発言。
6) 藤井氏がそうした発言をした頃の207兆円の支出内訳については第16講の図表16-21を参照。私にはどこに1割のムダが隠されているのか想像がつかなかったが、メディアは藤井氏の発言に好意的であった。
7) 谷垣禎一自民党総裁、第177回通常国会における代表質問（2011年1月26日）。

は消費税率16％程度の赤字であった。そして、過去から蓄積された公的債務などの対GDP比は2009年時点で165％であり、鳩山氏が何を根拠に「4年間は増税の議論をする必要はない」と言っていたのか、いまだに誰も知らない。また、鳩山氏は最低保障年金は全額消費税で賄うため、「20年後には消費税は上げなければならない」[8]とも言い、この言葉は「消費税を20年間上げない」発言として受け止められていた。

　さらに言えば、政治家の行動を牽制する役割を担っているはずの学者、評論家、メディアなどの政治的関心層（attentive public）が、当時の民主党議員の論をなんらチェックしようとしなかった。

　むしろ彼らは、財源の裏付けもない民主党マニフェスト（本来の意味ではマニフェストと呼べる代物ではない）と、他の政党とのマニフェストを比較して、「こっちのほうがいい」「あっちのほうがいい」とお祭り騒ぎに熱狂していた。政治学者、佐々木毅元東京大学総長が率いる21世紀臨調などはその典型で、その影響力を考えれば、彼らの罪は相当に大きい。

　政権交代後、財政運営、つまり国家運営が行き詰まることは事前に予測できたことであった。ところが、2010年1月に財務大臣に就いた菅直人氏は、就任直後の衆議院予算委員会で、谷垣自民党総裁が増大する社会保障費を賄うための消費税増税について尋ねると、「逆立ちしても鼻血も出ないほど、完全に無駄をなくしたと言えるまで来たとき、必要であれば措置をとる」[9]と答える。30年の政治家人生のなかで日本の財政を勉強したことがなく、そのまま財務大臣になったのだろう。

　民主党は、鳩山内閣のもとでもマニフェストの見直し（安楽死？）にとりかかっており、その任にあたった1人に玄葉光一郎氏がいる。その玄葉氏は、2010年4月にテレビ出演した時、「今度の参議院選挙のポイントは正直さだと思っています」[10]と、2009年衆議院選挙が不正直だったことを吐露するような発言をしている。

　その玄葉氏が、3日前の7月12日の『朝日新聞』で私との紙上対論の相手

8）　総選挙直前の2009年8月18日のNHKインタビュー。
9）　菅直人財務大臣、第174回通常国会衆議院予算委員会での答弁（2010年1月21日）。
10）　「新報道2001」（2010年4月18日）。

として、「財源についてはマニフェストに欠陥があった。高齢化に伴い、社会保障費は毎年1.1兆円ずつ自然に増えていくが、その分を考慮していなかったのは甘かった」と、ウソの上塗りをする。あのマニフェストの財源に関する欠陥は、そのようなものではない。彼が言っているのは、社会保障給付の自然増をカウントしていなかった、つまり、財政支出の伸び分を甘く見ていたという話だが、彼らのマニフェストの１丁目１番地は、「予算の組み替えをすれば16.8兆円を生み出すことができる」ということであった。脱官僚・政治主導で16.8兆円を簡単に作ることができるという、官僚嫌い・増税反対の国民にとって１粒で２度おいしい公約が、彼らのマニフェストの１丁目１番地であり、そこで浮いた財源16.8兆円分で新規施策をやるということだったのだから、政権交代後の財政支出の伸び分や税収減とは関係のない話である。

　絶対王政とか専制君主であれば、君子豹変して前言を翻すことはできるのかもしれないが、民主主義で選ばれた人たちには、なかなかできるものではない。正直に前言をウソと認めて撤回すれば、当然「あの時の選挙の正当性はどこにあるんだ」という話になる。君子豹変というのは、権力が集中している君主の特権であって、民主主義下での豹変は不可能に近い。だから、彼らはずっとウソを続けていくだろうと私は予測しているわけで、前述の『朝日新聞』での紙上対論で、私が中島みゆきの歌「永遠の嘘をついてくれ」[11]の話をしているのはそういう理由からである。

「永遠のウソつき続けたまま」

　政府・民主党の一体改革案を読むと、中島みゆきの「永遠の嘘をついてくれ」という曲を思い出す。「ウソと分かっているウソ」をつき続けるよう恋人や友人に願う切ない歌だ。

　民主党は2009年の衆院選で「社会保障の抜本改革」「消費税率の維持」というマニフェストを掲げて政権交代を果たした。だが一体改革案での社会保障改革は現行制度の延長上にあり、消費税率引き上げも明記され

---

11)　中島みゆき「永遠の嘘をついてくれ」、2006年

た。マニフェストは大ウソだった。年金の抜本改革は「合意に向けた議論や環境整備を進める」とだけあり、具体的な中身はない。今後も「いつかは実現させる」という「永遠のウソ」をつき続けるのだろう[12]。

あるべき社会保障の「設計図」と「見積書」はとうの昔にできている

ボロボロの家をリフォームするにしても、どの程度立派な家にするかは費用をどれだけ捻出できるかという家計の状態に依存するのは当たり前の話である。国政においても、「あるべき姿」と「費用負担」という、本来は同時決定の話を同時に議論することは当たり前である。問題の根源は、従来、国民生活の現場で起こっていることにあまり関心のない財政論者と、自分たちの主張が財源調達問題であることに気づきさえしなかった"空想的"社会保障論者とが、それぞれバラバラに議論していたことだったのである。

そこで、2008年の社会保障国民会議の委員になった私は、あるべき「医療」「介護」「福祉」、そして実行可能性のある「年金」のすべてを含めた財政シミュレーションを求めた。「あるべき医療・介護」費用の試算方法を新たに開発したあの会議は、日本で初めて——あるべき医療・介護費用の中・長期試算という意味では世界で初めて——それを実際に行ったのである。

今さら議論せずとも、2008年11月の「社会保障国民会議」の報告書、この報告書を受けた同年12月の閣議決定「持続可能な社会保障構築とその安定財源確保に向けた中期プログラム」と、政権交代後の2010年3月に自民党が提出した「財政健全化責任法案」があれば、数値が入った社会保障・税一体改革の設計図と見積書は2025年くらいまで描くことができる。なお、自民党の「財政健全化責任法案」の内容は、2010年6月の民主党政権下での閣議決定「財政運営戦略」とほぼ同じである。そして今、彼らは社会保障・税一体改革に動いているように見えるが、それは、政権交代前の2009年3月成立の「平成21年度税制改正附則104条」、すなわち「消費税を含む税制の抜本的な改革を行うため、2011年度までに必要な法制上の措置を講ずるものとする」という法律に従ってのことである。

---

12) 『朝日新聞』2011年7月12日。

この一連の動きの元をたどれば、2004年年金改革法の附則で基礎年金の国庫負担については、「2007年度を目途に、所要の安定した財源を確保する税制の抜本的な改革を行ったうえで、2009年度までに実施する」に行き着く。約2.5兆円、消費税率で1％強を要する基礎年金国庫負担1／3から1／2への引き上げに関する2004年年金改革法の附則が、2007年11月福田内閣時の大連立構想の企てと失敗、その直後の社会保障国民会議創設（福田首相の提案は2007年12月）、2008年12月の閣議決定「中期プログラム」へと、政治を押し流していくのである。そして、2004年年金改革附則という「法律」の持つ「力」の実感——政治家をして消費税増税へと向かわせた力の実感——が、現政府を縛っている2009年税制改正附則104条を着想させることになる。

　なお、2008年12月24日の閣議決定「中期プログラム」には、「消費税を含む税制抜本改革を2011年度より実施できるよう必要な法制上の措置をあらかじめ講じ」という文言がある。しかし、消費税増税の拘束力を高めるために、閣議決定を法律にしようとすると、当時の自民党のなかの上げ潮派が「2011年度より実施」、つまり2011年4月1日より実施という点に猛反発する。彼らの猛反発があったために、2009年3月の平成21年度税制改正附則104条では、「平成23年度までに必要な法制上の措置を講ずる」と変わる。ちなみに、永田町・霞が関では「平成23年度までに」＝「平成23年度中に」と解釈される。積極的に附則104条成立を主導した与謝野氏が、1年後に離党する理由は、こうした上げ潮派との対立あたりにある。

前門の虎、後門の狼

　現政権のおもしろいところは、まともなことを言おうとすると、一体改革案が、福田・麻生路線のそれに近づいてしまい、民主党の2009年マニフェストとの乖離が生まれてしまうということである。政府の一部は、福田・麻生路線と同じものを突きつければ、自公は拒むことはできまいと踏んでいるのだろうが、民主党のマニフェストは、福田・麻生路線の否定の上に建てた砂上の楼閣。ゆえに、福田・麻生路線の一体改革案を政府が掲げれば、それは完全にマニフェスト違反となってしまう。政府が考えている、自公を与野党協議という政府にとって有利な戦場に引っ張り出す戦術は、実に浅はかと私

が評してきた理由はそのあたりにある。第2次菅内閣を作って与謝野さんを取り込んだ時、彼らは、野党という前門の虎は見ていたかもしれないが、党内にいる後門の狼がおとなしく従うと見ていたのだろうか——もっとも、前門の虎対策としても浅はかすぎるのだが。

　野党が権力を求め、政局を仕掛けるのは、政治家として当たり前の話である。われわれにとって重要なことは、政局を仕掛ける野党が、われわれ第三者から見て正論に見える理由を掲げているかどうかであり、残念ながら、民主党に政局をしかける野党の言い分の多くが正論になってしまうのである。これは、民主党が野党だった時になりふり構わず政局を仕掛けていた状況とはまったく違う。

　今年の2月24日に書いていることだが（第10講所収）、「今の総理や与党は、不思議と相手の論を正論にしてしまうという大きな特徴をもっている。良いことなのか、悪いことなのか分からないけど、興味深い特徴ではある」——この特徴が、「政権交代の是非」以前に、「政権交代の仕方の是非」に由来して、この政権が根っこの部分で統治の正当性を持っていないことから生まれているように思える。選挙という、どんな人物でも先生に昇華させてしまう「神聖な儀式」を通過した人たちは、官僚を頭ごなしに怒鳴りつけることができるくらいに強い権力をもつことになる。だから、その「神聖な儀式」が、あまりにも卑怯な手段で穢されてしまうとすれば、その人物は先生ではなくなるのである。そのあたりが、私が以前から使っている選挙の正当性、統治の正当性という言葉と関係してくる。

追記[13)]

　僕が、講演なんかをしていて、いつも、なんか嫌になって、聴衆から目をそらして下を向いてしまう箇所がある。それは、民主党がマニフェスト不履行の理由として、東日本大震災をあげる話に触れる時である。「脱官僚・政治主導で16.8兆円は簡単に出てくる」「財源はいくらでもある」と言ってきたウソをごまかすために、彼らは東日本大震災を持ち出す。人として、絶対にやってはいけないことだと思うのだが、残念ながら現実に、彼ら、とくにこの国の総理は、そう言う。僕は、あんまりだから霞が関方面に質したことがある。答えは、「財務大臣の時から野田さんは分かったうえで政治判断としてやっている」とのこと。間違えているのならばまだしも、こうなれば、辛すぎる。
　こういう話を、先日の谷垣さんの代表質問を見ていて思い出したわけである。

> 民主党政権におけるマニフェスト施策の実現が進まないどころか後退、違背を繰り返すことによって、国民との契約違反の状態が続いています。野田総理はその不履行の要因として、景気後退による税収減、ねじれ国会、東日本大震災の３つを挙げています。しかし、これらは全て、無駄を排除して財源を確保することで施策を実施するというマニフェストの基本構造に対しては何ら関係がありません。どれが無駄の削減額を左右しえたのでしょうか[14)]。

　彼らが、このウソをつくシーンを見るとき、僕には、本能寺の変の報を受けた秀吉の心境が想像されて、なんだかゾッとする。このウソをつき続けるかぎり、民主党の君たちがあの大惨事を千載一遇のチャンスと捉えたという仮説は、棄却されないんだよ。頼むから、止めてくれないか。

---

13) 「勿凝学問373　そのウソは、人として本当について欲しくないんだけどなぁ、民主党には——本能寺の変の報を受けた秀吉の心境だったのかね」（2011年11月２日脱稿）を転載。
14) 谷垣禎一自民党総裁、第179回臨時国会における代表質問（2011年10月31日）。

第16講　いかにして社会保障を守るか*

100兆円って、何メートル？

ただ今、ご紹介にあずかりました権丈と申します。私が本日の一番初めの講演ということですが、まずはこの図を用いて、私の紹介をさせていただきたいと思います（図表16-1）。

世間では、介護の問題や医療問題、障害者福祉の問題、その他社会保障に関連する問題は山ほどあり、毎週いたるところでシンポジウムなどのイベントが行われています。そこに、私が呼ばれると、大方、一番初めに講演をさ

図表16-1　社会保障と財源調達問題

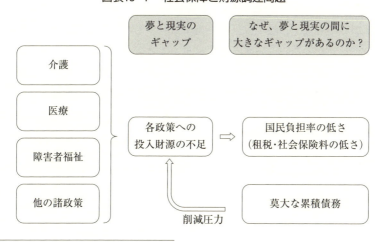

＊　第12回介護保険推進全国サミット in うすき「いかにして社会保障を守るか」（2011年10月27日、大分県臼杵市）での講演録を筆削補訂。

せられます。介護でも医療でも、障害者福祉や年金でも。なぜ、最初なのか？　それは、なにも態度が大きいからではありません（笑）。

　世の中には、全部の問題にかかわっているものがあります。みんな「介護政策はこうあってほしい。医療制度はこうあってほしい」といった夢を持っています。けれども、夢と現実との間には絶えずギャップがある。シンポジウムなどでは、そのギャップをみんなで議論するわけですが、突き詰めて考えると、各政策に対する投入財源の不足が、夢と現実の間のギャップを生み出す原因だという結論にたどり着きます。人が足りないのも、施設が足りないのも、なんのことはない、財源の問題。

　私が世の中に登場していろいろと言い始める前は、みんな集まっては「厚生労働省が悪い」とか「財務省が悪い」とか、そんな議論ばかりで、おそろしく情けない状態でした。そんな時代に、私は「いや、そうじゃない」と言い始めます。国がお金を持っていないからだ。なぜなら、税金や社会保険料が、他の国と比べて圧倒的に低いからだと。

　4年前（2007年）、私がこんな話をしていたら、フロアの方から「降りろ、誰だ、こんなの連れてきたのは」と怒鳴られたのですが、徐々に世の中も変わってきました。

　話をややこしくしているのが、「財源はいっぱいあります。消費税は20年間上げなくてもよく、増税は議論さえする必要もない」などと言っていた政党が、与党になったら、いきなり「増税をする」と言い始めたりすることです。素人さんが見たら、一体何が起こっているのか、分かるはずがない。そのあたりを整理するのが、私に任されたいつもの仕事になります。

　私の話は、単位が大きいです。1兆、2兆、10兆、100兆の話をします。私は、お金といっても自分の財布のなかの話は苦手ですが、この桁になると結構得意なんですね。

　2008年でしたか、国家公務員が深夜残業の後にタクシーに乗って家に帰る時、タクシーがお酒を準備していたことが「居酒屋タクシー」と呼ばれて大いに話題になっていました。ここで皆さんに考えてもらいたいのは、金額の規模です。だいたい年間に50億円が使われていたと報告されました。まずは、このあたりから考えてみましょうか。

いま、1万円札を100万円分積み上げると、大体1センチメートルの高さになります。となれば、1,000万円は10センチになりますね。では50億円は？

1メートルで1億円になるわけですから、50億円は50メートルですね。では、1万円を1兆円分積み上げると、どの程度の高さになると思いますか？

東京タワー333メートルよりも高いか？　富士山と比べれば？

1兆円は10キロメートルになります。想像したことないですよね。2011年度当初予算は92兆3,000億円ですから、1万円札を並べて923キロ、税収は44兆2,000億円で442キロ、歳出を税収で賄い切れないために発行する国債額は44兆3,000億円なので443キロとなります。そうした財政事情のなかで、居酒屋タクシーと命名して、国会で50億円、つまり50メートルほどのお金についての質問を長妻昭議員はしていました。

さて、本日のお話である社会保障の給付額は、年間およそ100兆円ですから、1,000kmになります。したがって、1万円を束にして、縦じゃなく横に積んでいくと、この大分から東京までの直線距離くらいになります。本日は、そうした規模のお金の話をします。1兆円は1万円札を積み上げて10キロメートルというような計数感覚はとても大切なことで、この感覚を身につけると、少なくとも政治家からの護身の役割を果たしてくれることになります。

政治ではこうした人間の感覚というか錯覚といいますか、そうした人間の弱点が大いに利用されます。いや、政治家本人たちが分かっていないのかもしれません。

2010年の秋に、民主党の代表選が、菅直人さんと小沢一郎さんとの間で争われていました。2人の公開討論が行われた後、テレビ朝日の記者が、2人に次の質問をしています。

　　「財源について、小沢さんにだが、207兆円の組み替えを断行してマニフェスト実行の財源に充てると言っているが、この組み替えについては鳩山小沢体制でも言っていたことだと思うが、実際に当時マニフェスト実行に可能なように、どれだけ捻出できたのか。捻出出来なかったとしたらなぜ出来なかったのか」。

小沢さんは、次のように答えています。

「207兆円の予算の組み替えという話は、いわゆるマニフェストでもうたってきたことだと思う。……私は何年か前にクエスチョンタイムでも福井県三好町の、いわゆる雪深い町の道路に雪が詰まるので消雪パイプを作りたいという町の要望があった。ところがそれだけでは補助金をもらえない、それで色々探したらスキー場と併設ならば、予算を出しますという項目があって、スキー場なんて全然誰も望んでいないが、しょうがないからその予算をもらえることにした。スキー場と消雪施設でもってそれぞれ4000万から5000万の補助金をもらった。それには町の負担もあるから、同じように4000～5000万円借金をしたということだが、もう10数年たつが、1度もスキー場は誰1人として使われていなかったという現実がある」。

質問している記者は、小沢さんや藤井裕久さんが以前言っていた総予算の1割くらいは簡単に切れるという話について質問していたと思います。207兆円の1割ですから21兆円、つまり1万円の束で210キロメートルに関する質問をしているのに、いつの間にか、50センチメートルの話になっているのが分かると思います。政治家も、記者も、そして普通の投票者にとっても、計数感覚というのはとても大切な感覚なわけでして、僕はこういう人たちを「計数感覚に欠ける善良な市民」と表現してきました。

この「係数感覚に欠ける善良な市民」たちは、「せいじしゅど～」という呪文の前に護身しきれず、「官僚任せの政治から政治主導の政治で財源を！」という詐欺話に舞い上がってしまい、国運を傾けるのに加担してしまいました。政府不信、官僚不信の源には、こうした「係数感覚」というのが関わっているわけでして、係数感覚というのはわれわれ国民が社会保障を政治から守るために大切なセンスなんですね。

ちなみに、「1万円札で1兆円の束は何メートル？」の話はちょっと有名になり、国会でも次のやりとりがあったようです。

菅原一秀委員 ……何でこんな議論をするかというと、やはり5兆5,000億というのは大きいんですよ、来年本格実施した場合。大臣、5兆5,000億を1万円札で束ねたらば、どのぐらいの高さになるか知って

いますか。
長妻国務大臣　わかりません。
菅原委員　では、教えましょう。1万円札を束ねると、1メーターで大体1億だそうです。5兆5,000億ということは、5万5,000メーターですよ。富士山の高さが3776メーター、その14.5倍の高さの1万円札。これを、あなた方が今財源を示さないということであれば、赤字国債を発行してそれで賄うという論理も打ち立てられるわけですよね。つまり、借金して5兆5,000億、それを子供に出す[1]。

　この話はさておき、今日の演題は、「いかにして社会保障を守るか」です。伺ったところでは、このサミットに関心のある介護関係者の人たちがこの会場に1,000人、別の会場に200人で1,200人。それから、臼杵の町の人たち4万人が自宅のケーブルテレビで見ているそうです。そうした皆さんに向けて、なるべく分かりやすい話をしたいと思います。
　「いかにして社会保障を守るか」という言葉を、私はもう5、6年も前から使っています。じゃあ、「何から社会保障を守るのか」、「誰から社会保障を守るのか」。

社会保障と市場の関係

　まず、社会保障は何をしているのかということをご理解いただきたい（図表16-2）。われわれは労働力や、貯金や株などの資本、あるいは土地といった生産要素を家計のなかで所有しています。これを市場（マーケット）に供給して、そこで何か新しい価値が生産されます。そこで生まれた価値は、労働に対しては賃金、資本に対しては配当利子として分配されます。つまり、生産活動で生まれた価値は所得と呼ばれ、これが生産要素に分配されます。
　市場では、生産活動に対してどれだけ貢献をしたかという基準に基づいて所得が分配されます。たとえば、大学生がマクドナルドでアルバイトをして、「家に要介護のおばあちゃんがいます」と言ったところで時給が上がるわけではありません。何時間働いたか、どれだけ市場の活動に貢献をしたかとい

---

1) 衆議院厚生労働委員会（2010年2月19日）。

図表16-2 再分配政策としての社会保障（図表1-6再掲）

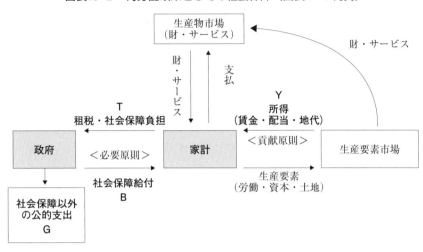

う基準で、所得が分配されるからです。これを分配の貢献原則と呼ぶのですが、世の中、それだけではなかなかうまく回りませんでした。

たとえば18世紀半ばに産業革命が起こったイギリスで、社会の多くのシステムがどんどんと市場、すなわち貢献原則の世界に吸い込まれていきます。そうすると社会全体で大きな格差が生まれ、深刻な貧困問題が発生しました。その問題を何とかして解決しようとして、市場がいったん家計に分配した所得を、政府が租税や社会保険料のかたちで徴収し、次に家計ごとの必要性に応じて、所得を分配し直す、つまり再分配するようにしました。これが社会保障の役割です。

よろしいでしょうか。「**社会保障は、貢献原則に基づいて分配された所得を、必要原則に基づいて修正する所得再分配制度**」だと言うことができます。政府は、税・社会保険料として家計から徴収したものを、社会保障として給付します。だから、介護にしても、医療にしても、必要性を認定する人が必ずいます。それがケアマネージャーや医師であり、そのようにして貢献度に基づく所得の分配を必要度に応じて修正しているのです。

ここで、政府の支出全体から社会保障給付を引いたものを、Gとします。次に、日本という国において1年間で生産された付加価値、つまりは所得を

図表16-3　欧米諸国と日本の医療のGDP比（2007年）

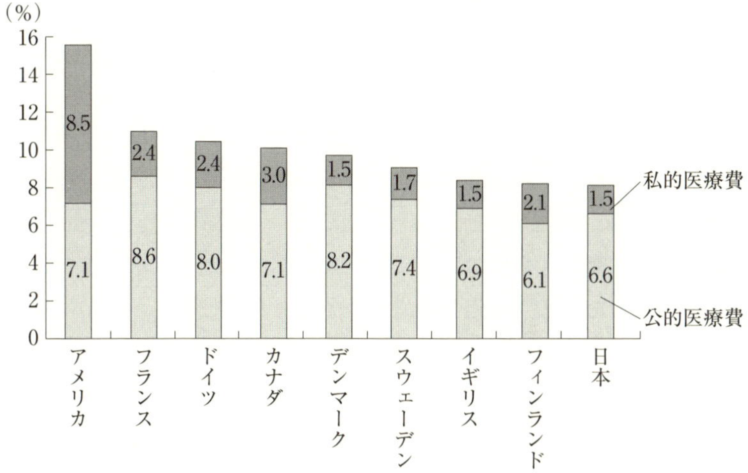

国	私的医療費	公的医療費
アメリカ	8.5	7.1
フランス	2.4	8.6
ドイツ	2.4	8.0
カナダ	3.0	7.1
デンマーク	1.5	8.2
スウェーデン	1.7	7.4
イギリス	1.5	6.9
フィンランド	2.1	6.1
日本	1.5	6.6

出所：OECD, Health Data 2010.

　全部足したもの（これを「国内総生産：GDP」と呼びます）をYという記号で表します。そして、税金・社会保険料として政府が徴収するものをT（タックス）と置き、社会保障の給付をB（ベネフィット）としましょう。

　これらの記号を頭に入れて覚えたところで、「必要原則に応じて給付を行う」ということの意味を考えてみます。貢献原則に基づいて分配された所得を必要原則に基づいて修正していくとは、一体どういうことなのか？

　たとえば、日本は国民皆保険という形で、全員が公的医療保険に加入することになっています。その給付規模は、Yで表されるGDPの6.6％です。そして、自己負担分が1.5％あります（図表16-3の棒グラフの上側部分）。

　一方、アメリカには、国民全員を対象とした医療保障制度がなく、低所得者向けのメディケイドと、高齢者を対象としたメディケアという医療保障制度しかありません。ですから、高齢者でもなく低所得者でもないわれわれがアメリカに行くと、民間医療保険を利用せざるをえません。

　ここで興味深いのは、国民の20～25％しか対象としていないアメリカの公的医療費のGDP比7.1％のほうが、国民の100％を対象とする日本の公的医療費のGDP比6.6％よりも大きいということです。それほど、日本の医療費

は苦しい運営を強いられていると言えます。われわれが日本にいたら公的医療保険の対象になり、アメリカに行くと民間医療保険を利用せざるをえなくなる。これは一体何が違うのか（第9講の図表9-3をもう一度見てください）。

　医療・介護・保育・教育サービスを支払能力に応じて利用できる社会をつくるのがいいのか。それとも、必要に応じて利用できる社会をつくるのがいいのか。
　能力に応じて働き、必要に応じて所得を分配するという社会主義は、歴史上、失敗しました。必要に応じて所得が分配される仕組みのもとでは、人間は能力に応じて働かなくなるみたいなんですね。だから、なるべく能力に応じて働きながら、なおかつ、せめて医療・介護・保育・教育だけでも必要に応じて利用できるような社会をつくろうよ、というのが今日の社会保障と考えてもいいです。これが、先ほどの「貢献原則に基づいた所得を必要原則に応じて修正する」という話なわけです。

臼杵市から見通す日本の将来
　介護保険は、図表16-4のような財源構成になっています。
　一国全体の規模で、必要に応じて分配する役割を果たせるのは、介護保険のなかでは国庫負担と第2号保険料になります。地方の部分は、地方のなかで所得の移転が閉じています。都道府県単位の再分配制度も行っていますが、支払能力に大きな差が出てきます。市町村単位でも、支払能力に差が出ています。
　こうしたことを考えると、介護保険の財源を、今後どこに求めればいいのか。介護サービスの実施単位をあまりに小さくしてしまうと、ニーズに対しては応えやすくなっても、財政負担を背負い込めない。しかし、財政単位が大きくなると、今度はニーズに対する感応度が弱くなる。
　図表16-5は、厚生労働省の西岡隆さんが臼杵市にいらっしゃっていた時に作られたグラフです。
　臼杵市の高齢化は他の地域の平均値と比べても圧倒的に高く、いわば10年後の日本を先取りしています。だから、臼杵でどういう問題が起こっている

第16講　いかにして社会保障を守るか　169

図表16-4　再分配政策としての介護保険

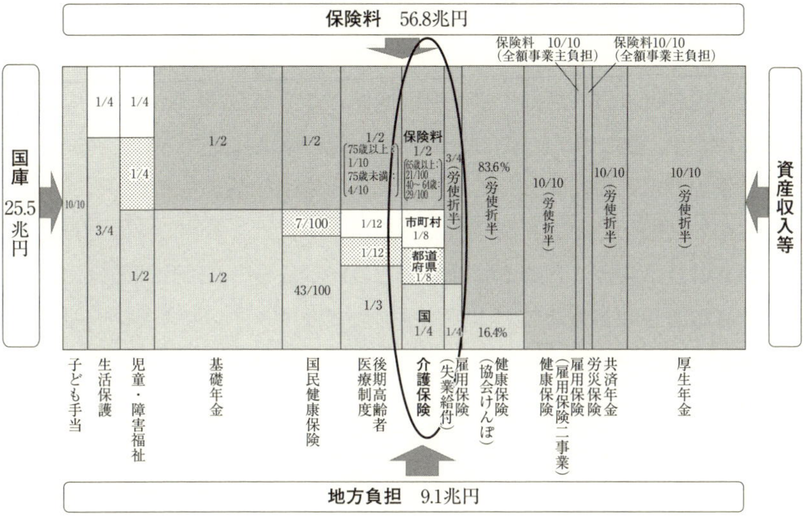

注：平成21年度当初予算ベース。平成26年度当初予算ベースは第1講、図表1-13参照。
出所：厚生労働省政策統括官（社会保障担当）作成資料。

図表16-5　臼杵市の人口および年齢構成の見通し

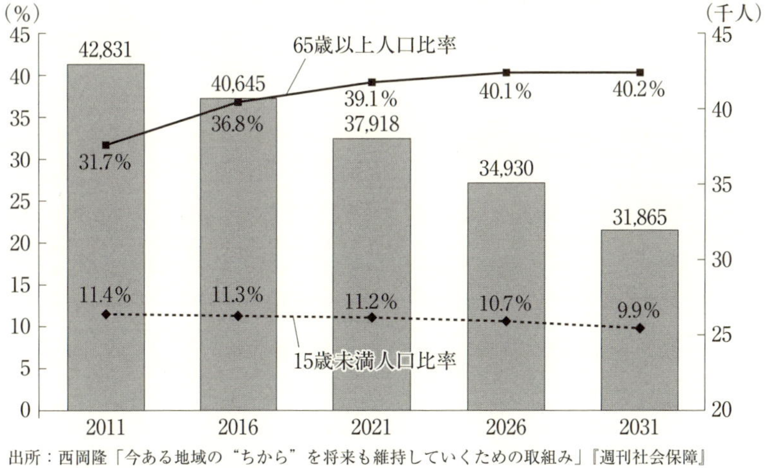

出所：西岡隆「今ある地域の"ちから"を将来も維持していくための取組み」『週刊社会保障』No. 2632（2011年6月13日号）。

のかを確認して日本の将来を見通すという、非常に分かりやすく示唆に富む分析をされている論文です。この論文から着想を得て、私が作り直したのが、図表16-6 です。

2010年の各市町村の高齢化水準を、低いところから高いところまで順番に並べています。2025年だったら真ん中の点線の水準にシフトし、2035年はその上の鎖線の水準にシフトしていく、という見通しが立ちます。

臼杵市の高齢化はかなり高いところを進みます。この時に、はたして市町村という財政単位が、どこまで機能するのか。日本の高齢化問題は、とかく平均値で議論されがちなのですが、平均値ではイメージできない問題があるんですね。

先ほども、臼杵市市長からお話がありましたが、県単位で見ても、高齢化には大きな違いがある。高齢化が進んでいる県が頑張るぞっと心意気を示してみても、なかなか難しいものがある。そこで、私がどういうことを話してきたか。

第2号保険料で地域間の再分配機能を

多くの人が勘違いしていて、日本は地方自治が弱いなどと言われるのです

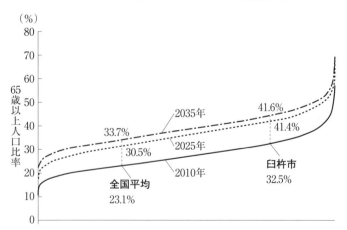

図表16-6　65歳以上人口比率の市町村間分布

出所：国立社会保障・人口問題研究所「市区町村別将来推計人口（2008年12月推計）」。

が、財政面で国際比較をすれば、日本の地方税は規模が比較的大きいんです。図表16-7は、一国の税収に占める、州、地方、国の税収の割合です。

ところが、世の中の常識では、地方が一方的に弱いことになっていて、そうした常識が地方分権などの勢いの後押しをしています。これは、かなり危ない。私は2年ほど前に全国知事会から講演依頼を受けたのですが、「私は財政の集権化を進めなければいけないと思っている人間です。知事会に行ったら、みんな怒るでしょうから、やめておきます」と断りました。1年くらい経って、それでも来てくれと言われたので、全国知事会で講演をすることになりました。

そこで私が言ったのは、行政権限の地方分権を進めれば、必然的に地方税の比重も高まるというわけではない。地方分権の問題は、国民全体としてのナショナルミニマムを重視するか、地方の個性を重視するかという国づくりの問題であって、日本の財政は州に憲法があるような国と同等の構造になっている。現制度のまま、これを知事会が主張するように、国5：地方5までもっていけば、ますます地域間格差を広げることになる。そして、州の独自性がきわめて強いドイツでも、単に国5：地方5として終わりではなく、州

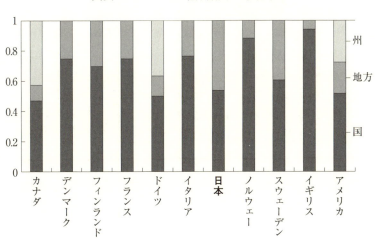

図表16-7　G7＋北欧諸国の財源調達

出所：OECD Stat.

相互間の財政調整の仕組みが設けられている。さらに、州の独自性が強い連邦国家では、首都を地方自治制度の枠外に置いて、連邦が直轄支配し、税収も連邦のものとしている。したがって、日本でも、「東京都23区直轄領」案を提案したい。東京都23区を直轄領として、そこで徴収した税を、社会保障を通じて地方に回す。こうした話を知事会でしたのですが、地方の人たちにはけっこう支持してもらえました（笑）。

介護保険に関しては、第2号保険料が重要です。第2号保険料は、全国でプールされ、ニーズに応じて各地に分配されますので、地域間の再分配機能が強く働きます。ここを強化していくしかない。そして、具体的には保険料の引き上げと、被保険者年齢の20歳までの引き下げ、そして同時に障害者福祉も視野に入れながらやっていくしか方法がないとも考えています。

税と社会保険料は何が違うのか

これに対しては「国庫負担があるじゃないか」という声も聞かれます。たとえば2010年11月の社会保障審議会介護部会でも「今後の保険料の上昇を懸念して、公費負担割合を増加させるべきであるとの意見や、調整交付金を国庫負担25％と別物として、外枠化すべきとの意見があった」と、国庫負担への期待が表明されています。これは、介護部会のみならず医療部会でも、しかも現在だけでなく過去においても、みんな同じことを言ってきました。

国庫負担というのは、一見、審議会に出席している人たちは一切負担をしないですむように見えるんですね。ですから最後は、国にお任せしましょうという論で終わる。国庫負担の責任者は、審議会のなかには誰もいませんからね。いわば欠席裁判。

しかし、この欠席裁判決議は、あてにならない解決策なのだということを、次に説明したいと思います。

税と社会保険料を足し合わせた国民負担が、GDPに占める割合をここではGDP比国民負担率と呼びます。このGDP比国民負担率は、図表16-8のように推移しています。

ここで、欠席裁判でいつも責任を求められる租税というのは、GDP比で見ると経年的に落ちています。ところが、社会保険料のGDP比は、順調に

図表16-8　税と社会保障の財源調達力（対GDP比）（図表9-5再掲）

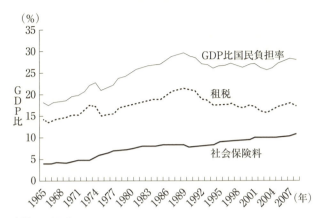

出所：OECD, Stat.

増加している。社会保険料こそが社会保障の給付を支えているのです。

　税というのは、景気が悪かったりすると政治家が減税しようなどと言い始めますが、社会保険料はそういうことがなかなかできません。「それでは財政の硬直性が生じるのではないか」と定番の批判がよく出てくるわけですが、財政の硬直性があるがゆえに、給付は守られるのです。財源が経済状況で動いてしまったら、給付も動かされるだけです。だから、国庫負担を入れてしまった医療は、制度が脆弱になっています。その意味で、ここは考えどころです。世間では、すぐに「国が」とか「国庫負担が」という話になりますが、安定した社会保障制度を作る、社会保障をさまざまな政治状況から守っていくことを考えると、税よりも社会保険のほうが頼りになる。

　たとえば、リーマン・ショックの年でも年金保険料も医療保険料も上がっています。だから、給付がある程度守られるんですね。消費税を1％上げるのに、政治家がどれだけのたうちまわっていることか。一方、社会保険料は、政権が代わろうが、リーマン・ショックが起ころうが、上がっています。社会保険料は、払う側から見れば嫌で嫌で仕方がない。だから、「社会保険料を税金に」という要求を企業側は常に出してきます。しかし財源が安定しているからこそ、給付は安定して守られるのです。このあたりは、素人目には、

なかなか気づかない判断のしどころとなるわけです。

なお、1998年以降、社会保険料収入が国税収入を上回っていることも付け加えておきます（図表9-6参照）。

借金のストック問題

さて、ここで皆さんにクイズです。これは何の図だと思いますか（図表16-9）。横軸は年次、縦軸はパーセンテージです。2005年あたりで平坦になっていて、2008年くらいから急上昇し、それからまた昔のペースで上がっています。

答えはと言いますと、これは日本が1年で生み出した国の富（GDP）に対する、国が抱えている借金の比率です。今後も経済成長が実質1％、物価上昇率も1％程度で続くならば、現在の財政支出と税制を維持した場合、将来はこのような値をとるだろうと予測したものです。

私は「借金のストック問題」と呼んでいるのですが、このストックの現状とその怖さを、しっかりと認識しなければいけません。多くの人が──一般の方々だけでなく、経済学者や政治家、この分野の専門情報を扱っている人さえ、よく分かっていません。「借金のストック」の指標、GDPに対する債務残高の比率は何で動くかというと、分母であるGDPは経済成長率で動き

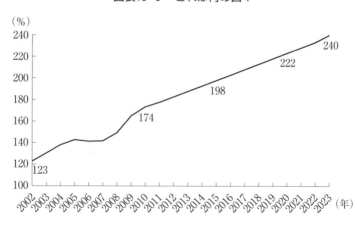

図表16-9　これは何の図？

ます。分子である債務残高は金利で動きます。だから、経済成長率よりも金利のほうが大きくなれば、今年はいっさい借金を増やしていなくても、この比率は拡大していくことになります。

　このため、成長率と金利の関係が非常に重要な意味を持ちます。ぜひ理解していただきたいポイントです。日本のGDPは約500兆円です。消費税率１％でおよそ2.5兆円の税収を得ることができますので、消費税率１％はGDP比で約0.5％の税収を得ることになります。よろしいですか。GDP500兆円に対して2.5兆円の税収、１万円の束で25キロメートルの税収を、消費税１％で得ることができるのです。消費税率を引き上げた場合には物価が上昇しますので、政府が購入する際の歳出も増加して、財政健全化効果がおよそ15％減殺されます。つまり、消費税を上げました。だけど、世の中の物価が上昇したので、政府が調達する物資の価格も上がってしまう。したがって、2.5兆円の15％くらいはその物価上昇分に食われてしまうという意味です。そして、1,000兆円の借金で金利が１％高くなるということは、借り換えを終えた時期には10兆円、借金が増えていることになります。

　10兆円というのは、消費税増税時の物価の上昇も考慮すれば消費税５％程度に相当します。経済成長率よりも長期金利のほうが１％上回り、それが継続した場合、新しく借金をしていないのに、その時点でのGDPに対する累積債務の割合を長期的に一定に維持するために、われわれは追加的に負担をしなければならなくなります。その追加的な必要額を消費税率に換算して、右座標軸上に記したのが、図表16-10です。

　金利が経済成長率よりも１％高い水準が続いていくと、政権交代が行われた2009年だったら消費税率を3.35％引き上げなければ、公的債務残高等の対GDP比は一定になりません。しかも、その場合の増税分はすべて国債費で使われるので、社会保障にはまったく返ってきません。2009年は、そういう水準にあったのです。ところが、この時期、増税の話など議論さえする必要がないと言う政治家たちを、国民は熱狂的に支持していました。そう約束する政党があるのだから、彼らに任せようということになっていく。そして政権が交代し、その後、日本財政の傷口は拡大していきます。

　政権交代が行われた2009年８月30日、私はこの国の政治のあり様、国民の

図表16-10　公的債務残高と金利１％上昇時の債務増加額

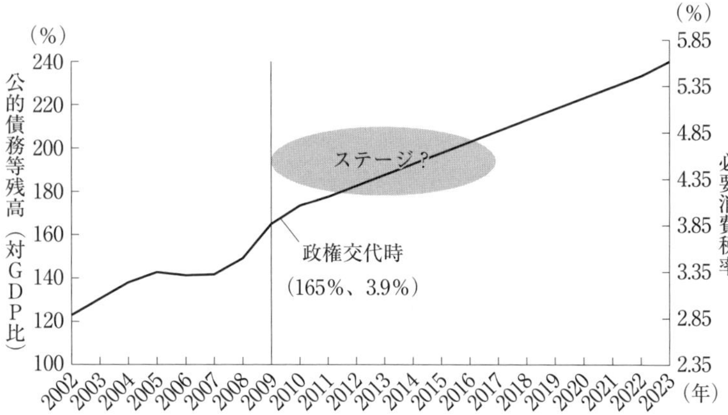

政権交代時
（165％、3.9％）

ステージ？

出所：内閣府「経済財政の中長期試算（2011年１月21日）」より筆者作成。

あり様に大いにあきれました。民主党の公約は、いずれ「できません」と言うしか道がなく、彼ら与党は、マニフェスト違反をしやすくするため、コロッセウムにライオンやトラや官僚を連れ出しては串刺しにして大衆を喜ばせるショーを行うだけ。政権交代をした与党にかかわっていたら私の品性が落ちるだけだと判断して、総選挙の翌日には政府の仕事に辞表を出しました。そして、あの時、臼杵に厚労省から出向していた西岡さんが、私の心中を察して「臼杵に遊びに来ませんか」と誘ってくれたので、総選挙の翌週９月５～６日の２日間、私は臼杵で過ごしました。あの日は天気がよく、ポルト蔵の芝生に椅子を出して、９月の月明かりの下で飲んだ酒が美味しかったこと（笑）。

　その後、私は、インタビューなども一切断っていたのですが、今年（2011年）の６月30日に2009年マニフェストからの方向転換を確定した社会保障・税一体改革案の成立を受けて、７月に政権交代後はじめてインタビューを受けます。そこで、「この国の財政は末期に近い」という表現をします[2]。つ

2）『朝日新聞』2011年７月12日。

図表16-11 一般会計歳出総額に占める社会保障費と国債費（図表9-17再掲）

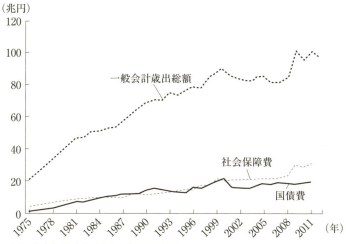

出所：財務省「一般会計歳出決算目的別分類」。

まり、1％金利が上がる状態が続いたら4〜5％消費税を上げても、なんら社会保障に回らない状況になっている。ガンに喩えれば「ステージ何」と診断するかというような話です。「末期だ」とは言っていません。まだ助かる可能性はある。もっとも、「可能性がある」としか、また逆に言っていないのですが。

そして残念なことに、成長率よりも金利のほうが1％から1.5％くらい高いので、黙っていても借金は増えていきます。われわれは、公的債務残高のGDP比が上昇することを、「発散」と呼ぶのですが、何とかしてこれを発散しない状況に持ち込まなければならないはずなんですけどね。

図表16-11は、国の一般会計のなかで、社会保障への国庫負担と、国債への元利払費、つまり元本支払いと利払いの合計である国債費との額を示しています。金利が上がるということは、国債費の折れ線がカクッと上に屈折することを意味します。国債費が上方に屈折すれば、財政の収支をとるためには、増税か歳出削減しか方法はありません。増税をしても国債費に回るだけ、歳出削減では社会保障をターゲットとしないと、大きな財源は確保できません。

日本の財政は、先ほどのように、税収はほとんど増えておらず、むしろ落ちているぐらいです。喩えるならば、日本という頭蓋骨のサイズが一定のところに、国債費という悪性腫瘍が大きくなって、健全な細胞を圧迫しているようなものです。もしも、この国債費を値切ればデフォルト（債務不履行）になってしまうので値切れない。この値切れない国債費という悪性腫瘍によって、他の財政支出がどんどん抑圧されているわけです。

社会保障は「何でこんなにひどい状況なんだ」とよく言われます。実は、この10年ほど社会保障予算は増えているんですね（図表16-12）。

教育費も公共事業もすべて絶対額で減らされています。社会保障は自然増だけで1兆円増えていきます。そのなかで2,200億円はカットされましたが、残り7,800億円は増えるということになります。他の財政支出領域からは、社会保障がうらやましく見えるのも当然です。教育で言えば、GDPに対する公的教育費の割合は、OECD諸国中の最下位です。医療関係者には分かると思いますが、残念ながら、日本の教育はすでに「混合診療化」していて、親の支払能力に応じた階層消費になっています。

しかし、私たちから見ると、社会保障は増え方が足りません。そのために、医療も介護も、いろんな側面で行き詰まっています。

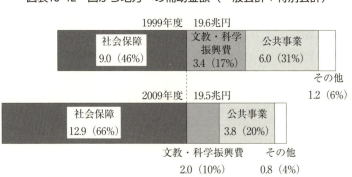

図表16-12　国から地方への補助金額（一般会計＋特別会計）

出所：財務省資料。

借金のフロー問題

　借金の「ストック」の話に続いて、単年度の借金、つまり「フロー」の話をします。ここで理解してほしいのは「基礎的財政収支」という言葉です。国債費以外の歳出を、税収などで賄うことができるようになったときに、「基礎的財政収支（プライマリーバランス）がとれる」と言います（図表16-13）。このとき、国債収入から国債費を引いた額を、「基礎的財政収支の赤字」と言います。

　続いて図表16-14は、GDPに対する財政収支と基礎的財政収支の比率を描いたものです。実線と点線の差は、国債費のGDP比率になります。先ほども言いましたように、GDP比の0.5％が消費税1％に相当します。政権交代時の財政赤字のGDP比は－9.6％でしたので、当時の財政は消費税で見れば約20％の赤字でした。基礎的財政収支で見ると、消費税16％程度の赤字でした。そうした厳しい財政状況のもと、政権交代をねらう時の野党代表は、「消費税は20年間上げる必要がない」「消費税は議論さえする必要がない」と言っていました。もし皆さんが、私と同じ情報を持って2009年の8月から9月の政治的熱狂を眺めていれば、「さて、この国は終わったな」という感想を持たれたと思うのですが、事態はそうではありませんでした。総選挙直前だった2009年7月の『産経新聞』のインタビューでは次のように応えています。

　　先月の党首討論では、医療の財源を問われた鳩山代表が「あなたは人

図表16-13　基礎的財政収支の考え方

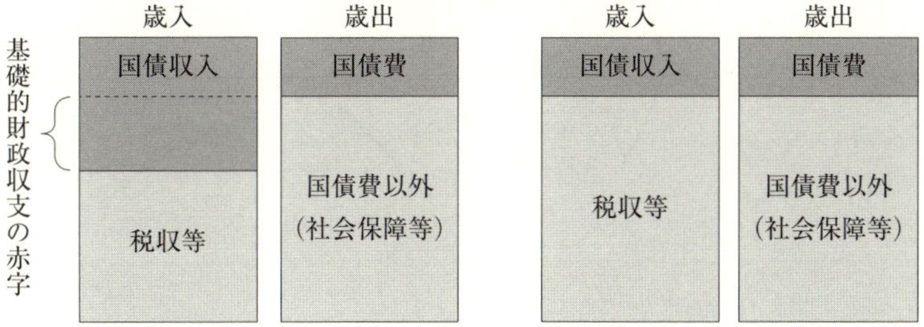

の命より財源の方が大事なのか」と答えていた。翌日、多くのメディアが「民主党優位」と評したのを見て、この国の民主主義は臨界点を超えたと思ったよ。命を守るのは当たり前なのだから、そのための財源を問うのも当たり前じゃないかな。鳩山代表が「在任期間中は消費税を上げない」と言ったり、財源を問われると官僚批判で応じる様子を見ていると、小泉路線の正統な継承者は今の民主党だと確信する。野党は行くところまで行ったね。与党は昨年、これまでの政策を転換し、負担増路線に切り替えた。一方、野党は負担を先送りした。負担先送り戦略は選挙には強いが、国民を不幸にする。負担増がない間中、社会保障の機能強化が先送りされる。

なぜ、日本の財政がこういう事態に陥ったのか。よく言われたのが「官僚主導の政治のもとに無駄遣いを重ねたから、こういうことになったんだ。政治主導であれば、財源はいくらでも出てくるんだ」。

公を心の底から憎む国民に、まともな福祉国家を作ることは絶対にできないのですが、この国の人たちはみんなで官僚を憎んできたんですね。バブル

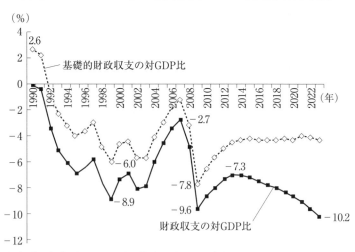

図表16-14　GDPに対する財政収支および基礎的財政収支比率

出所：内閣府「経済財政の中長期試算（2011年1月21日）」。

崩壊以降の全責任を官僚のせいにしてきたわけですが、そこに、「脱官僚」というキャンペーンが張られました。もちろん、国民は大いに喜び、「政治主導で16.8兆円、つまり増税しなくても財源が生まれる」という、何かもう、1粒で2度おいしいキャンペーンを張られてしまったのです。民主党は、脱官僚をやってくれて、しかも増税する必要もなく16.8兆円を生み出してくれる。この国でこうした戦略をとれば、確実に選挙で勝ちます。そこから政権交代までは時間の問題だったわけです。しかしながら、政治主導で16.8兆円を生むなど絶対にありえない。

日本の財政支出構造

ここで、もう一度、図表16-2を見てください。

G、Y、T、Bの記号を確認したうえで、B／Y（Y分のB）やG／Y（Y分のG）、T／Y（Y分のT）について考えていきます。日本は世界一の高齢化水準に達しているのですが、B／Y、すなわち社会保障の給付の対GDP比は下から数えたほうが早い（図表16-15）。

次に、社会保障給付以外の政府支出、つまりG／Yを見ます（図表16-16）。

図表16-15　社会保障給付費の対GDP比（OECD30カ国、2007年）

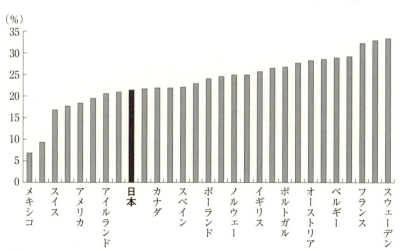

出所：OECD, Stat.

図表16-16　社会保障以外の政府支出の対GDP比（OECD30カ国、2007年）

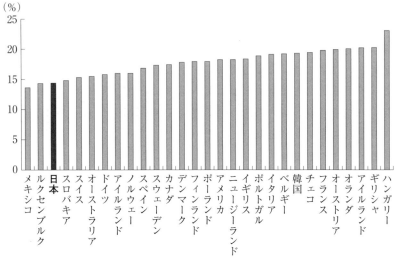

出所：OECD, Stat.

図表16-17　労働力人口に占める一般政府職員、公的企業職員の割合

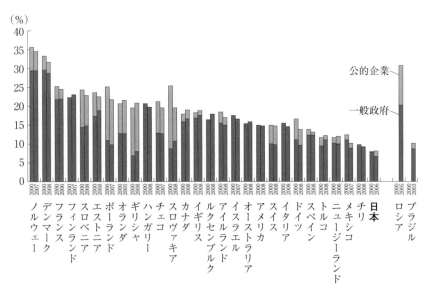

注：一般政府（General government）は、中央、地方含む。公的企業（Public corporations）は、主に政府により保有または統制されている法的主体であって、市場で料金と引き替えに財・サービスを提供するもの。
出所：OECD, *Government at glance*, 2011.

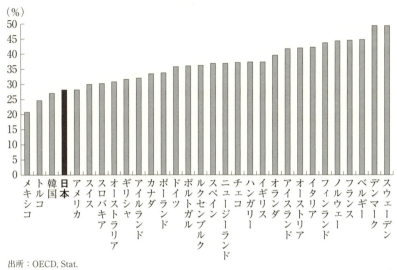

図表16-18　租税社会保障負担率の対 GDP 比（2007年）

出所：OECD, Stat.

公共事業、国防、公的教育など、さらに官僚たちを雇うお金などを合わせた額は、他の国と比べて非常に低い水準です。

世間では、社会保障給付費を増やすために「社会保障以外で無駄は省いて」と言えばウケはいいのですが、残念ながら、日本でははじめから G／Y が少ないんですね。こう言うと、「だって公務員が多くて、ムダ遣いしているんだろう」という話になります。そこで、国際比較ができる形に OECD がまとめたデータを見れば、日本の「労働力人口に占める公務員の割合」は、図表16-17の一番右、すなわち最も少ないことが分かります。

初めから、日本の公務員は少ないのです。ところが、どこをどう間違えたか、日本人の常識はすべてが逆方向で刷り込まれているわけです。

ここで T／Y を見てみます（図表16-18）。所得として得たものを、どれだけ税・社会保険料として政府に預けているか。2007年の水準で見ると、日本は OECD 諸国の中で下から4番目でした。

日本は低負担すぎた

　この国の人たちは、おもしろいほどに税金と社会保険料を払っていません。借金がこれだけ増えてしまったのはなぜか。答えは簡単で、最大の理由は、負担の水準があまりにも低かったからです。それでも、まだ韓国やトルコ、メキシコよりは負担しているじゃないかと思われる方もいらっしゃるでしょうが、これらの国々とは高齢化の水準がぜんぜん異なります。図表16-19は、横軸に高齢化水準をとり、縦軸にGDP比の国民負担率をとったグラフです。

　高齢化水準が世界一ということは、長らく出生率も低いということです。ならば、少子化対策のニーズも高いはずなのに、韓国、トルコ、メキシコと同程度の負担しかしていない。これら3カ国の高齢化水準はいずれも1桁、日本では映画『ALWAYS三丁目の夕日』で描かれていたような1960年代のこと。あの時代だったら、要介護状態のおばあちゃんやおじいちゃんも、それほどいなかったかもしれない。けれども、今や世界一の高齢化水準に到達しているはずなのに、この水準しか政府にお金を預けていないのです。

　そこで、図表16-20を見てください。これは1965年時点の日本の高齢化水準と国民負担率をプロットし（太線の左下端）、その位置が年を追うごとにど

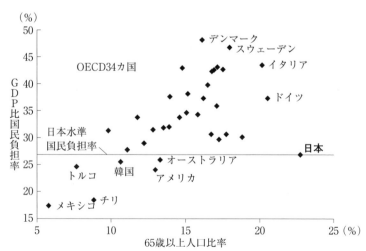

図表16-19　65歳以上人口割合と対GDP国民負担率（2009年）

出所：OECD, Statより作成。

のように変化してきたかを示しています。

この国では、もう悲しいくらいにバカバカしいことが起こっています。普通は社会保障のニーズが高まれば、その実現費用を賄うために国民負担率も上がるはずです。ところが、この国は「負担増の前にやることがあるだろう」と言ってはそれを拒んできました。そんなことを大平正芳首相が一般消費税を掲げた1979年から30年以上も続けているんですね。

このバカさ加減が、この国の社会保障を弱体化し、国民生活を疲弊させ、そのうえ財政の健全さをも遠いものにしてしまった最大の原因です。貢献度に基づいた所得の分配を、必要度に応じて修正し直す度合いを高め、そのために財源調査力を強化しなければいけなかった時期に、この国は何もしなかった。

2年ほど前に「これだけの給付を約束します」と言う政治家はいました。しかし「財政はどうするんだ」と尋ねられると、「難しいことではありません。政権を代えていただければ、やる気があるかどうかという問題であって、一度任せていただければ実現をいたします」[3] と答えるだけ。そう言っていた枝野幸男氏は今や官房長官になり、大臣になり、というのがこの国の現状

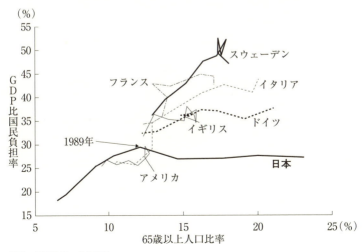

図表16-20　高齢化率と国民負担率（1965～2009年）（図表9-10再掲）

出所：OECD, Statより作成。

です。

「政権がとれれば財源など何とでもなる」と小沢一郎氏が言ったそうですが……そんなわけがない。そして、大蔵省出身で、1994年には大蔵大臣も経験したはずの藤井裕久氏が、「総予算207兆円の1割から2割くらいは簡単に切れる」ということを言う。テレビで、そして街頭で、国民という素人を相手に政治家が正々堂々とウソをついたら、われわれはもう手の打ちようがありません。

社会保障の財政問題と政治の立ち位置

さて、特別会計と一般会計という政府の財政支出全部を足して重複部分を差し引くと、ネットでは207兆円の支出になります（図表16-21）。

支出の一番大きい歳出項目は国債費です。次に社会保障関係費です。文教科学費はこれほど小さくなってしまいました。財政投融資は財投債という債券を発行して徴収した財源を、中小企業や病院に低利で融資したりしているので、これを節約したからといって国が使えるわけではありません。地方交付税交付金がどんどん減らされて地方が疲弊してしまったのは、皆さんご存

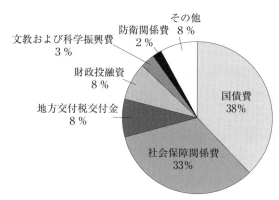

図表16-21　日本の純支出の内訳（2009年度）

出所：財務省「日本の財政関係資料」（2009年）を基に筆者作成。

3）　第15講、151頁参照。

知の話。防衛関係費は、この国ではおおむね GDP 比で 1 ％と決まっています。隣国などの活発な活動のなか、今の時代に防衛費を減らすのはかなり勇気が必要でしょう。ちなみに、「国防費を使えば医療費に回せるじゃないか」と言う人もいますが、国防費をすべて公的医療費に回しても、ドイツ並の公的医療費にもなりません。フランス並の医療費なんて、日本の国防費の 2 倍くらい必要になります。

　これは大変だということで、福田内閣の頃から方向が変わってきます。自公政権と表現されますが、自公政権の末期の福田内閣、麻生内閣は、小泉路線から政権交代と呼ぶに値するほど大きく方向転換しています。そこで、社会保障国民会議が動き始めます。

　配付資料「財政・社会保障一体改革の工程表を」[4]にありますように、「方向性・理念を語ることが社会保障論だと信じていた、この国の空想的社会保障論者がこれまで等閑視していたこと。それは、社会保障問題は財源調達問題であるという側面です。日本の社会保障論者たちのその弱点が、この国で社会保障を政治にいいように利用させる隙を与えてきたともいえる」わけです。それが、社会保障が政治にいいように弄ばれてきた大きな原因だと思いますし、ポピュリズムが政界を跋扈する土壌を作ってきたのだと思います。

　しかしながら、一部の政治家、一部のメディア人、一部の官僚、そしてほんの一部の研究者たちは、本当によくがんばりました。

　普通の人には見えないことだと思いますが、55年体制のもとで自民党一党優位政党制に馴染んできたこの国での政策転換というのは、実は、選挙で与党の政党が変わる見かけ上の政権交代と必ずしも一致しないんですね。かつては、1998年に橋本さんから小渕さんへ、2007年に小泉・安倍路線から福田さんへの実質的な政策転換があったわけですが、人は、これは政権交代とは考えません。でも、そこでは明らかに政権交代に匹敵する大きな政策転換[5]が行われていたんですね。

　いま、社会保障政策との関連で日本の政治変遷の概略を説明しますと、図表16-22で持続可能な実行可能領域というのは負担と給付のバランスがとれ

---

4)　『週刊東洋経済』2011年5月28日号。本書第13講収載。
5)　権丈（2009）参照。

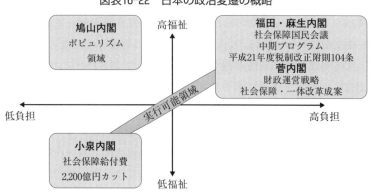

図表16-22　日本の政治変遷の概略

ている領域でしかありません[6]。

　まず、2007年9月に福田内閣ができた時に、自公政権のなかで政策転換が起こって、政策は北東方向にシフトしています。私は、福田内閣ができる2か月前の2007年7月に『医療政策は選挙で変える』という本を出しています。その本の帯には「9.11の郵政民営化選挙の際、よもや、与党に投票した医療関係者はいなかったでしょうね。あの時すでに、この国の医療政策がどの方向に向かっていくかということは分かっていたんですけどね……。〔はじめに〕より」とありまして、当時の私は敢然と自公政権に対して反政府活動をしていたわけです。ところが、福田内閣はその年の12月に社会保障国民会議を立ち上げると言い、すぐに私のところに委員の打診が来ています。国民会議は2008年1月に立ち上がるのですが、半年前に自公政権に投票するなという本を書いていた人間が呼ばれるということは、どう考えても自公政権のもとで政権交代に匹敵する政策転換があったわけです。そして私は、福田、麻生内閣のもとでの社会保障国民会議を終えて、2009年3月に『社会保障の政策転換』を出しています。

　しかし、2009年8月30日の総選挙で政権交代が起こり、9月に鳩山内閣が誕生して、政策は北北西に大きくシフトします。だけどそれでは国の運営は

---

6)　詳しいことは、本講中「われわれが次世代に残した未来」を参照。

立ちゆきませんから、菅内閣時に、政策は福田・麻生内閣時と同じ位置に戻ってきます。その際の立役者が与謝野さんです。与謝野さんは2011年1月に菅内閣の経済財政政策担当大臣になり、福田・麻生内閣時の「社会保障国民会議」の事務局、座長、分科会長たちを再結集して、2011年6月30日に「社会保障・税一体改革成案」を閣議報告にまで持ち込みます。ただ、民主党というのは、従来の自公政権時の政策路線に近づいていくと、党内が分裂します。したがって、先月の9月に菅内閣から野田内閣に変わったわけですが、野田内閣誕生の経緯からして、野田さんは「党内融和」というスローガンを掲げざるをえなかったわけです。野田さんが、図表16-22では北西に位置する鳩山内閣を支えていた小沢グループの輿石さんを幹事長にするのはそういうことでしょう。そして輿石さんを幹事長とする民主党は、長妻さんを厚生労働委員長に据えるわけで、民主党は、年金政策をはじめ2009年マニフェスト回帰を図ることになります。人事の妙ですね。そうなると、社会保障・税一体改革は一筋縄ではいかなくなるわけです[7]。

ただ、民主党政権は、政権交代前の2009年3月成立の「平成21年度税制改正附則104条」、すなわち「消費税を含む税制の抜本的な改革を行うため、2011年度までに必要な法制上の措置を講ずるものとする」という法律を、民主党が政権についた後も廃案にしていません。そして今はねじれ国会ですから、廃案にすることもできないと思います。そうなれば、この法律に従って、社会保障・税一体改革を進める道しか残されていません。

---

7) その後の展開を加筆しておけば、野田内閣のもとで「社会保障制度改革国民会議」を設立することが決められる。設立の経緯は、本書第28講における、自民党幹部の「助け船」という発言を参照されたい。この制度改革国民会議は、民主党政権下の2012年11月30日から自公政権下の2013年8月5日まで開催され、8月6日に安倍総理に手渡された。その報告書は、図表16-22の東北にある「社会保障国民会議」の位置に政策を戻すという役割を果たしている。

> 総括して言えば、この社会保障制度改革国民会議の最大の使命は、前回の社会保障国民会議で示された医療・介護提供体制改革に魂を入れ、改革の実現に向けて実効性と加速度を加えることにあると言っても過言ではない。
> 『社会保障制度改革国民会議報告書』26頁。

ポピュリズムと戦う静かなる革命戦士

日本の政治が、2009年の総選挙に間に合う段階で、消費税増税の道筋を付けたとき、私は次のような文章を書いています。

> 今のような「官僚たちの冬」の時代、反官僚の時代に抗してなのか、それとも反官僚の時代ゆえなのか、日曜日に「官僚たちの夏」が放送されている。「名もなき男たちの闘い」……テレビで流れるこの言葉を聞く度に、ここ2年ほどの世の中の動きを考えてしまう。
>
> 志を同じくする一部の政治家、一部のメディア人、一部の官僚、そしてほんの一部の研究者――誰がどういうふうに闘ったのか、その全体像を知っているひとは誰もいない。各人が自分の持ち場で、自分の仕事をこなす。そして、名前も知らず会ったこともない仲間を、陰ながら支えあう。あたかもみんなでスクラムを組みながら、ポピュリズムというとてつもなく大きな相手を、一歩一歩押しのけていく。この動きを、僕は学生に、静かなる革命と言っていた[8]。

民主党のマニフェストは何だったのか

しかしその後、自公政権から民主党政権への政権交代が起こります。

これまでの政治の動きを見るかぎり、一体改革成案の実現にはほど遠いでしょう。民主党は、2009年の衆院選で「社会保障国民会議」「中期プログラム」を軸とした自公政権の社会保障・税一体改革案を全否定して政権交代を果たしました。しかも、年金、高齢者医療、障害者福祉などについては、いずれも現行制度を廃止して新しい制度を作ると約束し、脱官僚・政治主導で16.8兆円を捻出できるとマニフェストの根幹を公言したうえ、「消費税率の維持」を謳いました。消費税について、民主党は2009年に「政策INDEX」で次のように書いています。

> 消費税に対する国民の信頼を得るために、その税収を決して財政赤字

---

8) 本書第3講参照。

の穴埋めには使わないということを約束した上で、国民に確実に還元することになる社会保障以外に充てないことを法律上も会計上も明確にします。具体的には、現行の税率５％を維持し、税収全額相当分を年金財源に充当します。将来的には、すべての国民に対して一定程度の年金を保障する「最低保障年金」や国民皆保険を担保する「医療費」など、最低限のセーフティネットを確実に提供するための財源とします。

今となれば、彼らが言ってきたことは国民の無知を見越してのただのウソであったことは周知の事実なのですが、問題の根の深さは、これが実行可能性のない話であることを、当時から分かっていながら、彼らは公約として掲げていたことです。

政治が、社会保障・税一体改革を実現するためには、政府は、今年（2011年）７月１日閣議報告「成案」で示されたように民主党が全否定した自公路線を受け容れざるをえません。さらには、ねじれ国会のもとでは、民主党がその路線を全否定して敗退に追い込んだ野党の協力を得なければなりません。はたしてそういうことは、現実の政治の場で起こりうるのかどうか、私には分かりません。

政治は何が起こるか分からない——しかしながら、次のことは言えると思います。

現野党である自民・公明両党が与党時代に骨格を作った社会保障・税一体改革案が、現民主党政権のもとでスムーズに実現するとなれば、政治家はウソをついてでも権力をとった者が勝ちという話になります。そうなれば、今後いっそう政治的モラルハザードが深刻化し、政治家の言葉を国民はますます信用しなくなって日本の民主主義は真の危機を迎えることになるでしょう。政治家というのは、言葉で未来を約束する仕事なのですから、その言葉が信用されなくなるとすれば、民主主義以前に政治そのものが壊れてしまいます。

とはいえ逆の事態、つまり野党が協力しないとなれば、日本の財政、経済は本当に危機を迎えることになります。

他の可能性としては、こうした常識では考えられないことが政界で展開されている事実を国民は知らないまま、今後も、絵空事を言って国民を惑わす

政治家にチャンスが与えられ、国運はますます傾く道もあります。いずれにしても、このままでは今後、日本は実行不可能なメニューが並べられた2009年マニフェスト選挙の後遺症にますます苦しめられることになるでしょう。

われわれが次世代に残した未来

　ここで、確認しておきたいことがあります。私は、「われわれが次世代に残した未来」と表現しているのですが、少子高齢化が他の先進国より進んだ超高齢国家、そして莫大な債務を抱えてしまった日本は、すでに「高負担ならば中福祉、中負担ならば低福祉」の国しか、次世代に残すことができないところまで来ています。負担と福祉の水準が等しい「中負担で中福祉」「高負担で高福祉」な社会は、この国の将来世代が生きる未来としては夢のまた夢でしかありません。

　現在、この国は3つの難題に直面しています[9]。日本の財政は、何とかしてマーケットの信認を維持していかなければならない。しかし、増税した税収すべてを財政再建に用いると、デフレが加速していく。その一方で、社会保障の機能強化を図らなければなりません。しかし、増税したものを社会保障に全部使ってしまうと、「財政再建をする気がないのか」とマーケットにみなされる。

　そこで私が提唱しているのは、毎年2％消費税を上げていく方法です[10]。そうすると、今年よりも来年、来年や再来年のほうが物価が高くなるため、消費を前倒しするインセンティブが生まれます。これは、デフレ対策としてかなり有効です。1年目は、増税した税収の半分を社会保障が半分は財政再建、その後徐々に社会保障の取り分を減らしていくという形で計算していくと10年後に消費税率23％ぐらいになり、それではじめて、「社会保障国民会議」（今回の医療介護試算はほぼ同じ内容）が提案した2025年までに消費税5％分（うち3％分は自然増）の社会保障の機能強化が、まだ実現できる可能性が出てくる。

---

9) 本書第9講、図表9-21参照。
10) 本書第12講、図表12-1参照。

もっともこのシナリオは、長期金利が成長率を上回ること１％程度の仮定に基づいた話であって、その差が１％を超えると、このシナリオも崩れることになります。いずれにしても、われわれが次世代に残した未来というのは、かなり厳しいものです。

＊　　＊　　＊

　さて、今日は、フロアに大林宣彦監督がいらっしゃいます。大林監督が2002年に撮られた『なごり雪』という、臼杵を舞台としたすばらしい映画を、当時の私は日比谷の映画館に出かけて観ております。あの映画のオープニングは、50歳になろうとする三浦友和が、「何か生きていても仕方がない。そんな気分でいた」と語るところから始まるんですね。そして、三浦友和は、生まれ故郷の臼杵を訪ねる。あの映画を観てから、ちょうど10年後、私は、まさに50歳になろうとする、あの映画の主人公と同じ年齢で、ここを訪ねることになるとは思いませんでした。映画『なごり雪』では、主人公が臼杵でいろいろな経験をして、最後に「50歳の一所懸命はやるせないが、それでも一所懸命だ」と前向きな姿勢になって東京に戻ります。私も、この臼杵で、皆さんの福祉、介護に取り組む前向きな姿勢に元気をいただき、「それでもやっぱり一所懸命やっていくしかないんだよね」という前向きな気持ちになって、東京に戻ることができればと思っております。
　本日は、どうも、ありがとうございました。

第17講 合成の誤謬の経済学と福祉国家
──そのなかでの医療団体の政治経済学的位置＊

　およそ2年前となる2010年頃、日本では医療ツーリズムが賑やかに言われていた。また、医療保障政策については、かねて病院の株式会社化、混合診療の全面解禁など、絶えず、医療を市場に開放し、営利産業化を求める圧力を受け続けてきた。そして、今、国民皆保険50年の歴史を持つ日本の医療を市場に開放するように説くいくつもの要求が、TPPという大きな流れにまとまろうとしている。本稿では、なぜ、医療に民間企業の新天地を求める圧力が絶えず存在するのか、これと併せて医療を市場から外して医療保障政策下に置くことと、市場に乗せることの経済学的意味を考察したい。
　ここで、経済学的意味という言葉を用いたのは、経済学は、その発祥の頃から、経済活動の公と私の境界線をどこに引くかに焦点を当ててきた学問だからである。経済学的な意味を問えば、そのまま医療の公と私の境界をどこに引くかの判断に資する材料を少しは準備できることになる。さらに経済学は、その時々の利害関係者がプロパガンダに大いに利用してきた政治ツールでもあった。そこで、検討の対象は、経済学に留まらず政治経済学というところまで広げておきたい。こうした意識に立つ考察を行い、最後に、皆保険を守るために医療関係者に求められることを述べる。

合成の誤謬と自由放任の終焉
　現代の市民社会にあっては、人々が不幸せな時にどうしても必要となる基

＊ 「なぜ医療に市場開放圧力がかかり続けるのか──合成の誤謬の経済学と福祉国家、その中での医療団体の政治経済学的位置」日本医師会『平成22・23年度医療政策介護報告書』（2012年3月末）を筆削補訂。

礎的な財・サービスや、子どもという、本人たちの経済的責任や意思決定の責任を問うことができない人たちが必要とする基礎的な財・サービス、しかも外部便益の大きい財・サービスについては、できるだけ彼らの必要性に基づいて利用できるようにすることをねらった制度が準備されている。前者の代表例が、医療・介護であり、後者の例として保育・教育などが挙げられる。これら基礎的消費の社会化が目的を十分に達成できるかどうかは、各制度の財源調達力に依存するのであるが、目指そうとする方向は、どの制度も同じで、必要性に基づいて利用できるサービスを、市場社会の中に組み込むことである。

市場社会では、消費者の意思と能力——所得や資産に裏打ちされた支払能力——に基づいて、生産される財・サービスを利用できる権利が分配される。逆に言えば、市場の原則とは、消費者に相当に強い必要性があったとしても、支払能力がない人には必要となる財・サービスを利用できる権利は与えないことでもある。

市場社会にあっても、所得や資産に基づく支払能力だけに依存しないで、ある特別な財・サービスについては必要に応じて利用できる機会を平等に保障する方針を、「特殊平等主義」という[1]。これは、「能力に応じて働き、能力に応じて分配する」結果としての純粋資本主義とも、「能力に応じて働き、必要に応じて分配する」結果としての社会主義とも異なる、現代的な国家の形態である。

こうした、純粋資本主義のなかに部分的に特殊平等主義を取り入れた国家は、修正資本主義国家と呼ばれることもあり、福祉国家と呼ばれることもあり、社会主義と資本主義が混じり合ったことを意味する混合経済と呼ばれることもある。

この混合経済の必要性を資本主義に強く自覚させたのが、両大戦間期の経験であった。そこでは、第1次世界大戦後の西欧経済、とくに英国経済の停滞と1929年の世界規模での大恐慌という市場のつまずきが露見した。そうした経済的行き詰まりの原因が、個々の経済主体には妥当しても全体を合計す

---

1) 権丈 (2006) 335頁参照。Tobin, J. (1970) "On Limiting the Domain of Inequality," *Journal of Law and Economics*, 13, pp.263-277.

ると妥当しないという「合成の誤謬」[2]にあるとしたケインズの有効需要理論が、当時の経済政策として効果を持ち、広く認められることになったのである——なお、現代ではケインズと並ぶ経済学者と称されるシュンペーターやハイエクの経済理論は、当時の経済を完全に見誤っていた。

ケインズ以前の経済学では、「自由放任」が唱えられていた——つまりは、「私的利益と公共善の間の神の摂理による予定調和という思想」[3]が支配的であった。そこでケインズは、私的利益と公共善の間に合成の誤謬が生まれることを説き、公共の利益を優先するために、従来の自由放任の終焉を論じ、資本主義経済を全面的崩壊から救い、個人の創意工夫を守るために、積極的な政府介入を主張した。

ケインズは、40代前半で自由放任の終焉という処方箋を経験と直観に基づいて主張していたのであるが、その理論的根拠を、50代に入った1936年の『雇用、利子および貨幣の一般理論』で示す。ケインズは、そこで次のように言う。

> 完全雇用が達成されるまでは、資本成長は低い消費性向に依存するどころか、かえってそれによって阻害され、低い消費性向が資本成長に寄与するのは完全雇用状態の場合だけだ……。そのうえ経験の示すところによれば、現状では、……消費性向を高めそうな方向で所得の再分配政策が採られれば、資本成長に断然有利に作用することになろう[4]。

今日の状況においては、富の成長は、富者の節欲にかかっている——と

---

2) 個々には妥当しても、全体を合計すると妥当しないという合成の誤謬を明示的に示したのが、ケインズの『一般理論』であった。たとえば、人々が所得のうち貯蓄する割合を2倍にすれば個人の貯蓄は2倍になるように思えるが、貯蓄の増加が有効需要を減らし、国民所得で示された総生産額が縮小し、所得減が貯蓄減となっていく。もし、社会全体の投資が変わらなければ、社会全体の貯蓄に変化はなく、貯蓄割合の2倍の増加は所得を2分の1にすることになり、貯蓄額には変化はない(「合成の誤謬」『現代経済学事典』岩波書店)。
3) 「自由放任の終焉」、ケインズ (1981) 237頁。
4) ケインズ (2008) 179頁。

ふつう考えられている——どころの話ではなく、むしろそれによって阻害される可能性のほうが大きい、ということである。したがって、富の大きな不平等を社会的に正当化する主要な理由の1つは除去されることになる[5]。

　　消費性向と投資誘因とを相互調整するという仕事にともなう政府機能の拡大は、19世紀の政治評論家や現代のアメリカの金融家の目には、個人主義への恐るべき侵害だと映るかもしれないが、私はむしろそれを擁護する。現在の経済体制が全面的に崩壊するのを回避するために実際にとりうる手段はそれしかないからであり、同時にそれは個人の創意工夫がうまく機能するための条件でもあるからだ[6]。

　ケインズの言う有効需要の理論は、古くは、『人口論』(1798) で有名なマルサスが『経済学原理』(1820) のなかで説いた。彼は、同時代を生きていたセイやリカードが主張した「供給はそれ自らの需要を作る」という販路法則 (the law of outlet)、通称「セイの法則」を否定して、経済は、生産された財・サービスをさばくことができない状態、つまり、一般的過剰供給 (universal glut) に陥る可能性があり、経済規模は、生産力ではなく有効需要によって決まることを説いた。この考えは、セイの法則を信奉するセイやリカードに一笑に付され、過剰供給論は、19世紀前期の経済学——貨幣の経済特性には考えが及ばなかった経済学の主流からは消え去っていく。そして、およそ100年の後に、マルサスの有効需要理論(「有効需要」という言葉はマルサスのなかに頻繁に登場する)に基づく一般的過剰供給論を、流動性選好という貨幣理論を基礎に据えた有効需要理論に基づく過少消費論として復活させたのが、ケインズだった。
　ケインズは『一般理論』のなかで(そして、『一般理論』よりも10年以上前にケインズが書いた『人物評伝 マルサス』のなかでも)、マルサスがリカードへ宛てた手紙やマルサスの『経済学原理』から、長文の引用を行っている。その

---

5)　ケインズ (2008) 180頁。
6)　ケインズ (2008) 190頁。

長文の引用箇所のなかから部分的にピックアップすれば——

　私たちは世界中のほとんど至るところで、膨大な生産能力が活動させられていないことを知っています。また私はこういう現象を説明するのに、現実の生産物の適当な分配が欠けているために、生産を継続する十分な動機が与えられていないからだと主張します[7]。

　〔もし消費が生産を越えるならば、その国の資本は減少するにちがいないし、またその富は次第にその生産力の不足のために破壊されるにちがいない。もし生産が消費をはるかに越えるならば、消費の意志の不足のために、蓄積や生産の誘因は消え去ってしまうにちがいない〕。この両極端は明らかである。そこで経済学の力ではそれを確かめることができないかも知れないが、生産力と消費への意志との双方を考慮に入れた場合に、富の増加への刺戟が最大になる中間点（intermediate point）がなければならない、という結論となる[8]。

　要するに、マルサスが言っていること、およびマルサスを批判するセイやリカードの言っていることは、図表17-1に要約できよう。
　まず、セイやリカードが信じる「セイの法則」（＝販路法則）が成立する世界では、貯蓄された貨幣は保蔵（hoarding＝貨幣によってなされる価値の貯蔵）されることなく富の増加にもれなく使われる。限界生産力逓減の影響を受けるために、貯蓄は富の増加とは直線的な関係ではなく凹型の関係となるが、生産活動に有効利用され、「供給はそれ自らの需要を作る」ため、自由放任下でも生産物はさばかれることになる。
　こうした世界では、貯蓄は多ければ多いほど望ましいものとみなされる。そして、社会全体で貯蓄を大きくするための社会的仕組み、具体的には、限界貯蓄性向が高い資産家など高所得者に所得が偏り、それが低い低所得者に

---

7)「マルサスからリカードへの手紙　1821年7月7日」、ケインズ（1980）135頁。
8)　マルサス（1968）9頁。なお、〔　〕内はケインズによる引用箇所ではないが、マルサス『経済学原理』より筆者が挿入。

図表17-1　セイの法則の世界と有効需要理論に基づく過少消費の世界

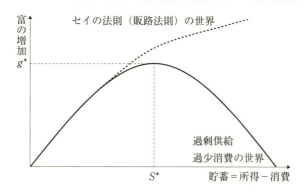

は所得があまり分配されない「所得の不平等分配」が正当性を持つことになる。これがまさに、ケインズが論駁すべきターゲットとした社会の信念、「資本の成長は個人の貯蓄動機の強さに依存しており、しかも資本成長のかなりの部分について、われわれは富者のあり余る所得からの貯蓄に依存しているという信念」[9]であった。この信念が、1980年代、「富める者が富めば、貧しい者にも自然に富が浸透（トリクルダウン）する」という、確かに政治思想とは言えようが、歴史のなかでは経験的には認められないために、とても経済理論とは呼べないトリクルダウン理論とセットになって、大いに復活することになる。

　これに対して、マルサスは、自由放任下では「生産物の適当な分配が欠けている」[10]ために、富の増加を極大化させるのに必要な額以上の貯蓄がなされてしまい、経済は過剰供給に陥ってしまうおそれがあると説く。これをケインズは、19世紀後半からホブスンたちが用いていた言葉、過少消費論と呼

---

9)　ケインズ（2008）179頁。
10)　マルサスは、本来、「所得の分配が適切さを欠いているため」と書かなければならないところなのであるが、マルサスやリカード、セイたちは、理論構築の際には貨幣の介在がない物々交換社会を想定していたようで、ゆえに、マルサスの文章は「生産物の分配が……」となっている。ここにもマルサスが、リカードやセイを論駁できなかった原因がある。

んで議論していた。

　過少消費論に基づく経済への処方箋は、社会全体の総貯蓄を減らして消費を増やすことであり、消費が飽和していない人や領域や地域に所得を再分配することにより、消費の中心的な担い手としての中間層を厚くしていくことである。その1つの手段が、ケインズの言葉を借りれば、「消費性向を高めそうな方向で所得の再分配政策が採られれば、資本成長に断然有利に作用することになろう」[11] ということになる。他にも、再分配政策に頼らずとも、今日のように、企業が投資先を見つけることができずに企業貯蓄を肥大化させている環境では、賃金を引き上げて営業余剰を減らすことも、社会全体の消費性向を高める手段となりうる。

　高所得者から低所得者に所得が再分配されたり、企業が貨幣の保蔵を減らしたりして雇用者所得に回せば、社会全体の消費性向が高まる。消費性向が高まれば消費が増え、消費が増えれば、企業は生産設備の拡張のために投資を増やす。この流れをハンセン＝サミュエルソンモデルを用いて、辻村江太郎はシンプルに示しているので、それを紹介しておこう[12]。

　ハンセン＝サミュエルソンモデルには、景気変動の源を消費の変動とするJ. M. クラークの加速度原理が組み込まれている。これにより、ハンセン＝サミュエルソンモデルは、ケインズの有効需要の原理ならびに消費性向を調整する政府の政策効果を象徴的に示すことに成功している。

所得の定義式　$Y_t = C_t + I_t + G_t$
　　　　　　　国民所得　民間消費　民間投資　政府支出

消費関数　$C_t = \alpha Y_{t-1}$
　　　　　今期の消費　（消費性向）（前期の所得）

投資関数　$I_t = \beta(C_t - C_{t-1})$
　　　　　今期の投資　（投資誘因）（前期から今期の消費増加）

これら3式より、次式を得る。

$$Y_t = \alpha(1+\beta)Y_{t-1} - \alpha\beta Y_{t-2} + G_t$$

---

11) ケインズ（2008）179頁。高所得者から低所得者への所得の再分配が国民所得に与える影響への考察は、小野（1996）97-98頁を参照。

12) 辻村（2001）227-235頁。

この式は、消費性向 a と投資誘因 β が与えられれば、前々期と前期の国民所得と、今期の政府支出 G_t のいかんによって今期の国民所得が決まることを表している。

現実の経済は、消費性向 a や投資誘因 β は安定していないために、過去のデータに基づいて消費性向 a や投資誘因 β を推計し、その値を固定して、将来を予測することはできない。しかし、ハンセン＝サミュエルソンモデルに基づいて、消費性向の変化が投資量に影響を与え、それが国民所得にどのような影響を与えるのかを見ることはできる。

辻村は、簡単化のために β を 2、$G_t=0$ とし、消費性向 a が0.89から0.95まで変化するのに応じて、初期条件 $Y_{t-2}=90$、$Y_{t-1}=100$ から後の各期間での動向がどのように変化するのかを見た数値例を示している（図表17-2）。

このシミュレーションから、辻村は次を読み取る。

> $a=0.95$ のときは名目需要の拡大が早すぎてインフレを招くケース、$a=0.89$ のときは景気の急落で恐慌を招くようなケースで、消費性向 a の値のわずかな差が景気動向に敏感にひびくことが例示されている[13]。

図表17-2 ケインジアンマクロモデルのシミュレーション

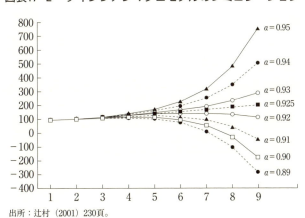

出所：辻村（2001）230頁。

---

13) 辻村（2001）231頁。

ケインズは、『一般理論』で、消費性向 a が固定された消費関数を定義したために、民間投資を与件とした場合の需給ギャップは、政府投資で調整すべしと受け止められる傾きを、彼の後世代の経済学者に残した。だが、『一般理論』のなかでは、消費性向の調整にも触れており、ケインズは一般的過剰供給を唱えたマルサスを『人物評伝』のなかでケンブリッジ経済学の始祖として称えていたことも記憶しておいていいだろう。もっとも、今日の日本では、消費性向に着目するばかりでなく、貯蓄残高というストックのフロー化も視野に入れて消費を拡大する問題も考えなければならないことも付け加えておく。

　ヴェブレン、ミッチェルなどの制度学派の流れを組む J. M. クラークは、景気変動の原因は消費の変動にあると見ており、その視点からケインズ経済学を支持し、当時のアメリカのケインジアンたちも、J. M. クラークと同じ視点からケインズの有効需要理論を支持していた。このあたりを、以前、私は次のようにまとめた。

　　『ケインズ革命』を記したクラインは、その中で、「高水準の消費経済こそじつに資本主義にとって長期にわたる宿望である。〔中略〕高水準の消費を達成する最大の可能性は、現在では社会保障計画のなかに見出される」という形で社会保障をケインズ理論の中に位置づけた。さらには、当代一流のテキスト・ライターであったハンセンはケインズ理論の拡大解釈とも言える＜補整的財政政策＞という持論の中で、社会保障に重要な役割を担わせた。すなわち、「社会保障と社会福祉の広範かつ包括的な体制が、有力な安定化要因として着実かつ永続的に作用する。それは不況に底入れをする。それはあたかも、購買力を広く全国にわたって分配する大きな灌漑組織のような役割をする」[14]。

　私の言う「積極的社会保障政策論」[15] のなかで「灌漑政策としての社会保障」という言葉を使うのは、高所得者から低所得者、喫緊の消費の必要性の

---

14) 権丈（2009〔初版2004〕）213-214頁。
15) 「積極的社会保障政策と日本の歴史の転換」、権丈（2009〔初版2004〕）第3章所収。

ない人・時期から喫緊の必要のある人・時期に所得を再分配する政策として、社会保障を位置づけているということであり、医療も然り。今後、灌漑施設の水路の幅を広げる分だけ医療介護は成長産業であり、毎年その水路に水が安定的に供給されるのであれば、医療介護は安定産業でもある。そして、灌漑施設のおかげで田畑が潤い農作物が生産されるようになるという意味で、医療介護は経済成長に資することになる。しかしながら、社会保障という灌漑政策で潤った田畑で何を育てるかは、政府の仕事ではなく民間の仕事である。

　日本の国内総生産は約500兆円であり、社会保障給付費は100兆円を超え、年金50数％、医療は30％強、介護は7％を占めている。この社会保障は、「ミクロには貢献原則に基づいて分配された所得を、必要原則に基づいて修正する再分配制度であり、マクロには、基礎的消費部分を社会化することにより、広く全国に有効需要を分配するための経済政策手段である」[16]。社会保障は混合経済の中心的な構成要素であり、企業や高所得者に負担を求めて、日本国内での中間層の創出に大きく期待されている[17]。

　しかしながら、日本経済の現状を鑑みれば、社会保障による中間層の創出は十分とは言えない。それどころか、日本における労働市場の非正規化と低賃金化は、消費を支える中間層の厚みを薄くする方向に強く作用してきたのであるが、日本の社会保障は所得分配面でその傾向に抗する力を持っていなかった。その結果、長期にわたって、日本の消費は非常に弱く、これが、消費単位である人口減少と相まって企業の期待収益率を引き下げ、積極的な投資を思いとどまらせてきた。つまり消費と投資からなる有効需要の不足が、デフレを長期化させてきた。日本のデフレは、国民経済における中間層が薄くなるなか、貨幣を消費・投資に回さずに、手元に保蔵している層が厚くなるとともに、購買力が弱い低所得層が厚くなっていることは日本のデフレを

---

16) 権丈（2009）63頁。
17) 最近、中間層論議が盛り上がっているが、市場が中間層の創出を苦手としていることは昔から当たり前のことである。「第20話『地方を活性化する』とか『中産階級を生む』とかいうのは、意図的にやらないとできっこないです」、権丈（2009）123-142頁参照。

加速することになる。

　一方、日本の政策レベルでは、需要不足は投資不足ゆえとみなして、多くの投資促進政策を展開した。しかし、それが効果を生まなかったのも当然で、過少消費の状況下で供給サイドに向けて民間投資を促すだけの政策は、無人島で商売を強要しているようなものだからである。バブル崩壊以降の生活自己責任原則の徹底のもと、社会保障を削減して将来の生活不安を増幅させながら、国民に自助努力を促して貯蓄に走らせるのは、過少消費論の視点から見れば、必要な経済政策とはまったく逆のことをしていたとも言える。そこに、当時野党であった民主党は、年金をはじめとした社会保障を政争の具として将来不安をかき立て、過少消費を加速した。大罪である。

合成の誤謬を改善する政策に抗う経済界

　市場における個々の主体が私的利益を求めると、国民経済は過少消費という合成の誤謬に陥って、経済成長という公共善を失うことになる。したがって、政治過程を通して市場活動に規制をかけ、私的利益の追求を抑制することにより、国民全般が公共善を享受できるようにする政策が、再分配政策としての社会保障である。

　企業家であっても、過少消費という合成の誤謬に陥るメカニズムを理解している者はいた。たとえば、ヘンリー・フォードである。フォードの理解を、次の言葉は端的に示している。

　　雇用の削減とか賃金カットによる国家利益などという言葉をよく耳にする。賃金カットは結局購買力を低下させ、国内市場、国内需要にブレーキをかけることになるのだが、なぜそれが国家利益になるのだろうか[18]。

　　我が社が本当に発展しだしたのは、1914年に日給を2ドルから5ドルに引き上げ、最低賃金を定めてからであり、それによって従業員の購買

---

18)　フォード（2000）87頁。

力は増加し、他社の製品を買う力もますます向上していった。我が国が繁栄する背景には、高い賃金を払い製品価格を下げて、大衆の購買力を向上させるという考え方がある。これは我が社の基本的な考え方であり、我々はこれを賃金指向と呼ぶ[19]。

　フォードは、上のように考え、そして実行した。しかしながら、それは、フォードの奇特な人柄に帰する希な話である。経済学の始祖アダム・スミスが18世紀後半にも言っているように、「雇い主が団結することはめったにないと考えるのであれば、雇い主について知らないというだけでなく、世間を知らないというべきだろう。雇い主はいつでもどこでも、暗黙のうちにではあるが必ず団結して、労働の賃金をひきあげないようにしている」[20]。

　私的利益と公共善の予定調和を否定して、合成の誤謬論に基づいて、公共利益に重きを置いた政策を展開するということは、実に理に叶った考え方ではある。しかしながら、合成の誤謬論の裏の意味は、私的利益を追求する当の本人たちは、公共善のために協力することを、負担としか思っていないということである。
　個別の資本や1人ひとりの高所得者から見れば、混合経済の拡大や最低賃金法をはじめとした労働者保護の政策は、自分たちの税や社会保険料負担の増加や営業余剰と株式配当の低下を意味するだけにしか見えない。彼ら資本家や高所得者から見れば、自分の資本や所得を高めるためには、当面の利潤、すなわち当面の営業余剰を増やすこと、目の前の累進課税から逃れることが、合理的な政策に見える。したがって、彼らは、合成の誤謬論に基づく政策を支える理論、思想の反転の機を虎視眈々とうかがうことになる。ここで重要な役割を演じるのが、経済学である——混合経済論の誕生にケインズ経済学がかかわったように。

　経済学がよく政治にまきこまれてしまうことも覚えておいたほうがい

---

19) フォード（2000）146頁。
20) スミス（2007）71頁。

い。多くの問題について有力な利益団体が存在し、自分たちが聞きたい意見を知っている。彼らはそういう意見を表明している経済学者を探し出し応援して、学者仲間の間でも群を抜く地位と名声を与えて自分たちの立場を有利にしようとするのだ[21]。

そして、混合経済のあり方に不満を持つ者にとっては、打ってつけの存在があった。

> 自由放任経済を否定するケインズ革命は、企業部門に多大な代償を強いるものだった。企業の失地回復のためにはケインズ主義に対抗する「反革命」を起こすこと、つまり大恐慌以前よりさらに規制のない資本主義体制に戻ることが必要なのは明らかだった。だがウォール街自らが行動に出ることは、当時の情勢からいって無理だった。……そこで、まさにその役割を担ったのがシカゴ学派だった[22]。

シカゴ学派とは、ミルトン・フリードマンを総帥とする新自由主義者の集団である。

> シカゴ学派の経済学者は、マルクス主義者を真の敵とはみなしていなかった。問題の根源は、アメリカにおけるケインズ学派、ヨーロッパにおける社会民主主義、そして当時第三世界と呼ばれた地域における開発主義の考え方にあるとされた。これらの人々はユートピアではなく混合経済を信じているのだ、と。……彼らが希求したのは厳密には革命ではなく資本主義的「改革」であり、汚染されていない純粋な資本主義への回帰だった[23]。

これから分かるように、福祉国家を是とするか、それとも、それを非とす

---

21) クルーグマン、ウェルス (2009) 45頁。
22) クライン (2011) 77頁。
23) クライン (2011) 73頁。

るかは、深層のところでは、企業や高所得者に費用負担を求める者と、それを拒む者の相克、つまりは分配問題そのものなのである。

そして、混合経済の維持拡大は、経済界や高所得者から阻まれ、のみならず、経済界や高所得者から、絶えず縮小の圧力がかけられる宿命にある。

資本主義的民主主義のなかでの医療政策

高度資本主義国家のほとんどは民主主義のもとで運営されている。この民主主義の主人公であるはずの投票者たちは、大方、合理的無知に陥っている。「合理的無知」については、昨年（2011年）2月の『日医ニュース』で説明されていたので、それを引用する。

> 現代社会に生きる私たちは、政治・経済分野に多くの知識と理解を求められます。ところが、自発的にわざわざ時間を割いて、これらの事柄を勉強しても、選挙で行使出来るのは一票にしかならず、中身よりも知名度の高い候補が当選します。
> これでは、せっかく休みの時間を政治経済の勉強に使う意味がない、ミシュランのガイドブックでおいしいレストランを探すことに時間を使う方が合理的だと考えて、難しい勉強はやめて無知であることを選択します。これを政治経済学では"合理的無知"と言い、大衆が選択する行為だそうです[24]。

合理的無知な投票者でも、耳目まで届いた情報には反応する。情報を投票者の耳目まで届けるにはコストがかかり、このコストを負担する能力を持つ者が、民主主義的意思決定を制することができる。これを、私は「資本主義的民主主義」と呼んでおり、私が、「政策は、所詮、力が作るのであって正しさが作るのではない」と言ってきた理由でもある。

資本主義的民主主義モデルでは、政治家は得票率極大化行動に基づいて投票者に接することを仮定している。彼ら政治家に資金を提供してキャンペーンを委託し、利益集団は願いを叶えようとする。利益集団にはいろいろある。NPOをはじめ、労働団体、医療団体もあれば、経済界もある。このうち、

最もキャンペーン資源を持っているのは経済界である。

経済界のプロパガンダと規制緩和圧力

　混合経済、福祉国家というのは、経済界に負担を強いるために、経済界が死力の限りを尽くして、福祉国家の生成、発展に抵抗を示すのはいずこも同じである。スウェーデンも例外でなく、スウェーデンの経済界は、当然の如く、高福祉高負担国家に抵抗する。しかし、スウェーデンの労働者組織は強い[25]。強い労働者組織、そして徐々に普及してきた社会保障諸施策への生活者たちからの強い支持のために、スウェーデン経済界の高福祉国家への抵抗は、なかなか思うようにならない。そこで……

　　　最も効果があったのは、雇用者集団〔経済界〕によって遂行されたプロパガンダ運動だった。彼らは、ノーベル経済学賞[26]に対して自分たち

---

24)　「合理的無知」『日医ニュース』第1186号（2011年2月5日）。『日医ニュース』による合理的無知の説明は、日医広報担当の医師による文章であり、上記本論で紹介した文章に続く説明も、紹介に値する。

　　　大衆とは、専門知識の無い人達のことだと思いがちです。
　　　しかし、スペインの哲学者オルテガは、専門家こそ最もやっかいな大衆だと言っています。なぜなら、自分たちは狭い専門知識しかないのに、専門以外の広大な領域についても、知者のように傲慢に振る舞うからだと。
　　　なるほど、テレビのワイドショーなどでは、専門家と称する人たちが官僚、政治家を叩き、医療者を叩く。それを見た視聴者、拍手喝采して、彼らをこらしめ無駄を省けば、より良い医療、年金、介護が実現出来ると思い込み、現場の疲弊には無関心を決め込み、状況は悪化の一途をたどります。しかし大衆は、そんな事にはおかまいなしで、今日も新たな生け贄を叩き、つかの間の満足を得るのです。

25)　なぜ、北欧の労働者組織が強くなるのか、その理由が、一国の「貿易依存率」あたりにある話は、「社会保障と経済政策——平等イデオロギー形成の事実解明的分析」、権丈（2005〔初版2001〕）参照。

26)　ノーベル経済学賞と呼ばれている賞は、正式には「ノーベル記念経済学スウェーデン国立銀行賞」であり、1968年にスウェーデン国立銀行が設立300周年祝賀の一環として、ノーベル財団に働きかけて設立された賞である。詳しくは、「勿凝学問20　ノーベル経済学賞と学問としての経済学、そしてノーベルが思いを込めた平和賞」、権丈（2006）298-305頁参照。

が持っている影響力を利用し、スウェーデン人の経済的思考のうちに新自由主義的な見方を確立しようとした。……雇用者側のシンクタンクであるビジネス政策研究は……経済の構造と展望に関する本格的研究に資金を提供し、政策担当エリートや市民に向けて、福祉国家が経済停滞の根本原因だと「科学的に」繰り返し繰り返し証明した[27]。

1976年にノーベル経済学賞の栄冠に輝いたフリードマンは、後日、次のような冗談を言う。つまり、ノーベル経済学賞を調査すれば、次の傾向があることが分かると。
・男性であること
・アメリカ国籍を持っていること
・なんらかの形で「シカゴ大学」に関係していること

図表17-3は、2001年に出した『再分配政策の政治経済学Ⅰ』に書いていたものである。第Ⅱ期の1980年前後から1990年代初めまでに影響を与えた知的巨人に列挙しているハイエク、フリードマン、ブキャナン、タロック、スティグラーは、全員がシカゴ大学と関係しており、シカゴ大学ロー・スクール出身のタロックを除いて、全員がノーベル経済学賞を受賞している。

特筆すべきは、1982年にノーベル経済学賞を受賞したスティグラーである。彼は、1971年に、"The Theory of Economic Regulation"（経済規制の理論）

図表17-3　経済政策思想と知的巨人

区分	時代	経済成長を保障する経済政策を肯定するための経済思想	影響を与えた知的巨人
第Ⅰ期	大戦後から1980年前後	福祉国家政策思想	ケインズ、ウェッブ夫妻
第Ⅱ期	1980年前後から1990年代初め	ニュー・ライト 規制緩和 政府の失敗（公共選択学派）	ハイエク、フリードマン、スティグラー ブキャナン、タロック
第Ⅲ期	1980年代初めより	－	－

出所：權丈（2005〔初版2001〕）72頁。

---

[27] ハーヴェイ（2007）157頁。

という論文を発表する。そこでは、従来、公共善を増進するために行われると考えられていた「規制」を、利益集団が、自己利益のために政府の権力を利用して作ったのが「規制」であるという捕囚理論（capture theory）の方向に考え方を切り替えた。この捕囚理論は、スティグラーが論文を発表して10数年後の日本では、ほぼ常識として受け止められるようになり、「規制緩和」の主唱者が、利益集団から国民を守る正義の徒とみなされるような環境ができあがることになる。

　大学院をイギリスのケンブリッジ大学で学んだスティグリッツは、シカゴ学派の動きに一貫して批判的である。そのスティグリッツによれば、「資金豊富な保守系のシンクタンクは、規制のコストがどう見積もっても法外であることを証明する研究を、各分野で次つぎにひねりだしていた。その数字に充分な信頼性があれば、規制緩和は生産性を大いに向上させるに違いなかった。だが残念ながら、カーター政権、レーガン政権、ブッシュ政権を通じた規制緩和の時代の生産性向上率は、その前後とくらべてはるかに低かった」[28]。スティグリッツが言うように、この時期必要だったことは、「規制緩和ではなく、規制の修正であった」[29]のである。しかし、スティグラーによる捕囚理論は、いつものことながら（スティグラーの狙いどおりに?）世の中を極端に走らせた。混合診療の禁止も、民間企業に対する規制と言える。必要な議論は、混合診療全面禁止から全面解禁の間にある、保険外併用療養費制度の適切な運営にあるはずなのだが、現状に対する「規制緩和」という錦の御旗を掲げれば、国民の意識のなかでは、医師の利益集団から患者を守る論が展開されていると見えるのかもしれない[30]。

　のみならず、捕囚理論は、図表17-3の第Ⅱ期に記しているブキャナンとタロックを開祖とする公共選択論（public choice）という政治の経済学の領域にも影響を与えていく。公共選択論は、ひたすら「政治の失敗」を説く学問なのであるが、この公共選択論のなかにニスカネンの官僚行動に関する「予算極大化モデル」などが出てくる。これは、官僚を従来の「公益」のために奉仕する行政の専門家というイメージから、自らの権限を極大化させる

---

28)　スティグリッツ（2003）136頁。
29)　スティグリッツ（2003）125頁。

ために予算極大化行動をとり、公益を損なう主体というイメージに切り替えることに成功していく。こうした思想の切り替えは、時間と共に大きな流れになる。ちなみに、ニスカネンはシカゴ大学大学院の出身である。

先に触れたように、スウェーデン経済界のノーベル経済学賞を用いたプロパガンダの効果もあってか、経済学徒の多くは、フリードマン系の経済学を「経済学」として「覚える」ようになり、フリードマンたちが敵視した混合経済にまつわる諸々の事象を敵視するように教育されていく。つまり、彼らの論は、市場に対する政府介入を否定することが正しいことだと信じる傾きを持っている。そうした経済学者は、経済界の利害を代弁していることにもなるために、経済界や経済界に近いメディアが大いにサポートする。

資本主義的民主主義と対日圧力

「資本主義的民主主義」の考え方は、国際政治の世界にも適用できる。その一例として考えられるのが、アメリカにおけるロビイング活動と対日圧力である。

アメリカにおける業界別に見た政界へのロビイング活動経費、上位20位（1998〜2008年累計）では、医薬品／医療材料・機器業界のロビイング活動経費は他の業界と比べて断トツであり、これに次ぐのは、医療保険をはじめとする保険業界である（図表17-4）[31]。アメリカ政府が、国の内外に業界の利益を代弁する政治圧力を、ロビイング経費に比例した大きさでかけてきたこ

---

30) 制度に関して誤解があるのでそれに触れておきたい。日本では私費診療と保険診療の混合診療は禁止されているが、私費診療そのものは禁止されておらず、日本でも高所得者は、保険とはかかわりなく私費診療を行ってよい。したがって、次の竹中平蔵氏の論は間違いなのである。
「所得の高い人が世界一の名医に1000万円払ってもいいから一番良い手術を受けたいという自由を今阻んでいるわけです。全部保険の中に入れている。お金を払いたい人には払ってもらえば良い、そのために混合診療を認めたら良いのではないですか、というのが八代さんたちの主張です」「経済と生活の再建 VS 社会保障と税の一体改革」（竹中平蔵、峰崎直樹、田村達也）『季刊社外取締役』2011年12月、9頁。
31) 坂口一樹「米国医療関連産業の政治力、米国政府の対日圧力、およびそれらがわが国の医療政策に与えてきた影響」『日医総研ワーキングペーパー』No.198（2009年8月14日）。

図表17-4　業界別に見た政界ロビー活動経費、上位20業界（1998～2008年の累計）

業界	金額（百万ドル）
Pharmaceuticals/Health Products	1,557
Insurance	1,174
Electric Utilities	1,079
Computers/Internet	871
Business Associations	824
Education	751
Oil & Gas	742
Real Estate	724
Hospitals/Nursing Homes	682
Misc Manufacturing & Distributing	670
Health Professionals	635
TV/Movies/Music	612
Civil Servants/Public Officials	605
Securities & Investment	599
Air Transport	560
Automotive	546
Misc Issues	525
Telecom Services & Equipment	523
Telephone Utilities	489
Defense Aerospace	435

資料：Center for Responsive Politics.
出所：坂口一樹「米国医療関連産業の政治力、米国政府の対日圧力、およびそれらがわが国の医療政策に与えてきた影響」『日医総研ワーキングペーパー』No.198、18頁。

と、そして今後もかけてくることは、十分に予想されるし、現在起こっている動きも、資本主義的民主主義の枠内で説明できる。

成長戦略と戦略的貿易論

過少消費論に基づけば、福祉国家は、資本主義経済を行き詰まりから救い、個人の創意工夫をうまく機能させるための体制であり、混合経済の適正な充実は、十分に成長政策でもある。しかし、他の視点から見れば、福祉国家は反成長政策にも見え、そうした視点からは成長戦略として、たとえば、医療を株式市場に開放せよとか、直近では医療ツーリズムのような戦略的貿易論の話が出てくることになる。

戦略的貿易論は、キャッチアップ段階にある途上国が、先進国の基幹産業

に「追いつけ追い越せ」を行っている時には効果が出る可能性はある。『世界経済を破綻させる23の嘘』でハジュン・チャンが第12の嘘として「政府が勝たせようとする企業や産業は敗北する」を挙げ、これが嘘であることを、いくつかの産業政策の成功例を示して反証している。たしかに彼が例を示しているように、産業政策が成功している例はある。しかし、チャンが挙げている例が示唆しているように、それは、キャッチアップ段階にある国における産業インフラの整備のような成功例であり、技術のフロンティアに到達した国におけるフロンティアの拡張に、戦略的貿易論が成功した例は、ほとんどないのではなかろうか。

　戦略的貿易論というのは、一見すれば、QWERTY経済学に基づいて新しく構築された国際経済学との整合性を持つかのように見える。QWERTYとは、キーボードの１列目の文字の配列である。タイプライターが生まれた19世紀には、あまり早く打つと文字を打ち付けるアームが絡まるという問題があり、少しゆっくりと打ち付けるほうが好ましかったため、打ち辛いキーボードの配列QWERTYは決まった。しかし、その配列は、アームが絡まる問題が技術的には解決している今日も続いている。キーボードの標準配列は偶然に採用されたものだが、いつの間にか、その配列が固定化されてしまった。タイプライターのキーボード配列に類似した話は社会経済のいたるところに見いだされることが分かり、この理屈を技術選択や貿易論に応用したのがQWERTY経済学である。QWERTY経済学は、市場経済が必ず最善の答えを出すという見方を否定するものであり、その代わりに、市場経済の結果はしばしば歴史的偶然に依存していることを示唆している。この新しい知見を、クルーグマンは貿易論・経済地理学に応用し、経済理論に規模による収穫逓増を持ち込んで、産業発生の初期条件に差がない国同士、地域同士で、初期の小さなゆらぎから比較優位が生じて、貿易や交易が起きることをうまくモデル化することに成功した。

　クルーグマンたちの新しい貿易論に基づけば、一見、政府主導の産業政策が、経済成長の牽引役を育てることを推奨するかのように思える。しかしながら、そうではない。クルーグマンは、戦略的貿易論を唱える者を見ると、「医学研究者が指圧師と同等に扱われたり、あるいは天文学者が占星術師と

間違われたりすると憤慨するように、経済学者は戦略的貿易論が真面目に受け入れられていることに腹を立てていた」[32] という。

かといって、クルーグマンたちが何も試みていないということではない。「1980年代には戦略的貿易政策の目標について、いくつかの産業についてシミュレーションが行われた。誰もこれらのシミュレーションを信じるものはいなかったし、私も何度かこのようなシミュレーションを行ってみたが、私はこれを現実のケースに合わせた産業政策演習（Industrial Policy Exercises Calibrated Actual Cases)、略して IPECACS と呼んで揶揄した。それにしても、できることといえば、これぐらいのことしかなかったのである。これらのシミュレーションが価値があるとすれば、積極的貿易政策を遂行することによって国益が大いにあがることはないように見えるという点を指摘したことであろう」[33]。要するに、クルーグマンたちは、成長する産業を事前に選択する政治的・技術的難しさ、および仮に戦略的貿易政策を積極的に展開しても国富への貢献がほんのわずかにしかならないことを指摘しており、それゆえに彼らは、戦略的貿易政策は利益集団に支えられた旧来型の保護貿易政策に利用されるだけだとして、この政策に強く反対したのである。

付け加えれば、大衆のライフスタイルを大きく変えるくらいのインパクトを持たないかぎり、国民経済への寄与は大きく出ない。かつての洗濯機の発明や、今日の日本の女性の社会進出を阻害している第3号被保険者や配偶者控除の見直しなどは、女性たちのライフスタイルを大きく変え、新しい消費者、新しい価値評価者を創造するという波及効果を持つ意味で、成長論的には似たような効果がある[34]。こうした大衆規模での変化と比べて、医療ツーリズムのような局所的なものが、国民経済に大きく寄与するはずがない[35]。

もっとも、経済界は、国民経済への寄与などは抜きにして、自社や自産業

---

32) クルーグマン（1995）297頁。
33) クルーグマン（1995）281頁。
34) 第1講、図表1-18およびその説明を参照。
35) 途上国が先進国富裕層の客を見込める場合は少し状況が異なる。生活水準に大きな開きがあるために、提供国から見れば法外な価格設定が実現可能となり、自国の小さな経済規模のなかで、外貨獲得の1つの効率的な手段として視野に入れられることはありえよう。

の私的利益を求め政治活動を続ける。そして、日本の国内には、彼ら経済界の利害を代弁する人たちは常に存在する[36]。

イノベーションと経済政策[37]

　戦略的貿易政策を唱えずとも、イノベーションを起こすことによって成長を起こすべし、イノベーションを起こすためには、規制緩和をはかって市場に任せるべしという議論は絶えずある。たしかに、経済発展はイノベーションを原因として起こる。しかしながら、イノベーションを唱えたシュンペーターの偉大さは、これが経済発展にとって重要であることを指摘しても、その起こし方を指南するのは控えたことにある。彼は、イノベーションを起こす企業家を描写しているが、その内容は、それを読む人たちに「よし、自分にもできる！」と思わせるものでは決してない。シュンペーターの『経済発展の理論』（1912）を読めば分かることであるが、彼の言うイノベーションには複数の次元が想定されており、そこでシュンペーターが想定している変化とは、馬車が鉄道に置き換わるような大きな技術変化である。このイノベーションは、シュンペーターが理論を動学化するために取り入れていた進化論、とくに進化論のなかでも1900年代初頭に出てきた「突然変異論」にも当てはまりそうな出来事として描写されており、それを起こす企業家は「ニーチェ的な英雄主義の世界」[38]として描かれている。進化論は生物学上の事実なのであろうが、進化を人為的に操作することが難しいことと同様、シュンペーターの言うイノベーションを原因とする経済発展は、目指せば簡単に起こせるものではない[39]。イノベーションなるキーワード付きの成長戦略を売る経営コンサルや経営学者、はたまた政治家や官庁が雨後の筍のように出てくるのは後世のことであり、シュンペーターは草葉の陰で失笑してい

---

36) 本書第6講所載。
37) 本節は、権丈善一「合成の誤謬考——企業の利潤極大化と社会の付加価値極大化は大いに異なる」『生産性新聞』（2011年10月25日）をオリジナルとして、種々加筆したものである。
38) 森嶋（1994）61頁。
39) 「イノベーションを促す政策とは——今日の論調とオリジナルなシュンペーター理論」、権丈（2007）343-352頁参照。

るはずである。

　成長論のパイオニアであるソローは、経済成長の主因たる全要素生産性（TFP）を「無知の計量化」と呼んだ。彼は、TFP を左右する原因を論じようとすると、「素人社会学の炎上」に陥ってしまうのがオチと評しているのであるが、TFP に対する不可知論は、多くの経済学者も継承している。そして彼らは（私も含めて）、成長戦略論議はためにする議論の典型だと本当のところは思っている。

　そうは言っても、国富の計量単位たる付加価値の定義に基づけば「少なくとも言えること」はある。たとえば、経済成長を観察する単位である GDP、すなわち付加価値の総計は、生産、分配、支出という 3 面から定義することができ、これらは常に等しくなるという三面等価の原則のもとにある。

三面等価の原則
- 生産面　付加価値＝生産額－中間投入物
- 分配面　付加価値＝営業余剰＋雇用者所得
　　　　　　　　　＝企業所得（留保利潤＋配当）＋家計所得（利子＋雇用者所得）
- 支出面　付加価値＝消費＋投資

　ここで気をつけなければならないことは、付加価値は、生産面から見れば生産額から中間投入物を控除した額であり、分配面から見れば、営業余剰に加えて雇用者所得も構成要素に入っていることである。一方、企業が極大化を考えているとされる利潤は、販売額から費用を控除した額であり、その際の費用には人件費も含まれる。つまり、雇用者所得を犠牲にして企業の利潤を増やしても、経済成長の計量単位である GDP は増えない。

付加価値と利潤の相違
- 付加価値＝生産額－中間投入物
　　　　　＝営業余剰＋雇用者所得
- 利潤　　＝販売額－費用

図表17-5 利潤極大化行動の合成の誤謬（図表1-22再掲）

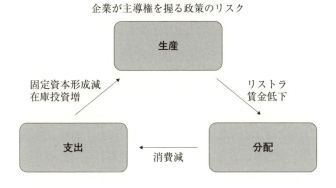

　のみならず、企業が私的利益追求の視点から、利潤極大化を求めて労働コストを限りなく低く抑え雇用者所得の伸びを落とせば、いずれは公共善たる付加価値の総額 GDP は縮小する（図表17-5）。なぜならば、付加価値を支出面から眺めると、雇用者所得の低下は消費の縮小、在庫投資の増加で調整され、ゆえに、早晩、固定資本形成が減少していくからである。各企業のミクロ的な成長論としては労務費の抑制は合理的なのであろうが、マクロには合成の誤謬に陥ってしまう。労働力の非正規化を進めた民間の経営者たちに、一国の経済政策を習うほど滑稽な話はなく、企業が一方的に主導権を握る政策形成は、一国を合成の誤謬に陥れ、デフレスパイラルに陥らせるリスクを抱えている[40]。

　こうした短期的な調整、すなわち固定資本形成の手控えが累積した今日の資本量と、現存する労働力をフル（あるいは平均）稼働した生産力が、「計測された」潜在生産力である。つまり、計測された潜在生産力は短期的な景気変動の影響を受けている。このあたりに考えが及ばず、短期と長期は独立で、長期総供給曲線に影響を与えるサプライサイドへの政策のみを成長戦略と捉えている論者は多く見受けられるが、ただの想像力不足とみなしてよい。

---

[40] ちなみに、大河内一男の労働力保全論も合成の誤謬論に属する。労働力保全では、社会政策によって、総資本は労働力全体の再生産の基礎条件を安定させ、個別資本による無規律な労働力の食いつぶしを妨げると説かれる。

ここで、一昨年（2010年）にヒットした「ゲゲゲの女房」の話を紹介して、経済成長の意味を感覚的に理解してもらおう。彼ら主人公たちが結婚したのは1961年、まさに高度経済成長スタート時期。その時、彼らの家には、家財道具は悲しいほどになにもなかった。ところがその後、カラーテレビ、クーラー、自動車などなど三種の神器が揃っていった。一方、中国やインドには、この生活水準に到達していない人が数多くいる。ゆえに、成長の余地は大いにあると見込むことができるのである。逆に言えば、日本は、国民の大半に貨幣を保蔵するよりもなんとしても消費をしたいと思わせる魅力的な新商品が開発されないかぎり、高度成長期のような成長は見込めそうにない[41]。そして、そうした魅力的な新製品の開発力を政府が持っているはずがない。社会保障という灌漑政策で潤った田畑で大きく育つものは、民間の前向きな試行錯誤から確率的にしか生まれてこない。

　支出面から見た付加価値総額を、すでに始まっている人口減のなかで維持・拡大していくためには、1人当たりの消費や投資を増やしていくしかない。投資を増やしていくと生産力が高まるので、そこでの生産物をさばくためには、結局は、消費を増やさざるをえない。ところが、より高い消費水準の達成は、付加価値の構成要素たる雇用者所得の抑制と普通は両立しない。この国には、国民の多くが高い生活水準を享受できるように、高い雇用者所得を支払うことができる企業が国内に存続するか、それとも低い雇用者所得しか支払うことができない企業に頼って、みんなで低い生活水準に甘んじていくか、そのいずれかの選択肢しかない。

　日本は、いかにして1人当たりの消費を増やしていくのか。そのために、いかにして消費者に購買力を分配するのか。今日、のみならず実は以前からも、考えるべきはそういう問いだったのであり、大陸ヨーロッパは再分配政策を重視し、アメリカは小さな政府のままバブルを連発してあまり品の良くない消費や住宅投資を煽って需要不足を補ってしのぎ、日本は合成の誤謬に

41）　他の表現では、「流動性プレミアムを相対的に低下させるほどの魅力的な新製品の開発が成長を実現する」と一般化できる。経済成長のこのメカニズムは、青木昌彦・吉川洋氏の青木・吉川成長モデル、小野善康氏のπ−1分析において分析されており、両モデルは、同じ着想に基づいている。

気づかずに経営者に政策形成を委ねていた。そして、皆、リーマン・ショックというアメリカ戦略の破綻に巻き込まれ、現在に至っている。

付加価値生産性と物的生産性

医療の生産性が低い、介護の生産性が低いという観点から、医療介護の規制緩和を求める声は昔からある。2011年2月にも『日本経済新聞』に次の記事があった（図表17-6）。

こうした現象に対する日経新聞的解釈は次のようであった。

- 参入障壁があり事業者間の競争が乏しく、生産性を高めようという動機づけが働きにくい。
- 福祉サービスの料金は公定価格が基本で、サービスの差が生まれにくい──などの理由が挙げられる。

はたしてこの解釈は正しいのであろうか。

付加価値は、生産額から中間投入物を引いた額であり、医療や介護の場合は、診療報酬や介護報酬などの公定価格が上がれば、計算上、付加価値は高まり、公定価格が下がれば、付加価値は落ちる。2002年以降、2000年よりも

図表17-6　医療介護の労働生産性

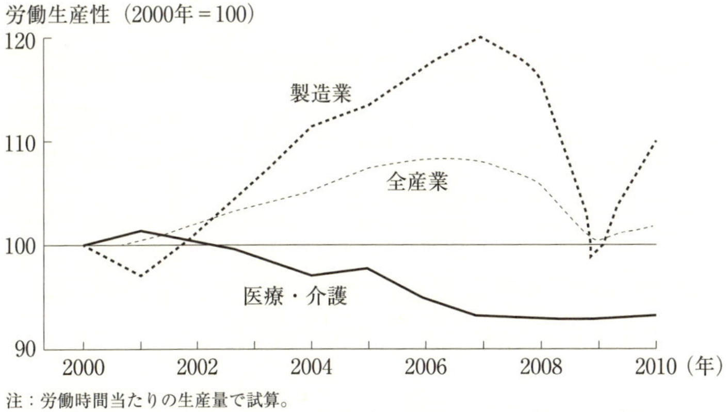

注：労働時間当たりの生産量で試算。
出所：経済産業省・厚生労働省資料より作成、『日本経済新聞』2011年2月7日朝刊。

医療、介護の生産性が落ちているのは、そこで働く労働者が増えているにもかかわらず、公定価格は上がってもわずか、時には引き下げられたからである。逆に、診療報酬や介護報酬を上げれば、生産性は高まる。

　生産性について語る場合には、この用語について正しく理解しておく必要がある。

　　　生産要素投入量1単位当たりの生産量を、そのものの生産性といい、その増加率を生産性上昇率という。……エコノミスト、新聞などが誤って使っている場合が多いので、その内容を厳密に定義する必要がある。いま投下労働量を l 時間とし、それによって生産された生産物を q とすると、労働生産性は q/l であり、労働当たりの物的生産性である。したがって、生産性の比較は、工場内の同じ工程をとって比較する以外ない。たとえば、乗用車の組立工程を日米間で見ると、1人1時間当たり、もっとも効率のよい工場同士で、日本1に対して、米国0.35であり、塗装工程で、最頻価日本1、米国0.5（いずれも1981年）である。しかし、通常エコノミストや新聞が用いる生産性は付加価値生産性で、価格を p、製品当たり原材料費を u とすると $(p-u)\,q/l$ である。したがって、価格の高い米国の自動車産業が、物的生産性 q/l は小さくても、付加価値生産性が高くなることがあり、日本は生産性が低くなる可能性がある[42]。

　周知のとおり、先進国の中で日本の人口当たり医師数は少ないにもかかわらず、1人当たり外来受診回数、1人当たり入院日数が圧倒的に多い。これは、日本医療の物的生産性はかなり高く、場合によっては、日本の医療関係者が生活を犠牲にして働いており、過労死の瀬戸際にいる人も中にはいるのではないかと考えるのが、普通であろう。

　経済学においては、アダム・スミスの『国富論』の時代から、生産性と言えば物的生産性のことを指していた。そしてスミスは、国富は必需品、利便品からなると定義し、「労働には、対象物の価値を高めるものと、そのよう

---

[42]　「生産性」『現代経済学事典』岩波書店。

な効果がないものとがある。前者は価値を生み出すので、生産的労働（productive labour）と呼べるだろう。後者は非生産的労働（unproductive labour）と呼べる」と考えていた。

ところで、生産性という言葉については、その概念の確立に努力していたフランスのジャン・フーラスティエは、1952年に次のように書いている。

〔生産性という言葉は〕フランスではこの数年来流行語になっている。この言葉は1945年頃までは実際に使われず、ただ専門家の間にだけ知られていたにすぎなかったが、いまでは専門家、技術者、経営者、労働組合のみならず、政治家、経済学者、社会学者にまでも使用される常用語となっている。鳥の鳴かぬ日はあっても、フランス人に労働の生産性を向上させることを要求し、あるいはこの方法で得られた結果を賞賛する話の交わされない日はないほどである[43]。

こうなると流行の「生産性論議」に多くの素人が参入してくるわけである。フーラスティエが指摘するように、当時の専門家団体である、「フランス統計家研究団体、つづいてフランス生産性委員会、次にはOECDの科学技術問題委員会は、このような生産性という言葉の〔付加価値生産性におよぶ〕拡大解釈を否定している。……生産性の価値概念は……しばしば重大な混乱に導くからというものである」[44]。

そしてフーラスティエ自身も、今で言う「付加価値生産性」に対して次のような警告を発していた。

《附加価値》は、総取引額（すなわち販売総額）、産業活動において消費される商品および原料の費用価格との差額に解されている。このようにして得られる額を、従業員の数あるいは費やされた労働時間で割りさえすれば、1人当たりあるいは1時間当たり貨幣収入が得られる。

《生産性》という用語は右〔上〕の商には適用できないように思われ

---

43) ジャン・フーラスティエ（1952）／酒井一夫訳（1954）『生産性』8頁。
44) フーラスティエ（1952）／酒井訳（1954）53-54頁。

る。実際、その章の中には、利潤や従業員の給与水準のような貨幣的諸要素が入り込んでおり、さきに定義されたような生産性について、まったく誤った観念を植え付ける怖れがある（この商は、いわゆる生産性とともに変化するのと同じように、利潤や重役賞与とともに変化する）。したがって、この商は《従業員当たり付加価値または純生産》（あるいは時間当たり）と呼ばれるべきであって、生産性と呼ばれるべきではない[45]。

いつの時代も、素人を巻き込むブームになってしまえば、専門家の慎重な論は大方負ける。生産性という言葉が流行りはじめた時に、専門家たちは「生産性の定義と測定」について、付加価値で測るのは間違いであると散々唱えていたのである。しかしながら、残念なことに世の中では、生産性と言えば付加価値生産性のほうこそが一般的になり、物的生産性のことを考える者は希になってしまった。

ちなみに、ジャン・フーラスティエやコーリン・クラークたちが経済を第1次、第2次、第3次と分けた「3部門分割」の考え方を確立していた1940年代末から1950年代は、第3次産業、後にその大部分がサービス産業と呼ばれる部門が雇用を大いに吸収していた時代であった。時代を少し下りた1960年代にサービス経済学者として名声を確立し、その後には医療経済学者としてトップに立つフュックスの弁を借りれば「この国は経済発展の新しい段階を切り開いている。われわれは"サービス経済"のなかにいる。つまり、われわれは世界の歴史上初めて、雇用人口の半分以上が衣食住の生産にも自動車、その他の耐久性のある財貨の生産にもかかわらない国に暮らしているのである」[46]。

本講で登場したマルサスの『人口論』における「人口は制限されなければ幾何級数的に増加するが生活資源は算術級数的にしか増加しない」とする予測の大誤算は、想像を絶する食料生産性の増大にあったのだが、実のところ、人類は——と言っても先進国の人々に限られる話だが——、食料の次に第2

---

45) フーラスティエ（1952）／酒井訳（1954）68頁。
46) Fuchs, V. R. (1965), "The Growing Importance of the Service Industries," *National Bureau Economic Research*, occasional paper, no.96, p.1.

次産業に属する産品の生産性についても想像を絶する増大を経験したとも言える。

　もし、人々のニーズにスミスの時代から変化がないのであれば、第１次産業、第２次産業の生産性の飛躍的な増大のおかげで、これらの産業で生産された産品——スミスの言う生産的労働の生産物である必需品と利便品——に対して需要が飽和してしまい、そこを天井として経済の規模は伸び止まりを見せることになったはずである。第１次・２次産業の物的生産性が高くなった便益を享受できる社会では、そうした産業に要する雇用量はきわめて僅かですみ、生産的労働に従事しなくてもすむ「有閑層」を多く抱えることになる。しかし、市場から一次分配を受ける、すなわち購買力の分配を受ける人たちそのものが一部の生産的労働に従事する人たちに限られる社会である場合、そうした社会ではどうしても総需要の天井が低くなってしまう。歴史的には、それらしき状況の兆しを目の前に見た晩年のマルサスは、国民経済にとってのスミスの言う非生産的労働の重要性、彼らが有効需要を担うことの重要性——マルサスは、50歳代に入った後期においては、「有効需要」という言葉を用いて、アダム・スミスの資本蓄積論に反論をしていた——を指摘していた。

　ところが、経済にとって幸いにも、人間という生き物は、第１次・第２次産業で生産された必需品と利便品を手に入れるだけでは満足できないようにできており、人はみせびらかしのためにも財を消費することもあれば、昨日まで考えてもいなかった財・サービスを広告によってなんとしても欲しくなることは日常で、さまざまなサービス——普通に考えると、それにどれほどの価値があるのかと疑いたくなるサービスから、そうでないサービスまで——に対するニーズも持っていたわけである。

　スミスが非生産的労働と位置づけたのは、国王、国王に仕える裁判官と軍人、陸軍と海軍の将兵、聖職者、法律家、医者、各種の文人、役者、芸人、音楽家、オペラ歌手、バレエ・ダンサーなどであった。そうした活動に、生産的労働に従事していない、スミス的意味での有閑層が就いてそれなりの所得、購買力を得ることにより、有効需要の担い手として社会全体の総需要の天井を高くすることになっていったのが、経済のサービス化、ポスト工業化

であったとも言える。そうしたスミス的「非生産的労働」の領域に、われわれの職場である大学、そしてシンクタンクの研究者や、多くのホワイトカラー、それに医療や介護、保育や教育のようなものまでも含まれることになる。もっとも、医療、介護、保育、教育などは、国民がサービスの利用段階における平等性を強く求める分野の経済規模は、政府の財源調達力に強く依存することになるのであるが。

　生産性という言葉が、専門家の手を離れて大衆のものとなる1940年代半ばまでは、生産性は、スミスが生産的労働と呼んだ産業における物的生産性しか指していなかった。しかしながら、専門家たちの警告にもかかわらず、生産性という言葉は、大衆の間では付加価値生産性を指すようになり、その付加価値生産性によって、民間のサービスだけではなく社会サービスも語られるようになってしまったわけである。

　いわゆる「付加価値生産性」というような指標を用いて生産性を論じるべきではないと、なぜ先人たちは警告していたのかというような根本的なことを、みな問い直したほうがいいだろうと思う。そしてこの話題のきっかけを提供してくれた日経の記者も、医療介護の「付加価値生産性」を眺めて、「すわ、医療介護の生産性が落ちている！」と言う前に、自分たち記者の生産性とはいったい何なのか、もし君たちがなんらかのかたちで新聞記者の生産性を定義した場合、その指標で測ると君たちの周りにいる同僚の１人１人はどのように評価されるのかを考えてみることを勧めたい。

福祉国家を支える集団としての医療界に求められるもの

　個別企業の利潤極大化の視点から混合経済を敵視する経済界に拮抗して、混合経済、福祉国家を守るベクトルの起点となるのは、労働界であり医療界であるはず。しかしながら、『週刊社会保障』の編集後記「記者の耳」で、次のような記事を読むと心許なくなってくる。

　　　11月24日の医療保険部会で、所得の高い国保組合への国庫補助引下げが議題になり、当事者である三師会の委員が猛反発。「組合を解散して国保に移れば、かえって国庫負担が増える」と反論[47]。

図表17-7　医療保険の加入者1人当たりの所得・保険料の比較（粗い試算）

	通常使用する所得概念での加入者1人当たり所得水準（万円）		収入（試算）①（万円）	旧ただし書所得（試算）②（万円）	年間保険料③（万円）	負担率（%）	
						③／①	③／②
国保組合	市町村民税課税標準額	217	504	316	12.5	2.5	4.0
医師	〃	644	1,050	795	13.2	1.3	1.6
歯科医師	〃	225	514	324	12.3	2.4	3.8
薬剤師	〃	221	509	320	13.3	2.6	4.2
一般業種	〃	125	364	204	15.6	4.3	7.6
建設	〃	71	263	133	10.9	4.1	8.2
市町村国保	旧ただし書所得	79	186	79	8.3	4.5	10.5
協会けんぽ	収入（総報酬）	218	218	102	8.9（本人）	4.1	8.7
健保組合	収入（総報酬）	293	293	154	9.1（本人）	3.1	5.9

注：収入（総報酬）＝旧ただし書所得＋基礎控除＋（給与所得控除、公的年金等控除、必要経費等）
　　旧ただし書所得＝市町村民税課税標準額＋基礎控除を除く所得控除（扶養控除、配偶者控除等）
出所：事業仕分け（資料・論点シート・評価結果）2010年11月16日。

　医療関係者の国保組合には、建設国保と同様に、今では正当な理由があるとは言えない国庫負担が入っている。その結果、三師会（医師会、歯科医師会、薬剤師会）の人たちの保険料率は、市町村国保、協会けんぽ、健保組合の平均的な保険料率よりも低い。図表17-7は、事業仕分けでの配付資料である。粗い試算であるが、三師会の保険料率は、所得ベースでも旧ただし書所得ベースでも低い。

　国保組合に関しては、2010年12月17日に、国家戦略相、財務相、厚労相の三大臣合意があり、「所得が高い国保組合に対する補助金は廃止する」ことになっている。ここで、医療関係者自らが支払う保険料が高くなるからといって、三師会は、建設国保をはじめ、かねて問題視されていた国保組合改革に反対し続けるのだろうか。医療費を上げるためには、保険料を主財源として引き上げていくしかない[48]。公的医療の充実、福祉国家の充実を言うべき医療関係者が、自らの負担増を避けるために国保組合の存続に動いていた

---

47)　『週刊社会保障』No.2656（2011年12月5日号）、66頁。
48)　本書第9講参照。

図表17-8　被保険者数ソートの健康保険組合（2008年）

（医師国保被保険者数：326,128人）

	組合名	被保険者数・男女計
1	人材派遣	457,981
2	関東ITソフトウェア	278,253
3	エヌ・ティ・ティ	271,969
4	日立製作所	223,115
5	東京実業	209,507
6	東京都情報サービス産業	186,601
7	東京薬業	160,459
8	パナソニック	158,419
9	東芝	153,454
10	ジェイアールグループ	148,010
11	東京電子機械工業	146,833
12	関東百貨店	146,313
13	産業機械	140,000
14	富士通	128,870
15	全国印刷工業	119,120
16	日本電気	111,337
17	東京西南私鉄連合	108,450
18	全国外食産業	107,000
19	トヨタ自動車	106,381
20	三菱電機	101,346

出所：「健康保険組合の現勢（平成20年3月末現在）」『健康保険組合連合会』平成22年1月。

のでは、他にどんなに良いことをしても、それらの努力がすべて台無しになってしまう。

かねて言っているように、医師国保が政府から力尽くで解体されるよりは、医療界は、「補助金を返上して健保組合を作る」と積極策に出るほうが、医療政策形成における高い交渉上の地歩を確保できる。

2008年現在、健保組合は1,500余りある。これを被保険者数で見た場合、最大規模の組合は45万7,981人の人材派遣である（図表17-8）。ここに、医師国保被保険者総数の32万6,128人が入ると、いきなり第2位規模の組合を作ることができる。都道府県単位でつくっても、たとえば東京都医師国保ならば89位、沖縄のような最小のものでも1,485組合中1,266位というように、結

構な規模となる。これは医師国保だけの話であり、そこに歯科医師国保、薬剤師国保が合流すると、いかにも興味深い展開を期待できるはずである。

　今でこそ、健保連はその構成員の性質上、福祉国家の充実を阻む役回りを演じざるをえないであろうが、医業健保組合が設立されると、健保連のなかで厳然たる力を得ることができる。そのように設立された医業健保組合が、福祉国家における自らの重要な役割に自覚を持つならば、健保連が持つノウハウと現在果たしている役割を十分に利用することができるようになる。さらに力をつけていけば、中医協に支払側委員として参加することもできる。こうして医療関係者が1つもしくは多数の組合をつくっていけば、医療保障政策を充実させ、ひいては経済界に対する強い拮抗力として福祉国家を守る中心軸として大きな力を発揮してくれる組織になると、今後の展開を期待しているわけである。

　ところが、現在は、まったく逆の動きを示している。あまりにも惜しい[49]。

---

49)　これを書いた2012年3月末からの私の考えの変化については、第1講中「医療者と保険の関わり方」参照。

第18講 | 持続可能な中福祉という国家を実現するために＊

2012年春という今

　2009年8月30日に起こった政権交代後の政治の動きに、強く影響を与えることになる「平成21年度税制改革附則104条」（2009年3月成立）には、次の文がある。

> 　遅滞なく、かつ、段階的に消費税を含む税制の抜本的な改革を行うため、平成23年度までに必要な法制上の措置を講ずるものとする。

　消費税の増税を含む社会保障・税一体改革関連法案は、2012年3月30日に国会に提出された。通称、附則104条は、なんとか遵守された。
　世の中には、言っていることはもっともだが、「それをあなたが言う資格はない」ということがしばしばある。正論を口にする資格は、言葉の説得力を高めるためには必須の要素である。そうした資格を得るために、人は誠実に生きていこうと努めるのであり、将来のことを考えてやせ我慢をしてでも人を騙さずに生きていこうとするものであるはず。政権交代前からの彼らの言動やその後の経緯を考慮すれば、「政治生命をかけてやる」という言葉の意味は、「やり遂げて、政界から身を引く」ということ以外に解釈のしようがあるのかとも思える。
　マニフェスト総崩れのうえに、かつて完全に否定していたはずの、自公政権がその末期に掲げていた社会保障と税改革案に抱きついただけの現政権に

＊「持続可能な中福祉という国家を実現するために」『地銀協月報』2012年4月号を筆削補訂。

は、統治の正当性は皆無と考えるのが普通であろう。しかもメンツを守るために年金や高齢者医療では余計なことをしようとしている。そうなれば、一刻も早く、2009年総選挙を清算してほしいと多くの人が願うところであろう。だが、国民がそう思うがゆえに、政権への支持率は落ちる。支持率が落ちれば解散が行われる可能性は低くなり、国民は2009年総選挙の際にマニフェストを信じた自分を悔いて、壊れた現状を甘受するしかない。

　この閉塞感が、新たな突破口を求めるエネルギーを蓄積しているようにも見える。2005年8月の郵政解散あたりからの政党支持率の動きは、世の中には、2005年に小泉郵政選挙で盛り上がった人のなかに、2009年には民主党のマニフェスト選挙に大いに期待した人たちが相当いることを示唆している。そういう人たちは、次にはどういう行動をとるのか。

　政権交代から2年ほど経った2011年8月26日──菅総理退陣表明のまさにその日に、民主党はひっそりと「マニフェストの中間検証」を発表した。そこでは「政策の必要性や実現可能性について、マニフェスト作成時に検討・検証が不十分な部分があった」ことが告白され、さらに次の言葉がある。

　　　日々変動を続ける政治・経済状況に対応し、マニフェストを含めた政
　　　策全体の中で優先順位を付け、ときにはマニフェストにない政策を優先
　　　させるなど、国民にとってより重要な政策を実現させることが求められ
　　　る。

「日々変動を続ける政治・経済状況に対応し……国民にとってより重要な政策を」と言われても、よもや「農地を耕作していれば価格差補填で所得補償します」と訴えて選挙をしていた人たちが、ある日突然、「関税ゼロのTPPへ向けて体質強化を！」と号令をかけはじめるなど、誰にも予測できるはずがない。さらに、選挙の前には、「総予算207兆円の1割から2割くらいは簡単に切れる」〔藤井裕久氏〕、「〔財源のことは〕難しいことではありません。政権を代えていただければ、やる気があるかどうかという問題であって……一度任せていただければ実現をいたします」〔枝野幸男氏〕、「16兆8,000億円を作ることは十分可能であります。……財源はいっぱいあります」〔野田佳

彦氏〕と言っていた人たちが、消費税増税を不退転の決意でやりぬく方針に変わるなど、普通の有権者たちに想像できるはずもない。

しかしそれが現実になっているのが、この国の現状である。古今東西、ここまで奇妙な状況は、他にないのではないだろうか。付け加えれば、政党が目指すべき方向性を示す「綱領」もない政党が、一国を統治するという事例は、先進国のなかで他に見ることはできるのであろうか。

政権交代から一体改革法案提出までの財政運営

2009年3月に2009年度予算が88.5兆円、国債発行額33.3兆円で成立する。しかしリーマン・ショック後の経済危機のなか、国家有事の予算としてすぐに第1次補正予算が組まれ、5月に13.9兆円、国債発行額10.8兆円の補正予算が成立する。この時点までの予算は、102.5兆円、国債発行額44.1兆円、国債依存率は43％という姿であった。そして、8月30日に総選挙が行われ、我が国は政権交代を経験する。

政権交代後の財政運営の基本方針は、自公政権が有事の予算として残した国債発行額44兆円がキーワードとなって今日に至る。その理由は明確ではないが、おそらく、自公政権と同じであると言える範囲内で、自分たちにとって最も都合の良い基準を設けたかったからと考えられる。国債発行額44兆円へのこだわりは、たとえば2012年度予算編成でも顕著に表れる。2012年度の予算は国債発行額44.2兆円である。これに、基礎年金国庫負担2分の1に要する2.6兆円を加えると、自公政権が発行した国債の最高額を大きく上回る。そこで、2.6兆円を交付国債で賄い、予算に計上しなくてもよいように処理をしようとする――ただし、次期選挙が近づくなか、その背後では八ッ場ダム、東京外環道路、整備新幹線などマニフェストで否定していた大型公共事業を復活させ、2012年度予算に計上した。

このような手法を用いて、目一杯財政支出を膨らませているのであるが、国民との約束たるマニフェストの実施率は、惨憺たるものである（図表18-1）。

野田総理はマニフェスト不履行の要因として「景気後退による税収減、ねじれ国会、東日本大震災」を挙げるのが常である。しかしながら、これら3

図表18-1　民主党マニフェスト2009実施率の推移

年度	2010	2011	2012	2013
マニフェスト記載予定額（兆円）	7.1	12.6	13.2	16.8
実施額（兆円）	3.1	3.6	2.7	?
実施率（％）	44	29	20	?

出所：「民主党の政権政策 Manifesto2009」と各年度当初予算により作成。

図表18-2　子ども手当をめぐる迷走

手当の名前		自公政権	民主党政権	民自公3党合意	
		児童手当	子ども手当		児童手当
施行年月		06年4月	10年4月	11年10月	12年4月
月額	3歳未満	1万円	1万3,000円	1万5,000円	
	3-12歳　第3子以降				
	3-12歳　第2子まで	5,000円		1万円	
	中学生				
所得制限		あり	なし	あり	
16歳未満の扶養控除		38万円/年	なし	検討中*	

注：*12年度税制改正までに総合的に検討とされていたが、3月30日成立の改正児童手当法では附則で改めて検討事項と位置づけられ、先送りされた。
出所：「児童手当」時の制度、政権交代直後の暫定的な「子ども手当」、民主、自民、公明による三党合意「子どもに対する手当の制度のあり方について」（2011年8月4日）、三党による「確認書」（同年8月9日）、2012年3月30日成立の改正児童手当法などをもとに筆者作成。

つの要因はすべて「新規施策16.8兆円のための財源は、脱官僚、政治主導によるムダ排除等で得られる16.8兆円の財源で実施する」という、マニフェストの基本構造とは何の関係もない。あると公言していた財源はなかったという単純な事実が、所得制限なしを謳っていた子ども手当が所得制限のある児童手当に戻る迷走を見せ（図表18-2）、マニフェストの目玉の1つであった高速道路の無料化については「平成24年度予算概算要求において計上しない」ことなどの根底にある。こうなってしまった理由は、単に、「16兆8,000億円を作ることは十分可能であります」〔野田佳彦氏〕という財源話が、『マニフェスト中間検証』報告書（2011年8月26日）にあるように「マニフェスト作成時に検討・検証が不十分な部分があった」だけ、逆に言えば、彼らは検討・検証が不十分なことでも臆することなく流暢に語る才能を持っている

という話である。そして今なお、鉄面皮で、反省の姿勢も見せない。なお、マニフェスト不履行の原因に野田氏のように東日本大震災を挙げることは、人として止めたほうがいいと思う。

　2012年4月現在、一応、社会保障・税の一体改革関連法案は国会に提出されている。しかし、その成立の見通しが立たないのは、おおかた次の事情による。

　歴史をさかのぼれば、福田内閣時の2008年、自公政権は、小泉路線と決別して、国民に負担を求めてでも中福祉を実現する方向に大きく舵を切った。福田内閣のもとで「社会保障国民会議」が立ち上げられ、2008年11月にまとめられた報告書には"ささやかな中福祉"の国家像が描かれた[1]。そして「社会保障国民会議」が描いた青写真を部分的にでも実現することと財政健全化の財源を得ようとして、同年12月の閣議決定「中期プログラム」では「消費税を含む税制抜本改革を2011年度より実施できるよう、必要な法制上の措置をあらかじめ講じ」るとした。この閣議決定に若干の調整が施されて、2009年3月に、本稿冒頭に引用した「平成21年度税制改革附則104条」が成立する。そうしたなか、2009年8月に政権交代が起こる。

　政権交代後も、責任ある立場にある者たちによる政策の継続性は保たれ、2010年3月には、財政見通しに用いる「経済財政の中長期試算」は「プルーデント（慎重）な見通し」、つまり「実質経済成長率1％台、物価上昇率1％弱」に基づくことが決められた。ともすると高い成長率を掲げて当面の財政責任から逃れようとする政治家たちを抑え込むためであった。

　菅内閣のもとでまとめられた2011年6月の社会保障・税一体改革「成案」は、自公政権時代の「社会保障国民会議」の本会議座長、分科会座長、事務局などが政府の検討会議に再結集してまとめあげたものであり、政権交代前の自公政権の案と変わりはなかった。

　この「成案」作成段階の2011年春、民主党の要人たちは非公開の場で、年金改革の財政試算を検討している。その試算は、民主党がマニフェストに掲げた「新しい年金」を実現すれば、中堅サラリーマンに大幅増税と年金給付

　1）「社会保障国民会議」の詳細については、権丈（2009）参照。

カットというダブルパンチを強いる厳しい現実を数字で突きつけた。そこであろうことか、民主党の要人たちは、その試算を封印してしまった。

そして、2011年6月の社会保障・税一体改革「成案」では、民主党の選挙戦略の柱であった年金抜本改革は永遠に追求すべき課題と位置づけられ、実質的には棚上げされる。「成案」を取りまとめた与謝野馨氏は、昨年（2011年）末の『週刊社会保障』で、民主党の年金制度改革は「嘘」であり「使いものにならない」、「成案では、一応看板だけ残しているが、あれは墓碑銘」とも評していた。

ところが、菅内閣から野田内閣に替わり、与謝野氏が一体改革の最高責任者から外された後、民主党はマニフェスト総崩れの批判を恐れ、そのうえ次回も年金選挙をという姑息な夢を見て、2009年マニフェストへの回帰を図り始めた。

ちなみに、民主党が勝利した2004年と2007年参院選、2009年総選挙は、明らかに年金選挙であった。なお、2004年4月に民主党は、わずか11頁の年金改革法案を提出して以来、彼らは8年近くの長きにわたり、「年金一元化」と「7万円の最低保障年金」という、普天間で言えば「最低でも県外」程度のスローガンを掲げたままでごまかしてきた。年金は、具体的な改革案を示さずとも、いやむしろ改革案を示さないまま現行制度を批判したほうが票になるので、民主党にとって年金は手放せない政争の具であったのであり、今なお、次の選挙でも利用しようとしている。

今回の一体改革とは切り離された年金はこのあたりにして、話を戻そう。2012年2月17日の閣議決定「大綱」では、「成案」で葬られていた「新しい年金制度」、「後期高齢者医療制度の廃止」という絵空事が復活される。そのために「成案」と「大綱」は、その性格が根本から違うものとなり、その「大綱」がそのまま一体改革の法案となった。

この過程で、「与野党協議をするなら、年金試算の詳細を明らかにしてほしい」という野党の誘い水に、年金に詳しくない民主党幹部が乗る。その後、二転三転の茶番の末に試算は公表され、野党、メディア、研究者から批判され続けている。

「新しい年金制度」と「後期医療制度の廃止」を復活させる前の、つまり

与謝野氏が2011年6月にまとめた一体改革「成案」の段階では、大手メディアは、与党の協議に応じようとしない野党に批判の矛先を向けていた。ところが、民主党が、いったん葬られていた「新しい年金制度」を復活させた後は、（事業主負担が減る民主党案を支持する日経新聞を除く）大手新聞の論説は、一斉に、「新しい年金制度」の撤廃を求めて、民主党を批判しはじめた。そして、一体改革法案が国会に提出されてからの、連立与党の国民新党内の党首・政調会長と他のメンバーとの分裂。そのうえ、いつもながらの民主党内のお家騒動が起こる。しかも、民主党内の対立は、言い分としては、消費税増税はマニフェスト違反であると言って政府の方針に反対するグループのほうが、政治的な理屈のうえでは正しい。こうした状況を与件とすれば、今後の動きは、誰にも読めるはずがない。

今回の一体改革の意味

　ここで、今回の「社会保障と税の一体改革が何をもたらすか」を見るために、消費税引き上げ前後の内閣府による「経済財政の中長期試算」における国・地方の基礎的財政収支の対GDP比（慎重シナリオ）を1つの図にまとめてみる（図表18-3）。図に描いた昨年2011年1月試算は一体改革の議論が始まる前のものであり、当然消費税引き上げを予定しておらず、2012年1月試算は「素案」の消費税率引き上げを反映させた見通しである。

　一体改革のシナリオが描くとおりに2015年10月1日より消費税率が10％になり、その使途が、消費税1％程度2.7兆円を社会保障の充実、消費税4％分を今の社会保障制度を守るため（つまりは財政健全化）に使った場合、待機児童の減少、医療介護の充実をわずかながら期待はでき、そして日本の財政は改善される。しかしながら、なお、2015年度の基礎的財政収支の対GDP比は▲3.3％の赤字のままである。

　現在進められている社会保障・税一体改革の大前提は2010年6月閣議決定「財政運営戦略」にあり、そこでは2つの基準が設定されていた[2]。

---

2) この2010年6月の閣議決定「財政運営戦略」の財政健全化数値目標は、同年3月に自民党が提出した「財政健全化責任法案」の内容と大差ない。

図表18-3 国・地方の基礎的財政収支の対GDP比（慎重シナリオ）

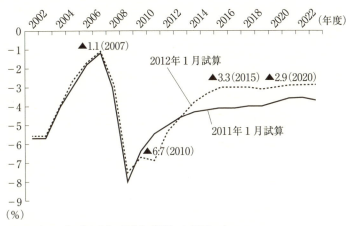

注：2012年は、復旧復興対策の経費及び財源の金額を除いたベース。
出所：内閣府「経済財政の中長期試算」（平成23年1月21日、平成24年1月24日）より作成。

- 国・地方の基礎的財政収支について、遅くとも2015年度までにその赤字の対GDP比を2010年度の水準から半減し、遅くとも2020年度までに黒字化する。
- 2021年度以降において、国・地方の公債等残高の対GDP比を安定的に低下させる。

今回の2015年度までの一体改革は、前者の基準に沿ったものである。5％の消費税引き上げ後も、国・地方の基礎的財政収支の「2020年度までに黒字化」という目標にはほど遠く、それが昨年（2011年）6月の「成案」にあった一体改革実現への「一里塚」の意味であった。もっとも、「一里塚」という語は不吉であるとの批判を受けて、素案では「第一歩」に置き換えられている。

持続可能な中福祉という国家像

2010年6月の閣議決定「財政運営戦略」で、2021年度以降において国・地方の公債等残高の対GDP比を安定的に低下させるため、国・地方の基礎的

財政収支を、遅くとも2020年度までに黒字化することが目標とされたことは先述した[3]。

　社会保障国民会議は、現行の社会保障制度の非効率な側面を直視していた。ゆえに、現行の社会保障を相似形で拡大するのではなく、病床機能の分化と連携や在院日数の大幅削減を行うなどの効率化を図りながら、選択と集中を織り込んで「社会保障のあるべき姿」を描き、その必要額を、今後の追加額として試算した。その額は、消費税に換算して、2025年度で5％（社会保険方式の基礎年金を前提）である。ただし、この消費税5％は、「自然増マイナス効率化プラス機能強化」に要する額である。2020年度までの公費の自然増が3％と別途計算されていることを勘案すれば、純粋機能強化（機能強化マイナス効率化）は消費税率2％となる。

　この純粋機能強化分、消費税2％（自然増を含めば5％）を確保しながら2020年度までに基礎的財政収支を黒字化するという目標を「2020年度以降、金利が成長率を1％上回ると仮定した」うえで達成するためには、「震災復興と社会保障・税の一体改革両立を」で記しているように「消費税率の水準は17％〜22％超と計算される」[4]。

　ところで、なぜ、消費税を20数％まで上げても、ささやかな中福祉しか実現できないのか。少し立ち止まって考えれば分かるように、今や世界一に達した高齢国家日本は、高負担・高福祉国家と言われる北欧諸国より、現在も、そして将来も、はるかに高い高齢社会を迎えることになる。そして、国・地方の公債等残高の対 GDP 比が200％に至る日本は、将来世代に多額の公債の元利払費を負わせてしまった。それゆえに、この国の将来は、仮に北欧諸国のような高負担を実現できたとしても、国民1人1人はそれらの国々のように高福祉を享受できるわけではなく、分相応な未来としては、「高負担で中福祉」、「中負担で低福祉」という選択肢しか残されていない。残念ながら、われわれが次世代に残した未来とは、すでにそうした社会でしかないのであ

---

3)　本書第12講「震災復興と社会保障・税の一体改革の両立を」では、2010年6月閣議決定「財政運営戦略」の財政目標を達成しながら、2008年11月社会保障国民会議報告書で示されたささやかな中福祉ビジョンを実現するために要する消費税率を計算している。

る。

　日本の国民負担率は、先進国のなかではきわめて低い[5]。そうした状況であるのに、長らく日本は「中の下」程度の社会保障を展開してきた。それが、他国と比べて圧倒的に高い公債等残高を残してしまった原因である。公務員の数も極端に少ないことは、各種統計から明らかであり、多くの国民が信じているように、政府が大きすぎ、そこにムダが多すぎたために、莫大な借金を抱えたわけではない[6]。

　日本の財政を運営するうえで最も心配すべきことは、今後の金利上昇により、公債利払いが財政を圧迫することである。仮に、金利が1％上昇してそのまま公債の借換が済む年数を経過した場合、増加した利払い費を消費税率

4）　これら必要財源を所得税や資産課税をはじめとした他の税で賄ってもよい。ただし、次のことは視野に入れておく必要はある。

　　　たとえば現在、消費税は1％で税収2.5兆円を得られるが、相続税は1.4兆円程度の税収しかなく、相続税を強化しても消費税1％分に到達するのは難しい。所得税の最高税率を1％上げても350億円程度、消費税1％で得られる税収の1.4％分しか得られない。最低税率5％辺りでは納税者が多いので、そこを1％増税すれば6,200億円の税収になるが、それとて消費税率1％の税収の25％。それに増収額が多いからと言って、低所得層にも課される最低税率を引き上げるのは消費税の増税以上に難しそうである〔第11講参照〕。

　　なお、「復興震災と社会保障・税の一体改革両立を」の計算は、2011年1月21日の内閣府「経済財政の中長期試算」に基づいていた。翌2012年1月24日の内閣府「経済財政の中長期試算」では財政悪化が進んでいたので、それに基づけば必要消費税率は1ポイント上がり、本論にある「17～22％超」相当箇所は、「18～23％」と計算されることになる。

　　ちなみにこれらの計算では、消費税を財政再建にも使うことを前提としており、2008年12月の閣議決定から今日まで続く「消費税の全税収を確立・制度化した年金、医療及び介護の社会保障給付及び少子化対策の費用に充てる」という基準には則していない。現在のように、消費税国税分と高齢者三経費の間に消費税約4％のスキマがある場合には、消費税の使途を社会保障に充てる方針でもよいが、そのスキマがいずれ埋まると、次の議論を始めなければならなくなる。

5）　第16講、図表16-19・20参照。
6）　第16講、図表16-17参照。

図表18-4 公的債務残高と金利1％上昇時の債務増加額（消費税率換算）
（図表1-17再掲）

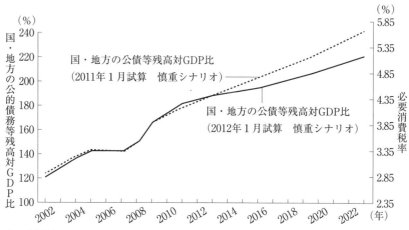

注：消費税率を引き上げる場合に、物価上昇を通じて政府が物資を購入する際の歳出も増加するために、消費税引上げによる財政健全化効果が15％ほど減殺されることも考慮して計算している。なお、金利上昇が経済成長と並行する場合は、消費税1％当たりの税収は増え、必要消費税率は小さくなる。
出所：図表11-17に同じ。

で換算したのが、図表18-4の右座標軸である。

　政権交代がなされた2009年は、国・地方の公的債務等残高の対GDP比は165％であった。その時、仮に金利が1％上昇して、その金利のままで公債の借換を終える頃には、金利上昇による利払いの増加額は、消費税率約5％分に増加する。金利が2％上昇すれば消費税率8％程度が必要になる。当時、そういう状況であったのに、この国の人たちは、「消費税は20年上げる必要はない」「消費税は4年間議論さえする必要がない」と言っていた人物を、この国のトップに選んでしまった。彼らの国家運営が行き詰まり、マニフェストを反故にせざるを得なくなるのは、一部の人たちには明白に見えていたのであるが、多くの人たちは軽くダマされた。

最後に——胴上げ型、騎馬戦型、肩車型？

　民主党が増税路線に切り替えて以降、かつて増税の必要などないと言って

いた民主党の政治家たちは、増税の必要性をいかに国民に説明しようかと考えたようである。そして考えた挙げ句、昔、この国で流行っていた手法を使いはじめたのであろう。人口構造が、昔は胴上げ型だったのが、騎馬戦型に、将来は肩車型になるから大変だという、あの論法である。たとえば、今年（2012年）１月24日の総理の施政方針演説には、次の言葉がある。

　　多くの現役世代で１人の高齢者を支えていた「胴上げ型」の人口構成は、今や３人で１人を支える「騎馬戦型」となり、いずれ１人が１人を支える「肩車型」に確実に変化していきます。今のままでは、将来の世代は、その負担に耐えられません。

言葉こそ違えど、1990年代には、１人の高齢者を支える現役世代の人たちが今後急速に減少するという話が盛んに喧伝されていた。だが、この種のキャンペーンからは、将来に対する不安感、社会保障に対する不信感、そして世代間の対立とかが生まれるばかりで、少しもいいことがなかった。ゆえに、そういうキャンペーンは、社会保障や税制の改革には逆効果だから控えるべきと、私は10数年前に書いている[7]。

　　扶養負担を表す指標――所得というパイを何人で生産し、そこで生産されたパイを何人に分配するかを表す指標――として、最も適切なものは、中高校生の教科書に図示されているような65歳以上の高齢者に対する65歳未満人口の比率ではなく、就業者１人当たり人口であることは、「論理的、学問的にすでに決着が着いている」[8]。

少子高齢化という現象は、高齢者は増えるが、一方で子どもは減る現象である。高齢者のみならず、子どもも扶養人口に加えるとすれば、それを支える人たちの人数は、これまでも、そしてこれからもさほど大きく変わるわけではない。さらには、就業者１人が、何人分のパイを生産しているかを見る

---

7)　権丈（2005〔初版2001〕）158-159頁。
8)　この言葉は、川上則道（1994）24頁による。

図表18-5　扶養負担を表す就業者1人当たり人口など

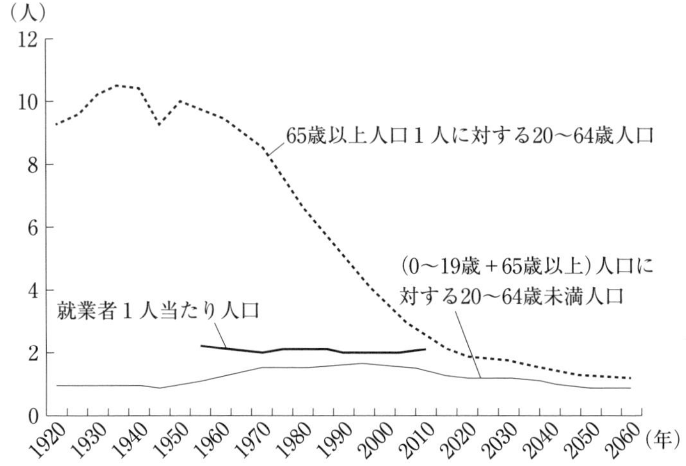

出所：総務省『人口統計』『労働力調査』、国立社会保障・人口問題研究所『日本の将来推計（平成24年1月推計）』より作成。

「就業者1人当たり人口」は、これまで、およそ2の値、つまり就業者1人で2人分のパイを生産するという状況で安定推移してきた（図表18-5）。そして、これからも、高齢者や女性たちが潜在的な力を積極的に労働市場で発揮して活躍することで、この国を支えていけばいいわけである[9]。

民主党の主要な面々が口をそろえて言う、「胴上げ型の人口構成は、今や3人で1人を支える騎馬戦型となり、いずれ1人が1人を支える肩車型に確実に変化」という言葉が、いったい何を言わんとしているのか、私にはイメージすることが難しい。もし仮に、この言葉を社会保障にそのまま当てはめる人がいるとすれば、今日の社会保障はすでに破綻していると想像するのは、むしろ当たり前のことである。しかしながら、胴上げ・騎馬戦・肩車という話は、社会保障を取り巻く実情と大きく乖離しているのである。

政治家というのは、言葉で未来を約束する職業であるはず。いずれ、選択の時が来るであろうが、せめて、国民にとって耳の痛い話であっても、長い

---

9) 少子高齢社会における経済政策のあり方については、本書第17講参照。

間、実行可能性を持つ本当の話をし続けてきたがゆえに、その言葉を信じることができる人物を選びたいものである。そういう人物が誰も出てこないというのであれば、そこで選ばれた人たちが権力の地位に就いたらすぐに、約束を反故にせざるをえなくなるということは、さすがにもう学んでいいはずである。選挙の前に政治家がどんな絵空事を語ろうとも、いずれは選挙の前と同じ政策に戻るというのであれば、選挙など不要ということにもなる。はたしてこれから先も、「それはまったくの正論ではあるが、それを言う資格はあなたたちにはない。ゆえに、その様は、かえって国民に政治不信を募らせるばかり」という、相当に不幸で悲しい民主主義の状況が続いていくことになるのであろうか。

第19講　国民皆保険という不安定な政治均衡＊

「政策は、所詮、力が作るのであって正しさが作るのではない」[1]。

国民皆保険政策も例外ではなく、これを守ろうとする勢力がこれを攻めようとする勢力よりも優勢であったから、成立来50年間存続していた政策にすぎない。そして今、皆保険政策下の公的医療という領域に市場のフロンティアを求める国内外の経済界の力は、次第に強まりを見せている。この時の攻めの道具として、医療には改革の青写真がなく、このままでは医療費は際限なく増えていくという論が使われることがある。しかしながら、実は2008年の社会保障国民会議以来、公的医療費を将来にも国力相応の範囲内に収めるための効率化策を含む医療制度の改革案は、かなり細部にわたるまでこの国には存在しており、現在もそれは引き継がれている。他面、国民皆保険に価値を置く勢力は、医療経済学の泰斗フュックスが指摘したように「バラバラであり、いがみ合う」特性を持っているようで、このままでは、皆保険制度という、市場をあるべき場所に封じ込めるための「防壁」は、軽く突破される怖れがある。

社会保障としての国民皆保険制度

社会保障は、社会の一側面にすぎないはずの「市場」を、それが本来あるべき場所に封じ込める制度であると言うこともできる。『大転換』の著者ポランニーを師とする、米国ジョンソン政権時の経済諮問委員長であった経済

＊　「社会保障としての国民皆保険制度──皆保険という不安定な政治均衡」『医薬ジャーナル』（2012年9月号）より転載。

1)　権丈（2005〔初版2001年〕）21頁。

学者オーカンは、『平等か効率か』のなかで、「権利」という概念を「すべてが売買の対象となるときの市場の支配に対して、ひとつの防壁」と規定したが、これは「社会保障」の定義としてそのまま当てはまる。市場は、生産された財・サービスを利用する権利を、支払能力に裏打ちされた意思、すなわち「需要」に基づいて人々に分配するものであり、「必要」に応じて分配するわけではない。そして市場は、資本の利潤獲得欲求に基づいて絶えず膨張しようとするダイナミズムを持っている。

　こうした市場の働きが医療に当てはめられると、医療を受ける必要性があっても支払能力を伴わないために医療にアクセスできない人が大量に出てくるし、疾病リスクの高い人をバッド・リスクとみなす保険会社の認識は、病弱の人を医療から排除する方向に作用することになる。さらに、消費者に魅力的な保険商品を開発するよりも保険給付を制限する方向に努力を傾注したほうが高いコスト・パフォーマンスを得るために、保険会社は給付の審査を厳格化して医療保険給付――米国の保険会社には medical cost として認識されている――の節約を図る経営戦略がとられることになる。そして何より、医療のように供給者である医師に情報が偏在しているために、需給者間での情報の非対称性という強い特徴が現れる市場では、供給者である医師が患者に対して圧倒的に強い市場支配力を持つことになり、医薬品や医療機器の生産者たちも、医師の持つ強大な市場支配力を活かして、自らの生産物を高値で売買できることを望むようになる可能性がある。

　これらいくつかの可能性を大きく問題視する勢力が強く表れた社会では、医療を公的領域に置き、むき出しの市場の力が医療に及ばないよう「防壁」を設けることに成功している。日本では、1961年までに徐々に整備されてきた国民皆保険がそれであり、政策形成をめぐる諸勢力の均衡として成立している国民皆保険は、いくつかの政策とセットにして現実に運営されることになる。その政策とは、次の3要素に要約できる。

・低い自己負担率
・公的給付の対象とすべき医療の範囲確定
・集権的な価格設定

皆保険という不安定な政治均衡

　公的医療保障制度の運営には、相当規模の税および社会保険料が必要となる。とくに、高い社会保険料は、個々の企業にとっては、政府からの高い人件費の強要と受け止められる。したがって、広く経済界は、いつの時代もいずれの国でも、公的医療保障制度の縮小に働きかけてくる。また、集権的な価格設定を嫌う医療関連の諸産業は、この種の価格設定が行われる際に不可欠となる公的医療の範囲確定の「ルール」も、自らの経済活動の妨げになる「規制」として強く意識する。そこで、公的医療保障制度に反対する者たちは1つのグループを形成して、皆保険を達成している国にあってはその縮小を狙い、米国においては長らくその成立の阻止を狙って政府に働きかけてきた。皆保険というのは、本質的に不安定な政治均衡として成立しているにすぎないのである。

　そうした力学場におけるベクトルを知る1つの手がかりは、米国におけるロビイング活動に、製薬業界や保険業界がどれほど費用を使っているかである。第17講で述べたように、米国における業界別に見た政界へのロビイング

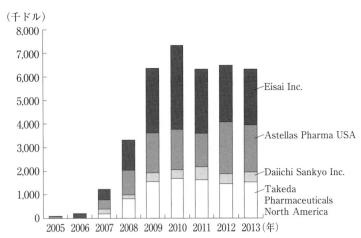

図表19-1　日本企業の米国子会社のロビイング経費の状況

注：6か月間で10,000ドル以下のロビイング費はゼロとみなされる。
出所：Center for Responsive Politics "Open Secrets.org".

活動経費、上位20位（1998～2008年累計）では、医薬品／医療材料・機器業界のロビイング活動経費は他の業界と比べて抜きん出ており、これに次ぐのは、医療保険をはじめとする保険業界である[2]。

　日本企業の米国子会社のロビイング経費は、2005年から得ることができるのであるが、最近はこれも増加している（図表19-1）。日本の皆保険は、国の内外からの圧力が今後も強くかかってくることは、十分に予想される。

皆保険維持に要する費用とその負担

　皆保険を運営していくためには、公的な財源が必要となる。その財源の見通しはどうなっているのか。日本の医療・介護政策を見通すためには、少なくとも3つの政府資料を押さえておく必要がある。第1に、日本の医療・介護改革の青写真がこの国で最初に描かれた2008年の社会保障国民会議、中間報告時の「第二分科会（サービス保障〔医療・介護・福祉〕）中間とりまとめ」、第2に、この「中間とりまとめ」の改革シナリオを受けて具体的に試算された「社会保障国民会議における検討に資するために行う医療・介護費用のシミュレーション」、そして第3に、政権交代後の2011年6月に出された社会保障集中検討会議の「医療・介護に係る長期推計（主にサービス提供体制改革に係る改革について）」である。第1の資料で医療・介護の改革ベクトルの方向性が示され、第2の資料で改革ベクトルのスカラーが決まり、第3の資料で医療・介護の改革ベクトルを追認する。

　政権交代の前後でも、医療・介護の中長期的な改革シナリオは変わっておらず、民主党政権下で集中検討会議の「社会保障改革案」が発表された2011年6月、二木立氏は、自公政権下での「社会保障国民会議報告の復活復権」と評しており、それは的確な評価であろう。そして2012年6月に厚生労働省の香取照幸政策統括官（社会保障担当）が述べているように「（医療・介護の将来像について）この議論は、（以前の）国民会議でほぼすべて整理しており、後はどのように実現していくかだと思っている。民主党政権になって、社会保障・税一体改革として、成案、素案、大綱となり、法案が提出されたが、

2）　第17講、図表17-4参照。

少なくとも医療・介護については、自民党時代の考え方とほぼ変わりがなく、医療・介護の在りようについては方向性は見えている」。

図表19-2は、集中検討会議「医療・介護に係る長期推計」における2025年度の医療・介護サービス費用と、それを賄うため「保険料」、「公費（税）」、「自己負担」がどのように見通されているか、さらに、2025年度までにいかなる改革を行うかを、医療・介護における改革項目ごとに、現状シナリオか

図表19-2　医療・介護サービス費用と財源の見込みと改革の内訳（対GDP比）

			2011年度	2025年度	
				現状投影シナリオ	改革シナリオ
費用	医療＋介護		9.9	12.8	13.6
	医療		8.1	9.9	10.1
	介護		1.8	2.9	3.5
財源	医療	保険料	4.0	4.6	4.6
		公費	2.9	4.0	4.1
		自己負担	1.2	1.3	1.3
	介護	保険料	0.7	1.2	1.4
		公費	0.9	1.5	1.8
		自己負担	0.1	0.2	0.3
現状投影から改革シナリオへの変化	医療				＋0.13％ポイント程度
	入院医療の機能強化				＋1.09％ポイント程度
	訪問診療の充実・入院減少に伴う外来増				＋0.18％ポイント程度
	平均在院日数の減少等				△0.89％ポイント程度
	外来受診の適正化等（予防、連携、ICT等）				△0.25％ポイント程度
	介護				＋0.64％ポイント程度
	介護職員の処遇改善				＋0.13％ポイント程度
	施設介護のユニット化				＋0.03％ポイント程度
	施設から居宅への移行				△0.13％ポイント程度
	グループホームの整備				＋0.03％ポイント程度
	居宅サービスの充実				＋0.54％ポイント程度
	予防・改善効果				△0.10％ポイント程度
	入院医療の効率化に伴う需要増				＋0.13％ポイント程度

注1：＋：増加、△：減少
　2：GDP：国内総生産、ICT：情報通信技術
出所：社会保障集中検討会議『医療・介護に係る長期推計〔主にサービス提供体制改革に係る改革について〕』2011年6月より筆者作成。

ら改革シナリオへの変化額を、それぞれ2025年次の対 GDP（国内総生産）比で示したものである。

　改革シナリオは、医療費の伸び率（人口増減や高齢化除く）について、伸びの要素を積み上げて仮定した「ケース①」を記載。改革シナリオの対 GDP 比表示の所要額は、「（参考）充実、重点化・効率化の内訳」に記されている現状シナリオから改革シナリオへの変化額を、同資料で試算されている2025年の GDP で除して％ポイントで示した値である。

　なお、「日本の将来推計人口（2012年1月）」を反映させた「社会保障に係る費用の将来推計の改定について（2012年3月）」では、2025年の医療、介護の保険料負担の対 GDP 比はそれぞれ4.7％、1.4％、公費負担の対 GDP 比は4.2％、1.8％であり、図表19-2の数値とほとんど差異がない。

　図表19-2に示されるように、目下考えられている医療の改革シナリオを進めていくと、医療費の対 GDP 比は現在の8.1％から10.1％に増えるが、保険料と公費からなる公的医療費は、将来にも国力相応の範囲内に収まる。少なからぬ論者が喧伝するように、医療費が青天井で増えていくわけではない。そして、2025年においても自己負担の対 GDP 比は現在の1.2％から1.3％に増える程度であり、財源としては、公費（税）への依存を強めることになるが、なお社会保険を主財源とし続けることが想定されている。

社会保障としての国民皆保険の将来を左右するもの

　もっとも、先に触れたように、皆保険を縮小する圧力は、国内外からかけられるはずである。そして彼らの圧力のかけ方は、国民すべてを対象とした医療保険は堅持するから皆保険の否定ではないという形になるであろう。その方向性は、たとえば、2012年6月15日の三党合意文書、および8月10日に成立した社会保障制度改革推進法のなかにある「医療保険制度に原則として全ての国民が加入する仕組みを維持する」という文言で表されることになる——いわゆる「混合診療」の全面解禁下でも、この文言は矛盾しない。要するに、この文言は、筆者が言う「横の皆保険」は維持するが、「縦の皆保険」は放棄して、階層消費型の医療を容認するとも解釈されるのである（図表19-3）。

図表19-3　平等消費型医療制度と階層消費型医療制度(横の皆保険と縦の皆保険)

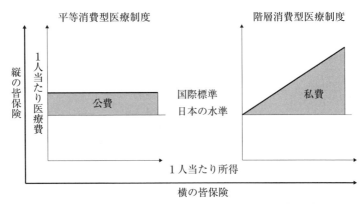

出所：権丈善一 (2012)「無政府状態下の日本の財政・社会保障——2015年を目標とした一体改革成案「一里塚」の意味」『医療政策会議　平成23・24年度報告書』日本医師会より。

　さて、従来のような皆保険を維持し、図表19-2で示されるような医療財源の確保と医療の改革を実行することはできるのか。この問いについては、米国での国民皆保険をめぐる政治動向を観察していた医療経済学者のフュックスの言葉を引用しておこう。「(国民医療保険に)積極的に反対する勢力は強力で、しかもよく組織されている。それに比べて、国民医療保険を支持する勢力は弱く、バラバラであり、その上それを求める理由やそれを実現する最良の方法に関して、いがみ合っている」。フュックスが見た医療界は、「最終的に医療供給者にたいする政府の規制を増大させる」と信じて米国への皆保険の導入に組織だって反対していたが、日本のように皆保険が導入された後の医療界というものは、どうも「バラバラであり、いがみ合って」しまう性向を持っているようでもある。分割して統治されている現在のままでは、皆保険政策下の公的医療という領域に市場のフロンティアを求める日米の経済界の力には抗しきれず、皆保険制度という市場をあるべき場所に封じ込めるための「防壁」は、軽く突破されることになるのではないかと危惧もしている。

第20講　研究と政策の間にある長い距離＊

　まず、なぜ私がこの「医療技術評価（HTA）の政策利用」というシンポジウムの壇上に立っているのかを説明いたします。

HTAとのかかわり

　私がHTA（Health Technology Assessment：医療技術評価）の研究とかかわったのは、今年（2012年）2月27日に、医療科学研究所の研究会で、池田俊也先生と東美恵さんの報告を聞いたのが始まりです。その時の報告は、彼ら、とくに東さんの人柄と問題意識も反映されたためとも思うのですが、HTAの政策立案への活用は、なかなか難しいということがそこはかとなく伝わってくる内容でした。そして実際、研究会に出席されていた先生たちも、「HTAにはもう少し期待していたのになあ」という感想を抱かれていたわけです。

　正直、私は、あの日の研究会の雰囲気に、何かすがすがしい印象を受けました。と言いますのも、私は普段、HTA研究とは違う世界にいまして、そこでは、研究者はまったく意味のない研究を意味ありげに報告したり、多くの場合は、自分が計算したその数値がどういう意味を持つのかすら自覚しないまま、簡単に政策提言をするような、かなりバカバカしい世界にいるんですね。そうしたなか、池田先生と東さんのHTA報告を聞いてしまった。

　その報告を聞いた感動を記すために、「研究と政策の間にあるはずの長い距離の自覚と無自覚」[1]という文章を書いて、私のホームページにアップし

　＊　医療科学研究所フォーラム「研究と政策の間にある長い距離――QALY概念の経済学説史における位置」（2012年9月18日）講演録を筆削補訂。

ました。言うまでもなく、長い距離を自覚しているのはHTA研究者で、無自覚なのが年金経済学者をはじめとした普通の経済学者という意味です。

　すると、私のホームページには予想もしない読者がいるらしく、本日のパネリストの白岩健先生が私の文章を読んで、経済学の観点からHTA研究に関してアドバイスが欲しいとの連絡を送ってこられました。そういう経緯があって5月28日のHTA勉強会に出席することになり、そこで白岩先生が「医療資源配分の倫理的側面からの議論」という報告をされました。

　私はHTA研究者がどのように苦しんでいるのかをあまり詳しくは知らなかったので、当日、配付資料も準備せず、手ぶらで出かけたのですが、白岩先生の報告とその後の皆さんの議論を聞いていると、「なるほど、彼らが直面している問題はこういうことか」と考えがまとまりまして、手持ちのパソコンに入っている資料を適当に見繕って、2、3分で本日配付のPPT資料を作りました。私のパソコンは、ドラえもんのポケットのようなものでして、こういうのはすぐにできます。そして彼らにコメントをしたわけです。

　まず、お断りしておきたいことは、私は大学院生の頃、慶應義塾大学医学部の池上直己先生の病院管理学の講義に出席しておりました。そこでは時々、医療のefficacy、つまり治療、薬などの効き目、有効性の確認の話が出てきます。その時、「えっ？　効き目のない医療が行われているのか？」と驚いて、それ以来、efficacyのみならずeffectivenessも視野に入れたCEA、つまり費用有効度分析などは、相当に重要な研究領域だと考えてきました。延命効果などがまったく実証されていないのに、新規性が高いという理由で望外な価格がつけられる話などは論外で、そうした側面での研究は、必要不可欠だと考えています。そのうえで、これからの話をすることを了承していただきたいと思います。

実証分析と規範分析

　5月28日のHTA研究会で白岩先生の「倫理的側面からの議論」を聞いていて思ったことは、社会科学においては頭の使い方が2種類あるということ

---

1) 権丈ホームページ「勿凝学問380」（2012年3月17日脱稿）参照。

図表20-1　実証経済学と規範経済学

	実証（事実解明的）経済学	規範経済学
英語	Positive Economics (Positive Analysis)	Normative Economics (Normative Analysis)
問いの形	why, what, how be?	Should I, we, you? How, what should?
分析の方法	対象とする事象の因果関係に関する作業仮説（Working Hypotheses）を立てて、これを検証するプロセスを繰り返すことにより、この作業仮説を理論にまで昇華させ、そこで得られた理論をもとにして、まだ観察されていない状況を予測する。	複数の価値を比較考量して目的を設定、すなわち価値前提を設定し、さらに目的と手段の整合性を探究する
答えの形	sein(be)　である	sollen(should)　べきである

を理解してもらわなければならないということでした。HTA研究にかかわっている方は、医学や薬学などの理系出身、あるいは統計学出身の人が多いようですね。その人たちに、経済学をはじめとした社会科学には、Positive analysisとNormative analysisの2種類があることを、まず分かってほしい（図表20-1）。

　通常、Positive analysisは「実証分析」、あるいは、この分析が「なぜ？」という問いに対して事実を解き明かすことを行うので「事実解明的分析」と訳されることもあります。Normative analysisは「規範分析」と訳されていて、経済学のなかでは前者に相当するのが実証経済学、後者は規範経済学と呼ばれています。実証分析では、答えの形はドイツ語ではsein、英語ではbe動詞です。「なぜ、デフレは続くのか？　それは、こうこうこういう理由だからです」。このような頭の使い方が、実証分析です。典型的には、天文学とか物理学の世界ということになりましょうか。これに対して、規範分析の答えの形は、ドイツ語ではsollen、英語ではshouldという助動詞がつきます。医療は、平等に利用できるようにするべきであるとか、医療も効率的に資源配分を行うべきであるというような話です。これが、規範分析でして、この分析の背後には必ず価値判断が入っています。

そして、医療の現場はまた違った側面を持つでしょうが、政策の手前にある医学・薬学は実証分析の世界だと思います。一方、政策論は実証分析を行うだけでは絶対に不可能でありまして、規範分析を必要とし、その背後には価値判断があるわけです。

HTAの政策立案への活用可能性を考えるということは、残念ながら、規範分析の話に入ります。ここで、残念ながらというのは、規範分析というのは、まぁなんと言いますか、研究者にとってなかなか辛い側面があるからなのです。実証分析は、がんばって研究を重ねればなんとかなる可能性がないわけではない。しかし、規範分析というのは、研究へのマンパワーを増やしたり、研究費をいくらかけてみても、どうにもならない側面があります。

規範経済学の学説史──基数的効用から序数的効用へ

ここで、簡単に、規範経済学の学説史をおさらいしておきます。規範分析を明確に意識した研究を行った経済学者に、イギリスはケンブリッジ大学のピグーがいまして、彼は1920年に『厚生経済学』という本を出版します。

その本でピグーは、経済厚生は成長率が高いほど、分配が平等であるほど、経済が安定しているほど高まるという、いわゆる「ピグーの3命題」を提示します。ここで注目したいのは平等な分配という命題です。この論証プロセスは、次のようになっています。

第2命題が成立する理由
比較的に豊かな人から比較的に貧しい人へ所得を移転するとすれば、それは相対的に強くない〔富者の〕欲望を犠牲にして、いっそう強烈な〔貧者の〕欲望を充足させることができるから、欲望充足の総計を増大させるに違いないことは明らかである。かくして古い限界効用逓減の法則から確実に次の命題が導かれる。すなわち、貧者の手中にある実質所得の絶対的分配分を増加させるいかなる原因も、もしそれが国民分配分〔全体〕の規模を縮小させないのであれば、一般に経済的厚生を増大させるであろう、という命題がそれである[2]。

図表20-2 限界効用逓減の法則と基数的効用

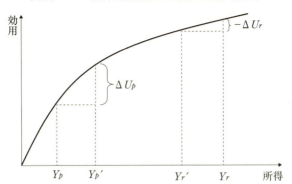

要するにこういうことですね。

まず、社会を構成する個人の効用関数は全員同じで、その効用は足し合わせることができ、すべてを足し合わせた社会的厚生を考える。この足し合わせることができる効用を基数的効用と呼びまして、基数的効用の場合、社会的厚生（Social Welfare）は次式で表されると考えられていました。

$$SW = \sum U_i(Y)$$

効用関数には、所得が増えると所得1単位当たりの効用の増分は減少するという、限界効用逓減の法則を想定すれば、高所得者から低所得者への所得移転は、社会的厚生を増加させることになります（図表20-2）。

言われてみると、なんとなく納得する話ですし、ピグーの言うことは、当時では支配的な学説であった限界効用学派の考えに則ったものでしたから、多くの人が、それはそうだと思っていました。ただし、当時支配的であった限界効用学派と言っても、水とダイヤモンドの価格は、なぜ、前者で低く後者で高いのかという問いの世界、つまり実証分析の世界で限界効用逓減の原理が使われていたというだけであって、この限界効用逓減の法則が規範分析に適用されていたわけではなかった。それを、ピグーが行ったのです。

---

2) ピグウ（1953）90頁。

厚生経済学から新厚生経済学へ

そこで、同時代を生きていた LSE（ロンドン・スクール・オブ・エコノミクス）のライオネル・ロビンズという経済学者が、1934年に『経済学の本質と意義』を著して、ピグーの限界効用逓減の法則に基づく第2命題を批判します。その論法は、次のようなものでした。

ライオネル・ロビンズによるピグー第2命題の否定

かりに A の選好について意見の相違が生じたとせよ。わたくしは、ある種の価格において彼が m よりも n を選好すると考え、あなたは同一の価格において彼が n よりも m を選好すると考えたとせよ。われわれの相違を純粋に科学的な方法で解決することは容易であろう。われわれは A に頼んでいずれが望ましいかを言ってもらうことができるであろう。……

しかしわれわれが、千ポンドの所得から A が得る満足とその2倍の大きさの所得から B が得る満足とについて意見が違ったとせよ。かれらにたずねることはなんの解決をもたらさないであろう。かれらの意見が違ったとして、A は限界において B よりも大きい満足を得ると主張するかもしれない。一方 B は、これと反対に、A よりも大きい満足を得ると主張するかもしれない。われわれは、この場合にいかなる科学的根拠もまったくない……。A の満足と B の満足と比較してその大きさを検査する手段は全くない。……異なった人の満足を比較する方法はないのである。

……限界効用逓減の法則の拡張〔ピグーの第2命題〕は非論理的なものである。したがって、それに基づいた議論は科学的根拠に欠ける。……それは倫理的な仮定としては興味深いが、純粋理論の実証的な仮定からはぜんぜん出てこないものである[3]。

---

3) ロビンズ（1957）209-212頁。

図表20-3　新厚生経済学の誕生

- 効用の個人間比較可能性を否定
- 基数的効用（cardinal utility）から序数的効用（ordinal utility）へ
- 資源配分問題（allocation）と分配問題（distribution）を分離
- 価値判断はパレート効率性基準に則って行う
- 資源配分問題に特化──市場の失敗＝公共財、外部性など

まあ、ロビンズのおっしゃるとおりでして、それまで実証分析の領域で用いられていた限界効用逓減の法則という学説を規範分析に適用したピグーの第2命題は、ロビンズから批判されてしかるべき弱点がありました。それ以降、経済学の規範分析のなかでは、図表20-3のようなピグー流の厚生経済学から新厚生経済学への変化が起こります。

ここで、パレート効率性というのは、「他の誰かが損害を被ることなく誰かが利得を得ることができない状態を効率とみなす」という価値基準のことです。

ただ、効用が加減可能な基数から加減は不可能で順序しか表すことができない序数になって、規範経済学のなかで使うことが許される価値前提がパレート効率性だけだということになれば、経済学は実に窮屈になってしまい、実際のところ、経済学は政策に関してほとんど何も言えなくなってしまいます。と言いますのも、政策というのは、おおかた、誰かが得をすれば誰かが損をするので、パレート効率性基準に反してしまうからです。

アローの不可能性定理と分配問題

そこで経済学は、個人の選好を集約した社会的厚生関数を、なんらかの民主的な手続きを経て導き出せないかと考えます。もし、そのようなことが可能であれば、経済学者は、自分の価値観や、誰か特定の人たちの便益、さらにはどこかの利益集団の利益に基づいた政策提言ではなく、「社会」とか、「国民」という言葉を主語として、社会がその政策を望んでいるとか、国民にとってそれは望ましいという論理を作ることができるわけです。

倫理学の世界は、功利主義だ、直観主義だと、その優位性をダイレクトに論じて、「功利主義のほうがロールズの maximin 原理よりも望ましい」とか

図表20-4　社会的厚生関数を目的関数とする制約条件下での極大化行動

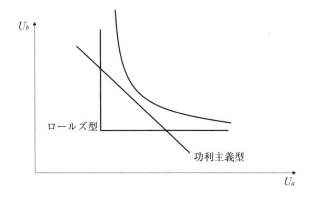

図表20-5　アローの不可能性定理

- 推移率
- 無関係な選択対象からの独立性
- 広範性
- ただし、民主主義とは、非独裁的選択

- アローの不可能性定理
  ——もし社会的決定メカニズムが上述の最初の3つを満たすならば、それは独裁制にほかならない。つまり、すべての社会の選考順序は1人の個人の選考順序と等しくなる。

「いやいや、そうでない」という議論をするのですが（図表20-4）、経済学は、そうした詮無き議論はいたしません。経済学は、個々人の選好が世の中に存在することを与件として、個々人の選好を民主的手続きのもとでいかに集計することができるかと考えます。そのような課題に、1950年代の経済学は没頭していました。しかし、その試みもやはりダメだったんですね。アローという経済学者が、そんなことは不可能だということを証明してしまう（図表20-5）。それは、「アローの不可能性定理」として有名で、彼はこの業績も考慮されてノーベル経済学賞までもらっています。

　そうなると、困ったことになります。アローの不可能性定理は、何らかの客観的・科学的な政策解など存在しないということを意味しています。どん

なに事細かく調べようが、どんなに緻密な計算をしようが、科学的な政策解など存在しえないのです。政策を論じるということは、規範分析の世界にいるということなのですが、その政策がパレート基準に抵触する——誰かが利得を得ることが誰かに損害を与える——ような場合には、政策提言者は、もう、純粋な科学者と言いますか、自然科学者のような立場ではいられなくなります。分配問題に政策解を導き出すには、何らかの価値判断が必要なのですが、価値判断は民主主義の手続きのもとでは導き出せない。

となれば、話は原点に戻ります。

経済学と価値判断

ここで、参考になるのは、ロビンズと同時代に生きていた、ロビンズよりも15歳ほど年長者のケインズです。ケインズは、同僚で20歳ほど年下のハロッドに次の手紙を書いています。

モラル・サイエンスとしての経済学

「経済学はロビンズの考えとは反対に、本質的に道徳科学（moral science）であって、自然科学（natural science）ではない。換言すれば、それは内省（introspection）と価値判断（judgments of value）を用います。」（1938年7月4日、ケインズからハロッドに送られた手紙）

ロビンズが言ったことに関しては、「厳密に言えばそうだろうけど、それでは何にも言えなくなるよ」という感想を抱くのは、当たり前のことですけどね。

このあたりの経済学と価値判断の問題をダイレクトに考え続けていた経済学者に、スウェーデンのミュルダールがいました。スウェーデンの福祉国家形成の経済理論的な基礎を与えた経済学者としても有名ですが、彼の思想の変遷を紹介した文章を、以前、私は書いています。

政策論と価値判断

30年代のミュルダール〔40歳前後〕は、経済学説のなかから「あらゆ

る形而上学的要素を徹底的に切り捨ててしまえば、一団の健全な実証的経済理論が残る」だろうとの期待をいだいていたのであるが、価値前提を排除した社会科学が実践性の乏しいものになると、後に悟ったことを、彼は英訳の序文のなかで回顧している[4]。

　研究者というのは、若い時には、懸命に厳密な科学を行えば、それが政策に自然な形で活かされるようになると考えるものです。
　しかし、政策論というのは、そういうものではありません。医療経済学の大御所であるフュックスが、若い医療経済学者に向けて忠告した内容が次です。

フュックスの言う価値判断の役割

　もう一つの警告は、政策提言を行うときは、その提言に含まれるあなたの分析とあなたの価値判断を可能な限り区別して示しなさい。きちんと論証された経済研究は、それはそのまま政策化されると経済学者が考えるとしたら、それは甘い。政策は、分析と価値判断の両方に基づいて決められる[5]。

「きちんと論証された経済研究は、それはそのまま政策化されると経済学者が考えるとしたら、それは甘い」のです。「政策は、分析と価値判断の両方に基づいて決められる」わけですから。

QALYに内在する基数的効用

　QALY（Quality Adjusted Life Years：質調整生存年）には、ロビンズ以降の新厚生経済学のなかできわめて禁欲的に、主観的な序数的効用として用いられていた効用が、基数的効用として組み込まれています（図表20-6）。QALYの倫理的問題、つまり基数的効用が抱える問題は、およそ100年前に語り尽くされていると言えば語り尽くされています。今後、HTA研究者が

　4）　権丈（2005〔初版2001〕）143頁。
　5）　フュックス（2000）「医療経済学の将来」（二木立訳）『医療経済研究』vol.8、98頁。

図表20-6　効用に関する仮定と研究領域の特性

	実証分析	規範分析
基数的効用 Cardinal utility	ピグーが規範分析に適用する以前の限界効用学説 ゲーム理論 不確実性の経済学	旧厚生経済学 （規範分析に適用された限界効用学説） 最適課税論 QALY
序数的効用 Ordinal utility		新厚生経済学 （パレート最適基準に基づく市場の失敗論の展開）

哲学などの研究を深めればどうにかなるというような問題ではありません。残念ながら、そういうものなのです。

　英語の慣用句に apple to orange というものがあります。「本来比較できないものを比較して、何の意味があるのか？」という意味ですが、QALYは、apple to orange の問題を克服するために、次元の異なる治療効果を一本に統合する際に基数的効用を持ち込むという、なかなか辛い手法を用いました。当然、これを政策論として展開していけば壁にぶつかることになります。

　付け加えますと、経済学では、普通に基数的効用が使われている領域として、不確実性の経済学やゲームの理論の世界があるにはあります。

　基数的効用を規範分析の世界に持ち込んだものとして、世界的には1970年代に研究ブームが起こった最適課税論などがあります。日本でも1980年代に最適課税論の研究ブームが確かにあり、多くの人たちがこの研究領域で論文を書いていました。しかし、最適課税論は、肝心要の社会的厚生関数の形が異なれば最適とされる税の形も異なり、その社会的厚生関数の選択にはアローの不可能性定理が立ちはだかる。当然、行き詰まります。日本で1980年代に最適課税という抽象的なモデル上での計算に没頭した人たちは、研究生活の後半生、自分たちが若い時に時間を投入したはずの最適課税論とはあまり関係のない発言を、行き当たりばったり行うことになります。まあ、誰とは言いませんが。

　規範分析という世界は、はたして学問なのか、科学なのかという疑問はあ

りますが、学問としての誠実さを示すのであれば、どのような価値前提を、いかなる理由で設けているのかを明示することくらいしかない。先ほども紹介したミュルダールは、晩年、「価値観明示主義」とも呼べる手法をとることによって学者としての誠実さを示そうとするのですが、私も、そういう手法しかないだろうと思って、遥か昔からそれを行っています。

そうした視点から見ると、たとえばQALYにおける効用値の測定、割引率の設定、あるいは患者間のウェイトの設定あたりには違和感があります。この違和感を多くの人が感じるままでQALYが政策に適用されれば、QALY基準で不利な目にあった人たちがQALYに反対する政治活動を行うというような、社会的な摩擦が生じることが予測されるわけです。

HTAの政策立案への活用可能性

「勿凝学問380」では「政策に関係する多方面にわたるステークホルダーが納得のいく価値前提を準備することができないままに無理に政策に適用すれば、どうしても、社会的な摩擦が生まれてしまう。そしてHTAの政策適用から生まれたその摩擦は、言うまでもなくHTA研究では到底緩和することができず、要は、政治の力をもって、HTAの閾値に譲歩を求めるような形で押さえ込むしかなくなってしまう」と書いています。政策論というレベルでものを考える際には、その政策の反作用も考えざるをえなくなります。

図表20-7では、医療政策にかかわるステークホルダーとして、医療提供

図表20-7　医療政策をめぐるステークホルダーの利害調整と政治活動

・医療提供者
　－医療機関
　　・病院
　　・診療所
・利用者
　－患者
　－その家族
・費用負担者
　－国・自治体
　－保険者
・製薬業・医療機器産業

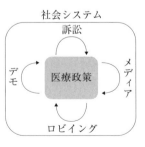

者、利用者、費用負担者、製薬業・医療機器産業などを挙げています。

HTAに基づいて決められた医療政策に強い不満が生まれる場合には、医療政策の外で政治活動が生まれてしまい、その活動の結果が医療政策にフィードバックするという現象が起こります。結果、QALY適用前と適用後とでは政策の中身は変わらないのに、社会的な調整コストのみが高まってしまうということが起こりかねません。社会システムの問題としては、政策という作用に対する反作用の動きまで視野に入れないと、社会全体の動きに対する予測に失敗してしまいます。ここで、宇沢弘文先生の言葉を引用しておきます。

経済学と医療の世界との距離

> 私たち経済学者は、間違えた論文を書いてもそれほど大きな問題にはなりません。ところが医師の場合は、非常に深刻な問題になって、マスコミでも大きく取り上げられます[6]。

医療の世界は、普通の経済学の領域とは、まったく違った緊張感がある世界です。おそらく、多くの人たちが、普通の経済問題よりも医療の問題を身近に感じることができるということが、その原因の1つにあると思うのですが、そのあたりのこともよく視野に入れて、HTA研究者、とくにQALYを計算する人たちは、政策立案への活用可能性を考えてもらいたいと思います。

まあ、HTAは、これまで、患者を相手とした診療現場では医師が、さまざまな利害調整を行う政策形成過程では政治家と官僚が、言わば密かに行っていた意思決定を「可視化」することに意義があるという主張もあるかもしれません。しかし、「可視化」そのものに価値があったとしても、見えてしまったがゆえに生じる問題というのも、またあるように思えます。今日のシンポジウムのテーマであります「HTAの政策利用」を考えるのであれば、そうした人間社会の機微までも考えてもらいたいと思います。できれば、「計算するのは私、政策利用を考えるのはあなた」という関係ではなく、計

---

6) 宇沢弘文（2006）「この人に聞く」『日経メディカル』12月号、265頁。

算している人たち自身が、自分の計算が社会システムにどのような影響を与えるのか、自分の研究が、社会システムのなかでどのような位置づけにあるのかということも、考えてもらえればと思います。

　医学・薬学という自然科学出身の方から見れば、HTA、とくにQALYは計算結果さえ出せば政策への適用可能性があることは自明のように思えるかもしれません。しかし、われわれ社会科学、とくに規範分析をめぐる議論の歴史的推移を知る経済学出身の者から見れば、QALY研究と政策との間にはかなり長い距離が横たわっているように思えます。

　本日のパネリストの報告でも、ドイツではQALYは「測定尺度により得られる効用値が異なるため、QALYも異なる」ゆえに、これを用いないという話とか、QALYは「患者の生きる"価値"を比較することにならないか」という批判が紹介されましたが、そうした批判が起こるであろうことは、ピグーとライオネル・ロビンズの間での効用をめぐる論争を知っていれば、容易に想像がつくことです。そして実際、今日なされているQALYへの批判は的を射ているわけで、足したり割ったりして平均値を出したりできる基数としての効用値が安定しているはずもなく、こうした研究領域で用いられるQALYは、どうしても患者の生きる価値を比較せざるをえなくなります。それは避けることができないし、正直に立ち向かうしかありません。

　私自身は、政策科学としての経済学は、ロビンズの言うようなものではなく、ケインズが考えていたモラル・サイエンスだと思っています。そして、HTAというのも、実はこちら側の世界の話でして、そういう学問を私は批判も否定もしませんし、むしろそうあるべきと推奨したい。

　ただし、HTA研究者やQALY研究者は、自らが行っていることは医学や薬学など自然科学では決してなく、モラル・サイエンスであるという自覚を持ち、自分たちの研究のなかにどのような価値前提が内在されているのかを正直に明示していくことこそが、研究者としての誠実な姿勢となるはずです。そして、いかなる価値前提を置くかということは、残念ながら、研究を猛烈に進めていけば正解にたどり着けるという類いの問題ではありません。大切なことは、研究者が手にしているツールの性質に関する自覚です。

　HTAの政策利用を考えている研究者は、自らが規範分析の世界に位置す

ることを自覚し、たとえば、以前 HTA 研究者から私が直接聞いたことのある、「QALY の値は理論的に決めることができる」というような表現は、避けたほうが良いというアドバイスで、本日の話を終えたいと思います。

最後は、少し冗談で締めないといけないと思うのですが、今日のシンポジウムの主催者である医療科学研究所が助成した『医療経済学講義』が、昨年、出版されました。その本の冒頭には、次の文章があります。

> 経済学とは金銭を扱う学問ではない。経済学とは何か、を明確に定義したのは英国の経済学者であるライオネル・ロビンズである。ロビンズによれば経済学とは「他の用途を持つ希少性ある経済資源と目的との間の関係としての人間行動を研究する科学」である[7]。

実は、ロビンズ流の経済学を良しとするこの教科書は、ロビンズ流の経済学を否定しなければ成立しない QALY とは矛盾します。この両者相矛盾する研究を、医療科学研究所が両方とも支援しているというのは、私にとってはなかなか興味深いところです（笑）。

本日は、ありがとうございました。

パネルディスカッション
……

権丈 おとなしくしておこうと思っていたんですが、先ほどの QALY のところで、理論的には設定できますという言葉を聞いたときに、「あ、これは 5 月に話したこと、そして本日話したことが伝わっていないな」と思ったので、少しコメントしておきます。

先ほどの質問者の発言にありましたように、モラル・サイエンスをやっているということを理解していただきたい。学問というのは結構便利なもので、ピグーだとか、ライオネル・ロビンズの昔の議論を見れば、現在、何がこのモラル・サイエンスの領域で起こっているかと予測できるのですね。たとえ

---

7) 橋本・泉田編（2011）3 頁。

ば、東さんが示されたように、測定尺度により得られる効用値が異なる場合、これを政策展開するためには、やはり1つの効用値に決めなければいけないんです。その1つを、誰が、どのようにして決めるかという時に、「それはサイエンスとしては決まりませんよ」ということを私は言っているわけです。どの方法で決めるかということを白岩先生が決めなきゃいけない。「私はこれが望ましいと思います」と。そして、そこで決めた割引率はこういうもので、高齢者と若い人たちのウェイトをどのように設定しているということも、それにはこういう理由があるというようなことも、言えなければいけないんです。

　北澤京子先生のところで「生命の質と量を数値化して比較可能にするQALYはよい面もあるが、患者の生きる価値を比較することにはならないか」と報告されていましたが、QALYはまさしくそれをしています。だから、モラル・サイエンスをやる者として、責任を持って、どういう価値前提を置いたのかを表明しなければいけない。モラル・サイエンスというのは、どう考えても普通の自然科学と同じような形で方法論的に客観性を担保できない。われわれ研究者が誠実さを示していくというのであれば、自分が研究で設定した価値観を明示していく。そして、それについて皆さんで正直に議論をしていく。それしかもう方法がない。規範分析の領域は、自然科学のように慎重に検討して時間をかけて、マンパワーをかけたからといって、カミオカンデのような形で研究の技術的障壁を突破できる問題ではない。

　もう、皆さんが答えを出すための材料は学問上そろっています。政策として利用するのであれば、そこで設定している価値前提をしっかりと表に示して、1個の答えを出して政策にこれを使うべきだという覚悟を持ってやらないといけないんです。ピグーとか、ケインズとかの領域とライオネル・ロビンズの領域の2つがあるのだったら、私は前者のモラル・サイエンスをやっているという意識でいる人間です。社会科学、経済学とか政策論というのはそういうものなんです。「理論的には政策解を設定できる」というようなことは、永遠にない世界です。

後日談

2014年8月30日に届いたメール

　昨日（8月29日）東京で開かれた、国際医薬経済・アウトカム研究学会日本部会第10回学術集会に、純粋に勉強のために参加しました。部会企画のシンポジウム「医療経済評価におけるQOL値測定」では、能登真一さん（新潟医療福祉大学。元作業療法士）、五十嵐中さん（東大。医薬政策学）、齊藤信也さん（岡山大学）が発表したのですが、齊藤さんは冒頭、中医協費用対効果評価専門部会の2012年8月22日の資料では「効用値」が使われていたのが、同年10月31日の資料では「QOLスコア」に変わっており、これは権丈先生の講演時（9月18日）の指摘を踏まえたものだという趣旨の発言をしました。気がついたら、上記シンポジウムのタイトルも「…QOL値…」になっていますね。

　他の2人も、「QOL測定尺度」の細かい「技術論」のみを話し、それを用いた「医療経済評価」や、現実の政策への応用にはまったく触れませんでした。これも、権丈さん効果と思いました。

第21講 　税収の推移と見せかけの相関＊

　今夏（2012年）8月10日、消費税を引き上げる法律が成立した。ただし、法律には、「平成23年度から平成32年度までの平均において名目の経済成長率で3％程度から実質の経済成長率で2％程度を目指した望ましい経済成長のあり方に早期に近づけるための総合的な政策の実施その他の必要な措置を講ずる」とあり、「消費税率の引き上げに当たって……経済状況等を総合的に勘案した上で、その施行の停止を含め所要の措置を講ずる」とされている。ここで引用した箇所は、今や民主党を離党した人たちの求めに応じて挿入された条項であり、三党合意では修正されることなく温存された。

　条文には、かなり曖昧な表現が組み込まれているので、消費税率引き上げがどのような運命をたどるかは、時の政権が、増税と経済の間にいかなる関係があるとみなすかに相当依存しそうである。

　もとより、かねて消費税引き上げに後ろ向きな政治家は与野党を問わず、過去の税収の推移について、国民に次のような説明をする。すなわち、1997年の消費税の引き上げや、2000年のゼロ金利解除は、景気の悪化をもたらして、税収減の原因となったのだ、と。さらに、自民党の上げ潮派などに至っては、小泉政権下での構造改革こそが、いざなぎ景気を超える戦後最長の好景気と税収増をもたらした、と言ったりもする。

　国税収入が1998年と2001年に減少し、小泉政権下ではそれが持ち直していたことは事実である。しかしながら、その事実は、違った観点から説明することもできる。

　＊　「経済を見る眼　税収の推移と見せかけの相関」『週刊東洋経済』2012年10月27日号（10月22日発行）より転載。

まず、1998年以降の税収減の主因は、1997年7月のアジア通貨危機のあおりを受けた日本の金融不全にあり、秋口からの三洋証券のデフォルトをきっかけとして銀行・証券会社の連鎖倒産が起こり、景気が急落したからである。さらに、2000年8月のゼロ金利解除後は、米ネットバブル崩壊の予想を超える影響や、2001年からは、マイカル、りそな銀行問題もあったうえに、「9.11」を契機とした世界的な景気の冷え込みが重なった。

そして、小泉政権時の景気の回復は、サブプライムローンに代表される米国バブル、それに伴うドル高、そして中国経済の急速な拡大が、日本に輸出主導の景気回復をもたらしたのだ、と。

2つの事象に因果関係はないのに、見えない要因によってあたかも因果関係があるかのように推測されることを「見せかけの相関」という。

実は、税収の歴史的推移をどのように解釈するかで、採るべき政策がまったく変わってくる。日本での増税や金融政策が原因で税収は低迷してきたと見るグループは、増税にきわめて慎重で、何よりも日銀の責任を問う傾向を持つ。一方、多分に日本の政策以外の動向が日本の景気を左右してきたとするグループは、日本のベースマネーの供給がすでに伸びきっているのに効果がなかったことに加え、先進国同時不況のもとでは、円安誘導は難しいとも考え[1]、ショックを自ら誘発しないために、速やかな増税による財政強化を求めることになる。

両者のうち、少なくともいずれか一方は、見せかけの相関に基づく政策提言ということになる。事の真相はどうあれ、因果を極度に単純化した論のほうが、人口に膾炙しやすいものである。消費税の運命は、まだ予測がつかない状況にある。

---

1) この文章を書いた2012年10月の段階——つまり黒田日銀総裁就任の3月の数か月前——で、海外の投資家の行動が買い越しに変わり、為替もまさにこの時期から円安に動き始めていた。なお、当時の私には、円高是正（＝円安）の効果が、輸出数量の増加を通じた輸入増という形では現れないことへの予測はついていなかった。

> **追記**
> 2014年11月21日、衆議院解散の朝にホームページに書いたこと[2]
>
> ……
> 　昔から消費税増税をめぐっては二派に分かれており、二派の見解は直近の景気変動などでどうなるものでもないわけでね。僕はいつも相手側を、見せかけの相関論者だと見ている。今回もな。
>
> 　ところで、2012年7月2日、小沢氏を含む50人が民主党に離党届を提出。翌3日、民主党は小沢氏ら37人を除籍処分とする方針を決定し、7月9日に開催された民主党臨時常任理事会で、37人の除籍処分が確定。1か月後の8月10日、三党合意に基づいて消費税増税が成立する。そして、自民党総裁選が2012年9月26日——この日が今日の起源なんだろうな[3]。僕は、当時の様子を眺めながら、やれやれと思って、上記「税収の推移と見せかけの相関」を執筆している模様。
> 　僕の疑問は、小沢氏の離党の後に、なぜ、景気条項を修正しておかなかったのかというところだろうかね。よもや増税成立1か月後に谷垣さんが自民党総裁選に出られなくなる（9月14日告示）とは考えられなかったということなのかね。
> 　ちなみに、当時の総理だった野田さんによる「関連法案が成立した後、近いうちに国民の信を問う」発言は、2012年8月8日に行われた谷垣氏（自民党）と野田氏（民主党代表）、山口氏（公明党代表）との3党党首会談においてである。そして、実際に信を問うために解散が行われたのは、2012年11月16日。「近いうちに」が8月8日から1か月以内であったならば——それは、消費税増税に「政治生命をかける」と言い切っていた野田氏を助けた谷垣氏が自民党総裁選出馬の必要条件ともなっていた当時の雰囲気がある——この「税収の推移と見せかけの相関」という文章は生まれていなかったとは思うんだけどね。

---

2) 「勿凝学問390　衆議院解散の朝のホームページ」（2014年11月21日）より転載。この文章は冒頭、第21講（『週刊東洋経済』2012年10月27日号）の引用を承けて書かれる。
3) 本書第4講、83頁参照。

第Ⅲ部

大混乱期を過ぎて

第22講　あるべき医療と2つの国民会議*

「あるべき医療・介護」という言葉が使われるようになるのは、自公政権のもと2008年に開かれた「社会保障国民会議」の時である。当時の問題意識は次のようなものであった[1]。

人口当たりの病床数は諸外国と比べて多いものの、急性期・回復期・慢性期といった病床の機能分担は不明確。医療現場の人員配置は手薄であり、病床当たりの医師・看護職員数が国際標準より少なく過剰労働が常態化している。この現実が、医療事故のリスクを高め、患者1人ひとりへの十分な対応を阻んでいる。

さらに、診療科目や地域間で医師が偏在しているため、地域ごとに医療機関の果たすべき機能を明確にしたうえで機関相互の連携が必要。介護分野では志を持って就職した人材がやりがいと誇りを持って働き続けられる待遇や職場環境の整備が不可欠である。

そこで、2008年の前国民会議では、2025年度までに「あるべき医療・介護」提供体制を確立する構造改革の青写真が描かれた。この青写真は、2つの意味を持っていた。

1つは、国民に対する一種の「見積書」の役割である。当時、青写真の実現に必要な費用のシミュレーションが行われ、それは民主党政権でも継承されて、今回の一体改革の費用算定に使われるに至る。

今1つは、サービス提供者に改革の方向性を明示し、今後彼らが直面する

---

* 「経済を見る眼　あるべき医療と2つの国民会議」『週刊東洋経済』2012年12月29日
  －2013年1月5日号（2012年12月25日発行）より転載。
1) 2008年6月「社会保障国民会議サービス分科会中間とりまとめ」より。

経営環境がどの方向に動くのかの材料と、医療諸団体と政府との議論の材料を準備する役割であった。

　日本の医療政策の難しさは、これが西欧のように国立や自治体立の病院等（公的所有）が中心であるのとは異なり、医師が医療法人を設立し、病院等を民間資本で経営する（私的所有）という形で整備されてきた歴史的経緯から生まれている。医療機関の機能分化と連携の必要性は、日々の不満のなかに生きる医療提供者たちも、十二分に認識している。しかし、日本での改革の対象は私的財産である。公的セクター（従業員も公務員）が相手であれば、政府が強制力をもって改革ができ、現に西欧では医療ニーズの変化に伴う改革をそうして実現してきた。ところが、日本ではそうはいかない。

　戦後の国家窮乏期、医療・福祉全般のサービス整備を民間に頼らざるをえなかった日本では、多方面で同様の問題を抱えている。その難しさがあるために、医療・介護体制の改革の具体的な数値の入ったシミュレーションがこの国に生まれたのであり、ああいう労多き試算は他国にはないし、必要性も低い。

　ゆえに、医療政策の最重要課題は、2008年に改革の青写真が提示された直後から、関係者間での利害調整と信頼の構築を根気強く行うことであった。そうであるのに、意志と能力に欠ける前民主党政権は、その政策努力を怠っていた。

　この段階で、「社会保障制度改革国民会議」が発足した。年金と子ども・子育てについては、先月（2012年11月16日）の解散直前に、すでに各種の法律が成立し、公費追加に具体的道筋が確保されている。それとは対照的に、消費税率引き上げで得られる財源を用いて医療・介護分野でどのような改革がなされるのかは、いまだ法的・制度的な道筋が立っていない。

　病床機能の分化も連携も不明確という現行の医療提供体制を相似形で拡大するために公費を投入するのでは、2つの国民会議の検討は無駄に終わることになる。

第23講　医師国保は必要か

「市町村並みの保険料にしても、自家診療などを考慮すれば医師国保は赤字」とし、財政上の必要性を訴える、京都府医師国民健康保険組合常務理事の安達秀樹氏（府医師会副会長）。これに対し、「国保組合が赤字だとしても、所得水準の高い保険者に公費を入れる正当な理由はない」と切り返すのは、慶大商学部教授の権丈善一氏だ。「医師国保が自発的に医業健保組合へ移行することには、大きなメリットがある」と対案も示す。［聞き手・大島迪子］

財政補助の論理性──支払能力に応じた負担が社会保険の原則

「所得に応じて保険料を払うのが社会保険の負担方法。歴史的には、財政力が弱い保険者の保険料を上げるわけにいかないから、随時国庫補助金が入ってきた」。権丈氏はこう原則を述べ、市町村国保の給付費に50％、協会けんぽに16.4％の公費が入っている現状を説明する。

権丈氏が強調するのは、「市町村国保には、事業主負担がないから国庫補助が入っているわけではない」ということ。「事業者が保険料を折半しているのは、賃金を保険料として支払っているという意味合いだ」として、事業主負担として国庫補助を位置づけるのには無理があるとする。

また、国家負担水準の不安定さも指摘。「協会けんぽへの公費負担率は別に理由があって今の水準に決められているわけではない」とし、もし医療者のように、比較的所得水準の高い被保険者がそろって協会けんぽに入ってくるとすれば、協会けんぽの国庫負担率は引き下げられる。「国庫補助金とい

＊ 「インタビュー　医師国保への補助金」『キャリアブレイン』2013年1月8日より転載。

うのはそういうもの」と、権丈氏は国庫補助に頼るリスクを説明する。

医師国保がもし国庫補助を絶たれたら？

では、国庫補助がなくなった場合、医師国保にはどのようなシナリオが考えられるのだろうか。

医療従事者が入る公的医療保険として、小規模な一般診療所の医師とその従業員に一般的なのが医師国保。原則、5人未満の個人事業所しか入ることはできないが、実際は加入した後に5人以上になったり、法人化したりしても加入し続けられるところもあり、都道府県で異なる。

当初から法人化されている場合や、自治体病院を除く病院などは、中小企業に一般的な協会けんぽや単独の健保組合のほか、医療業種だけでつくる「医業健保組合」という選択肢もある。現在、北海道、埼玉、東京、神奈川、千葉にあり、地域の病院勤務者や開業医などが、労使折半で保険料を負担している。

国庫補助の必要性を訴える京都府医師国保組合常務理事の安達秀樹氏（府医師会副会長）が訴えるように、国庫補助がなくなることで赤字が続き、解散することになれば、5人未満個人事業所の診療所は市町村国保へ、5人以上、もしくは法人化している診療所は協会けんぽか医業健保組合などの健保組合に入ることになる。

47都道府県医師国保による健保組合で、「支払い側」交渉力を

「医師国保、ひいては医療界は、政治家たちのパフォーマンスのなかで座して死を待つのではなく、ぜひ健保組合の世界に打って出てほしい」。権丈氏は、三大臣合意や社会保障・税一体改革に明記された国庫補助が削減されるのは避けられないとの考えから、「偽装組合員問題のあった建設国保と同類とみなされながら、国庫補助削減の動きを阻止するのはかっこ悪すぎる。医師の団体にはエリートの矜持を示してほしい」と話す。

医師国保は、事業主が地域の医師会員であることが要件。権丈氏はこのことを念頭に、「今日の民主主義のもとでは、団体の政治力は会員の数というよりは世論が支持するかどうかにかかっている。医師国保にこだわっている

と、医師会がいくら良いことをしても台無しになり、世論を味方にするどころか敵に回してしまう。あまりにも惜しい」とも話す。提案するのは47都道府県の医師国保での健保組合の設立だ。

　700人以上の企業・団体であれば単一型の健保組合を設立可能。また、同業種や同一地域の団体が集まり、その規模が3,000人以上であれば総合型の健保組合をつくることができる。他業種と同様に事業主負担を払うことになる医業健保組合をつくり、「国庫補助という所得の再分配を受ける側から自立を図り、医療者には、尊敬されるリーダーとしてあるべき医療の実現を牽引してもらいたい」と権丈氏。協会けんぽに入るのではなく、組合健保をつくる大きな利点として「医療政策形成における交渉力の向上」を挙げる。

　昨年度（2011年度）末で、医師国保の組合員は32万1,800人。権丈氏は「この規模の健保組合は、人材派遣の同業種健保以外にない。健康保険組合連合会（健保連）のなかでも第2位の地位に入ることで、パナソニックや新日鉄よりも大きな力を持つことができる」と構想を描き、「健保連でも理事職を得て、中央社会保険医療協議会（中医協）でも支払い側として意見できる大きさと言えるのでは」と、医療者にとって絶大なメリットを説明する。現行の制度では個人事業主としての医師が健保組合に入ることができない点は、制度改正を求めていくべきという考えだ。

　「診療報酬は引き上げを要求し、一方で、自分たちの保険料引き上げには反対では、誰もついてこない。たしかに、病院、診療所の保険料の負担は増えるだろう。しかし、肉を切らせて骨を断つ、医師国保問題を、民主党政権で中医協から外された医師会が反撃に出るチャンスととらえてくれたら、おもしろい展開を期待できるようになる」と権丈氏。さらに、この医業健保に歯科医師国保27組合27万8,800人、薬剤師国保18組合4万7,900人が合流するというアイデアも。

　「そうすれば、健保連のなかでも一番大きな健保組合になる。医療費増に必須の保険料の引き上げを阻む政治勢力にくさびを打ち込んで、いずれは医療者が中医協に支払者側代表として出席する。医師国保への国庫負担廃止の動きは、医療界が前向きな未来に進むきっかけとなる、明るい話だよ」。

　補助金を維持するために働きかけを続ける未来と、事業主負担を増やしつ

図表23-1　公的医療保険の保険者の主な種類

制度*	保険者		特徴
国民健康保険	市町村（市町村国保）		市町村が運営。自営業者や高齢者、農業者などが加入
	国民健康保険組合（国保組合）		同業種の従事者で設立。皆保険制度ができる前からある 1959年以降、原則新設を認められていない（例外あり） 全国で164組合
		医師国民健康保険組合（医師国保）	医師会員の医師や診療所のスタッフなどが加入 47都道府県ごとに設立
		歯科医師国民健康保険組合（歯科医師国保）	歯科医師会員の歯科医師や診療所のスタッフなどが加入 全国で27組合
		薬剤師国民健康保険組合（薬剤師国保）	薬剤師会員の薬剤師や会員に雇用されるスタッフなどが加入 全国で18組合
健康保険	全国健康保険協会（協会けんぽ）		小規模事業所を中心に加入。保険者は1つ
	健康保険組合（健保組合）		一定規模以上の企業のサラリーマンなどが加入 保険料率を自主的に決められる
		単一型	社員700人以上の企業・団体が設立 （社会保険病院、聖路加、亀田総合病院など）
		総合型	同業種の複数の企業で、計3,000人以上であれば設立可能。 （北海道、埼玉、東京、神奈川、千葉の医業健保組合など）

注：＊その他、国家公務員共済組合、地方公務員共済組合など。
出所：『キャリアブレイン』編集部作成。

つも医療政策の世界で新たな立ち位置を得る可能性にかける未来。歴史的経緯から「市町村国保と被用者保険の間」にある医師国保は、いずれ、どちらの方向を選ぶか、迫られることになりそうだ。

第24講　社会保障制度のなかの歯科医療*

医療サービスと歯科サービス

　医療サービスのなかでも、医科で提供されるサービス（以下、医科サービス）と歯科で提供されるサービス（以下、歯科サービス）の間に違いはある。Sintonen and Linnosmaa（2000）は、歯科サービスは医科サービスよりも疾患の種類が限定的で、その発生は医科の疾患に比べて予期しやすいこと、生涯で数回同じような治療を受けるために患者はサービスの質がある程度分かるようになること、予防が大きな効果を持つこと、口腔外傷や急激な歯痛を除き、緊急を要する傷病はあまりないことから、医科サービスほどには情報の非対称性や需要の不確実性は強くないと指摘している。ゆえに、いつ、どこで、どの歯科医師を選択するかという患者の自由度が増す。

　こうした考察に基づいて、Sintonen and Linnosmaa は、歯科サービスに対する医療保険は、予防処置に対する自己負担額は低く、治療の自己負担額は高くするべきであり、アメリカの民間保険でも、実際にそうなっている傾向があることを指摘している。ところが、日本では歯科サービスに対する公的医療保険は医科サービスと同じ枠組みのなかで運営されており、予防給付よりも疾病保険としての性格を持っている。

　歯科の医科サービスとの相違としては、保険外併用療養費における選定療養やインプラント、矯正治療といった自由診療など、いわゆる自費診療が医科よりも広範に認められ、いわゆる混合診療のかたちをとっている状況にある。そして、図表24-1に見るように、医業収益に占める自費診療による収

＊　椎野優樹・権丈善一「社会保障制度の中の歯科医療」『日本歯科医師学会雑誌』2013年2月号を筆削補訂。

益が、医科の3倍から4倍程度の割合で推移することになる。

このような制度設計は、歯科サービスが、医科よりも所得階層に応じて医療消費が階層化していることを予測させる。

図表24-2は収入階級（5分位）別の世帯の消費支出額の変化を示している。世帯規模の影響を排除するために、単身世帯のデータを使用した。これを見れば、医科診療支出は各所得階級においてそれほど変化はなく、比較的、

図表24-1　医業収益に占める保険診療収益、その他の診療収益の割合

(%)

	調査実施年	2005年	2007年	2009年	2011年	
	調査対象年				2010年	2011年
医科	保険診療収益	93.6	93.7	90.4	91.1	90.5
	その他の診療収益	3.1	3.6	4.9	4.5	4.9
	上記以外	3.3	2.7	4.7	4.4	4.6
歯科	保険診療収益	85.5	84.4	80.7	85.4	85.8
	その他の診療収益	12.5	14.2	17.4	13.5	12.9
	上記以外	2.0	1.4	1.9	1.1	1.3

注1：医科は、2005年、2007年実施分は、無床診療所で開設者は「全体」。2009年、2011年実施分は入院診療収益のない診療所で開設者は「全体」。
　2：歯科は、いずれの年度も開設者は「全体」。
　3：「その他の診療収益」は自費診療収益等を指す。
出所：『医療経済実態調査』各年度版より作成。

図表24-2　収益階層Ⅰにおける消費支出を1とした時の消費支出の変化（単身世帯）

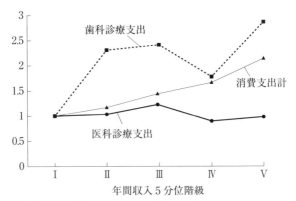

出所：『家計調査年報　平成23年度版』より作成。

平等消費的であることが分かる。一方、歯科診療支出は、収入階級Ⅱ〜Ⅳにかけてそれほどの変化は見られないが、収入階級ⅠからⅡ、ⅣからⅤにかけて大きく上昇が見られ、その伸びは消費支出合計の伸びを超えている。収入階級が下位にある世帯については中間的な収入階級世帯よりも消費支出が低く、収入階級が上位の世帯では消費支出が高くなることから、予想どおり、階層消費的な傾向が観察される。

歯科サービスに対するニーズの変化と歯科医師数

　人口高齢化を受け、歯科を受診する患者も高齢化が進んでいる。図表24-3は『患者調査』による歯科診療所の推計患者数について、現在確認できる最新のものである2008年データから1972年まで3年間隔で遡り、年齢階級別患者数の変化を表している。これは、ちょうど、1970年代から2000年代にかけて、1人の歯科医師が、診療所で1日に診る患者の年齢構成の変化を見ているようなものであろう。

　1970年代は、虫歯になった多くの子どもたちが歯科診療所を訪れていた。しかし、1980年代に入ると、その子どもたちが次第に減っていくことが分か

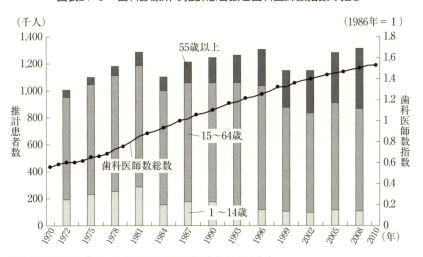

図表24-3　歯科診療所の推計患者数と歯科医師数指数の推移

出所：『患者調査』、『医師・歯科医師・薬剤師調査』各年度版より作成。

る。そしてその頃から、子どもの患者の減少を補うような形で65歳以上の患者が増えてくることになる。65歳以上の患者の一貫した増加は、この世代の歯科サービスに対するニーズが高いことを示しており、さらに口腔機能の管理は高齢者の発熱や肺炎予防に効果がある[1]ことなどから、今後も重要性を増すと予想できる。

患者数全体ではこの40年間、100万～130万人の間で推移しており、大きな増減は見られない。図表24-3における1984年、1999年の患者数の落ち込みは、前者は1984年の健康保険法改正によって、被用者本人の自己負担が定額制から定率制（負担割合1割）に変わったこと、後者は1997年の健康保険法改正によって、被用者保険本人の自己負担割合が1割から2割に上がった影響が出ているのであろう。

図表24-3は、1986（昭和61）年の歯科医師数を基準値1とした歯科医師数の推移も描いている。この頃、歯科医師の過剰が問題視されはじめ、1986年に「将来の歯科医師需給に関する検討委員会」が立ち上げられた。そして新規参入歯科医師数について、1985年をベースに20％削減目標が掲げられていたのである。『医師・歯科医師・薬剤師調査』は隔年調査で1985年のデータがないことから、翌1986年を基準年として指数化している。

新規参入歯科医師数が制限されはじめたとはいえ、歯科医師数は一貫して増加しており、歯科医師1人当たりの患者数は減少傾向が続いている。高齢者の歯科サービスに対するニーズの高まりは期待できるが、少子化の影響により若年層のニーズは今後も減少していくであろう。さらには、古くから指摘されているように、歯科の場合には、予防ケアを実施すると、治療を実施するための費用を削減させる、つまり歯科のニーズが消える側面が強く、その側面が、子どもたちの歯科ニーズの減少に強い影響を与えることにもなるであろう[2]。したがって、全体として今後も患者数は横ばいで推移すると考えられるなか、歯科医師数の伸びをいかに適正水準に保つかは、検討が必要である。

---

1) 大久保・大島（2012）、米山（2001）。
2) Weinstein and Staton（1977）.

歯科口腔保健の推進に関する基本的事項と歯科サービス分配のあり方

　以上のように歯科サービスに対するニーズが変化するなかで、歯科口腔保健の推進によって国民保健の向上を図るため、2011（平成23）年8月に「歯科口腔保健の推進に関する法律」が公布・施行され、2014年7月に「歯科口腔保健の推進に関する基本的事項」が告示された。この「基本的事項」では、ライフステージ各期における歯科口腔保健推進のための方針、目標、指標、目標値が定められている。ここで掲げられている基本的な方針は図表24-4のとおりである。

　この方針は、必要なところに必要な歯科サービスを提供することを謳い、予防・ケアを重視しているのであり、この実現のためには、できるだけ自費診療に依存した制度設計を改めるとともに、先にも触れたような、日本の歯科に関する医療保険を、歯科の特性に合うように、疾病保険的性格から予防保険的性格へと修正していくことも必要となるであろう。

図表24-4　歯科口腔保健の推進に関する基本的事項の目次（抜粋）

第一　歯科口腔保健の推進のための基本的な方針
一　口腔の健康の保持・増進に関する健康格差の縮小
二　歯科疾患の予防
三　生活の質の向上に向けた口腔機能の維持・向上
四　定期的に歯科検診又は歯科医療を受けることが困難な者に対する歯科口腔保健
五　歯科口腔保健を推進するために必要な社会環境の整備

出所：平成24年7月23日官報〔号外第158号〕。

第25講 日本的医療問題の解決に道筋を＊

　医療提供体制について、日本ほど規制緩和された市場依存型の先進国はない。日本の場合、国や自治体などの公立の医療施設は全体のわずか14％、病床で22％しかない。ゆえに他国のように病院などが公的所有であれば簡単にできるのに、日本ではなかなかできないことがある。それは医療ニーズに見合う提供体制の整備である。この日本的医療問題に、これまでどのような取り組みがなされてきたのか。

　2013年1月21日に開催された第3回「社会保障制度改革国民会議」では、社会保障・税一体改革のなかで示された社会保障充実のための2.7兆円のうち、まだ内容が固まっていない医療と介護を優先的に議論することが確認された。内訳は年金分野で0.6兆円程度、子ども子育て分野に0.7兆円程度、医療介護分野で1.6兆円弱程度が予定されている。

　このうち、年金と子育て分野については、すでに各種の法律が成立したことで税収増の受け皿作りに成功している。ところが、医療介護分野では、保険財政の綻びを繕うのに投入される1兆円はまだしも、提供体制の改革に使われるはずの0.6兆円の支出先が曖昧なままである。

　正確には、目標とする青写真はすでにある。2008年の「社会保障国民会議」の段階から、医療介護のあるべき姿が描かれ、同時にその実現に必要な費用のシミュレーションが示された。これらが一体改革でも踏襲されている。すなわち、2025年度までに提供体制の改革を実現するための人的・物的資源の計画的な整備には、2015年度までに約1.4兆円の公費が必要となるが、この

　＊ 「経済を見る眼　日本的医療問題の解決に道筋を」『週刊東洋経済』2013年3月16日号（3月11日発行）より転載。

うちの0.6兆円は消費税の充当が見込まれている。残りの0.7兆円は構造改革での平均在院日数の短縮などによる節減により捻出される。

　5年前の国民会議に始まる一連の動きに組み込まれている医療提供体制の改革が、先に論じた日本的医療問題への取り組みである。

　日本の医療費の制御は、他国が羨むほどの成果を上げてきた。国際比較をすれば、一国の1人当たり医療費は、総医療費に占める公的医療費の割合が高いほど低い。日本のような皆保険のもとでは、診療報酬の交渉の場が集権化されるため、支払い側が供給側と強い交渉力を持つに至り、医療単価を低く抑えられるからである。こうした総医療費抑制のなか、親方に日の丸を抱えていない民間の医療機関は相当の経営努力を重ねてきたので、日本の医療は世界に高く評価されるコストパフォーマンスを達成してきた。

　他面、日本の医療政策は、診療報酬による利益誘導で展開されてきたが、この手法は医療ニーズに見合った提供体制の整備に関しては限界があった。ある診療行為の普及や、ある提供体制の整備をねらって高めの点数を設定すると、その方向に医療機関が一斉に動きすぎるという状況が繰り返し起こってきたからである。

　また、各国で高齢化が進み、それまで整備を進めてきた急性期医療は高齢者には不向きであると判断した国々は、1970年代末から病床を減らしてきたのに、日本だけが増え続け、今は高止まりしたままとなっている。

　提供体制改革の具体的な工程を盛り込む。これが一体改革での公費追加の前提となっている。難題の解決に道筋をつけなければ0.6兆円の医療費増はないということだ。

第26講　医療介護の一体改革＊

　2013年8月21日の設置期限を持つ社会保障制度改革国民会議では、医療・介護体制を再編し、「地域包括ケアシステム」を構築することが議論されてきた。イメージをつかみにくいこのシステムは、高齢者が可能なかぎり住み慣れた地域で、1人1人の能力に応じ自立した日常生活を営むことができるよう、医療・介護、居住の確保、要介護状態などになることの予防、および自立した日常生活の支援などが包括的に確保される体制と表現されることもある。

　平均寿命が60歳代の社会になるまでは、医療は主に青壮年期の患者を対象として、救命・延命、治癒、社会復帰を前提に進歩してきた。そうした医療は、めざましい成果をあげて、国民の平均寿命を飛躍的に伸ばすことに成功し、日本では1970年代頃に「病院完結型」と呼ばれる形で完成した。

　しかしそうなると、主な患者が高齢者となるのは必然である。老齢期の患者は、慢性疾患による受療が多く、複数の疾病の罹患率が高いなどの特徴をもっており完治は難しい。その時代に中心となるべき医療は、病気と共存しながらQOL（Quality of Life）の維持向上を図り、さらには死すべき運命にある人間の尊厳のある死、QOD（Quality of Death）を視野に入れた医療となるはずだ。それは患者の住み慣れた地域や自宅での生活のための医療、すなわち地域全体で治し、支える「地域完結型」と呼ばれることもある。

　ところが、日本は、今や世界一の高齢国家であるにもかかわらず、医療は地域完結型に変わっておらず、病院完結型のままでいる。

＊ 「経済を見る眼　医療介護の一体改革」『週刊東洋経済』2013年8月10-17日号（8月5日発行）より転載。

変われなかった理由は、主に2つある。1つは、需要に見合わない供給であれば普通は市場機構が調整するのであるが、医療はそのメカニズムが働きにくく、供給が自らの都合に合わせた需要を創出する側面が強いことである。もう1つの理由は、欧州のように公的所有の病院が中心であるのとは異なり、日本では医師が医療法人を設立し私的所有の病院として整備されてきたことである。2つの理由が重なった結果、医療ニーズの変化に対応した提供体制の変化に向けて、制御機構を持たないままでいたのが日本医療の特徴であった。

　今回の国民会議では、医療を病院完結型から地域完結型に再編するために、医療と介護を一体的に捉えた議論が行われてきた。その結果、急性期病院から在宅までの提供者間のネットワークとしての地域包括ケアシステムの構築が明確に、進むべき改革の方向性として位置づけられたのである。

　加えて、議論を通じ、地域により人口動態ひいては医療・介護需要のピークの時期や程度が大きく異なり、医療・介護資源の現状の地域差も大きい実態が浮かび上がり、地域ごとの「ご当地医療」を考えていく必要性が改めて確認された。そうした地域ごとの創意工夫が活かされたシステムが新たに創生されるよう、国から自治体に権限委譲を進めるよう提案される。

　同じ費用をかけて、より質が高く、ゆえに満足度の高いサービスを提供できる効率化策があるのならば、躊躇なく推し進めればよい。そうした考えのもとに、今般の国民会議の結論は、迎えるべき超高齢社会に向けて、医療介護の一体改革を目指そうではないか、と呼びかけている。

第27講 国民会議報告は医療界の"ラストチャンス"*

　高齢化最先端の国でありながら、医療費の GDP 比は低い水準に抑えられている日本。今後さらに進む高齢化を、医療費の対 GDP 比で1.5ポイント程度の上昇に抑えなければならない——。政府の社会保障制度改革国民会議で改めて示された医療財政の見通しを踏まえ、報告書の医療介護分野の起草委員を務めた慶應義塾大商学部の権丈善一教授は、「医療提供体制の改革は、2025年に向けて今回が本当のラストチャンス。この好機を、是非とも生かしてもらいたい」と語る。インタビューでは、毎回インターネットで中継された国民会議の"見どころ"も紹介する。
　　　　　　　　　　　　　　　　　　　　　　　　　［聞き手・大島迪子］

日本の低い医療費水準、経済界は目を背けたい事実
　報告書の重要点の1つは、日本の医療費を GDP 比で評価し、OECD 諸国に比べて高い水準にはなく、高齢化率を考慮すれば低い状況にあると確認したことだ。これまで政府の検討の場などで、10年後、20年後の医療費は「何兆円になる」と名目値で示されることがあったが、将来について名目値で議論してもまったく意味がないどころか、人々に間違った印象を与えるため、やってはいけないことだ。2006年から2007年に開催された「医療費の将来見通しに関する検討会」の時から言っていることだが、せめて、その時々の GDP で割った比率が示されないと、議論は間違った方向に進んでしまう。
　日本の医療費は低すぎたという認識が出発点だ。この事実を認めたくないのが経済界だろうが、経済界が考えていることは、社会保障の企業負担をただひたすら避けたいだけだったということが、国民会議のヒアリング（2013

　＊ 「インタビュー　国民会議報告は医療界の"ラストチャンス"」『キャリアブレイン』2013年9月4日より転載。

年2月19日開催)で明らかになった。この日の動画はアップされているので、ぜひとも見てもらいたい。

　一方で、すでに日本には1,000兆円を超える借金があり、2025年に向けて医療費を潤沢には増やせないことも現実だ。報告書にもあるが、2012年度に対GDP比7.3％だった医療給付費は、2025年度に8.8％程度までしか増やせそうにない。この間に、総医療費の35％を占める75歳以上高齢者の人口は1.5倍になるにもかかわらずだ。

　こうした上昇分は、応能負担の徹底で賄っていくことになるだろう。ただ、高所得者の介護サービスの利用者負担引き上げについては、説明が必要かもしれない。医療保険や介護保険の受益者は、正しくは被保険者全員であって、病気になったり要介護状態になったりして保険給付を受ける人たちだけではない。自動車保険の受益者がその被保険者全員であることを考えれば、理解しやすいと思う。

　したがって、受益時での応能負担の徹底化を進めるのであれば、被保険者という受益者が払う保険料に対して能力に応じた差を設けるのが筋であり、保険事故に遭った利用段階で高所得者の自己負担を高めるのは筋違いだ。しかし、日本の財政状況や世論の様子を鑑みれば、ここは若干筋を曲げてでも、介護サービスを利用する段階での自己負担の引き上げは、書き込まざるをえなかった。

建て替えのタイミング、統合や連携を基金で後押し

　医療の提供を担う人に理解してもらいたいのは、今後医療費が増えるといえども、GDP比で1.5ポイントくらいの上昇しか見込めないことだ。今日の医療費にGDP比1.5ポイントが上乗せされても、現在のフランス程度の医療費でしかなく、そのフランスの現在の高齢化水準は、日本に比べて相当に低い。高齢者が増えて医療費が増えると言われているが、この国では高齢者の増加に比例して医療費を増やせる状況にはない。そうした財政制約下で、今後増大する医療ニーズに対応していくためには、かなりの覚悟で医療提供体制の効率化を進めなければならない。

今回の報告書では、「将来の社会を支える世代への負担の先送りの解消」が掲げられているにはいるが、実際にはすでに、赤字国債を発行し始めた1970年代から先送りし続けてきた負担を、今、この国で生きている全世代が負っている。だから消費税率を５％上げても、１％分しか社会保障の純増に回すことができないのだし、それでも財政的には、社会保障は大目に見てもらっているとも言える状況にある。そして、今後も財政の健全化を図るためにいっそうの増税は避けられない。こうした厳しい財政事情のなかで、十分な上昇ではないにしても医療費の増加が予定されているからには、医療界は国民からの信頼を得るために、国民のための改革の姿勢を示し続けていく必要があると思う。

　それでも、今回は消費税の１％分の一部を医療提供体制の機能分化に使うことができる。これは非常にありがたい状況だ。1985年に医療計画による病床規制が始まり、その前に起こった駆け込み増床から30年近く経った。建て替えの時期に来ている病院・病棟は多いはず。病床の機能転換やほかの病院との連携・統合などの再編は、この建て替えのタイミングが一番進めやすい。ターゲットを絞った形でこの再編を後押しするための基金の財源として、消費税を使えればと思っている。
　医療法人制度の見直しは、経営主体を超えた連携・統合をしやすくし、そのような方向へ向かうことに意欲を持つ法人に道を開くことが目的だ。この国の医療提供体制に対して強制的にやることはなかなかできないから、基金を準備して、その方向に進みたいという人たちを後押しする。ただ、ここで強調したいことは、民間の医療機関が相当の経営努力を重ねてきたから、日本の医療は世界に高く評価されるコストパフォーマンスを達成してきたのだということ。日本の強みを生かしながら、医療提供体制の改革を図っていく観点から示された道筋の１つが基金方式だ。また、改革と言っても、2008年の社会保障国民会議でも示されたように、全体の病床数を大幅に減らそうというのではなく、数を現状程度に維持しながら役割を分担していこうという話だ。

国民会議の見どころ、7月12日には"事件"も

　今回の国民会議では、インターネットで中継される場に関係団体が出て来て意見を述べたことも重要な意味があったと思う。(2013年) 3月27日には4病院団体をはじめとした医療団体が参加し、強い改革意欲を持っていることが示された。これは、医療界がやる気がないから改革が進まないのではなく、医療提供のシステムがうまくいっていないから膠着しているということの表れでもある。

　国民会議が報告書を提出した後、日医と四病院団体協議会は、医療提供体制についての合同提言を出していた。西澤寛俊・全日本病院協会長は合同提言発表の記者会見で、「提供側が2025年に向けた改革をしていく、われわれが中心にやっていくんだという覚悟ととらえていただければ」と述べていたが、この動きには期待したい。

　対照的なのは、日本経団連などの経済団体が参加した2月19日の回。負担の抑制、医療の効率化、医療費の抑制と繰り返した一方で、大島伸一委員からの「そもそも皆さんはどんな医療を保険で受けたいとお考えか。これについてどのような議論が行われているのか聞きたい」という質問には、「そんなことは考えたこともなく議論もしたことがない」と答えていた。この日は経済界が、医療政策に関する基礎的なデータ、基本的な情報さえ把握していないことも示された[1]。

　3月27日の医療界、2月19日の経済界、この2回のヒアリングを見比べると、非常に示唆に富むものがある。

　興味深いことが起こったのは7月12日の回。2人の委員が同じ内容を、同じ言い回しで発言する"事件"が起きた。それを動画で見ていた何人かの記者たちからは、会議の後に、あの時のおかしな雰囲気について連絡がきた。どうしてああいうことが起こったのかは想像に任せるが、あの日に質問を読み上げていたうちの1人は、その同じ日に「委員1人ひとりの発言、意見というのは専門性に裏付けがあって、なおかつ責任が伴うものだ」と発言していて、パロディを超えるおもしろさがあった。動画を見て、楽しんでおいて

---

[1] 本書第32講、359頁参照。

もらいたい。

メディアの反応に見る「持てる者と持たざる者の戦い」

　最近おもしろいと思って見ているのは、メディアの反応だ。報告書が出た翌日あたりの記事は、「負担増が並ぶ」という批判的な報道が多かった。20代、30代の若手記者が一夜漬けで書いたのだろう。ところが1、2週間経ってみると、解説記事や社説では、応能原則を徹底させて、低所得者の負担を軽減する負担のあり方の改革など、国民会議のメッセージがよく理解されてくる。40代、50代の、社会保障政策を長年見てきたベテラン記者たちが書いたのだと思う。

　例外は『日本経済新聞』で、これはある意味、当然の反応だ。社会保障は再分配政策であり、持てる者と持たざる者が対立することになるのは必然。『日経新聞』だけは、今回の報告書を批判的に書き続け、国民会議のなかで相手にもされなかった少数意見を持つ委員に、委員であったことを隠して国民会議の報告書を批判する機会を与えたりしている。

　『日経』や経済界にとって、社会保険料や税負担の引き下げをアピールするためには、国民が世代間格差ばかりに夢中になってくれる状況が望ましいわけだが、今回の国民会議は、そうした観点から社会保障を論じることの間違いを指摘して、応能負担の徹底化という再分配政策において正しい思考軸を前面に打ち出した。『日経』が孤立するのは当たり前だ。このような報告書に対するメディアの反応も、国民会議を振り返るうえで"見どころ"と言えるかもしれない。

> **追記**
> 　社会保障制度改革国民会議の間、とくに医療介護の議論が佳境に入る4月19日のプレゼン以降は、私にとってかなりきつい状況であった。その頃に、『Visionと戦略』から会議終了後の10月頃にインタビューをという依頼があった。いったんお断りの返事を出すと、すぐに、旧知の佐藤昌俊編集長から直々に再度依頼のメールが届く。しかし、会議終了後は、きつい記憶ばかりがある国民会議のことをしばらくは考えたくなくなるだろうという思いが強く、返事を出していなかった。佐藤さんは6月23日に享年58歳で亡くなられ、私は追悼文の

依頼を受け、引き受ける。

＊　＊　＊

佐藤昌俊さんを偲んで『Vision と戦略』2013年8月号
　……佐藤さんがしらふの時か酔っている時かは忘れましたが、「先生は僕の分身のようだ。僕は先生の考え方が好きでたまらない」と告白されたこともあります（笑）。
　はじめて連絡があったのは、2008年4月でした。私が2008年の国民会議で医療介護のあるべき姿の試算を提案したのが3月でしたからその直後です。『Visionと戦略』2008年6月号に、試算を要求した意図をまとめてくれました。インタビュー最後の定番の文章で、佐藤さんは、私を次のように評してくれました。

> 「勿凝学問（学問に凝る勿れ）」、理論と実学のバランスを説いた福翁の思想が権丈教授の中で息づく。……はじめから価値観を明示しておかなければ研究としても不誠実だと若いときに思った瞬間に、新たな世界が開けた。分配論には価値観、分析者の視座という要素がなくてはならない。「ロビンフッド型の再分配制度の構築」を心に秘め、「医療を守る」という情熱に身を焦がす。

誉めすぎです。
　2009年8月30日の政権交代の直後9月5日に佐藤さんに講演に呼ばれています。その時に佐藤さんが、「私が一番最初に、先生の見積書という考えを紹介した」と、あの笑顔で語られていたのを覚えています[2]。
　佐藤さんから最後に連絡をいただいたのは、今年の5月21日でした。今の社会保障制度改革国民会議が終わった後に『Vision と戦略』への再登場をと編集者から依頼が届いていて、お断りのメールを出した後のことでした。4月、5月といろいろなことがあり、私は、この国民会議が終われば、おそらくこの会議のことにはまったく触れたくないだろうと思い、『Vision と戦略』への再登場を断っていました。そのお断りのメールを出した直後に、佐藤さんからメールが届いたわけです。

---

2)　政権交代選挙から1週間後の講演録は、佐藤さんがまとめてくださり、「社会保障国民会議の医療介護費用シミュレーションを語ることは、死児の齢を数えるようなもの」として『Vision と戦略』2009年11月号に掲載されている。

ご活躍のほど、常に拝見しております。
　さて、この度、小誌インタビューのお願いを差し上げましたが、しばしのお休みが必要とのお返事、痛み入ります。ただ私どもとしては、先生をおいて他に、全体を客観的に見て解説できる方はいないと思っております。今一度、白紙にお戻しのうえ、1か月ほど間をおいてから、再考いただけませんでしょうか。私からのお願いです。
　私はというと、昨年6月から抗がん剤治療、陽子線治療で、
……
　何とか回復して、また皆様から学ばせていただきたいと思っています。
　よろしくお願いいたします。

　本当に申し訳ございません。返事を出さずじまいでした。そして6月の末、佐藤さんが亡くなられたとの連絡が届きました。
　佐藤さんのご冥福を心よりお祈りいたします。

　7月7日　公民会議の医療介護起草分の「改革が求められる背景」を書き終えて執筆[3]。

---

3) その後に引き受けた『Visionと戦略』のインタビュー「競争ではなく協調に基づいた社会保障制度改革の道筋」は、タイトルを変えて本書第29講に所載。なお、その頃、依頼される仕事を片っ端から断り続けていた私が例外として『キャリアブレイン』のインタビューを受けているのは、卒業生に頼まれたためである。

第28講　民主主義と歴史的経緯に漂う医療政策＊

【司会　梶本章元朝日新聞論説委員】　この会場には230の椅子が用意できるのですけれども、本日はそれを上回る人が集まっているのではないかと思います。大相撲だったら「満員御礼」ということになりますね（笑）。私ども、多数集まってどうしようということは初めての経験であります。……権丈先生については、今さら私からご紹介するまでもないですが、私にとっては、朝日新聞の論説委員時代、医療や年金など、とくに年金でしたが、意見の割れるテーマをめぐって権丈先生といろいろ意見を交換させていただき、また知恵も授けていただきました。「割れる」というのは、世論も割れるんですが、社内も割れるんですね。まず社内をどうやってまとめるかというところで、権丈さんのお知恵を拝借したことを記憶しております。

それでは、今日は2時間ありますので、権丈先生にまず思いのたけを話していただいて……。

＊　＊　＊

ご紹介いただきました権丈です。梶本さんから（2013年）6月末に「今だから話せる国民会議」といったテーマで講演依頼をいただいたのですが、あの6月末から7月初めは会議の流れが本当に漂っていました。それで、あの頃にお願いした演題が「漂う医療政策」というものでした。実際、民主主義というのは厄介なもので、まあ、これしか答えがないだろうとは思いますが、

＊　医療介護福祉政策研究フォーラム（虎ノ門フォーラム）第14回月例社会保障研究会（2013年9月19日）「民主主義と歴史的経緯に漂う医療政策──国民会議を振り返って」講演録を筆削補訂。

右に行ったり左に行ったり、これから先もどう漂っていくのか分かりません。そうした前提のうえで、お話をしたいと思います。

財政健全化のスピードと社会保障機能強化の取り分

今日は、まず財政のお話をして、それから自己紹介をかねて私の問題意識などを話し、続いて社会保障制度改革国民会議の位置づけ、そして私がかかわっていたゆえに生まれたであろう社会保障制度改革国民会議のいくつかの特徴について話をします。なぜこの順番が大切かというと、社会保障という話は、財政的に持続可能な負担はどの程度なのかを意識すると、選べる政策はほぼ決まります。日本の財政状況を考えると、社会保障の政策選択肢はあまりありません。たとえば、財政を持続していくためだけに消費税が20数％必要だとすると、追加的に7％ほどの消費税を必要とする民主党の年金改革案は議論する必要さえないし、20数％の消費税率を高負担と呼ぶとすれば、高福祉・高負担という選択肢もこの国ではありえません。現実には、高負担で現在の「ほころびのある中福祉」を「しっかりした中福祉」に向けてわずかに改善するくらいしか、選択肢はない。現実の財政は、そういう段階にあります。

多くの人たちが、今回の国民会議の報告書を見て、何でこんな無理なことを俺たちがやらなければならないんだと思っているかもしれません。8月5日の国民会議で報告書が公になった時、民主党は自分たちの言ったことが書いていないと批判していました。書いてほしいことが書かれていないという意味では、自民党からも不満はいっぱいあると思うし、何でこんなことを書くんだという意味では、医療界からの不満も山ほどあるはずです。しかし、社会保障に関する議論の前提を整理すると、政策の選択肢はさほどないんですね。これはまあ、福澤諭吉の『文明論之概略』の出だしにある「本位論」というところでしょうか。議論をする場合には、「本位」を押さえることが重要で、表面的には意見が分かれているように見えますが、実は、社会保障政策を考えるうえでの前提部分を正確に把握しているかどうか[1]が重要になります。

2009年8月30日の総選挙の日、「財源は幾らでもある、20年間消費税を上

げる必要がない、自分の在任期間中の4年間は消費税を議論する必要もない」という人を党首とする政党を国民は選びました。今日は峰崎さん（鳩山内閣の財務副大臣）がいらっしゃるので少し遠慮しよう……とは、実はあまり思っていませんが（笑）、あの時は国民が政権交代で歓喜していた。そういう状況では、私は寝ているしかありません。実際、寝ていたわけですが、民主主義のリスクが臨界点を超えた2009年総選挙の日から丸4年が経ち、状況は様変わりしました。

　現在、黒田日銀総裁は、来年、消費税を上げなければダメだと言っています。上げなければ国債への信認が脅かされるかもしれず、そうなれば打つ手はない。対して、増税で景気が悪化しても財政政策など打つ手はあると。この8月26日〜31日に、有識者60人に増税の可否を問う「消費増税の集中点検会合」が官邸で開かれていました。3人ぐらいのリフレ派が上げるべきではないと言っていましたが、彼らのポジションは結構うらやましいですね。有識者の顔ぶれを見れば、消費税引き上げ賛成派が圧倒的であることは分かります。となれば、増税は行われるわけでして、リフレ派の彼らとしては、増税して経済に不都合が生じれば「ほら、言ったじゃないか」と言えるし、経済に不都合が生まれなければ「リフレ政策のおかげだ」と言うこともできる。彼らにとっては増税反対と言っておくことが一種の最適戦略です。しかし、ここはリフレ派の黒田日銀総裁が、増税しなかった時の「リスクプレミアムの拡大から長期金利が上昇する」ことを懸念して、責任のある立場から増税の必要を言う側面に注目しておけばいいと思います。彼が懸念するように、長期金利の上昇が日本の財政にとって最も恐いことです。国民会議報告書の医療介護のところには、次の文章があります——「ある」と言っても、書いたのは私ですが——。

> GDPの2倍を超える公的債務残高ゆえに金利の上昇に脆弱な体質を持つ日本は、いたずらな金利の上昇を避けるために財政健全化の具体的

1）　社会保障の前提、すなわち財政、税と社会保険料のとらえ方については、本書第18講「持続可能な中福祉という国家を実現するために」を参照。

進捗を国内外に示し続けなければならないという事情を負っている[2]。

先週、日本歯科医師会の110周年パーティで講演をしましたら、大久保満男会長が興味深いことをおっしゃっていました。大久保会長は私に2006年に初めて会っているようで、その時すでに私は次のスライドを使っていたらしいです（図表28-1）。早く消費税を上げれば、社会保障の取り分は増える、遅くなればなるほど減ると。

大久保会長にとっては、私がこの図を用いて「将来、消費税を上げたけれども、社会保障はカットされるという時期が来る」と言っていたのが印象に残ったのだそうです。私は随分と前から、将来の25％の消費税の範囲内で何ができるかを考えています。その範囲内で、今日の綻びのある中福祉をちゃんとした中福祉に機能強化する。

なお、今回の国民会議で、民主党の年金改革案が云々という話もありました。彼らの案は財政の問題を抜きにしても多々おかしいために、報告書では「2段階目」という永遠の未来に行うべき改革へと棚上げされましたが、実は財政論から見てもおかしいわけです。民主党案を実現しようとすると、消費税が常識の範囲を超えてしまいます。本当は、皆さんにも、25％の消費税の範囲内でこの国では何ができるかというぐらいに、考え方を切り替えても

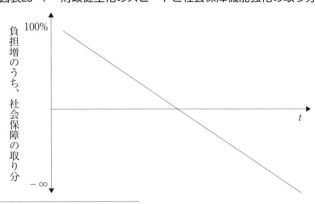

図表28-1　財政健全化のスピードと社会保障機能強化の取り分

2)　『社会保障制度改革国民会議報告書』23頁。

らわないといけないんですね。先週、大阪でこの話をしたら、「先生、25%あれば大丈夫なんですか。早くやりましょうよ」と。やっぱり大阪人は根が明るいんでしょうが、それを措いても以前と比べて時代が変わってきてはいます。本日、フロアには税・財政を専門とされる峰崎さんがいらっしゃいますが、民主党の年金案に対して、峰崎さんと私は同じ評価になると思います。財政論から入っても年金論から入っても、民主党の年金改革案は絵空事です。

経済財政諮問会議がようやく「中負担・中福祉の社会を目指す」と言い始めましたが、残念ながら、現在の日本が中福祉を実現するためには高負担が必要です[3]。仕方ないんです。もう明るく受け止めるしかありません（笑）。

消費税は毎年２％ずつ、財政の持続可能性が保てるまで上げていくのが望ましい。厚生年金の保険料率は、毎年0.354ポイントずつ上げていくことが法律に明記されていますが、あれが理想形です。今回は消費税を３％上げて次に２％上げることが予定されています。妥当な線じゃないでしょうか。でも、その次のことをやらなければなりません。今回の国民会議で、私が意識していたことの１つは、「この増税で、国民が、増税すればこういう良いことがあるんだと思えなかったら、次がきつい」ということでした。だから、今回の国民会議は、私にとっては――たぶん、参加していた委員のなかで私だけだったと思うのですが――次の増税の準備ですし、消費税の増加分を用いて、形の見える医療介護改革の道筋を示さなければならなかったわけです。

問題意識と事実認識という社会を見る角度

さて、ここで自己紹介もかねて、私が日頃からどのようなことを考えているのかを紹介しておきたいと思います。

私は、30代に出版した本に次のようなことを書いています。

問題意識と事実認識

社会科学研究で最も難しい作業は、何ゆえに、その課題にとりかかっているのかということを自問することであると思える。実際、多くの社

---

[3] 本書第18講参照。

会科学研究では、問題を設定した瞬間に、ある程度の結論が決まっているような側面が多く、結論をどの方向にもっていくかということは、問題設定というスタート地点に強く依存している。この傾向は、特に所得再分配政策である社会保障研究において顕著に表れるようである。その理由は、社会保障がやっていることは、結局のところ、公権力を用いて個人Ａの所得の一部を個人Ｂに移転するという実に単純で理解しやすい営みであるからと思われる。
……
　社会保障は、きわめて単純な政策であるために、この分野の研究のなかでは、研究のスタート地点をなす問題設定が、かなり重要な役割をはたし、問題設定と結論部分が、直線的につながりをもちやすくなる。たとえば、年金でも医療でも、ある社会保障研究の結論部分に目を通せば、その研究がどのような問題設定でスタートしているのか、そしてその研究者がどのような主義信条をもっているのかは推測がつく。さらにいえば、その研究者の出身大学や留学先の国のみならず、学部時代の指導教授まで予想ができて、おおよそ外れない。
　ところが、これほど重要な意味をもつ問題設定であるにもかかわらず、多くの人はよほど忙しいせいか、なぜ、自分はそのような問いを発するのかということを熟考する作業がおろそかにされているようにみえる[4]。

　社会保障の研究というのは、大方は、問いを立てたら直線的に答えが出てくるものです。というより、答えが問いを作っているようなものと言ってよいかもしれません。だから、どの角度から社会保障を眺めるかという論者自身の価値判断が、決定的に重要になります。
　たとえば、2007年に、八代尚宏先生と私が自治体病院全国大会で討論をしなければならなくなった時に用意したスライドがあります（第9講、図表9－3）。八代先生たちが「新市場への総合戦略」として、混合診療が解禁されたアメリカのような国では、家計所得が高くなるほど医療費が多くなる一

---

[4]　権丈（2005〔初版2001〕）143-144頁。

方、日本では所得のいかんにかかわらず医療が平等に使われているということを根拠に、次のように言います。

> 家計と所得の医療サービス支出の関係をみると、わが国では所得と支出額はほぼ無相関であり、低所得者世帯も高所得者世帯も医療サービス支出額はほぼ同じである。このことから、高所得者の医療ニーズが満たされていない可能性が大きい。一方、アメリカでは所得と医療サービスの相関は高い。所得に応じて国民は多様な医療サービスを購入していることを示唆する[5]。

アメリカ社会のほうがよさそうに思える文章ですよね。しかし同じ図を見ても、私は次のような文章を書いてしまいます。

> このことから、皆保険下の日本では医療の平等消費が実現されているのに、国民全般を対象とした医療保障制度をもたないアメリカでは、医療が階層消費化している[6]。

人が図表から読み取る事実なんてものは、その人の価値判断とは独立には存在しえないんですね。とは言っても、困ったことに、その価値判断が、事実認識と独立ではない。私が社会保障について考える際には、次のようなイメージが先にあります。福祉ニーズというのは丸い風船のようなもので、それに家族が対応するか、市場が対応するか、政府が対応をするかくらいの違いがあるにすぎない（図表28-2）。政府の役割を小さくしようとして丸い風船の政府の部分を押して潰すと、ほかのところが膨らむだけです。いずれにしても、その時代ごとにその社会に存在する福祉ニーズそのものを減らすことは難しい。

私は、共産主義とか社会主義は大嫌いなのですが、福祉ニーズと関連する特定の財・サービスだけは市場から外して、できれば政府で対応できればと

---

5) 鈴木（2004）286頁。
6) 権丈（2006）102頁。

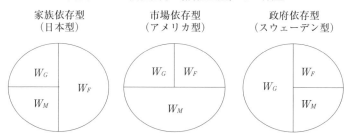

図表28-2　福祉国家（福祉生産）の3類型

注：一国のある時代に存在する福祉ニーズをWとして、家族、市場、政府が生産する福祉サービスをそれぞれW_F, W_M, W_Gとする。ここでは$W = W_F + W_M + W_G$として描いている。
出所：権丈（2009〔初版2004〕）165頁。

考えているわけです。

今日の先進国では、人々が不幸せな時にはどうしても必要となる基礎的な財・サービスや、本人の経済的責任や意思決定の責任を問うことが難しい人たち——たとえば、子どもたち——が必要とする基礎的な財・サービスについては、できるだけ彼らの必要性に基づいて利用できるようにすることを目的とした制度が準備されています。前者の代表例が、医療・介護であり、後者の例として保育・教育などが挙げられます。

これら生活に不可欠な基礎的な社会サービスが、その政策目的を十分に達成できるかどうかは、各制度が税や社会保険料を通じてどれほど財源を調達できるかということに依存しているのですが、目指していることは、どの制度も同じです。必要性に基づいて利用できるサービスを、市場社会のなかに一定程度組み込んで、市場と公の役割との間にバランスをとることです。

市場は、消費者の所得や資産に裏打ちされた支払能力に基づいて、財・サービスを利用できる権利を人々の間に分配してくれます。逆に言えば、市場の原則とは、消費者にものすごく強い必要性があったとしても、支払能力がない人には必要となる財・サービスを利用できる権利を与えないことでもあります。そのように「市場」は「非情」ではありますが、ダイナミックな性質があって、多くの人の生活を向上させる力を持っています。そのため、なかなか袖にすることもできず、どうしても社会の中心に据えたくなるメカ

図表 28-3 特殊平等主義を組み込んだ市場社会

ニズムではあります。まぁ、まさに人類が、ダイナミックな市場というものを社会の中心に据えたからこそ、生活水準の向上など確かに得るものも多くあったわけです。

　ただし、それなりの犠牲も払わなければなりませんでした。それまで生活リスクに対してリスク・ヘッジ機能を果たしていた家族というものが変質を迫られるなど、市場のダイナミズムを手に入れることと引き換えに、人類が差し出した犠牲も大きかったようです。そうしたなかで、社会保障というかつての家族や共同体に変わりうる制度が生まれてくることになるわけですけどね。

　ところで、市場を中心に置く社会にあっても、所得や資産に基づく支払能力だけに依存しないで、ある特別な財・サービスについては必要に応じて利用できる機会を平等に保障する方針を「特殊平等主義」と呼ぶ人もいます。この「特殊平等主義」を、市場のまわりに、あたかも誰もが利用できる共有地のように配置した社会は、「能力に応じて働き能力に応じて分配する」結果としての純粋資本主義とも、「能力に応じて働き必要に応じて分配する」結果としての社会主義とも異なる、現代的な国家の形態なのです（図表28-3）。私は、昔から、こういう話ばかりしていまして、したがって、医療も市場に引き渡せという八代先生たちとは、根本的に社会を見る角度が違うわけです。

　さて、そうなっていくと、市場とは違う原理で運営される共有地の部分は、政府の資金でやるしかない、つまり社会保険料と税で賄うしかない。だから

私は前世紀の20世紀のうちから、「増税しようよ、社会保険料を上げなければダメだよ」と言っていたんですね。ただし、負担増を行うとしても、負担能力には違いがある。したがって、国民会議報告書の次のような文章が生まれることになります。

> サービスの効率化を図るとはいえ、医療・介護給付費の増加圧力が高まる中で国民皆保険を維持するということは、国民すべての人々のニーズに応じて利用できるよう準備しておくことが望ましい公的サービスが国民経済の中で規模の厚みが増すということである。ゆえに負担面では、保険料・税の徴収と給付段階の両側面において、これまで以上に能力に応じた負担の在り方、負担の公平性が強く求められることになる[7]。

　もちろん、そうした社会を築いていくためには「持っている人」と「持っていない人」の戦いは起こります。私は昔から、「世代間不公平論に煽られた世代間対立は百害あって一利なし」と言ってきたのですが、別に平和主義者ではありません。世代間不公平論なんてのは論拠を間違えていて、有害無益だからバカだと言っていただけで、所得・資産という分配面の軸上で持つ者と持たざる者が戦う分には一向に構わない。さらに、医療界や労働界が、生活者側、持たざる人たち、弱者の味方についてもらわないと、政治バランスがとれませんよという話も延々としてきました。竹内まりやや河合奈保子のように「ケンカをやめてぇ」とは一度も言っていないわけです。その意味で、今回の国民会議の報告書は、かなり正しい争点、正しい思考軸を前面に出したというところに特徴があるのかなと思っております。
　したがって、ということになるのでしょうか、『日本経済新聞』は国民会議報告書を徹底的に叩いています。日夜、叩いている。ところが、本日は朝日、産経、毎日、読売、共同、それに赤旗もいらっしゃってますけれども、

---

[7] 『社会保障制度改革国民会議報告書』24頁。

彼らは日経と違って、国民会議の報告書を好意的に受け止めてくれているようです。おそらく、国民会議の応能負担を徹底化するという方針を支持してくれているのではないかと思われます。しかし、日経はそうはいかないから批判する。日経新聞の記事は大林尚論説委員が書いているという個別事情もあるでしょうが、この一か月間の新聞の論調は、基本的にはそういうものだったということをご理解いただければと思います。

社会保障制度改革国民会議の位置づけ

　さて、話を移しましょう。そうした議論を先月までしていた社会保障制度改革国民会議をどう位置づけるか。菅内閣時代、2011年6月に与謝野馨社会保障税一体改革担当大臣のもとで「社会保障・税一体改革成案について」（以下、成案）がまとめられました。そこでは、民主党が言い続けてきた年金の抜本改革や高齢者医療制度の廃止は棚上げされました。しかし、菅内閣から野田内閣に替わり、与謝野さんが一体改革の最高責任者から外れた後、棚上げされた新年金制度などをもう一度復活させようとする動きが、民主党のなかで出てきます。その様子を見ていた与謝野さんは、2011年末の『週刊社会保障』で、民主党の年金制度改革は「嘘」であり「使いものにならない」、「成案では、一応看板だけ残しているが、あれは墓碑銘」とも評していました[8]。

　しかし、民主党は2009年マニフェストへの回帰を図りました。昨2012年2月の閣議決定「社会保障・税一体改革大綱について」（以下、大綱）では、「成案」で葬られていた新しい年金制度、後期高齢者医療制度の廃止を復活させています。さらには、2009年マニフェスト回帰を図りたがるグループの言うことを聞かないと、一体改革の最大の目標である消費税の引き上げを前にして民主党が割れる恐れがありました。それで、当時のある自民党幹部は「助け船」という言葉を使ったのですが、自公が民主党に助け船を出して、社会保障の問題は将来、有識者を集めた社会保障制度改革国民会議をつくって、そこで議論することにしようとなったわけです。そうした経緯でこの国

---

8)　『週刊社会保障』No.2657（2011年12月12日号）。

民会議が始まり、会議の期間を三党で成立させた社会保障改革推進法の施行日2012年8月22日から1年後の2013年8月21日に区切ったのも、消費税の上がった分で何をするのかを議論する、という前提があったからでしょう。

　会期が1年しかないのに、国民会議の人選は大いに難航し――と言っても、政治家方面から聞くところでは、その原因はどうも私にあったらしく（笑）、いつまで経っても、岡田副総理たちが認めない。気持ちはよく分かる（笑）。しかし2012年11月14日の党首討論で、野田総理が「16日に解散をします。やりましょう」と発言した直後から、直に会議の人事権を失うと思った民主党も、私を入れるならばこっちからは誰と誰と誰をという折れ方をして、翌週の11月19日には国民会議の委員が確定し、各委員への打診が始まりました。

　さて、20回の会議を経て国民会議の報告書がまとめられた2013年8月5日の夕方、民主党は三党実務者協議から離脱すると宣言していましたが、この国民会議は、民主党政権下の三党合意のもとに設立され、民主党政権下で人選が行われ、民主党推薦の委員も入っていて、民主党の総理・閣僚のもとに第1回目が開催されたということを、まず押さえておかなければなりません。付け加えれば、政権交代で国民会議の役割が変わったという人もいますが、当事者として言いますが、何も変わっていません。振り返ると、議事録や動画を見れば分かるように、国民会議では民主党推薦の委員が最も多く発言しています。しかし、誰も賛意を示さず、むしろ反論されて終わっていたから、民主党にとっては不満な報告書になったのだと思います。

　こうした政治の流れと、ここ10年ほどの社会保障全般の議論の流れを理解している人にとって、今回の国民会議で議論すべきテーマが、積み残されてきた医療・介護になるのは周知のことでした。

　具体的には、2008年の社会保障国民会議が、2025年を目標とした医療提供体制の青写真を出しました。その後、民主党政権下で3年3か月の空白が生まれていたわけですが、いかにその青写真の方向に現実を持っていくかが、この国の社会保障の最大の課題として残っていたのです。

　図表28-4の右側が、2008年に提示された改革の青写真です。しかし現状は、左のような状況にある。この現状を、どのようにして右のような、病床の機能分化と連携がとれた姿にするか。

図表28-4　一般病棟入院基本料などの病床数（図表1-9再掲）

○現状では、急性期を念頭に高い報酬（15,660円／1日）となっている「7対1入院基本料」を算定する病床が最も多い（患者7人に対し看護師1人）
○これは、2025年に向けた目指すべき姿とは著しく異なっており、看護師不足や受皿病院の不足、高コストの要因ともなっており、是正が必要。

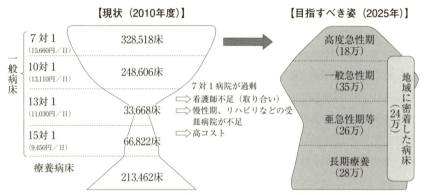

資料：平成23年11月25日　中央社会保険医療協議会総会資料、厚生労働省保険局医療課調べ（厚生労働省提出資料）。
出所：2013年10月21日　財政制度審議会配付資料。

　日本は戦後、社会サービスのいろんな分野で、民間の協力を得て量的拡張を遂げたのですが、病院を経営する独立自営業者が群雄割拠していて、計画化にはきわめて馴染みにくい状況となっています。量的な充足を遂げた今日、私的な所有権にできるかぎり配慮しながら、医療提供体制の整備にいかにして計画化を組み込んでいくか。

　2008年の社会保障国民会議で、機能の分化と連携の青写真は出されていたのですが、あの国民会議にしろ、今までの各種会議は、社会保障の課題と展望を論じることにより増税をするための雰囲気づくりをするのが仕事だったんですね。ようやく、消費税を5％上げる税収で、具体的に何をするかという話ができたのが今回の社会保障制度改革国民会議です。最低限やらなければならないミッションに対して、核になる部分は確実に進んだのではないかと思います。

　菅内閣時代の2011年1月に与謝野さんが経済財政政策担当大臣として呼ば

れ、与謝野さんは2008年の国民会議の事務局を再結集し、国民会議の座長や分科会の長を呼んで、2008年国民会議の延長線上にある報告書、2011年6月の「成案」をまとめました。なぜ、自公政権時の福田・麻生内閣下での社会保障改革の青写真と同じものが民主党政権下でも提示されるのかというと、やはり医療をはじめとした社会保障の問題は、政権と関わりなく共通のものであるし、そのうえ財政制約があるので財政的に実行可能なライン上でしか、与党・霞が関が提示できるフィージビリティのある政策というのはありえないのです。野党がいわば選挙戦略としてそこから外れたことをいくら言っても、その野党が与党になれば、いずれはフィージビリティの線上に戻らざるをえない。それで民主党でも末期には社会保障制度改革国民会議ができて、日本の医療をどのようにして新しいシステムに変え、医療と介護を一体的に改革して、地域包括ケアをいかにして構築するかという議論ができたのだと思います。

制度設計における税と社会保険料の相違

　ところで、社会保障制度改革国民会議の第1回会議（2012年11月30日）は、民主党の彼らが官邸にいたので行きたくなくて休みました（笑）。したがって、私が国民会議に出席したのは第2回目からです。その時に発言したのは、財政再建は税でしかできないということでした。他面、社会保障の機能強化は、社会保険料でやっていくという話をしています。社会保険料を国債費に回すことができないのは当然ですし、今後給付の増加が予想される医療介護の主財源は社会保険料でと考えているのは、他の理由もあります。

　どうも、経済学では、税と社会保険料の違いは表記としてのt（taxの略）とc（contributionの略）くらいの違いしかないのですが、政策面ではこれらは大きく異なります。GDPに占める税収と社会保険料を足し合わせた国民負担率は、バブル以降、大きく減少していきます。大幅に減るのは税であって、その減少を社会保険料がかなり支えてきました。そして1998年から国税収入よりも社会保険料のほうが大きくなります。

　国民会議で関係者からヒアリングをすることになった時、私は財政当局に来てもらって話をしてほしいと提案しました。と言いますのも、財政学者の

図表28-5　社会保障制度設計における社会保険と租税の選択（図表9-7再掲）

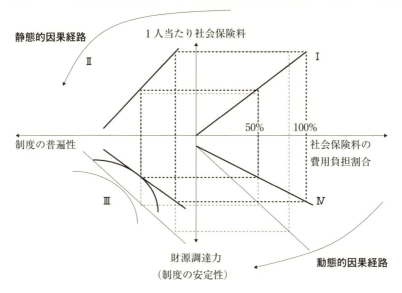

　宮島洋先生、2004年年金改革時の年金部会長だった宮島先生がおっしゃるように「社会保障の善し悪しは、税制の良し悪し次第」なんですね。ほとんどの国民の所得・資産を把握しているという意味で税制がしっかりしていれば、社会保障はきめ細やかな制度設計ができるのですが、この国では、低所得者が誰のことかさえも、実のところよく分からないような税制でしかない。だから、低所得者対策をやっていくことをあまり強調しすぎると、かえって不公平な制度が出来上がる。さらには、他国と比べてほとんどの税項目の税率が低いために、日本の税の財源調達力は、他国と比べて残念なくらいに弱い。そういう意味でも日本の税はだらしがない。主税局に来てもらい、どうして日本の税はこうもだらしがないのですかと質問したかったのですが、国民会議に来られたのは財政制度審議会の先生方でした——そうなると、歳出の話になり、私の「なんで日本の税はこんなにダメなの？」という質問はできないままでした。
　図表28-5は、2005年に「年金は租税方式で」と主張する連合に呼ばれ、彼らに租税に依存することが何を意味するのかを理解してもらうために作っ

た図です。まず、原点から右側の横軸を見てください。社会保障制度を設計する際に、100％社会保険料でやろうか、50％は租税を使おうか、いや租税は10％に留めておこうかという「社会保険料の費用負担割合」を示しています。次に左側の横軸です。社会保険料が高くなると、保険料を払うことができないためにその制度を利用できない人たちが出てきて、その制度のカバレッジ、「制度の普遍性」が落ちます。多くの人は、この図の第Ⅰ象限、第Ⅱ象限のみを見て、未納者も発生しないから租税のほうがよく、社会保険料は問題の多い制度だという意見になります。

しかし、日本の歴史を見ても、外国の歴史を見ても、社会保険料の費用負担割合が高い制度は財源調達力が高まり、制度の安定性が高いという経験則を観察することができます。反対に税が大量に入った制度は、毎年度、財政当局が力のかぎり減らそうとしてきます。その結果、この図の第Ⅳ象限に描いているように、社会保険料の費用負担割合が高いほど、「財源調達力（制度の安定性）」が高くなるという関係が生まれる。

われわれは制度を設計する時に、財源・制度の安定性と、制度の普遍性とを視野に入れます。これは、安定性をリンゴ、普遍性をミカンと考えればよく分かります。リンゴもミカンもともに価値があり、それを手に入れる消費者に効用を与えます。しかし、一定の予算制約下で、リンゴを多く買うとミカンの数が減るというトレードオフの関係がある。そして、ほとんどの人が気づいていないわけですが、社会保障制度の財源調達の側面にも同様の制約条件があると考えられます。

この図をたどっていくと、第Ⅲ象限に制約条件が描かれることになります。経済学を少し学んだ人たちには、第Ⅲ象限に、制度の普遍性と財源・制度の安定性という２つの目的の実現から得られる効用の無差別曲線があることが分かると思います。連合に伝えたかったのは、制度というのはこうしたバランスのなかで考えていくことになるんだということでした。

もっとも、社会保険料と租税の割合が同じでも、北欧のように財源調達力が高い国は確かにあります。実は、そうした国は労使関係における労働の交渉力が強いという点が日本と大きく異なります。あるところで、私が「労働側の代表である連合」と言ったとたんに「連合は労働者の代表ではない」と

言い返されまして、それ以来、表現には気をつけていますが、日本では連合がかかわろうが、かかわるまいが、労働側の交渉力が弱いです。したがって、北欧での第Ⅳ象限の線は、日本などと比べて時計回りに回転することになります。

そうすると、他の条件が一定であったとしても、第Ⅲ象限での制約条件は、北欧のほうが日本よりも原点から離れた位置に描かれることになる。つまりは、消費者行動における、よりお金持ちの予算制約線になります。だから、財源調達力も制度の普遍性も、より高いところで制度選択ができるうらやましい状況になるわけです。ところが、日本の労使関係を視野に入れると、そうはいかない。だから、私は「なるべく社会保険を堅持していこう」と話すことになるのですし、その背景には、経済学ではその違いが無視されがちな税と社会保険料の政治経済学的な相違点への配慮があるわけです。こうした考えの延長線上に、「医療保障政策の主財源はやっぱり社会保険料だ」という発言もあります。

そしてこういう考え方が、社会保障制度改革国民会議報告書の次の文章に反映されているのかもしれません。

> 1990（平成2）年に「1.57ショック」として、少子化問題が社会的に認識されたにもかかわらず、必要な施策が必ずしも十分に進まなかったのは、こうした施策が年金・医療・介護のように財源調達力の高い社会保険方式を採っておらず、当時、急速に悪化した財政状況の下で、必要な財源が確保されなかった点にも原因があったことに留意すべきである[9]。

さて、以上で今回の報告書の1つ目の特徴を説明したわけですが、次に2つ目の特徴に入りたいと思います。

---

9) 『社会保障制度改革国民会議報告書』8頁。

将来給付費の名目値と対GDP比

社会保障の将来について、よくある表現が次です。

> 近年のわが国の医療費は年3～4％の伸びを続けており、2013年度（予算ベース）で41.8兆円に達している。……2025年度には医療給付費が54.0兆円に達すると見込まれている。
>
> こうした医療を巡る変化は、介護保険にも影響を与えており、介護保険の費用は、制度創設10年あまりで2.6倍に膨らみ、2013年度（予算ベース）に9.4兆円に達する……2025年度には、介護給付費は19.8兆円に達すると見込まれており、制度横断的な改革が焦眉の急となっている。

なんだか日本の未来はものすごく大変そうですよね。

ここで話は少し過去にさかのぼります。実は、1994年に出された2025年の医療費の見通しは141兆円でした。2000年に2025年の医療費が何兆円になるかと試算された時は81兆円で、2006年になされた2025年医療費試算では65兆円でした。こうした状況を受けて、「医療費抑制機運を高めようとする厚労省の陰謀だ！」と、みんなで盛り上がっていたわけです。医療界の人たちはほとんどの人がこの陰謀論を信じていたようでした。今日はフロアに『赤旗』の論説委員もいらっしゃいますけれども、共産党もみんなで厚労省を責め立てて、国会でも取り上げられていました。

そこでおそらく私だけが、「そうじゃない」と話していました。だって1994年に2025年の国民所得が試算されていて、その国民所得で2025年の推計医療費141兆円を割ったら12.5％。同じことを2000年の試算値でやると、2025年の医療費の国民所得に占める割合も12.5％、同様に2006年試算でも12.5％なのですから。

問うべきことは、「なぜ医療費の国民所得比は、こうも安定しているのだろうか？」であったはずなんです。しかし、無名だった私の声など、政局作りに夢中な政治家の耳に届くはずもなく、永田町では厚労省陰謀論が大いに盛り上がっていました。

そうしたなか、「医療費の将来見通しに関する検討会」が立ち上げられま

図表28-6　医療費の将来見通しの手法の概略（改革実施前）（図表5-1再掲）

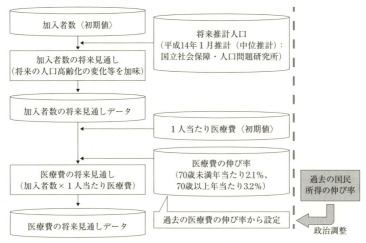

出所：「医療費の将来見通しに関する検討会」第1回配付資料に筆者加筆。

した。誰かが私の書いたものを読んだらしく、この検討会に、私にとって初めての政府の仕事として呼ばれることになり、2006年12月27日に第1回目が開催されます。

　そこで、厚労省は次の図（図表28-6）の破線の左側の図を持ってきて、過去の医療費の伸び率から将来の高齢化の度合いを勘案して、医療費の将来見通しを出しているだけだから、厚労省は何も作為的なことをしていないと弁明します。

　そこで私は、そういう説明だからいけないのだという話をします。過去の医療費の伸び率は、厚労省が準備した資料（図表28-6）の右側に私が書き込んでいるように、「過去の国民所得の伸び率」の影響を受けているんです。わかります？

　図表28-7は、私が随分前に書いた論文からの引用です。各国の医療費は、所得水準でほとんどが説明されてしまうんですね。

　私は、その検討会で、「医療費は基本的には所得という支払能力が決めているのであって、高齢化のような医療ニーズが決めているわけではない」と話します。しかし、他の委員から「私は中医協の会長をやっていたが、そん

図表28-7　1人当たり所得と医療費の関係（1960～1985年）

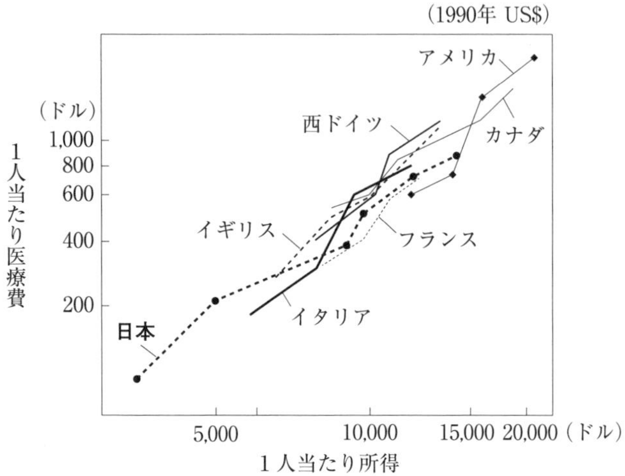
(1990年 US$)
アメリカ
カナダ
西ドイツ
イギリス
フランス
イタリア
日本
(ドル)
1,000
800
600
400
200
1人当たり医療費
5,000
10,000
15,000
20,000
(ドル)
1人当たり所得

出所：Getzen（1995）, p.36.

なことはない」とか「私は昔、厚労省で医療費の長期予測をやっていたが、そんなことはない」と文句を言われる始末。検討会では私が一番の若輩者で、医療経済学者の大先生も、中医協の元会長も、若い時に医療費の長期試算をしていた技官もいらっしゃいまして、所得が医療費を決めている話を信じてくれないわけです。

会議の1、2回目で私が孤立していましたら、3回目に、私が言っていることはきっとこういう意味だろうと事務局が作ってくれたのが、名目成長率を横軸にとって縦軸に医療費の伸びをとった図でした（図表28-8）。

つまり、成長率が高かった時期には医療費の伸び率も高く、成長率が落ちてくると医療費の伸び率も落ちる。その時点ごとの成長率と医療費の伸び率に基づいて将来見通しを立てるわけですから、成長率が高い時点での医療費の将来見通しは高く試算される。しかし、同時に試算された将来の国民所得で将来の医療費を割ると、その値はどの時点でも安定しているんです。したがって、経済が今よりも比較的順調だった1994年の試算では2025年の医療費が141兆円になり、経済が停滞していた2000年の試算では2025年の医療費が81兆円、さらに数年前の試算では54兆円になるのは当たり前だったのです。

図表28-8 これまでの将来見通しにおける医療費の伸びと経済成長率（図表5-3再掲）

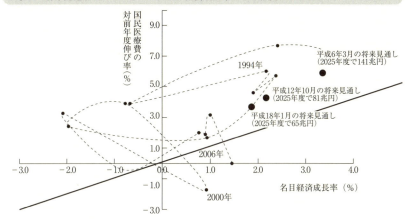

過去に行われた将来見通しにおける経済成長率の仮定と国民医療費の伸び率の関係を見ると、いずれの将来見通しにおいても、おおむね経済成長率＋2％程度となっている。

注：国民医療費は、2004年度までは実績。2005年度は医療機関メディアス、2006年度は医療機関メディアスによる4〜9月伸び率。
　　経済成長率は、2005年度までは実績。2006年度は政府経済見通しによる実績見込み。
出所：「国民医療費」（厚生労働省大臣官房統計情報部）、「国民経済計算」（内閣府）。

　こうした背景もあり、私は、医療費をはじめとした将来の社会保障給付費を名目値で議論しては絶対にダメだと言い続けてきました。その値のみを見せられた人は、将来のことを不当に心配して足元の医療費抑制論を支持するようになります。

　「医療費の将来見通しに関する検討会」は、報告書で「診療報酬改定率は政策的に決定されるものであるが、長期的にはタイムラグがあるものの、経済動向との間に結果として一定の関係が見られる」とまとめることになります。これが後に2008年の社会保障国民会議の医療・介護費用の試算の仕方に影響を与えていきます[10]。そして、世界に例がないような「医療・介護のあるべき姿」を描き、そこに、経済成長率と連動して動く診療報酬を掛けて将来の医療費を試算するという画期的な方法が生まれることになります。

10）　本書第5講参照。

図表28-9 社会保障給付費の推移

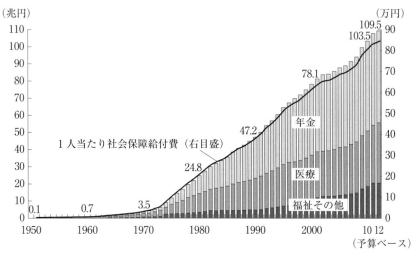

	1970	1980	1990	2000	2012（予算ベース）
国民所得額（兆円）A	61.0	203.9	346.9	371.8	349.4
給付費総額（兆円）B	3.5 (100.0%)	24.8 (100.0%)	47.2 (100.0%)	78.1 (100.0%)	109.5 (100.0%)
（内訳）年金	0.9 (24.3%)	10.5 (42.2%)	24.0 (50.9%)	41.2 (52.7%)	53.8 (49.1%)
医療	2.1 (58.9%)	10.7 (43.3%)	18.4 (38.9%)	26.0 (33.3%)	35.1 (32.1%)
福祉その他	0.6 (16.8%)	3.6 (14.5%)	4.8 (10.2%)	10.9 (14.0%)	20.6 (18.8%)
B／A	5.77%	12.15%	13.61%	21.01%	31.34%

資料：国立社会保障・人口問題研究所「平成22年度社会保障費用統計」、2011年度、2012年度（予算ベース）は厚生労働省推計、2021年度の国民所得額は「平成24年度の経済見通しと経済財政運営の基本的態度（平成24年1月24日閣議決定）」
注：図中の数値は、1950、1960、1970、1980、1990、2000及び2010並びに2012年度（予算ベース）の社会保障給付費（兆円）である。
出所：社会保障制度改革国民会議第6回（2013年3月13日）参考資料。

　だから、厚労省もよく図表28-9のような名目給付費を積み重ねたグラフを作っていますが、私には何を言いたいのか分かりません。
　図表28-9と図表28-10は同様のデータを使っています。
　日本の社会保障給付は、高齢化水準から見ると明らかに低い、これが正しい見方です。こういう「正しい」見方をする私が、今回の国民会議の報告書を起草しましたので、23頁の文章は次のようになっています。

図表28-10　高齢化率と社会保障給付規模の国際比較

○日本は1980年から2010年までの30年間で高齢化率は約15％上昇しており、社会支出の国民所得比も約20％程度増加している。一方、スウェーデン・フランスは40％を超えている。
○イギリス・アメリカなどは、高齢化率はさほど大きく変わらないものの、その社会支出の国民所得比は5〜10％程度上昇している。

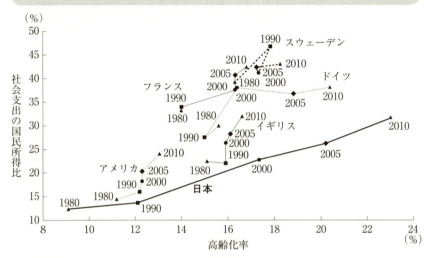

資料：実績はOECD："Social Expenditure Database 2009" 等に基づき、厚生労働省政策統括官付社会保障担当参事官室で算出したもの。
　　　実績はOECD社会支出基準に基づく社会支出データを用いているため、社会保障給付費よりも広い範囲の費用（公的住宅費用、施設整備費等）も計上されている。
　　　諸外国の社会支出の国民所得比は実績は2009年。
　　　高齢化率は、日本：国勢調査（総務省統計局）／諸外国（U.N.WORLD POPULATION PROSPECTS（OECD Health Data））。
出所：社会保障制度改革国民会議第6回（2013年3月13日）参考資料。

　ここで年金財政と比較をすれば、年金給付費の対GDP比は2012年度で11.2％、2025年度で9.9％とその比率が低下することが期待されているのに、医療給付費は2012年度－2025年度間に7.3％（自己負担含む総医療費8.5％）から8.8％（同10.1％）へと1.5ポイントの増加が試算されており、同時期、介護給付費は1.8％（自己負担含む総介護費1.9％）から3.2％（同3.5％）へと1.5ポイントの増加が見込まれ……[11]

この文章は、先ほど紹介した、「近年のわが国の医療費は年3〜4％の伸びを続けており、2013年度（予算ベース）で41.8兆円に達している。……2025年度には医療給付費が54.0兆円に達すると見込まれている云々」という文章と同じ値を使ったものです。名目値で書くとビックリするくらいに大きく見えても、GDP比で見ると、実にささやかな医療介護費用の増加しか織り込んでいないことが分かります。本日、フロアには、各紙の論説委員が揃われていますが、この、将来の社会保障給付費を名目値で議論するというミスは、いまだに全紙がおかしています。紙面という文字数が少ない媒体で読者に説明するのは難しいかもしれませんが、将来の社会保障給付費を名目値で示すことには意味がないという問題を越えて悪影響を与えることになり、記者に悪気がなくても世論を間違った方向に誘導してしまうということは、各紙理解しておいてもらわなければなりません。

　今回の国民会議報告書では、将来の社会保障給付費を示すのに、試算された名目値は使わずにGDP比で表記するという方針を——本日も冷やかしで出席されている——社会保障改革担当室（内閣府）の人たちに徹底してもらいました。将来の社会保障給付費を名目値で論じることから生じる間違ったメッセージを禁止したことも、今回の国民会議の報告書の特徴の1つです。

　そのうえで言いますが、GDPが増えていく度合いよりも、医療介護費用は伸びていきます。これからの超高齢社会において年金給付費さえ対GDP比で減少していくのに、医療介護費用は増えていく。医療介護は、この国ではかなり恵まれた位置にあるとは思います。そういう恵まれた条件をいかに有効利用するかというのが、今回の国民会議の最大のテーマだったわけです。

　医療費は確かにこれから伸びていく。だけど、今想定されているくらいに医療費が伸びても、その水準は現在のフランスぐらいですね。現在のフランスと比べても、日本のほうが高齢化が進んでいます。そして日本の将来の高齢化水準は今日よりもはるかに進み、医療ニーズも介護ニーズも圧倒的に増えているでしょう。そうであるのに、現在のフランスの医療費くらいまでしか増やせない。だから、国民会議報告書の23頁では「高齢化の進展によりさ

11）　第1講、図表1-23参照。

らに変化する医療ニーズと医療提供体制のミスマッチを解消することができれば、同じ負担の水準でも、現在の医療とは異なる質の高いサービスを効率的に提供できることになる」となるわけです。このあたりは、本日いらっしゃいます横倉（日本医師会）会長をはじめ医療関係者の方々には、とにかくみんなで共有してもらいたい認識ですので、よろしくお願いします。

　物は考えようで、国民負担率がすでに北欧と同じ水準だったらこの国は終わっています。国民負担率が低いから、まだこの国は頑張っていけるし、市場からの信認も得られる。医療に改善の余地がない、すでに完全な体制になっているのだったら、もうやることはない。しかし、これから先、いくらでも価値のあるやるべきことが待っています。消費税が上がった時、1％のうちの幾分かを医療に使うということになったら何に使えばよいかを、明るくみんなで考えていけばよい。それを先月までやっていたのが、社会保障制度改革国民会議だったわけです。

社会保障給付費の経費別割合の見方

　もう1つ、誰も悪気がないのに、つい間違えてしまって、おかしな方向に意識が走ってしまう話をしておきます。次の図をご覧ください（図表28-11）。

　これは、社会保障給付費全体を100％とした場合、どれだけの割合が高齢者向けの給付なのかということを示しています。日本の高齢者は実に恵まれているように見えます。この図の印象に支配された人たちが、高齢者に対して憎悪の感情を抱いていくことになるわけです。

　しかし、本当はGDP比で見ないと、日本の高齢者は恵まれているかどうかの判断材料にはなりません。図表28-12を見れば分かるように、GDP比で見ると、日本の高齢者の給付は突出して多いわけではありません。

　しかも、高齢給付には介護も入っており、介護給付費を高齢者だけのための給付と見なすOECDの定義には問題があります。また同じ観点から、年金も高齢者医療も、確かに受給者は高齢者ですが、それらの制度の受益者はその高齢者だけではないはずです[12]。それに、そもそも65歳以上の高齢者比

---

12) 権丈（2015）第35講参照。

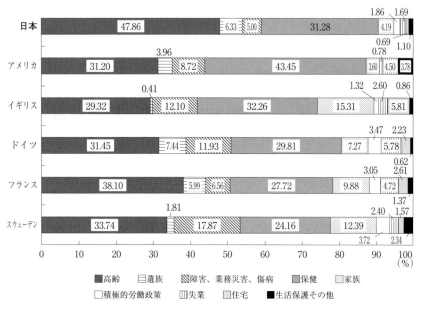

図表28-11　政策分野別社会支出の構成割合の国際比較（2009年度）

出所：国立社会保障・人口問題研究所「社会支出と国際比較」『社会保障費用統計（平成22年度）』。

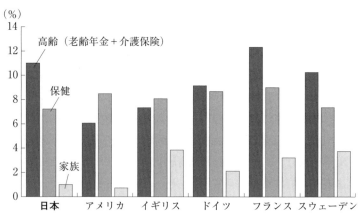

図表28-12　社会支出の対GDP比の国際比較（2009年）

出所：OECD Stat.

図表28-13　65歳以上人口比率と高齢給付費の対GDP比（2009年）

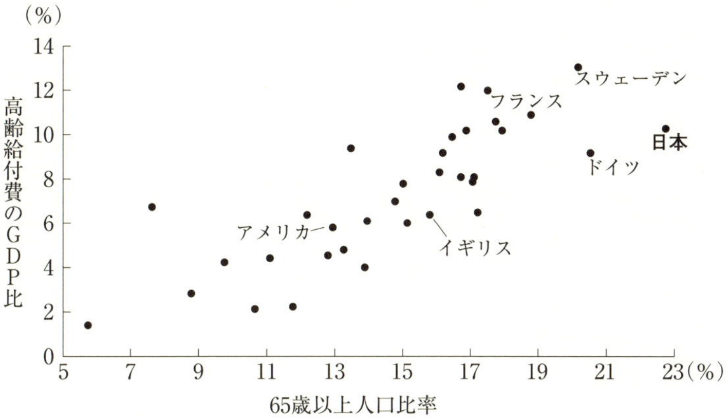

（縦軸：高齢給付費のGDP比（％）、横軸：65歳以上人口比率（％））

ラベル：スウェーデン、フランス、日本、ドイツ、アメリカ、イギリス

出所：OECD Stat.

率を考慮すると、日本は決して多すぎるわけではありません（図表28-13）。

ところが、図表28-11のような社会保障給付費全体を100％とした場合のグラフを見た人たちは、高齢者を憎んでしまいます。少子化対策を考える集まりに出たことがあるのですが、「高齢者がこんなに恵まれているのに、若者向けの給付はこんなに悲惨な状況だ。だから高齢者から若者へお金を！」と誰かが言うと、待ってましたと拍手喝采が起こる。その様子を見て、私は1997年のイギリス労働党のマニフェストにあった"You deserve better"という言葉を思い出しました。トニー・ブレアが「君たちはもっと報われる価値がある」と言うと、人々は拍手喝采していました。

なお、高齢給付費の対GDP比の推移を見ると、日本は2000年、2005年段階では、まだスウェーデン、ドイツよりも低かったことが分かります（図表28-14）。

そこで、2000年次の政策分野別社会支出の構成割合の国際比較を図示すると、日本の高齢給付費は断トツの1位となる（図表28-15）。

昔から、日本では、社会保障給付費100％のグラフをみんなで眺めては、高齢者憎しの思いを募らせてきたのですが、バカバカしい話です。日本の高齢者給付の割合が大きく見えたのは、理由は明白で、日本のGDPに対して社会保障そのものが小さかったからですね（図表28-16）。

図表28-14 高齢給付費の対GDP比の推移

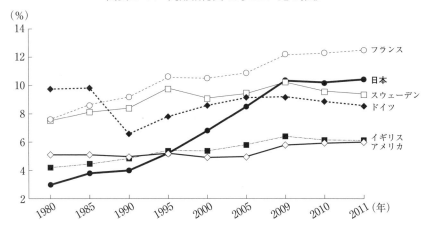

出所：OECD Stat.

図表28-15 政策分野別社会支出の構成割合（2000年）

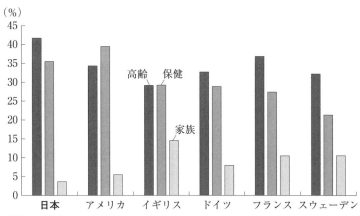

出所：OECD Stat.

　ちなみに、『社会保障統計年報』には、社会保障給付費100％の国際比較グラフが平成12・13（2000・2001）年版から載っています。比較している国は、今と同じ、アメリカ、イギリス、ドイツ、フランス、スウェーデンで、日本のデータは1996年、1999年の2年をとっています。2000年から「高齢」給付

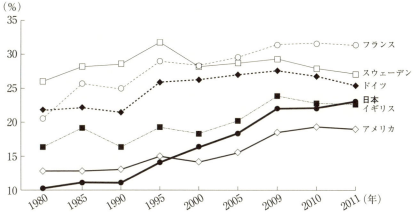

図表28-16　社会保障給付費の対GDP比

出所：OECD Stat.

に加算されることになる介護保険導入前ですね。そして言うまでもなく、平成12・13年版『社会保障統計年報』のグラフでは、日本の高齢者給付の割合は6カ国の中断トツの1位。『社会保障統計年報』のこのグラフによって不毛な世代間対立の意識をすり込まれた研究者が世の中にかなりいることを考えると、統計年報を作ってきた国立社会保障・人口問題研究所も、少しは責められていいと思いますけどね。

　このような例は他にもあります。本日はフロアに保団連（全国保険医団体連合会）の人も保険医協会の人もいますが、彼らは、国税収入に占める消費税の割合は、イギリスよりも日本のほうが高いと言います。2008年の夏でしたか、イギリスの付加価値税17.5％よりも日本の消費税5％が国税収入に占める割合が低いのは、日本は食料品にも消費税がかかっているからと、みんなまじめに議論しているところに呼ばれたことがあります。

　その様子を見て、私が「この国では、国税収入そのものが低いからそう見えるのであって、同じ論法をたどっていくと、法人税を上げられなくなりますよ。法人税を上げたいのでしたら、その論法を使ってはいけませんねぇ」と説明しますと、「ああ、そういうものですか」と話が終わります。だから、何を分母にとって議論するかで、人々の考えを逆に誘導できるし、同じデー

図表28-17　国の規模と現代国家の機能（社会保障への還元率）

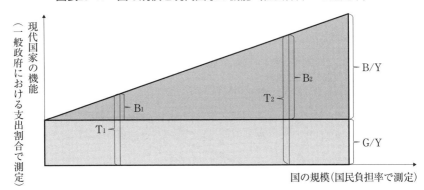

タを使っても、使い方によっていくらでも、人の感情をコントロールできるんです。

こうした問題意識が、国民会議の報告書では、次のような文章、とくに太字の文章に表れています。

> （2）すべての世代を対象とし、すべての世代が相互に支え合う仕組み
> ―上述のように、「21世紀型（2025年）日本モデル」の社会保障では、主として高齢者世代を給付の対象とする社会保障から、切れ目なく全世代を対象とする社会保障への転換を目指すべきである。
> ―その際、全世代型の社会保障への転換は、**世代間の財源の取り合いをするのではなく、それぞれ必要な財源を確保することによって達成を図っていく必要がある**[13]。

図表28-17は、2008年に左派系の民医連（全日本民主医療機関連合会）に呼ばれた時に作ったものです。

これは、GDPに占める政府支出の規模を縦軸にとって、政府支出を社会

---

13) 『社会保障制度改革国民会議報告書』9頁。

図表28-18　国の規模と高齢者給付・現金給付の割合

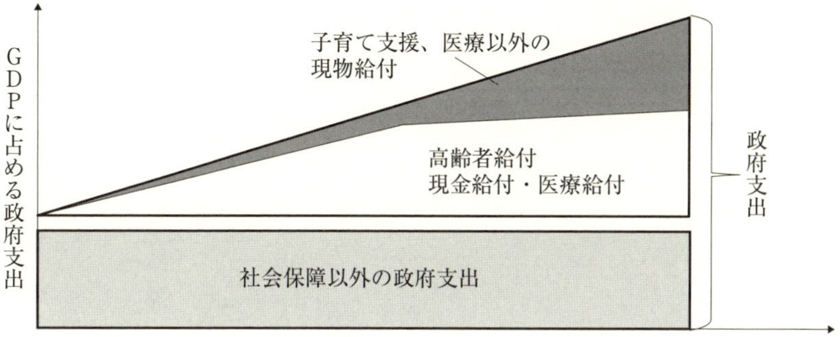

（図：GDPに占める政府支出を縦軸とした図。下部に「社会保障以外の政府支出」、中段に「高齢者給付　現金給付・医療給付」、上部に「子育て支援、医療以外の現物給付」が示され、右端に「政府支出」の範囲が示されている）

保障と社会保障以外に分けたものです。国の規模は社会保障が決めます。どうして私がこうした図を描いたかというと、民医連の人たちは、政府支出に占める社会保障給付を還元率と呼んで、日本は還元率が低い、もっとほかの国のように還元率（B/T）を高めていくように財政支出の組み替えを行うべきだという議論をしていました。そこで私は「政府が小さかったら、還元率が小さくなるんですよ、還元率を高めるためには政府を大きくするしかないんですよ」という話をします。

付け加えれば、社会保障というのは、歴史的には、まず高齢者の給付から充実し、次第に子育てへと移っていきます。先ほどの図に、高齢者給付や現金給付の割合を示す線を書き込むと図表28-18になります。これは2010年10月に、北海道大学の宮本太郎さんと山口二郎さんがシンポジウムを開き、そこに呼ばれた時に書き込んだものです。

高齢者向けの給付と同じく、社会保障に占める子育てや若い人たちへの給付割合を高めるには、社会保障給付を増やしていかなければなりません。

あの時の北大グループの方々は、先ほどの社会保障100％給付基準の図をよく使われているために、高齢者が恵まれていると考えられるようで、自然の流れとして巷間の年金の世代間不公平論などに優しいし、時に共感を示される。国民会議の報告書には、そうした考えはおかしいし、不毛だということが書いてあります。前半の「高齢者世代を給付の対象とする社会保障から、切れ目なく全世代を対象とする社会への転換を目指すべきである」とは、国

民会議の委員であった宮本太郎さんがいつも主張されている話ですが、その後に、「なお」書きがある。若者の不満があるのは分かる。しかしその原因の多くは、年金の世代間格差などというものではなく、雇用の問題なんですね。

> このようなことに留意しつつ、他方、世代間の不公平論が広まる土壌があることにも目配りが必要である。負担の先送りの解消はもとより、教育現場等を含め、社会保障の意義や若い人々にとってのメリットを正しく理解してもらえるよう努力することや、若い人々の納得感が得られる全世代型の社会保障への転換を目に見える形で推進することが重要である。なお、個々の制度の問題ではなく、こうした世代間の不公平論が広まる土壌として、若年層の雇用環境が極めて厳しい現状にあることにも留意が必要である[14]。

宮本さんや子育て支援を専門とされる人たちは、社会保障給付費を100％としたグラフをよく使われます。そして、いつの間にか、年金などで世代間不公平論を言う者を支持されたりもしてしまっている。しかし、年金で世代間不公平論を言うしか能がなく社会保障議論を荒んだものにしている一部の経済学者とは違い、こういう方々は本当は性格がいい心優しい人なわけですから、議論の出発点として、データのとり方や見方で、誰も悪気がないのにおかしな方向に行ってしまうことがあるので、気をつけましょうと言いたいところです。

そして、実はここが重要なところで、1989年の人口動態統計では合計特殊出生率が1.57となり、「丙午」という特殊要因により過去最低であった1966年の合計特殊出生率1.58を下回ったことが判明し、90年に「1.57ショック」キャンペーンが始まりました。しかし、そこから先、この国は国民負担率を全然上げられていないんですね[15]。

少子化問題にとって非常に残念だったことは、1.57ショックの直後にバブ

---

14) 『社会保障制度改革国民会議報告書』7頁。
15) 第9講、図表9-10を参照。

ルが崩壊したことです。1990年に、89年の人口動態統計で合計特殊出生率が過去最低の1.57となったことが発表されました。「さて、これから少子化対策に国を挙げて取り組むぞ」っと「1.57ショック」キャンペーンが張られたまさにその瞬間から、まったく財源を得られなくなったんですね。これがこの国の人口問題に深刻な影響を与えることになります。少子化対策は、年金、医療、そして2000年にできた介護のように財源調達力の高い社会保険方式をとることができなかったために、当時急速に悪化した財政状況のもとで、必要な財源を確保することができませんでした。消費税を上げようとする政党・政治家は有権者に拒否され、選挙で負ける。そのつけが現在の日本の少子高齢化に現れることになります[16]。本日は、村木さん（現厚労次官）、大塚さん（元厚労次官）もいらっしゃいます。幸田さん（元厚生次官）の頃は、年金がさほど政争の具とされていなかったかもしれませんが、大塚さんが次官だった2004年年金改革のあたりから、厚労行政を担う立場での年金の取り扱いには本当にご苦労されたかと思います。今回の国民会議の報告書では、各論は少子化対策分野の改革、医療・介護分野の改革、年金分野の改革という、国が本当に議論して方針を決め、本気で取り組まなければならない順番に並べてあります。きわめて残念なことに、この国は、この10年間、年金が政争の具とされてしまったために、年金ばかりが政治家や官僚１人１人の時間、そして国会の時間を支配し、少子化対策や医療介護改革の分野に投入すべき改革エネルギーをクラウディング・アウト（排除）してきました。腹立たしいほどに残念な状況にあったわけです。

　しかし、今回の国民会議ではなんとか年金を本来あるべき場所に戻すことができたと思います。この10年間、厚労省の人たちには、本当にお疲れ様でしたと言いたくもなるほどに、年金で政治が荒らされまして、防戦が大変でした[17]。私は、レコンキスタ（失地回復運動）と言っているのですが、年金を政争の具としてきた政治家たち、年金で一旗揚げようとした研究者たちは、あと少しでグラナダ近辺へ追い詰めることができるところまできています。

　これからは、2004年改革時に厚労省が予定していた保険料率20％を18.3％まで１割下げられたゆえに、04年年金が宿命的に抱えることになった給付の底上げという課題を追求しながら、04年改革で挑戦して挫折した非正規労働

者の厚生年金適用の拡大や第3号被保険者の見直し、09年財政検証時にすでに明らかとなっていた課題、デフレ下でのマクロ経済スライドのフル適用を

---

16) 2014年10月10日の社会保障制度改革推進会議における私の発言を紹介しておく。

　権丈委員　今の山崎委員のお話に続く話なのですけれども、昨年の国民会議の報告書の8ページに「1990年に『1.57ショック』として、少子化問題が社会的に認識されたにもかかわらず、必要な施策が必ずしも十分に進まなかったのは、こうした施策が年金・医療・介護のように財源調達力の高い社会保険方式を採っておらず、当時、急速に悪化した財政状況の下で、必要な財源が確保されなかった点にも原因があったことに留意すべきである」という言葉があります。
　この国の子育て支援政策の残念なというか、つらいところは「1.57ショック」というところで、さて今から子育て政策を展開していくぞといった1990年にバブルが崩壊したんです。そこで政府は全く財源調達力を得ることができず、1990年以降には国民負担率が下がっていったりします。この中で、非常につらい状況が20年後の今、起こっているというところで、介護の方は後からぐっと入ってくるわけですけれども、あの時期に社会保険という財源を確保していたところは、その後、社会保障の制度として結構生き延びます。
　だから、私は、中長期的には「子育て保険」というようなことも視野に入れた形で議論していただけないだろうかと前々から思っているわけですが、そうしていただかないことには、子育て政策が遅れたがゆえに、大体どの国も福祉国家というのは、高齢者を扶養する生活費を社会化するのが先行します。その後に子育て費用の社会化が、追いかけていくんです。
　したがって、両方のバランスがとれて、全体的に連帯感がある社会システムというのができ上がっていくのですが、この国は高齢者のところだけが先行して、その後、子育て費用の社会化が追いかけていこうと思って、さてといってスタート地点に立った瞬間にバブルが崩壊してしまって苦しい状況になって、そして、はたから見ると、高齢者だけが社会化されているシステムというのはおかしいのではないかというようなところで、その後、ものすごく社会システムとしての連帯感が崩れていくといいますか、そういうところが確かに脆弱な体制になっていくんです。
　ですから、そういう視点から見ても、高齢期の生活の社会化と子育て費用の社会化というのをバランスよくやっていかないと、社会保障が憎まれるんですね。こんなに便利で、使い勝手がよければ生活が楽になっていくような制度が、憎まれていって、政治などでいろいろな形で利用されていくというのは非常に残念ですので、山崎委員のおっしゃられた、財源調達のところでの企業の貢献というところも含めた形で議論していただければと思います。

17) 権丈（2015）第22講参照。

粛々と進めなければなりません。

胴上げ、騎馬戦、肩車論への批判と「サザエさん」の波平さん話

　あともう1つだけ、悪気がないのに議論がおかしくなっていく話をしておきます。去年（2012年）1月24日に当時の首相が施政方針演説で、「多くの現役世代で1人の高齢者を支えていた「胴上げ型」の人口構成は、今や3人で1人を支える「騎馬戦型」となり、いずれ1人が1人を支える「肩車型」に確実に変化していきます。今のままでは、将来の世代は、その負担に耐えられません」と言っていました。だから、消費税の増税をお願いしますと。同じような話は1990年代のこの国でも当時の大蔵省と厚生省が流行らせていまして、あの時は瞬時にして日本全体が社会保障に対する悲観論に変わったというシーンを私は記憶しています。

　しかしですね、就業者1人が支える非就業者の人数は、そんなに変わっていないんです[18]。さらに、年金試算の前提に組み込まれている女性とか高齢者の労働力率を前提にすれば、将来的にも、就業者1人が支える非就業者の人数はほとんど変わりません。そうしたことを10年以上前に論文に書いたのですが、それを読んでくれた読売新聞の林真奈美さんが、2012年4月に次のような記事として復活させてくれました（図表28-19。図表18-5も参照）。

　この記事が出た頃、私は、授業をはじめいたるところで「『サザエさん』の波平さんは何歳だと思う？」と話していました。答えは54歳です。55歳定年制時代の定年1年前という設定です。去年あたりから、国会の予算委員会などで「総理、波平さんはいくつだかご存知ですか？」という話が出ていますが、あの話を流行らせたのは私です。もっとも、私は波平さんとセットで「最近3度目の結婚をした郷ひろみは56歳（当時）で、中島みゆきって還暦なんだよ」と話していたのですが、国会ではそこまで言っていなかったようですね（笑）。

　ちなみに、「サザエさん」が福岡の地方紙『夕刊フクニチ』で連載が始まったのは1946年です。そして当時の平均的な定年年齢55歳男性の平均余命

---

18)　第18講、図表18-5を参照。

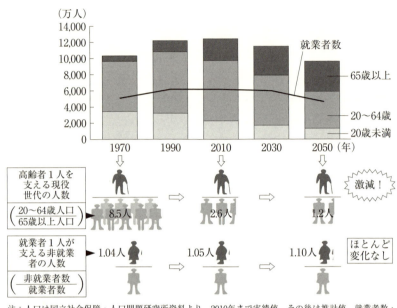

図表28-19　人口構成の変化と就業者数の推移

注：人口は国立社会保障・人口問題研究所資料より。2010年まで実績値、その後は推計値。就業者数・就業率は労働力調査（実績値）、2030年は労働政策研究・研修機構の推計値、2050年は2030年推計値を基に権丈教授試算。
出所：「少子高齢化への対策　就業者増やし支え手確保　女性・高齢者に働きやすい環境を」『読売新聞』2012年4月23日朝刊。

は70.97歳で、定年後に平均15.97年の人生がありました（昭和22年『第8回生命表』）。

　今日の65歳の平均余命は平均18.74年ですから（平成22年『第21回生命表』）、実は、定年後の余生の長さは、サザエさんが始まった戦後すぐの日本とそれほど変わっていないとも言えます（わずか2.77年延びただけ）。人が長生きを愉しめるようになれば、これまでのように標準的な退職年齢を引き上げていく。そうした地道な努力を続けていけば、人類史上未曾有と言われる超高齢社会も乗り切れるというものです。そして今この国は、標準的な定年年齢65歳をめざして環境の整備が進められています。その先も目指して、みんなで前向きにやっていくしかないですよね。

　少々脱線しましたが、国策としてどうしてもやらなければならないことは、

高齢者や女性の就業率を、少なくともこの年金試算に組み込まれているくらいまで高めることです。逆に言えば、日本という国が持続可能であるための労働市場政策というのはその程度のことでいいんです。日本の人口構成は、社会保障に絶望を抱かせるレベルまで進みはしません。国民会議の報告書にも、そうしたメッセージが随所に出てきます。女性の就業率を上げましょう、高齢者もしっかりと働いてもらいましょうと。

> 女性の就業については、夫婦共働きが増加し、就業率が上昇傾向にあるものの、いまだ男性よりも低い水準となっている。また、女性の労働力率を年齢階級別にみると、30歳代を底としたいわゆるM字カーブがみられ、依然として、出産、子育てを機に就業を中断する女性が多い。少子化が進む中、働きながら子育てできる環境整備を進めることが重要であり、また、女性の就業率の上昇は経済成長にも資することから、子ども・子育て支援新制度による保育の充実に加え、父母ともに育児にかかわれるワーク・ライフ・バランスを着実に実現していく必要がある[19]。

> 高齢者についても、健康寿命が延伸することを踏まえ、高齢者が培ってきた知識や経験を活かせるよう、意欲と能力がある限り、年齢にかかわりなく、働くことができる社会の実現に向けた取組が必要である[20]。

> 現在の労働力率（15歳以上人口比約60％）を維持するためには、雇用継続が義務化された60歳代前半はもとより、60歳代後半の労働力率をかなりの程度（男性で2010（平成22）年48.7％→2030（平成42）年65.0％）引き上げることが必要となることが示されている[21]。

---

19) 『社会保障制度改革国民会議報告書』9頁。
20) 『社会保障制度改革国民会議報告書』9-10頁。

長く働くことについても連合などは反対するわけですが、財政面と同様に、労働面でも、この国に残された選択肢はあまりありません。もう、前向きに明るくやるしかないでしょう。

「あるべき医療、あるべき介護」と2008年社会保障国民会議

今回の社会保障制度改革国民会議では医療介護がメインで、あるべき医療あるべき介護をいかに実現するかというのが課題でした。あるべき医療介護という言葉は、2008年国民会議で出てきます。あの時は2008年1月から11月まで、本会議9回、雇用年金分科会、医療介護福祉分科会がそれぞれ8回、少子化分科会が6回開催されています。私は、政治のほうから親会議と雇用年金分科会の2つに入るようにと言われ、「いや、やるならば医療・介護がいい、年金なんてバカにバカと言う仕事しかないんだから」と言って抵抗したのですが、当時、年金問題が租税方式だ、記録問題だと大荒れだったので、私は雇用年金分科会に入れられました。しかしその代わりに、親会議のメンバーはすべての分科会にオブザーバーとして参加してもよいというルールが作られ、吉川洋座長とともにヒラ委員の私が、親会議と分科会の全部に出席することになります。

そして第1回の雇用年金分科会2008年3月4日に、私は、年金、医療、介護の中長期試算を要求する資料を提出します。分科会で試算要求を提出した後、本会議で2回、試算を行う許可を福田康夫総理の前で求め、2回目の2008年4月16日第4回本会議で「あるべき医療、あるべき介護というものもバリエーションに入れてシミュレーションさせていただくということも、ご了承をいただければと思う」と発言します。これが、「あるべき医療、あるべき介護」という言葉がこの国で初めて使われた時です。あるべき医療、あるべき介護は、今までの医療介護とは違うもの、今までの医療介護政策のあり方を否定するということを意味しています。今までの政策の延長上では、あるべき医療介護にはならない。それを総理の前で念を押し、この国民会議は、医療介護を今までと異なる方向に抜本的に変えていくという方針を確認

---

21) 『社会保障制度改革国民会議報告書』43頁。

したわけです。

　こうして、年金、医療、介護の試算が国民会議で行われます。年金については、「公的年金に関する定量的なシミュレーション」が5月19日の雇用年金分科会で発表され、あの日が租税方式論者の「終わりの始まりの日」になります。今でも租税方式を言うのは日本総研の西沢和彦さんほか数人しかいないのですが、彼らは2008年国民会議における年金シミュレーションには触れません。あのシミュレーションを無視するしか、自分の論を展開する術がないからです。あの日は、朝日新聞の年金改革案を説明するために梶本さんも国民会議に出席されていて、会議の後に一緒に飲みに行った梶本さんから「年金は終わった。次は本丸の医療介護に集中して」と励まされたことを覚えています。

　続く「医療介護費用のシミュレーション結果」は10月23日の医療介護福祉分科会で発表されます。この2008年社会保障国民会議と今回の社会保障制度改革国民会議との継続性を理解しておくことは重要です。2つの国民会議を結ぶ線の延長線上に、向かうべき社会保障改革の方向性があります。今回の国民会議報告書の26頁に、次のように書かれています。

> 　総括して言えば、この社会保障制度改革国民会議の最大の使命は、前回の社会保障国民会議で示された医療・介護提供体制改革に魂を入れ、改革の実現に向けて実効性と加速度を加えることにあると言っても過言ではない。

＊　＊　＊

　フォーラムでは、以上の話に続き、医療介護分野の改革が今後どのように進むことになっているのかについて、この講演を行った国民会議終了後1か月半の時点で分かっていることを話した。ちなみに、国民会議報告書では、そうした改革は、次のように表現されていた。

> 都道府県ごとの「地域医療ビジョン」等の策定、これらを踏まえた医療機能の分化、医療・介護提供者間のネットワーク化等の医療・介護の一体改革、さらには国民健康保険の保険者の都道府県への移行は、いずれも国民皆保険制度発足以来の大事業になる。市町村ごとに中学校校区単位の地域包括ケアシステムを構築することも介護保険創設時に匹敵する難作業となろう[22]。

　この講演をして1年半以上経つ現在（2015年1月）、あの時に話した「将来のこと」が現実になっており、それは第1講で話しているため、本講の続きは、そこに譲る。

---

[22]　『社会保障制度改革国民会議報告書』32頁。

第29講 | 競争ではなく協調に基づいた改革を*

　2013年8月6日、社会保障制度改革国民会議は、安倍晋三首相に「社会保障制度改革国民会議報告書～確かな社会保障を将来世代に伝えるための道筋～」を提出。今後の日本における社会保障制度改革に、1つの大きな道筋が示された。そもそもこの提言は、2007年の福田政権下で発足した「社会保障国民会議」に始まり、その後の民主党政権下での議論の中断と政権末期の復活、さらに第2次安倍政権下での急速な進展と、紆余曲折を経てきたものだ。前回の国民会議発足時から今回の国民会議の最終的な報告書のとりまとめに至るまで、5年以上にわたり関係してきた慶應義塾大学商学部教授の権丈善一氏に、これまでの議論の経緯から、提言の意図などについて話を聞いた。

社会保障国民会議から社会保障制度改革国民会議
　――自民党福田政権時代の「社会保障国民会議」から、民主党政権の時代を経て、現在に至っています。過去2つの社会保障の国民会議委員として、またこれまでも深く関わってこられたお立場から、最近の一連の流れを振り返ってどのようにお感じですか。

権丈　一連の流れのなかで、民主党政権時代は「空白の3年3か月」だったが、この時期は国民の1つの学習期間だったと言える。政権交代時の民主党政権は、年金不安を存分に煽ってフィージビリティのない年金抜本改革を唱え、増税しなくても社会保障は充実できると国民に訴えた。国民は社会保障や財政の専門家ではないから、こうした空手の有段者が素人を殴るような政治手法がとられれば、早晩、政権交代は必ず起こる。しかし、詐欺とも言え

＊ 「インタビュー　競争ではなく協調に基づいた社会保障制度改革の道筋」『Visionと戦略』2013年10月号（10月1日発行）より転載。

る手法で成立した政権下ではとんでもない目に遭うことを、国民は少しずつ学習している。そして民主党がここまで壊滅状態に陥っているのを横目で眺める政治家たちも、ああいう手法は1回限りのゲームでしか通用せず、政権の獲得は繰り返しゲームだということを学習し始めている。だからこそ今、社会保障について「以前よりは少しはまともな議論」ができる時代になったのではないかと思う。

　今回の報告書には、「将来の社会を支える世代への負担の先送りの解消」という文言があるが、実はすでに、これまで長らく負担を先送りしたために積み上がった1,000兆円を超える公的債務を今も生きる前世代が負担している。そのうえ、少子化は今日の高負担・高福祉国家よりも進む。となれば、将来的には、日本は、ささやかな中福祉を実現しようとしても、負担は高負担国家に近い水準にならざるをえず、言わば、高負担・中福祉、中負担・低福祉がこの国の実力。しかも毎年の歳出の半分も税金でまかなうことができない現在の財政状況では、消費税を5％上げて、それをすべて財政再建に回しても、基礎的財政収支さえとれない。そのなかで、社会保障給付の純増に1％は使おうというのが三党合意の枠組み。このチャンスを活かす、これが今回の国民会議の意義だった。

社会保障制度改革国民会議報告書のポイント

　──『社会保障制度改革国民会議報告書』について、そのポイントをご解説ください。

権丈　2012年12月の衆院選で、民主党が与党時代に現実を学んだ人たちがそろって落選した。彼らが当選していたなら、今回の報告書はもっと違ったかたちになったと思う。民主党側から三党協議の場に立ったのは、新年金制度や後期高齢者医療制度の廃止など、2009年マニフェスト来のことを口にして当選した者たち。しかし、政治家が勉強して、現実を知って物が分かれば、何も知らない選挙民に、まだまだそっぽ向かれる。国民はもう少し政治家を見抜く力を持ったほうがいい。政治家がかわいそうだ。

　今回の報告書は、まず全体として、医療界に希望を持ってもらえるような報告書にしようという方向性でまとめられている。一方で、具体的な施策部

分では私個人のプレゼン報告の内容、会議での発言は入れないという方針を立てた。民主党から推薦された委員がバカバカしいほどにうるさかったからだ。今回の報告書は、この2点を徹底して作った。たとえば報告書には、「『必要なときに必要な医療にアクセスできる』という意味でのフリーアクセスを守るためには、緩やかなゲートキーパー機能を備えた『かかりつけ医』の普及は必須」と記している。この意見は、今年（2013年）3月27日に行われた第7回の国民会議での、日本医師会の今村聡副会長の発言で、その日に出席していた病院4団体の会長や日本歯科医師会の会長からも同意を得たもの。あるいは「病院完結型から地域完結型」などは大島伸一委員（国立長寿医療研究センター総長）の意見、「データに基づく制御機構」というあたりは永井良三委員（自治医科大学長）のアイデア、ホールディングカンパニー、コンパクトシティ、そして国保の都道府県化などは増田寛也委員（元岩手県知事・元総務大臣）のプレゼンテーション。このように報告書のキーワード、基本的な考え方は、会議に参加された委員の意見を用いている。

——今回の報告書では、「現在の医療費は決して高くなく、将来の医療費も高くない」という認識ですね。

権丈　現在の医療費が2012年度で38兆円に達し、2025年度には医療給付費が61兆円に達すると見込まれていると表現すれば、国民にとっては非常にインパクトがある。しかし今回の報告書では、そうした記載はない。厚労省は、厚生省時代から、過去に何度も医療費の将来試算を行ってきた。たとえば、1994年になされた2025年の医療費は141兆円だった。ところが、2006年に2025年の医療費を試算すると、結果は65兆円。だが、1994年と2006年にそれぞれ試算された2025年の国民所得で、141兆円と65兆円を割ると、いずれも12.5％前後になる[1]。要は、将来の給付費を論じる際に、試算された名目値を使ってはいけないということ。将来試算の名目値のみを見せられた人は、将来のことを不当に心配し、足下の社会保障抑制論や医療費抑制論を支持するようになる。と同時に、給付費の抑制を絶えずねらっている人たちは、あ

---

1)　本書第28講参照。

えて将来の名目値を用いて国民を脅す。そこで、報告書では、将来の給付費はGDP比でしか示していない。報告書中の「医療給付費は2012年度－2025年度間に7.3％（自己負担含む総医療費8.5％）から8.8％（同10.1％）へと1.5％ポイントの増加が試算されており」とあるのは、日本の医療の将来ビジョンであり、このビジョンそのものはそれほど無理のないものだと思う。

報告書には、「日本の医療費の対GDP比は、現在、OECD諸国の中では中位にあり、世界一の高齢化水準を鑑みれば、決して高い水準にあるとは言えない」とある。そして将来も高齢者の増加に比例して高くすることはできない。2025年までにGDP比で1.5ポイント増えるといっても、現在のフランスの医療費レベルでしかない。一方で日本の高齢化水準は、今も、そして将来も、今のフランスよりも圧倒的に高い。それほどまでに医療財政に強い財政制約がかかるのは、日本人は過去、負担を先送りしてきたことに加え、今も、歳出の半分も税収で賄うことができない状況で、先送りされた負担を上積みしているからだ。そういう状況下にあるために、今後増えゆく医療ニーズ、とくに後期高齢者の増大に対して、提供体制の改革で対応していくことが、最もフィージビリティの高い道筋として残ることになる。「**我々国民がこれまで享受してきた日本の皆保険制度の良さを変えずに守り通すためには、医療そのものが変わらなければならない**」というのはそういう意味だ。

2008年社会保障国民会議が示していた改革の方向性

――今後の医療の提供体制、なかでも地域における病床再編などの方向性について、医療関係者は高い関心があります。

権丈　改革の方向性そのものは、前回の2008年国民会議ですでに示されている。少し長くなるが報告書から引用しておこう。

　　日本の医療・介護サービス提供体制が抱えている問題は、2008年6月に公表された『社会保障国民会議第二分科会（サービス保障（医療・介護・福祉））中間とりまとめ』で詳述されており、医療について言えば、人口当たりの病床数は諸外国と比べて多いものの、急性期・回復期・慢性期といった病床の機能分担は不明確であり、さらに、医療現場の人員

配置は手薄であり、病床当たりの医師・看護職員数が国際標準よりも少なく過剰労働が常態化していること、この現実が、医療事故のリスクを高め、一人一人の患者への十分な対応を阻んでいることが指摘されていた。……2008年の『社会保障国民会議　最終報告』で示された「あるべき医療・介護サービス」提供体制の背景にある哲学は、医療の機能分化を進めるとともに急性期医療を中心に人的・物的資源を集中投入し、後を引き継ぐ回復期等の医療や介護サービスの充実によって総体としての入院期間をできるだけ短くして早期の家庭復帰・社会復帰を実現し、同時に在宅医療・在宅介護を大幅に充実させ、地域での包括的なケアシステムを構築して、医療から介護までの提供体制間のネットワークを構築することにより、利用者・患者のQOLの向上を目指すというものであった。

　今回の報告書では、効率という政策のキーワードを、同じ費用をかけて、より質が高く、ゆえに満足度の高いサービスを提供できるシステムに変えることという「効率」本来の意味で用いたうえで、「高齢化の進展により更に変化する医療ニーズと医療提供体制のミスマッチを解消することができれば、同じ負担の水準であっても、現在の医療とは異なる質の高いサービスを効率的に提供できることになる」という考えをベースとしている。そういう方向に進みたい人たちがいるのならば、協力する。報告書では、今の制度上のいろいろな障害を取り外していくという意味で、「道を開く」という表現をしている。その方向に向かって改革を進めたい医療者がいるのならば、お手伝いをしましょうという話だ。

日本の医療制度の特徴
――医療機関の中心が、公的か民間かという点も、日本の医療制度改革のポイントなのですね。

権丈　医療機関の中心が民間であったがゆえに、外国に比べると日本の医療は特殊な状況にある。民間で競争しながら、それぞれの医療法人が多様な形で経営努力をすることで、日本医療のコストパフォーマンスを高めることが

できたというメリットがあった。他方、次のような側面もある。

　かつての医療は病気になった人を治し、社会復帰させることを懸命に考えて発展し、大きな成果をあげてきた。たとえば、1860年に書かれたナイチンゲールの『看護覚書』では、病気とは回復の過程であると書いてある。そうした病気の定義のもとに、医学・医療は進歩して、結果、いずれの国も寿命の伸長を実現した。しかし、そうなれば必然的に、患者の多くは高齢者になり、医療の中心はキュアからケアに変わる。こうした状況のなかで、1970〜80年代に欧州諸国は「何かが違うぞ」「患者のニーズと提供体制のミスマッチが起こっているぞ」と悩んだ。

　そこで、たとえばスウェーデンでは、県が医療を担い市町村が介護を担当するというシステムのもと、病院病床を過剰と意識した時、県の職員を市町村の職員に異動させたりした。1980年代のエーデル改革で行われたことだが、日本のモデルにはなりえない。

——そのようなドラスティックな病床再編という点では、イタリアにおける精神病院の解体というスキームが、以前から指摘されています。

権丈　イタリアで脱施設化をしていった精神病院の経営を調べると、やはり公的所有の施設。これはアメリカも同様で、結局、公的所有の施設は計画化の対象にできるが、民間は難しい。今回の報告書には、「公立の医療施設は全体のわずか14％、病床で22％」という文章があるが、これは、文中にも書いているように「国や自治体などの施設」であって、日赤、済生会などの準公立の病院はカウントしてない。準公立でも計画化の対象にするのは困難。だから報告書でも、私の提出したプレゼン資料でも、こういった病床再編を強制するとは表現していない。しかし、すでに医療が患者獲得競争、医師・看護師の獲得競争で疲弊して倒れかけているのだから、これまでの経営上のライバルと手をつないで「競争よりも協調」をしたほうがうまくいくのではないかと呼びかけているわけだ。

　経営が民間であったがゆえにうまくいった部分は多分にある。すべてが公的な経営であったら、日本の医療費が今日の水準で収まっているはずがない。しかし私的であるゆえのデメリットもある。以前、精神病患者の脱施設化に

関する講演をした際、そのフォーラムに集まった多くの人は「関係者である自分たちの運動が足りないから、脱施設化ができない」と考えていた。しかし私は、「運動が足りないからではなく、私的病院体制下での脱施設化という、実は、どこの国もやったことのない改革だから難しい」と指摘した。

同様の難しさは、日本の医療制度全体の課題だ。この課題の解決は至難の業であり、厚労省は問題解決の具体的な政策手段を持っていない。だからこそ、win-winの関係をどうにかして作ることに知恵を絞っていくしかなく、そこに消費税を使えないかということだ。いくつかの病院が手を携えて地域医療を支えたいという人たちに、政策側から協力するという関係に、何とか持ち込めないかということが、今回の報告書で示されている大きな道筋だ。

行政や経済界への要望

——今回の報告書の示す道筋は、医療・福祉関係者だけではなく、行政や経済界に対しても課題を示していますね。

権丈 経済界のリーダーと言われる人たちの、社会保障に関する見識も改めて問いたいところ。バブル崩壊後、経済界による、「潰れるぞ、海外に出ていくぞ」の脅しに怯えて彼らへの譲歩を繰り返し、この国では経済界があまりにも力を持ちすぎた。個々の企業のレントシーキング活動が成長戦略と呼ばれるようになり、総体としては、いわゆる経済学で言うところの「合成の誤謬」が起こってしまい、日本の社会に大きな影響を与えている。個々の企業にとっては、低賃金で、社会保険を適用しない非正規の労働者を雇用するのが望ましいかもしれないが、それが一般化すれば、日本から消費を担う「顧客」がいなくなるのは必然。多くの人が新興国並みの低賃金という状況になると、行き着く先は新興国と同じ生活水準の日本になり、供給はそれに見合って縮小するだけのこと。経済の安定成長を図るためには中間層を育てる必要があり、そのために再分配を手段とする安定的な社会保障の整備こそが重要だったのに、日本はそういう問題に気づかなかったのか、視野に入れなかった。

かつては、経済界のわがままは、そう簡単には通らなかったのではないか。むき出しのエゴは通らないから、経済界も懸命に「正義の論」を考えていた

のだと思う。ところが、こうした「正義の論」を作ることなく、脅せばうまくいく、成長戦略と言っておけば要求が通るという甘えの構造が、(2013年) 2月19日の経済界がプレゼンを行った国民会議における議論において見事に浮き彫りにされた。あの日は、経団連をはじめとした経済団体の代表は、社会保険料を出したくないというだけで、日本社会の将来像について何も考えていないことが明白になった日だった。アップされている動画は医療関係者にとっても必見だ。

囚人のジレンマと競争から協調へ

——先生は報告書のなかで、「なぜ日本の医療問題の解決は難しいのか」というテーゼについて、「囚人のジレンマ」というキーワードを示されています。

権丈 協調すれば皆にとってよい結果になることが分かっているにもかかわらず、皆が目の前の自身の利益を優先している状況下では、互いに裏切りあって逆に損をしてしまうというのが、「囚人のジレンマ」状態。日本の医療は、まさにこの状態に陥っている。その解決には、皆で「協調」する道筋しかない。そうした道筋を、国民会議の報告書は示した。

ここで、あまり指摘されない重要なポイントを指摘しておくと、それは、霞が関の人事だ。本当にやる気のある、能力と意思を持った人を適所につけるかどうかに、改革の将来がかかっている。何事も、源は人、人事だ。人事のあり方次第で、「空白の3年3か月」くらいは簡単に取り戻せる。

また、生活者の代表としての医療界・労働界と、経済界とが対峙してはじめて福祉国家はうまく機能することも言っておきたい。経済界から見れば、国民がこぞって世代間格差とかを問題視して社会保障を憎んでくれることが好都合なわけだろうが、今回の報告書は、そうした世代間不公平論の視点から社会保障を論じることの間違いを指摘し、負担能力別の思考軸を全面に打ち出している。「痛みの伴う改革を!」をスローガンとする経済界や日経新聞は、彼らに痛みの伴う改革を提言したために、国民会議の報告書にはきわめて批判的だ。しかしそれは仕方がなく、彼らの批判を読む人たちは、世の中というのはそういうもの、自らの影響力を増すために関係団体が世論向けに情報戦を展開している、そうした政策形成過程の興味深い1コマを眺めてい

るのだと思ってもらえればいいだけの話。本誌読者の皆さんには、負担能力別の思考軸という、国民生活のミクロにもマクロにも有効な軸に基づいて、日本の将来のあり方を考える材料として報告書も読んでもらえればと思っている。

第30講　守るべき国民医療とは何か*

　ロンドン五輪の開会式。アリーナでは英国の歴史がたどられていた。産業革命を迎えた時代では煙突が高々と掲げられ、いかにも誇らしげであった。さて、20世紀をどう描くのかと眺めていると、パジャマ姿の子供たちが病院のベッドの上で無邪気に飛び跳ね始めた。英国の20世紀の象徴は、第2次世界大戦後に生まれたNHS（国営保健サービス）だった。誰でも平等に医療を利用できるようにした点で、その果たす役割は日本の国民皆保険制度と同じである。

　NHSは、サッチャー政権下で、英国有数のスーパーマーケットチェーンの会長グリフィスを議長とした委員会が設けられ、市場化と民営化を求める熱にさらされた。だが、英国民はそうした方向への改革に不満を高め、NHSを守り切った。

　医療政策の根幹は、これを市場に任せると脅かされる医療の平等性と安全性を保障することにある。日本では皆保険制度下での低い自己負担率と保険外併用療養費制度（一種の混合診療）が政策の核。先進国を見渡せば、患者が希望する病院・診療所を選べるフリーアクセスの度合いが強いほど、自己負担率は高くなる傾向にある。このため、ゲートキーパーを持たずフリーアクセスの度合いがきわめて強い日本の自己負担率は高い。そこで、高額療養費制度を設けて支払月額の上限を定め、何とかしのいでいる。また、保険外併用療養費制度のもと、安全性がある程度認められる先進医療などの混合診療を一定の基準を満たした病院で承認し、そこで得られた治験データを基に

---

*　「経済を見る眼　守るべき国民医療とは何か」『週刊東洋経済』2014年1月11日号（1月6日発行）より転載。

有効性が測られ、保険対象の診療にするかどうかが決められている。

　公的領域は、国内外の民間企業や経産省など経済官僚の目からは新しい市場や仕事の場に見えるようで、皆保険制度は、彼らのビジネスや権益拡大を阻むものとして常に攻撃される。その時のキーワードの1つに「規制改革」がある。

　生活者を守る公共善のために設けられた「規制」という、かつてのパラダイムの転換に強い影響を与えたのは、シカゴ大学の経済学者スティグラーによる1971年の論文「経済規制の理論」であった。このあたりから、規制は利益集団を守る悪しき制度であるとみなす一辺倒な考え方が、一部の国で通念になっていく。

　しかし、医療の平等性と安全性を確保するためには、市場の力をあるべき場所に封じ込める防壁は必要であり、そのためのルール設定は不可欠となる。そうしたルールの多くは、緩和・撤廃されるべき規制ではない。

　もっとも、来たるべき超高齢社会における医療・介護の実需の増大と、必要な負担増を何十年間も先送りしてきたゆえの財政難のために、日本は「皆保険の維持、我々国民がこれまで享受してきた日本の皆保険制度の良さを変えずに守り通すためには、医療そのものが変わらなければならない」状況にある（『社会保障制度改革国民会議』報告書）。

　日本の医療提供体制の改革のためには、国民会議の大島伸一委員の発言のように「（医師会・病院会などの）職能団体は腹をくくって前に進む。国ももちろんそれを全面的に支援する。総力戦のような形でやっていく」ことが求められている。そういう話を、私は、2013年末の「国民医療を守る議員の会」発足式でした。守るべき国民医療とは国民皆保険制度であり、その方策としての医療改革の実現に協力を願いたいと。

第31講　超高齢社会の医療を考える＊

　いわゆる"2025年問題"を抱える日本の超高齢社会において、医療のあるべき姿がさまざまに議論されています。2008年に社会保障国民会議が開催され、同年に報告書がまとまりました。さらに、2012年に制定された社会保障制度改革推進法に基づき、内閣に社会保障制度改革国民会議が設置され、同年11月から2013年8月まで計20回の会議を行い、報告書をまとめています。そこでは、これからの医療のあるべき姿として、"治す医療"から"治し支える医療"へという内容が提示されています。本対談では、同会議にもかかわられた大島伸一先生と権丈善一先生に、超高齢社会を迎える日本の医療のあり方はどのように変化すべきなのかをお話しいただきました。

病院完結型から地域完結型へ

大島　日本が超高齢社会を乗り越えるために、医療は大きく変わる必要が出ています。2012年から設置された社会保障制度改革国民会議でご一緒させていただいた権丈先生にお話を伺いながら、これからの医療のあり方について議論を進めていきたいと思います。

権丈　現在、65歳以上の人口比率は約25％で、2050年頃に40％近くまで上昇するとされており、そこへ向かって何を変えていく必要があるのかを議論して取り組んでいかなければなりません。

大島　高齢化が進めば人口構造が変わり、疾病構造も変化します。その構造変化は医療需要を量的にも質的にも変えることになり（図表31-1・2）、それに伴って医療資源を準備しなければなりません。

＊　「対談　日本が超高齢社会を迎えるにあたって、今後の医療はどうなっていくのか」『アニムス』（2014年78号）を抜粋のうえ筆削補訂（対談は2013年11月22日に実施）。

図表31-1　日本の「高齢化社会」「縮小社会」へのプロセス

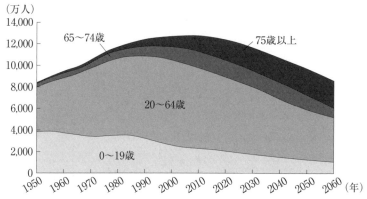

出所：総務省国勢調査（2010年まで実績値）。国立社会保障・人口問題研究所「日本の将来推計人口（2015年以降推計値）」により大島先生作成。

　2013年8月まで開かれた国民会議の最終報告書では、これからの医療のあり方が明快に示されていると言えます。"治す医療"から"治し支える医療"へ、"病院から地域"へというキーワードがそれを表しています。これまでは病院を中心とした、専門医による"治す医療"が行われてきました。今後もこれは必要ですが、医療需要の中心が高齢者にシフトしていき、病院医療と在宅医療との関係、すなわち病院と開業医との連携のあり方があらためて問われていく方向にあると思います。

　2008年に社会保障国民会議が開かれ、そこでは、医療・介護供給体制について急性期医療の充実強化・効率化、病院病床の機能分化、在宅医療・在宅介護の充実、マンパワーの充実確保といった改革の前提に基づいた医療・介護費用のシミュレーションを行っています。しかし、そこに向かって医療が展開されてきていないという現実があります。権丈先生は前回の国民会議と今回の国民会議のつながりや違いについてどのようにお考えでしょうか。

権丈　2008年の国民会議に参加した当時、医療介護をあるべき方向に変えなければならないと考えていましたから、2025年を目標として、これまでの延長線上ではなく、「あるべき医療・介護の姿」を描いたシミュレーションを行いましょうと提案しました。あるべき絵姿を先に描いて、その理想に現実

図表31-2 年齢別に見た統計患者数の年次推移

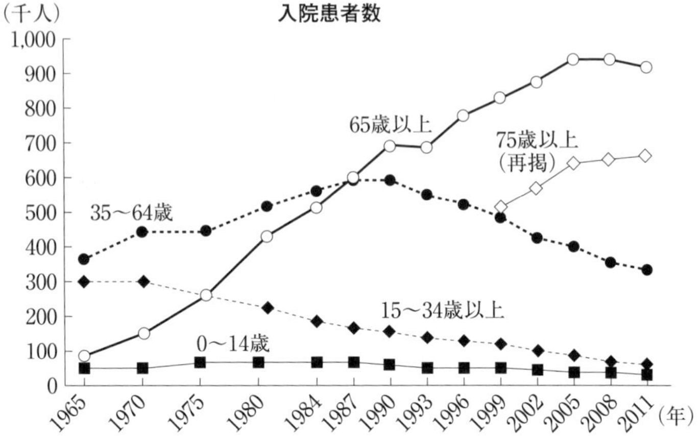

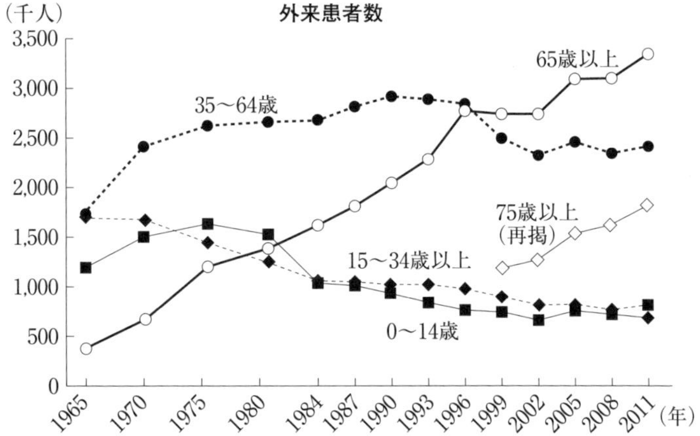

入院患者数（千人）／外来患者数（千人）、1965年〜2011年、年齢区分：0〜14歳、15〜34歳以上、35〜64歳、65歳以上、75歳以上（再掲）

出所：厚生労働省「平成23年（2011年）患者調査」より。

を近づけていくために人、物、金という資源がどの程度必要になるかを数量的に示すためです。そこではまだ"地域完結型"という言葉は出ていませんが、そのイメージは今回の国民会議で示されたことの基礎になっています。

大島 あの報告書からは、これからの日本の医療がどういう方向に向かうのかがきちんと読み取れました。

権丈 第1次ベビーブーム世代が2025年には75歳という後期高齢者に到達し

終えますが、その時の医療・介護ニーズに対応するように医療・介護供給体制の絵が描かれています。病院病床を急性期、亜急性期、回復期リハビリなどに機能分化し、それぞれが連携していく必要があることが示されていました（図表1-9参照）。

大島 2008年11月に国民会議は終了しました。そして、2009年8月に政権交代が起こりましたが、その後はどうなったのでしょうか。

権丈 菅内閣のもとで税と社会保障の一体改革が動き始めると、2008年時の国民会議の事務局が、当時の与謝野馨担当大臣によって再編され、いったん白紙の状況にあった国民会議でのシミュレーションがデータを更新されました。それが今回の国民会議につながっています。

2008年国民会議で示された医療介護サービスに関する提供体制改革の青写真は、今回の国民会議に出席していただいた4病院団体や医師会の先生方にも高い評価をいただき、「本気でやってほしい」との要望もいただきました。それを受けて今回の報告書には、「この社会保障制度改革国民会議の最大の使命は、前回の社会保障国民会議で示された医療・介護提供体制改革に魂を入れ、改革の実現に向けて実効性と加速度を加えることにあると言っても過言ではない」と書かれることになります。

大島 今回の国民会議に参加するにあたり、私は、マクロ経済や制度論ではなく、40年以上医療の現場で臨床を行ってきた医療の専門家の立場で、医療そのものがどのような状況にあり、どういう転換期にあるのかをはっきりと述べるというスタンスで臨みました。病院団体や医師会のなかでも、日本が置かれている状況やどのように動く必要があるのかを分かっている先生はいらっしゃいますが、公の場ではなかなか発言として出てきません。そこで私は、国民と名前が付く会議に出席するからには、国民と国のことを本気で考えて発言しようと腹を決めて参加したのです。

権丈 社会システムを設計していく際、最初に制度設計の軸となる理念が必要となってきます。その理念を大島先生や永井良三先生（自治医科大学学長）が示してくださいました。

医療と介護の一体化

大島 医療そのものが質的にも変わる大きな転換期こそ3つの質問を投げ掛ける必要があると考えます。まず、そもそもどのような医療をどのように提供すべきかということ。次に、どのような資源をどのように準備すべきかということ。そして、限られた財源などの状況を総合的に判断してどのように制度化していくのか、ということです。

権丈 私たちのように制度や財政を考える者は、兵站学をやっているようなものです。兵站とは戦の際の後方支援業務の総称ですが、前線の作戦はその道の専門家が行い、私たちは兵站をどうつないでいくかが仕事なのに、これまでは後方支援業務が前面に出すぎていました。ところが今、厚生労働省も財務省も今回の国民会議報告書を理念として掲げ、そこに書かれている医療介護を実現するためには、保険者や財政支援のあり方はどうあるべきかという手順で議論が始まっているように感じられます。

大島 必要な医療があって、それに合わせて医療資源をどう準備するのか——これは当たり前のことなのです。しかし、当たり前ではなくなってきた状況では、政策的な展開も大きな問題ですが、現場の医療人の役割が非常に大きくなっていると思います。

権丈 国民会議では、これまでの議論の流れを踏襲しながら、答えはこれしかないというところまで繰り返し議論しました。しかし今後の超高齢社会に対応する地域包括ケアのあり方などについては、それぞれの地域で実情に合うように考えてもらう必要があり、中央ではうまくコントロールできません。地域ごとに既存の医療資源は異なるし、これからの超高齢社会では、たとえば都市と地方では、問題の現れ方やその深刻度がまったく異なってきます。

大島 「ご当地医療」ですね。地域の役割が非常に重要であると国民会議でも強調されました。ところが、メディアなどの論調は、「地域の介護の問題も、国が逃げて地域にお金の負担を押し付け、責任を地域に転嫁している」というものが目立ちました。しかし本当は、医療や介護は地域住民の目の前の生活を支えていくことに直結していますから、それぞれ事情の異なる地域のなかで地域包括ケアも含めてどのようにシステムを構築していくのか、ネットワークをつくっていくのか、というところからスタートしなければな

らないということなのです（図表1-10参照）。

　従来、地域医療計画や介護計画が都道府県と市町村に分かれて行われていましたが、今回の報告書では、"地域医療・包括ケア計画"といった新しい言葉が出てきます。医療・介護がほとんど一体化しており、両者が分離したあり方は超高齢社会ではありえないということです。「介護なくして医療なし、医療なくして介護なし」という状態になることを、政策的・行政的にきちんと押さえるべきであるというメッセージだと私はとらえています。これまで地域医療計画を県が立てるときには、県医師会長、大学関係者が委員に入り、分厚い冊子になる計画書が出ます。この計画は立てなければならないのですが、実現に対して責任はありません。しかし今後は、県、市、医師会などの役割や関係をどう展開していくかが問われると思います。また、在宅医療に関して核となるのは市町村です。市町村行政と郡市医師会が一体となって事業を進めるべきで、これが基本的なコンセプトであると私は言い続けてきました。今、そのコンセプトはかなり浸透してきたと思っています。こうした医療・介護の一体化という点について権丈先生はどのようにお考えですか。

権丈　完治させる、社会復帰を促すこれまでの医療から、病気と共存しながらQOLを維持し向上させる医療へと定義し直すと、医療と介護の境界がなくなります。そして医療を病院完結型から地域完結型に再編するためには、急性期病院から在宅までの提供者間のネットワークの構築、医療と介護を一体的に捉えて改革していかないと、一歩も前に進むことができません。

　「地域ごとに創意工夫を」と言うと、人材の問題が出てきます。今回の国民会議で核となっているのは、地域の人材育成です。今後は核となる地域医療・包括ケア計画などを立てられる人材を養成していかなければなりません。報告書では、「まず取り組むべきは、各2次医療圏における将来の性別、年齢階級別の人口構成や有病率等のデータを基に各地域における医療ニーズを予測し、各地域の医療提供体制がそれに合致しているかを検証した上で、地域事情に応じた先行きの医療・介護サービス提供体制のモデル像を描いていくことであり、こうしたデータ解析のために国が率先して官民の人材を結集して、先駆的研究も活用し、都道府県・市町村との知見の共有を図っていく

ことであろう」という文章が、きわめて重要な意味を持っています。

　地域医療計画については、県が財政責任を負うことによって、つくった計画を実行する意思をしっかりと持ってもらうということです。あるべき医療の理念を実現するために、いくつもの制度が関わっていくわけです。関係する個々の制度では、かなり難しい問題がいくつも起こるでしょうが、ものごとに優先順位をつけ、何が主で何が従なのかを判断していけば、提供体制の改革を図りながら国保の機能強化を図る方策もあります。そしてもし、提供体制の改革に優先順位が置かれ、これを実現するためには国保の都道府県化が必要ということになれば、国保を都道府県化することによる好ましくない影響をいかにして小さく抑え、同時に国保の都道府県化により新たに可能となる国保の機能強化の道筋について、議論をしっかりやればよかった。

　医療介護の議論の2巡目の時、1巡目と同様にあまりにも市町村国保を都道府県化するのは問題であるという話に偏りすぎていたので、私は「医療改革について議論している国民会議で、大島先生とか永井先生がずっと沈黙されて参加されないというのは非常に残念でなりません。……こういう状況の中でメリット・デメリットを色々と比較していくというのは、次元が一つに並ぶのならばウェイトをつけて加重平均すれば答えが出てくるのですけれども、こういう次元が全然違うものというのは優先順位をつけて辞書的に順番通りに解決していくしかないのかなというのがあります」と発言しています。

　その後に大島先生と永井先生が、報告書の核となる話をしてくださったことに感謝しています。あの時、大島先生は「もう一つ踏み込んで言えばQODです。Dというのはデスです。死に向かうときの満足度をいかに高めるか。こういう医療が求められてくるのです」という話をされ、永井先生からは「日本は市場原理でもなく、国の力がそれほど強いわけではないですから、データに基づく制御ということが必要になる」と発言してくださいました。データによる医療の制御というのは、今回の報告書の大きな特徴となりました。これがうまくいけばアメリカやヨーロッパにもないシステムになるでしょう。これからの医療のあり方を考え、展開していくときに、一番影響力を持つのが客観的なデータと分析結果であってほしいと思います。

大島　私たちが発言をするように権丈先生が仕向けていく場面が、何度かあ

りましたね。医療の転換期において、どのような医療をどのように提供するかを考えることは、どのような医師がどこでどのような医療を提供するのかを考えることとほぼ同じです。理念が決まり医療の方向性が出た時に、その理念と方向性によって制度化された状況のなかで、医師が適切な能力を持って適切な場で働くという具体的な状況をつくり出さなければなりません。医師の数だけを見ても、医師不足や分野別・地区別の医師偏在などが起こっています。これを解決していく責任は医療団体にあります。たとえば、地域医療計画を実施するときに、どの分野でどれだけの医師が必要なのかが分かれば、地元の大学医学部に相談するのですが、これまで大学は大学の考え方で展開してきたと言えるでしょう。おそらく今後も制度的に医師の働き方の構造は大きく変わることはないと考えられるので、医師に対して何らかのレギュレーション（規制、規則）が必要かもしれません。先進国で医師が完全にフリーに働くことができるというのは日本くらいです。大学、病院団体、医師会も含めて職能団体が全体で一致して、10年先、20年先を見据えた医師養成プログラムのあり方などを話し合う方向に進んでくれるとよいのではないかと思います。

権丈 大島先生の発言を基に報告書に書かれた、「適切な場で適切な医療を提供できる人材が確保できるよう、職能団体は、中心となって計画的に養成・研修することを考えていく責務がある」というのは第一段階だと思います。職能団体が創意工夫して自己改革を果たしてくれれば最善です。しかし、それがうまくいかないようであれば、次のステップではレギュレーションという次善の策が必要となるでしょう。日本の医療提供体制の改革のためには、大島先生が言われたように「（医師会・病院会などの）職能団体は腹をくくって前に進む。国ももちろんそれを全面的に支援する。総力戦のような形でやっていく」ことが求められています。

　東京大学の元総長で日本医学会の会長も務められた森亘先生は、日本医師会での講演で「現在、医師、あるいはその集団である医療機関には大きな裁量権が認められております。こうした裁量権は、それが良識をもって行使されるならば末永く医師、あるいは医療機関のものであり続けるでありましょう。しかし、もしそれらが良識を欠く行使の下に置かれるならば、やがてそ

うした裁量権はだれかれに取り上げられてしまうことが明白であります」[1]とも述べられています。

国民皆保険制度

大島 ここからは財政的な問題も含めて、医療人として国民として社会保障制度を考えていくうえで大事なことは何かをお聞きしたいと思います。

権丈 自由民主党のなかにつくられた『国民医療を守る議員の会』の発足式が2012年11月に行われた時、私は、国民医療の仕組みは医療の平等性と安全性の2つを守っていくものであり、それを達成しているのが国民皆保険制度であると話しました[2]。日本の医療は低い自己負担と保険外併用療養費制度などで平等性と安全性を担保しています。しかし、これからも国民医療を守っていこうとするなら、医療を国民のニーズにマッチするように努力していく必要があります。国民会議の報告書における「皆保険の維持、われわれ国民がこれまで享受してきた日本の皆保険制度の良さを変えずに守り通すためには、医療そのものが変わらなければならないのである」という話です。

大島 国会議員レベルでもよく理解されていないのでしょうか。

権丈 "病院完結型から地域完結型へ"をキーワードに、田村憲久厚生労働大臣をはじめ、普及に努めてくれていて、かなり早いスピードで理解が進むと思います。国民皆保険制度を守り、公的な医療サービスを守るためには、税や社会保険料の負担増が必要であることを医療界の方々は国民に対して説かなければならなかったのですが、実際はそうではなく、かつては逆のことを言っていました。しかし、消費税を上げるかどうかの60人の有識者による意見のなかで、日本医師会の横倉義武会長は、「孫やひ孫の世代まで負担を残すべきではない。消費税率を引き上げて、われわれも負担をしながら、社会保障の財源として使っていくべきだ」とおっしゃいました。皆保険を守りたいのならば、医療界はそのスタンスでいてもらわなくてはならないのです。

大島 国民会議の報告書が出て、しばらくの間は国民にさらに負担増を強いるのかという厳しい論調のメディアがいくつもありました。

---

1) 日本医師会創立50周年記念大会特別講演（2012年11月1日）。
2) 本書第27講参照。

権丈 （2013年）8月1日19時から新聞記者へ統一の説明会が開催されまして、私も出席していました。若い記者たちは、医療介護の説明が終わると、年金の説明を待つことなく、記事を書くために慌てて会社に戻っていきました。最後まで残っていたのは、すぐに記事を書かなくてもいいベテランの記者たちです。翌朝には、若い記者たちが記事を書いていたためか、キャッチーな見出しとして負担増ばかりが躍りました。ところが、しばらく経つと、社会保障を長い間見てきたベテランの論説委員や解説委員が、的を射た解説記事を書きはじめました。国民会議報告書のメインは医療・介護の一体改革にあること、負担増を伴うが、応能負担の徹底を図り、弱者は負担を軽減することが示されていると紹介したり、重要なポイントが紙面に表れてきて収束に向かった気がしています。

大島 メディアについては推移がありましたが、国民についてはいかがでしょうか。

権丈 何十年間も増税を先送りしてしまったために莫大な借金を抱えるこの国で、財政面などの後方支援を現場から待望されている医療・介護の領域を引き受けて、国民会議では議論してきました。その結論と言えば、増税しながら、給付はそれほど増やせず、そのうえ経営者たちが進んでやりたいはずがない病院や福祉施設の再編が必須であるといったビジョンをまとめたわけですから、戦の殿のような仕事だったと思います。さまざまな状況を考慮すれば、こういう結論にならざるをえないのですが、そうした状況を国民全般に共有してもらうのはなかなか難しいと思います。

　時間を自由に使うことが許されている人間が合理的に行動すると公共政策に関して普通は無知になるという現象を、政治経済学の世界では"投票者の合理的無知"と呼びます。個人は直接的な利益につながらないことを自ら進んで勉強することは少ないので、財政とか医療や年金について正確に知らない人が普通なのは当然のことだと思います。民主主義とはそういう危うさの上に成り立っているとすると、いよいよ解決を迫られた重要課題を解く道筋をつけるために、個々の利害にあまりとらわれない専門家が集まって行った国民会議というのは考えうる1つの有効な方法だったと思います。ですから、国民会議の報告書に対する信頼が非常に重要な意味を持っており、ここが最

後の砦になるのではないでしょうか。そうした信頼を傷つけるような報告書否定の発言を、委員の1人が行い、大島先生が紙面[3]で反論されていましたし、彼の発言は国会の厚労委員会でも問題視されていました[4]。彼を国民会議に推薦した民主党の責任ですね。

大島 国民と名の付く公的な会議が、国民に不利益をもたらすことを意図的に考えているようであれば、もう何も信じられなくなってしまいます。国の崩壊、破滅につながりますね。

今日は、「日本が超高齢社会を迎えるにあたって、今後の医療はどうなっていくのか」というテーマで権丈先生とお話をさせていただきました。医療のあるべき姿があって、それに経済システムがどうつながっていくのかとい

---

3) 大島伸一先生の「報告書否定　証拠示せ」(『中日新聞』2013年10月29日)の内容を、大島先生の許可のうえ、以下に紹介しておく。

> 記事を読んでびっくりした。2週間たっても、もやもやがとれない。ことを荒立てるような意図はまったくないが、見過ごしてよいことではないと思う。
> 10月1日付の中日新聞経済面の「社会保障と税一体改革」というタイトルの鈴木亘・学習院大教授と、日本総合研究所の西沢和彦上席主任研究員（国民会議委員）による消費税と社会保障制度改革国民会議についての対談記事である。どんな会議であっても、委員として参加したからには、自分の意見と会議の結論が異なっていたからといって、結論が出たあとで、それを公の場で否定するようなことはルール違反だと思うが、まあそれはよいとしよう。どうにも納得がいかないのは、「官僚が政治家や医師会などと、調整して作った文書が国民会議の報告書」という西沢氏の発言である。……中日新聞は地方紙とはいえ、多くの発行部数を持つ伝統ある新聞である。その紙面で、当事者が報告書を否定するからには相応の根拠と覚悟がいる。政治家が誰かは特定できなくても、西沢氏はどの党がいつどんな調整をしたかは明らかにすべきである。ましてや、医師会といえば固有名詞と同じだから、日本医師会がどのように関わったのか、内容を紹介することに差し障りはないはずだ。
> なぜ、こんなにもこだわるのか。会議は報告書の作成に至るまで全て公開であり、どう考えても、そんなことがあったということが信じられないからである。加えて、医療関係については、それなりの知己、友人もいる。それでも、西沢氏の言うようなことは全く聞かない。私の知らないところで、報告書が意図的に操作されていたとすれば、国民に自らの不明を恥じわびるしかないが、それはそれで、国の将来を考えると大問題であり、いずれにしても明らかにすべきである。

もちろん、今日に至るまで、西沢氏から証拠を示されることはない。

う基本的な考え方、社会保障制度改革の大きな流れ、今後の医療はどうあるべきかを示していただけたことは本当に貴重でした。私は、医療は公共財だと考えています。この50年間で平均寿命を80歳、90歳に延ばしたのは国民皆保険制度であると言っても過言ではないでしょう。この素晴らしい制度が、限界に近いところまで来ており、その得られた成果を継続させていくためには、何を変え、何を残し、何を削っていくのかを、国が、そして国民全体が考えていかなければなりません。大きな医療の転換期においては、医療に従事している関係者、とりわけ医師・医師団体が先頭に立って旗を振り、医療を展開していく必要があると考えます。

権丈 報告書に書いていますように、「医療提供体制について、日本ほど規制緩和された市場依存型の先進国はなく」、日本は医療供給体制そのものの整備を国は民間に頼ってこれまで展開してきました。そのシステムのもとで、他国もうらやむ低い医療費で済む効率的な仕組みを築いてきたのです。民間の医療機関は長年にわたる日本の低医療費政策のもと、借金を抱えながら懸命に経営をしてきました。現在、2025年に向けて医療システムの転換、つまり国が政策の方向転換をしようとするのですから、大島先生が国民会議の場でおっしゃっていたように、これまでのシステムのもとで真面目に正直に努

---

4) 衆議院厚生労働委員会（2013年11月8日）。

> **大西（健）委員** ……きょうは、皆さんのお手元に記事を配らせていただきましたけれども、ここに、社会保障国民会議の委員として参加をしていた日本総合研究所の西沢和彦上席主任研究員の発言が載っています。線を引いた部分を読ませていただきますけれども、……私はこれを読むと、果たして、国民会議、あるいはそれに沿って出してきた今回の法案というのが正統性があるのかと思ってしまうんですけれども、これは私が言っているんじゃなくて、実際に委員だった西沢さんが言っているんです。これは、大臣、どう思われますか。
> **田村国務大臣** 委員にはいろいろなお考えがあると思いますから、それを1つ1つ私がコメントする立場ではございませんので、それはそれとして、そういう御意見もあったなというふうに認識はさせていただきますけれども、そもそも、委員のメンバーも、最終的にお決めになられたのは民主党でございます。もちろん、三党で話はしていましたけれども、最終的にお決めになられたのは民主党政権の中の話でありますから、これ自体、御否定をされるというのはいかがなものかというふうに思います。

力してきた人たちの梯子を外すようなことをしてはいけないと思います。大島先生の警告は、国民会議の報告書では、「だが、そのような〔政策〕転換は、医療・介護サービスを経営する側からは梯子を外されるにも似た経験にも見え、経営上の不確実性として記憶に刻まれることになる」と表現させていただきました。信頼関係を基礎に置き、みんなで協力し合いながら、医療介護を必要とする人たちのために前向きにやっていきましょうというコンセンサスが必要だと思います。報告書にもそういう話を書いたつもりです。

大島　それはきわめて重要ですね。本日はどうもありがとうございました。

第32講　医療供給体制と経済界のあり様*

　国民会議の報告書では、医療、介護の関係者にかなりお願い事をしております。お願い事だけを見ると、「なんで、こんなことに協力しなければならないのかっ！」とお叱りを受けるかもしれません。でもですね、ご協力をお願いしなければならない、背に腹は代えられない事情というのがこの国にはあるんです。年金をはじめ、社会保障というのは、国のあり様という大海に浮かぶ小舟のようなものでして、大海が揺れると小舟もどうしても揺れてしまいます。大海が大揺れしたら、小舟はひっくり返らないように、積み荷を捨てたりマストを折ったりして必死に耐えざるをえなくなる。その意味で、医療介護をはじめとした社会保障というのは、財政問題と人口問題という2大問題を抱える大海の上に浮かぶ小舟のようなもので、これが沈没しないようにするためにはなかなか大変なんです。

　私の話はいつも、社会保障政策を考えるうえでの大前提の話から始まるわけでして、私の講演を聴いた人の何人かは、帰りがけに「よし一肌脱いでやろうじゃないか」と考えてくれるようです。一肌脱ぐ、つまり、本気になって人のために力を貸すという人が出てこないことには、これからの社会保障改革を進めていくことが難しい。誰かが人のために力を貸してくれないと壊れそうなくらいまで、この国は追い詰められているとも言えます。

経済界の社会保障に対する見識

　これから要する医療介護の財源はどこから得るのか。現在の高齢者医療制

＊　医療経済フォーラム「医療提供体制の再構築」（2014年4月10日）における講演録（後に『社会保険旬報』2014.6.21号〜2014.7.1号に掲載）を筆削補訂。

度のもとでは租税財源の支出は自動的に増えていきます。これは減らされないように頑張っていきたいというのが、この国の分を知る者たちの要求で、現制度のもとで今後自動的に増えていく国庫負担以上に租税投入を増やしてくれと言うのは相当に無理があります。より率直に言えば、これからも自動的に増える義務的経費として投入される国庫負担を守り切るためだけにもかなりの努力が必要なんです。そうしたなか、社会保険料に頼らざるをえなくなるのですが、そのあたりが、国民会議報告書の次の文章になります。

> サービスの効率化を図るとは言え、医療・介護給付費の増加圧力が高まる中で国民皆保険を維持するということは、国民すべての人々のニーズに応じて利用できるよう準備しておくことが望ましい公的サービスが国民経済の中で規模の厚みが増すということである。ゆえに負担面では、保険料・税の徴収と給付段階の両側面において、これまで以上に能力に応じた負担の在り方、負担の公平性が強く求められることになる[1]。

この文章は、次の文章とも密接な関係を持っています。

> 後期高齢者医療制度については、創設から既に5年が経過し、現在では十分定着していると考えられる。今後は、現行制度を基本としながら、実施状況等を踏まえ、後期高齢者支援金に対する全面総報酬割の導入をはじめ、必要な改善を行っていくことが適当である[2]。

国民会議では、第4回（2013年2月19日）に経済界、第8回（4月4日）に支払側からヒアリングを受けました。ただし、ヒアリングと言っても彼らの話を30～40分間聴くというのではなく、5～6分の報告をしてもらって、そ

---

1) 『社会保障制度改革国民会議報告書』24頁。
2) 『社会保障制度改革国民会議報告書』35頁。

の後30分ほど委員からの質問に答えてもらうという形式をとりました。

その結果、思いの外、経済界や支払側は、これ以上負担をしたくないということ以外は何も考えていないということが、公衆の面前で明らかになりました。第4回（2月19日）当日の様子を具体的に紹介しておきます。

　　大島伸一委員　今までのお話の中で一体どんな医療を受けたいのかということについて全く出てきませんでした。全体として制度としてどう考えていくのかとか、お金が足らない、お金が足らないという話はよくわかるのですが、一体どんな医療を国民側あるいは保険者側としては受けたいのかというような議論は全くされていないのか、終末期医療の抑制という言葉が出ましたが、細かく言い出すといろいろあると思いますけれども、そういう議論というのはないのか、あるのか、そんなことは考えたこともないのか。あるいはそういうことについてどう考えるのかということをお伺いしたい。

　　斎藤勝利日本経団連副会長・社会保障委員長　どういう医療を受けたいかということについては、余り細かく議論をしたことはございません……。先生からの御質問のどういう医療を受けたいかという段階までは、まだ私どもとしては考えるに至っておりません。

　　篠塚肇経済同友会政策調査第2部長　御質問いただいた部分で、特にどのような医療を受けたいのかということころの議論につきましては、私どもも必ずしも議論が十分尽くされているかといいますと、そこのところはまだこれから議論が必要なのかなと思っておりまして、課題とさせていただければと存します。

　　中村利雄日本商工会議所専務理事　今の御指摘の点は、我々としても非常に難しい話でありますので、議論したことは積極的にないということでございます。高額医療や先ほどの終末医療といった問題についてどのような手段によって抑制することが可能かを検討すべきだというような議論があるという段階でございます。

同じ日、私のほうは経団連の報告に対して次のように質問をしています。

権丈委員 先ほど経団連の方から、資料の5ページで健保組合数の推移が示されました。かつては1,800以上あった健保組合が、今は1,400台になってきた。皆保険の危機、ゆえに負担構造を抜本的に変えなくてはならないということは、よく聞く話であります。ここでデータを少し書き加えていただきたいのですが、1992年の組合健保の被保険者数は1,541万人です。そして、これがリーマン・ショックまで微増します。その後、減るのですけれども、2011年度末、1,555万人。だから、1992年に健保組合が1,827あったときよりも、今の方が被保険者数は増えてはいるんですね。これを皆保険の危機、健保組合ですら危機的状況にあると言っていいのかどうかというのは昔から疑問に思っておりまして、まずそのデータのことだけを紹介させていただきます。

これに対して、経団連は……、

斎藤副会長・社会保障委員長 権丈先生の御指摘の部分につきましては、総数というのは承知しておりませんでしたので、また事務局の方から補足をさせていただきたいと思います。
……
藤原（清明）経済政策本部長 権丈先生の御指摘は、私もどういう風に考えたらいいのか今すぐにはお答えできないので、またしばらくしてから御対応させていただきたいと思います。

　要するに、経団連は、健保連から「保険者の数」が減少しているデータだけを渡されていて、健保連が別途持っている「被保険者数」が増加しているデータについては知らされていなかったわけです。健保連の意図は明確で、被保険者数が増加しているデータは、企業は負担の限界にあるという話と矛盾するからでしょう。

組合運営は瀬戸際？　問われる保険料格差

　健保連は、国民会議の流れが、後期高齢者医療制度への総報酬割の全面適

用に向かいそうな雰囲気を察して、おもしろいこともやります[3]。

　この話は昨年（2013年）9月のプレスセンターでの「虎ノ門フォーラム」でもしたわけですが、健保連の政治活動は鎮まる気配が一向にないどころか、勢いを増しているため、医療政策の専門家、専門雑誌の方々が揃われている今日、あえて皆さんに紹介しておきます。

　私は、慶應健保の理事を十数年間やっています。健保組合を運営している医療政策論者というのは私しか世の中にいないと思います。そして、昨年6月の健保理事会の時のことです、慶應健保の事務局から、健保連から送られてきた「要請活動に向けた決議書のとりまとめについて（依頼）」という資料の取り扱いをどうしましょうかと相談されました。その依頼書には……、

　　　健保組合・健保連が注目する社会保障・税一体改革は、現在のところ、政府の社会保障制度改革国民会議における議論が中心でありますが、高齢者医療制度の見直しなどの本質的な議論はなかなか進まず、同会議の期限である8月にどのような結論が出るかも不透明な状況にあります。……そこで、要求実現に向けた強力な要請活動の訴求ツールとして、各健保組合の厳しい財政状況を訴えていただくとともに、我々が主張する要望事項の実現を求める決議をおとりまとめいただきたく、お願い申し上げます。

　そしてご丁寧にも、慶應健保の決議の案まで作って送ってくださっている。1,400を超える健保組合用の決議案を1つ1つ作成しているのかもしれません。

　慶應健保の事務局から相談を受けた私は、理事として「そりゃあ、総報酬割が全面適用されたら慶應健保の保険料率は上がるのだから、決議書でも声明でもなんでもいいから出しておくほうがいいだろうね」と答えています。と言っても、この件があった6月頃から、私は「健保連がこんなおもしろいことをして頑張っているゾ」と自分のホームページで公にして遊んでいまし

　3）　本書第1講も参照。

たので、こうした決議書をとりまとめた嘆願書は国民会議には送られてきませんでした。

　しかしながら、一事が万事、政治活動、ロビイング活動というのはこういうものなのです。昨今も大規模な決議大会を開き、政治家まわりをして、国民会議の報告書の流れを変える活動をしているようです。厚生年金適用拡大に反対する外食産業やチェーンストア協会のロビイング活動もそうなのですが、所得が動く再分配政策の背景には、こうした政治活動があること、さらに、広く国民の耳目まで届くことになる情報の形成過程とはいかなるものかということに、少し関心を持ってもらいたいと思います。私は、昔から、「政策は、所詮、力が作るのであって正しさが作るのではない」と言ってきました。民主主義のもとでは、未組織な有権者向けの情報戦を制する資金力さえあれば、正義が伴わなくとも世論の支持を得て力を持つことができ、政策を思いのままにできます。そうした民主主義の側面を私は「資本主義的民主主義」と呼んでいるのですが、国民がウブすぎるのも困りものです。「販路を気にする社会保障の業界紙がいずれの方を向くのか？」、この問いを考えるところからまずは訓練してもらいたいものです。その予測が正しいかどうかは、社会保障関係の雑誌の巻頭コラムを継続して読んでみると簡単に確かめることができます。

　さて、彼ら経済界の主張の中身は、自分たちは負担の限界であると、ただそれだけを言い、それだけしか考えていない。そして興味深いのは、第4回国民会議に経済界が呼ばれた時、総報酬制を導入すれば保険料が下がる人たちの代表であるはずの日本商工会議所も、総報酬制は反対という。

　その点に関する第三者からみた違和感を山崎泰彦委員から質問されると、日本商工会議所の中村利雄専務理事は、次のように答えられる。

中村専務理事　全面総報酬割の導入には反対という立場でございまして、協会けんぽの負担を健保組合に付け替えるだけの全面総報酬割による財政調整は、それぞれの保険者が保険料低減に努める保険者機能を無視するものであることから反対をいたしております。

数年前まで、私も健保連の研究会に呼ばれていました。そこでも私は全面総報酬割を言っていました。もちろん会議のなかでは大手の健保組合の人たちから顰蹙を買うのですが、帰りがけのエレベーターの前で、財政力の弱い健保組合の人から、「先生、頑張ってください」とのエールを受ける。しかし、そうした財政力の弱い健保組合の人たちよりも所得が低い層である協会けんぽの被保険者を抱える日商が、「保険者機能を無視する！」と言って全面総報酬割に反対するという。奇妙な話です。

保険者機能と被用者保険の一元化

　もっとも、健保の理事を十数年やっていて、実際に健保の運営に携わっている立場から見ますと、はたして保険者機能とは何なのかという疑問もあります。医療では種々の理由により需給者間の交渉上の地歩（バーゲニング・ポジション）はどうしても医療提供サイドに有利になり、結果、供給者が持つことになる強い市場支配力への拮抗力として保険者機能の存在は不可欠です。しかしその重責を、「企業単位の医療保険」が果たすことができるのか。

　データ解析を通じた多くの医療経済研究、国際比較を通じた多くの医療経済研究の双方から、保険者機能の必要性が言われてもいます。だけど、そうした研究が想定している保険者の単位は、はたして企業を単位としたものなのか。現在、強化することが必要であると広く目されている「保険者機能」という言葉と、健保組合が使う「保険者機能」という言葉は、実は同音異義語なのではないか。国民会議報告書で「都道府県の役割強化と国民健康保険の保険者の都道府県移行」（27頁）を論じているのは、こうした背景のもとに本来の意味での「保険者機能」の強化を期してのことです。

　健保組合について、国民会議報告書では次のように触れられています。

> 　健保組合の中でも3倍程度の保険料率の格差がある。この支援金負担について、平成27年度からは被用者保険者間の負担の按分方法を全面的に総報酬割とし、被用者保険者間、すなわち協会けんぽと健保組合、さらには共済組合の保険料負担の平準化を目指すべきである。こ

> の負担に関する公平化措置により、総数約1400の健保組合の4割弱の健保組合の負担が軽減され、健保組合の中での保険料率格差も相当に縮小することにもなる。……日本の被用者保険の保険料率は、医療保障を社会保険方式で運営しているフランスやドイツ等よりも低いことや、前述のとおり健保組合間で保険料率に大きな格差があること、その他被用者保険の状況等を踏まえ、被用者保険における共同事業の拡大に取り組むことも検討が必要である[4]。

　健保連が嫌がる言葉というのが、どうも「彼らは一枚岩ではない」ということのようです。2008年から2009年にかけて開かれていた「高齢者医療制度に関する検討会」で委員として私がそうした発言をすると、健保連はムキになっていました。でも、保険料率に3倍程度の差がある健保連が、一枚岩でいられるはずがないです。そこをつかれた健保連がムキになるというのは、健保連＝高所得健保組合という証拠だと思います。健保連の政治行動は高所得健保組合のためになされているのでしたら、われわれは低所得健保組合のために、と言いますか、国民会議の報告書にもありますように、負担の公平化のために、やはり健保連執行部を批判せざるをえなくなります。
　医療・社会保障の財源として、社会保険料収入と租税収入を見ていくと、保険料収入が1998年から国税収入を抜いていく。社会保険料を財源としているかぎり、財務省も供給体制などにはなかなか口出しをできず、社会保険料という独立した財源を持っていれば、医療体制の独立性も確保できます。わが国は、やはり社会保険料を主財源として、そこで制度の独立性を高めていくことが必要で、この見解は、当フォーラムの会長で本日ご出席の西村周三先生、医療政策研究者の田中滋先生、二木立先生、みんなが共有しているものです。

---

4)　『社会保障制度改革国民会議報告書』34頁。

提供体制の改革を苦手とする診療報酬

　医療・介護の絶対的なニーズは増加していくが、財政は苦しい。同じ医療費を使いながら、提供体制を医療のニーズにマッチした形に変えることができないか。医療提供者には協力を願えないだろうか。2008年の国民会議の時から考えられていたことは、病院の機能分化を図って連携してもらえないかということです。公共支出をGDP比で見れば、これから増えるのは医療と介護で、年金は減っていきます。しかし、医療介護の実需の増大に比例して支出を増やすほどの財政力はありません。可能なかぎり、提供体制のほうで対応をしてもらえればありがたい。

　ここで問題となるのが、医療介護のあるべき姿の方向に診療報酬で誘導することができるのかということです。この点、日本福祉大学学長の二木立先生が的確な表現をされています。

　　　診療報酬操作による医療機関誘導は万能ではなく、特定の医療サービスの点数を大幅に引き上げて、拡大を図るときには有効で、厚生労働省の当初の思惑を超えて拡大することも少なくないが、点数を下げたり施設基準を厳しくして、特定の医療サービスを減らそうとしても必ずしもうまくいかないとの『経験則』があると考えています[5]。

　まったく二木先生のおっしゃるとおりで、診療報酬を高めると病院は借金をしてでも拡大を図るが、診療報酬を下げたとしても、債務の返済義務を抱えている身としてはいかんともしがたいものがある。これまでの歴史からは、診療報酬は撤退戦を苦手としているように見えます。

　今日でも、地域医療計画には地域間で大きな濃淡があります。うまくいっているところは、かつて厚労省の人が出向してハウツーを定着させたところであったりもします。だから、計画を立てる人たちのマンパワーの力量というソフト面の充実によって医療提供体制を改善する余地はまだあると考えられるわけで、そのマンパワーの養成こそが、急がなければならない課題とな

---

5)　二木立「深層を読む・真相を解く（31）――政府の7対1病床大幅削減方針は成功するか？」『日本医事新報』2014年3月29日号（4692号）。

ります。

　財政問題と人口問題という大きな問題を背景とした日本の国難ともいえる状況のなかで、社会保障とりわけ実物サービスとしての医療・介護をどう改革していくか、医療提供体制をどう再構築していくかが問われています。提供者と利用者、そして地域の人たちのみんなの協力のもとでこの国難を乗り越えていかなければなりません。そして、そのために残された時間は、もうそれほどありません。

第Ⅳ部

国民会議と医療介護改革の政策形成過程

第33講　2025年に向け、医療専門職集団に求められるもの*

　本書の最後に、社会保障制度改革国民会議報告書における「医療介護分野の改革」の文章が生まれた経緯を示す解説資料を付しておく。今や日本の医療介護政策の基軸となっているあの報告書の背後にある思想、問題意識、あるいは理論的基礎、さらには国民会議報告書の記述がいかなる議論から生まれたのかを理解してもらいたいと思っている。

　医療介護制度改革について記事・論文を書く方々には、最低でもこれらの情報を共通の土台としたうえで論じてほしいし、議事録についてはその前後の文脈も確認してもらうとともに、政策形成過程に関心があるのならば、少なくとも会議においていかなる議論が行われていたのかということにも視野を広げてもらいたい。国民会議は、リアルタイムで公開されていた動画が、今も公開されている。

　また、医療介護の現場あるいは関連政策に携わる方々には、斯界のリーダーである方々のメッセージを受け取るとともに、是非とも問題意識を共有してもらえればと思う。

　そして、一般の読者には、願わくば、本稿を眺めておいて、これから見聞きする情報・主張を評価する際の参考にしてもらいたい。

＊　　＊　　＊

　医療政策会議報告書には、昨年（2013年）8月にまとめられた「社会保障

＊　「医療・介護の一体改革、2025年をめざして——医療専門職集団に求められているもの」日本医師会『平成24年・25年度医療政策会議報告書』原稿および「医療供給体制の改革について」医療経済フォーラム（2014年4月10日）講演録（『社会保険旬報』2014.6.21号-2014.7.1号に掲載）を筆削補訂。

制度改革国民会議」が、なぜ、ああいう方向性でまとめられるに至ったのかの経緯をまとめている。この医療政策会議報告書には、「第何回目の会議で、どの委員が、何を発言し、それが最終報告書のなかでは、どのような文章になっていく」ということが延々と書かれている。私にとって、こういう文章を書くのは実に容易なことで、なぜなら私が起草することになった昨年の国民会議の医療介護部分を、私は2つの方針のもとにまとめたからである。

1つは、報告書は社会保障制度改革国民会議の設置法である「社会保障制度改革推進法」（2012年8月22日施行）の項目に沿って整理し、文言は議事録の言葉と対応することを原則とする。いま1つは、私、権丈の会議での発言は用いないというもの。この2つの方針を、協力してくれる事務局の人たちに伝え、私たちは「ここをこういうふうにしたい、なぜならば、第何回会議で何々委員がこういうふうに発言しているからだ」というやりとりをして、あの報告書を作成している。あの頃は、議事録を諳んじることができるほどに読みこなしていた[1]。

そして、2つ目の原則である、私の発言は用いないという方針は、『Visionと戦略』2頁の次の言葉からご推察ください。とにかく、去年の国民会議は面倒でした。その面倒さというのは、会議の様子が如実に分かる動画も配信されているので、ご覧になっていただければと存じます。

> 昨12月の衆院選で、民主党が与党時代に現実を学んだ人たちがそろって落選した。……民主党側から三党協議の場に立ったのは、新年金制度や後期高齢者制度の廃止など、2009年マニフェスト来のことを口にして

---

[1] その当時に受けたインタビュー「競争ではなく協調に基づいた社会保障制度改革の道筋」『Visionと戦略』2013年10月号（本書第29講所載）でも、次のように話をしている。

> 報告書には、「『必要なときに必要な医療にアクセスできる』という意味でのフリーアクセスを守るためには、緩やかなゲートキーパー機能を備えた『かかりつけ医』の普及は必須」と記している。この意見は、日本医師会の今村聡副会長の発言で、その日に出席していた病院4団体の会長や日本歯科医師会の会長からも同意を得ていたもの。……このように報告書のキーワード、基本的な考え方は、会議に参加された委員の意見を用いている。

図表33-1　舞鶴市の事例

◆少ない医師が分散して患者を奪い合う状況
・舞鶴市内
　　国家公務員共済連合組合、独立行政法人・国立病院機構、舞鶴赤十字病院、市立舞鶴市民病院
・市長の私的諮問機関「舞鶴地域医療あり方検討委員会」——2007年当時
　　医師不足、労働環境悪化の悪循環
・統合案を提案
　　医師を集中させて勤務医の負担を減らし、医師減少に歯止めをかける。一定の手術件数がある病院で技術を磨きたい医師を呼び込みやすい環境も目指す。
・壁を乗り切ることはできず

◆解決の方向性は
・過当競争から病院経営を救う道は
・非営利を厳正化して地域独占を許容
　　高度急性期医療は、大学病院、国立病院、公的病院（日赤・済生会・共済・厚生連など）および自治体病院が担っている場合が多い。これらの運営主体がそれぞれに独立したままで機能分担しようとしても、経営上の利害がぶつかるため、うまくいかない。
　　このため、地域のなかで、複数の病院がグループ化し、病床や診療科の設定、医療機器の設置、人事、医療事務、仕入れなどを統合して行うことができる環境を作る。

出所：社会保障制度改革国民会議第9回会議（2013年4月19日）筆者提出資料より。

当選した者たち。……今回の報告書は、具体的な施策部分では私個人のプレゼン報告の内容、会議での発言は入れないという方針を立てた。民主党から推薦された委員がバカバカしいほどにうるさかったからだ[2]。

今になってみると、私の発言は用いないという方針が、私が昨年4月19日第9回会議で報告をした際のスライド（図表33-1）を無視することになったように思える。これが今、非営利ホールディングカンパニーの解釈をめぐって混乱を呼ぶことになっているようで、少し反省している[3]。

---

2)　『Visionと戦略』2013年10月号、2頁。
3)　本書第2講参照。

＊　＊　＊

さて、医療は、ここ10年で、大きく変わることが期待されている。しかしながら、誰も経験したことのない、きわめてハードルの高いまったく未知の世界に、この国の医療が進むことを期待されているわけではない。求められている未来は、次のように当たり前の世界でしかない。

> 自らの健康状態をよく把握した身近な医師に日頃から相談・受診しやすい体制を構築[4]

> 医師が今よりも相当に身近な存在となる地域包括ケアシステムへの取組も必要であり、医療の提供を受ける患者の側に、大病院にすぐに行かなくとも、気軽に相談できるという安心感を与える医療体制の方が望ましいことを理解してもらわなければならず……[5]

今日でも、一部の地域では実現されているであろうし、医療のあるべき姿と言えば、当然すぎるほどに自然の姿ではなかろうか。

こうした求められている医療を一言で表すとすれば、「地域医療」ということになるであろうし、この地域医療については、日本医師会は、一貫して、「再興」という言葉を用いている。その意味は、めざすべき医療の姿、理想の医師と患者の関係は、実は、かつてこの国にあったものであり、それを再び興そうということであろう。

昔から、そして今日でも——つまり、制度による支援体制が準備されておらず、自己犠牲的、献身的に汗をかきながら——地域医療に取り組んでいる医師は少なからずいる。そういう人たちは、往々にして、代々医業に携わる家系の人であったりし、彼らの理想は、父や祖父が地域住民との間に築いていた人間関係であったりする。日本医師会が掲げる目標「地域医療の再興」

---

4) 『社会保障制度改革国民会議報告書』32頁。
5) 『社会保障制度改革国民会議報告書』35頁。

というのは、現在50代、60代の医療界のリーダーたちの記憶にはまだ残っている、かつての医師と患者との信頼のある関係を取り戻そうではないか、それは決して無理な話ではないという意味が込められていると思っている。そして私は、講演などで地域医療の再興の重要性を話すのであるが、その時、父親が、時には皆保険以前に医師をやっていた祖父が、患者と共に生きていた地域の姿をイメージできる人のほうが、私の話をよく理解してくれる。ゆえに、医療界には、代々医業に携わってきたという人が多いことは、この国がこれから果たすべき医療改革を実行するための１つの資産だとカウントしている。

医師が、かつてこの国にあった患者との関係を取り戻すとしても、今の医療は専門分化しており、医師と患者が一対一の関係を築くことには無理があるかもしれず、そこは、総合診療医の養成と並行して、チーム医療で対応することが期待されている。

> 「総合診療医」は地域医療の核となり得る存在であり、その専門性を評価する取組（「総合診療専門医」）を支援するとともに、その養成と国民への周知を図ることが重要である。
> もちろん、そのような医師の養成と並行して、自らの健康状態をよく把握した身近な医師に日頃から相談・受診しやすい体制を構築していく必要がある。これに合わせて、医療職種の職務の見直しを行うとともに、チーム医療の確立を図ることが重要である[6]。

チーム医療については、医療ガバナンスの観点からも、医師と患者が１対１の閉ざされた関係であるよりも望ましい医療のあり方としても求められるところであろう。

2013年８月６日に、『社会保障制度改革国民会議――確かな社会保障を将来世代に伝えるための道筋』が総理に手交された。この報告書には、これま

---

6) 『社会保障制度改革国民会議報告書』31頁。

での政府の報告書にはない、いくつもの特徴がある。たとえば、医療を「QOLの維持・向上」と定義したり、これまで「いつでも、誰でも、どこでも」と解釈されがちであったフリーアクセスを「必要な時に必要な医療を」という意味に再定義したり、専門職集団の責務を明確に記したり、QOLと並んで、QOD（Quality of Death）の話が書かれていたりする。

　こうした報告書の特徴およびその全体的なビジョンの意味を理解してもらうためには、この報告書が生まれてくる背景となっている、日本の医療が他国と比べて特徴を持つに至る歴史的経緯などを押さえてもらわなければならない。またそれにとどまらず、医療というサービスが、普通の財・サービスと同じように簡単に市場にのり、市場にのった医療は普通の財・サービスと同様、経済学が予測するいくつかの望ましい結果をもたらすと思える人たちには、医療が持つ、通常の財・サービスとは異なる経済特性なども視野に入れてもらわなければならない。医療を、完全情報、予測可能性などの仮定を置いたファースト・ベスト（最善）の経済学、これは新古典派の経済学と近似するのであるが、そうした経済学が想定する財・サービスと同等とみなす人たちが考える医療の制度設計は、往々にして彼らの期待とは異なる帰結、たとえば、公的医療費の抑制を期待して医療を市場に任せる割合を大きくすると、かえって公的医療費が上昇するというような帰結をもたらすことになる。

　そこでまず本稿では、日本の医療がどのような特徴を持っているのかを、国際的かつ歴史的視野のなかで観察し、続いて、通常の経済学とは異なり、医療経済学では医療がどのような特性を持つサービスとして位置づけられているのか、つまり医療というサービスが、標準的な経済学の教科書で紹介される市場の世界とはどの程度の距離があるのかを紹介する。その後に、『社会保障制度改革国民会議報告書』が、いかなる議論を経て生まれたのかを紹介していこうと思う。

「医療政策フィールド」のなかでの各国の位置と日本の特徴

　随分と前に、私は次のようなことを考えていたようである。

各国の1人当たり医療費は、主に、1人当たり所得水準で決まり、所得と高齢化を説明変数とする1人当たり医療費関数を推計すれば、高齢化の有意性は失われる。そこで、1990年当時のOECD加盟国24カ国から外れ値と判定されたトルコを除いた23カ国の1960-99年プールデータを用いて、所得と年次ダミーを変数とする1人当たり医療費関数を推計して、所得から予測される医療費を算出する。そして、各国で実際に観察される実質1人当たり医療費を医療費の予測値で除した医療費水準指数の1960年、1970年、1980年、1990年、1998年（カナダ、イギリス、アメリカは1999年）の5カ年分を縦軸にとり、横軸には各年次の総医療費に占める公費負担割合をとって、これを医療政策フィールドと名付ける。

　こうした医療政策フィールドを作ったのは、次の理由による。

　各国の医療費の水準に、医療費の公費負担の割合を複合することにより、医療費の水準と医療制度のもつ平等性とをセットにした医療の政策フィールドという座標平面を作ってみる。なおここでは、医療の平等性を、階層性のない医療消費と定義しておこう。すなわち、所得に応じた医療の階層消費が生じ、低所得者と高所得者との医療内容に差が出る医療制度を不平等とみなすのである。この平等概念の逆指標として公費負担割合を用いることにする。総医療費に占める公費負担割合が低いと、私保険を通じた私費診療部分が大きいと考えることができ、その私保険の購入量は家計所得に依存するため、公費負担割合は階層消費の逆指標とみなすことができるからである。そこで、横軸に総医療費に占める公費負担割合（平等座標）と、縦軸に医療費関数による予測値に対する実測値の比率をとって、これを医療の政策フィールドとみなすことにする[7]。

　この医療政策フィールド上に主要国をプロットしたものが、図表33-2である。この図の縦軸の読み方は、次のようになる。

　　推計された予測値を、各国各年次の所得に相応する（国際）標準医療

---

7) 権丈（2005〔初版2001〕）217頁。

図表33-2 医療政策フィールドと各国特性

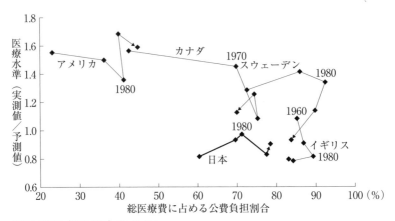

資料：OECD（1998, 2001), *Health Data*.
注：医療費に対する公費負担割合：OECD（2001), *Health Data* における、Public expend on health-％ total exp. on health.
出所：権丈（2005〔初版2001〕）218頁。

費と呼ぶことにしよう。……1999年のアメリカは、標準医療費と比べて1人当たり医療費は63％も高く、1998年の日本は標準医療費に比べて約10％低いと読む。さらに1998年には、アメリカは日本よりも約1.7倍程（1.59/0.91）医療費が高いと読んでもよい。アメリカ、カナダは、所得で予測される標準医療費よりも多く医療を消費しつづけ、逆に日本、イギリスは、少なく消費しつづけてきた[8]。

そして、当時の私に見えた観察事項は、次のようなものであった。

まずアメリカは、実に特異な動きを示している。この国は、総医療費に占める公費負担割合が極端に低く、医療消費の平等性が異常に低い。また、これ——総医療費に占める公費負担割合が低いという事実——を原因として、医療供給の行動を公共がコントロールする術もなく、医療

---

[8] 権丈（2005〔初版2001〕）216-217頁。

費の野放図な膨張を許してしまっている。まさに「アメリカから医療政策を学ぼうとすることは、タイタニックの乗組員から操船術を学ぶようなものである」[9]。1990-98年にかけて、若干、医療費水準〔実測値／所得によって予測される医療費〕が低下してきているようにみえるが、この時期のアメリカの好景気による所得の大幅な伸びによるものである。カナダは1960年代、アメリカと同じグループに属しており、強い階層性をもつ医療制度を選択していた。しかし、その後、カナダはアメリカとは異なる制度選択を行い、総医療費に占める公費負担割合を大幅に拡大し、医療政策の支配権を公共がにぎることになる。その結果、医療消費の平等性を実現しつつ、医療費の水準を西欧諸国の水準にまでコントロールすることに成功している[10]。

　この文章を書いた7年ほど後の2007年に、映画『SiCKO』（マイケル・ムーア監督）が製作された。あの映画では、カナダが、かつてのアメリカと同じく国民全般を対象とした公的医療保障制度を持たない国から、1962年にサスカチュワン州で始まる医療保障制度が全国的に広まっていく様子が描かれていた。その時のリーダーが2004年にカナダ放送協会（CBC）が実施した「最も偉大なカナダ人」アンケートで1位になるトニー・ダグラス（サスカチュワン州知事、1944-61年）であったということも『SiCKO』で紹介されていた。トニー・ダグラスがリードしたカナダの政策の動きが、「医療政策フィールド」のなかの大きな右下方への移動、すなわち公費負担割合の拡大と低医療費の実現として描かれているわけである。
　いま少し、引用を続ける。

　　スウェーデンも、医療費の抑制をはかった姿を、医療の政策フィールドからうかがい知ることができる。その手段は、次の図〔図表33-3〕にみるように1982年の社会サービス法施行の頃から、病院病床を急激に減らす道を選択し、老人「医療」部門を老人「介護」部門に転換する政策

---

9)　Ranade ed. (1998), p. 1.
10)　権丈（2005〔初版2001〕）217-218頁。

図表33-3 人口千人当たり病院病床数の推移（G7とデンマーク、スウェーデン）

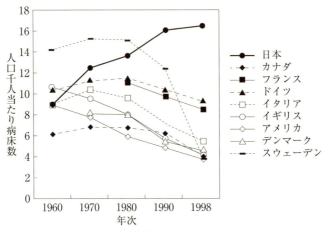

資料：OECD（2001），*Health Data*より筆者作成。
注：病院病床数：*Health Data* 2001における、Tot. in-patient care beds-/1000 population。
出所：権丈（2005〔初版2001〕）219頁。

を進めることによるものであった。

　ここで日本はどうであろうか。この国は、1960年代に福祉後進国としてスタートし、1960年から1980年までは、医療消費の平等性と医療費の水準を順調に高めつづけてきた。しかし、1980年代に入ると、日本は、医療費の水準が、なお他国と比べて低い水準にありながら、その上昇傾向を停止した。ところで、1998年の日本の医療費の水準は、スウェーデン、イギリスと並んで、比較対象の国々よりも低い水準にある。だが、スウェーデン、イギリスは、図表33-3の病院病床数の推移から知ることができるように、1980年代に入ると医療の範囲を全面的に見直して、病院病床数を急激に減少させている。そして〈医療部門〉を〈介護部門〉に転換することに成功しながら、医療費の抑制をはかっていった。これとは対照的に、1980年代の日本では病床数の増加を許してしまい、〈医療部門〉の拡張、つまり病院での入院患者数の増加が一層進んだ。そうしたなかで、医療費の水準が引き下げられ固定されてきたのは、他の先進諸国の動向と比べて、ひとり特徴的な動きと言えるであろう[11]。

この続きが書いてあるのが、2012年8月6日にまとめられた「社会保障制度改革国民会議」の報告書である。この報告書の医療介護分野は、次の文章から始まる。

> Ⅱ　医療・介護分野の改革
> 1　改革が求められる背景と社会保障制度改革国民会議の使命
> （1）　改革が求められる背景
> 　社会システムには慣性の力が働く。日本の医療システムも例外ではなく、四半世紀以上も改革が求められているにもかかわらず、20世紀半ば過ぎに完成した医療システムが、日本ではなお支配的なままである。
> 　日本が直面している急速な高齢化の進展は、疾病構造の変化を通じて、必要とされる医療の内容に変化をもたらしてきた。平均寿命60歳代の社会で、主に青壮年期の患者を対象とした医療は、救命・延命、治癒、社会復帰を前提とした「病院完結型」の医療であった。しかしながら、平均寿命が男性でも80歳近くとなり、女性では86歳を超えている社会では、慢性疾患による受療が多い、複数の疾病を抱えるなどの特徴を持つ老齢期の患者が中心となる。そうした時代の医療は、病気と共存しながらQOL（Quality of Life）の維持・向上を目指す医療となる。すなわち、医療はかつての「病院完結型」から、患者の住み慣れた地域や自宅での生活のための医療、地域全体で治し、支える「地域完結型」の医療、実のところ医療と介護、さらには住まいや自立した生活の支援までもが切れ目なくつながる医療に変わらざるを得ない。ところが、日本は、今や世界一の高齢国家であるにもかかわらず、医療システムはそうした姿に変わっていない。
> 　1970年代、1980年代を迎えた欧州のいくつかの国では、主たる患者が高齢者になってもなお医療が「病院完結型」であったことから、医療ニーズと提供体制の間に大きなミスマッチのあることが認識されて

11）　権丈（2005〔初版2001〕）218-219頁。

> いた。そしてその後、病院病床数を削減する方向に向かい、医療と介護がQOLの維持改善という同じ目標を掲げた医療福祉システムの構築に進んでいった。
>
> ……
>
> 医療提供体制について、実のところ日本ほど規制緩和された市場依存型の先進国はなく、日本の場合、国や自治体などの公立の医療施設は全体のわずか14％、病床で22％しかない[12]。ゆえに他国のように病院などが公的所有であれば体系的にできることが、日本ではなかなかできなかったのである[13]。

　もっとも、日本の医療提供体制は市場に依存してきたゆえ、日本の医療機関は経営努力を重ね、WHOや『ランセット』誌が高く評価する医療システムを築いてきた。

> 一方、医療における質的な需給のミスマッチが続いてきたとは言え、日本の医療費の対GDP比は、現在、OECD諸国の中では中位にあり、世界一の高齢化水準を鑑みれば、決して高い水準にあるとは言えない。日本のような皆保険の下では、価格交渉の場が集権化され、支払側が供給側と比較的強い交渉力を持つことが、医療単価のコントロールに資してきた。こうした中、日本の医療機関は相当の経営努力を重ねてきており、国民皆保険制度、フリーアクセスなどと相まって、日本の医療は世界に高く評価されるコストパフォーマンスを達成してきたと言える[14]。

---

12) 「公立の医療施設は全体のわずか14％、病床で22％」という文章があるが、これは、文中にも書いているように「国や自治体などの医療施設」であって、日赤、済生会、厚生連などの準公立の公的病院はカウントしていない。
13) 『社会保障制度改革国民会議報告書』21-22頁。
14) 『社会保障制度改革国民会議報告書』23頁。

図表33-4　後期高齢者と前期高齢者の推移

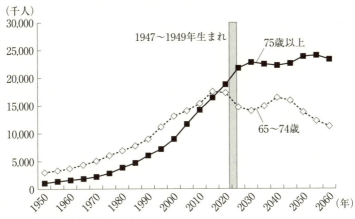

出所:『国勢調査』各年版、将来推計人口。

図表33-5　65歳以上年齢階級別に見た入院患者、外来患者、要介護者などの構成割合

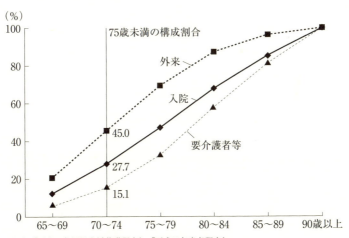

出所:『平成22年国民生活基礎調査』、『平成23年患者調査』。

　「社会保障制度改革国民会議」の報告書で示されている改革の方向性は、経営努力を行う民間の医療機関を持つという長所を生かしながら、先に示した「他の先進諸国の動向と比べて、ひとり特徴的な動き」を見直して、医療

と介護を一体的に行う改革である。その目標年は、1947年から1949年に生まれた第1次ベビーブーム世代、いわゆる団塊の世代が75歳という後期高齢期に達し終える2025年とされている。後期高齢期、すなわち75歳以上になると医療介護のニーズが急増し、しかも、第1次ベビーブーム世代が後期高齢者になるあたり以降は、この国の医療介護ニーズの絶対量は安定的に推移するため、まずは2025年を目途として、医療介護の提供体制の整備を図っていこうということである（図表33-4・5）。

医療の経済特性と制度設計[15]

　医療の世界では、通常の経済領域では考えられないことが起こりうる。以前、次のような話を書いたことがある。

　　たとえばわれわれは、みかんを買いたいと思って果物屋にでかけ、そこで店主が、「あなたの欲しいものはみかんではなくメロンです」と言われたとき、「メロンですか。てっきりみかんだと思っていました。ありがとうございます」というような反応を示すであろうか。医療では、風邪だと思って病院を訪れ、そこで医師から「風邪ではなく肺炎です」と言われれば、思わず「肺炎ですか。てっきり風邪だと思っていました。おかげさまで助かりました」という状況になりかねない[16]。

　医療は、経済学が想定する一般市場モデルと比べると、需給者間の情報の非対称性・診療効果というアウトカム（成果）の不確実性・サービスの個別性＝属人性などの特性を強く持つ。ゆえに、医療保障制度などがない自然状態にあっては、医師と患者が医療の取引を行う際に必要となる取引費用が相

15）「医療の経済特性と制度設計」の内容は、権丈（2005〔初版2001〕）第2章「制度派経済学としての医療経済学」、第5章「再分配政策として医療政策」および権丈（2006）第1章「医療経済学の潮流——新古典派医療経済学と制度は医療経済学」、第2章「総医療費水準の国際比較と決定因子をめぐる論点と実証研究」、第3章「医療保険制度の課題と将来」に負っている。本稿の論考に関する詳細や参考文献については、権丈（2005〔初版2001〕）、権丈（2006）を参照されたい。

16）権丈（2006）344頁。

当に高くなってしまう。

　医療には市場の力を活用すれば問題の多くが解決すると考えている人たちの論は、医療においても経済学的な「市場」が成立しうると考えているようである。しかし、「市場」でなされる取引が消費者にとって望ましい結果をもたらすためには、経済学的には取引費用、すなわち「模索と情報の費用、交渉と意思決定の費用、監視と強制の費用」を積極的に負担して「市場」が整備される必要がある。だが改革論者たちの言う、医療の取引を市場取引に近づけて行こうという改革が、はたしてわれわれが陰に陽に負担しなければならない有形無形の取引費用に見合うだけの便益をもたらしてくれるとはかぎらない。費用はかかった、しかしその費用増加は管理費などの取引費用の上昇のせいであり、医療そのものの改善は、改革論者たちの期待したようには進まなかった。そして困ったことに、彼らの言う改革の過程で、医療利用の不平等は確実に拡大し、しかも時が経つにつれて、医療費の増嵩傾向が拡大していって、その費用負担を、皮肉なことに、公的医療保険の負担軽減をねらって医療の市場化を推し進めた民間企業が担う羽目になるという結果になりかねないのである。

　もっとも今日の医療制度は、いくつもの問題を抱えてはいる。しかしその問題を解決する方向性として、市場メカニズムの導入──この方向で現状の制度を改革しようとすれば確実に取引費用は高まる── 一点張りの改革ばかりではなく、後述するように、他の道を模索する方向もあってよい。

　また、医療の経済特性ゆえに、医療には、どうしても、患者、医師の双方から大病院指向が生まれる。その理由については、以前、次のような説明を行っている。

　　医療には、通常の財・サービスとは距離を持つ経済特性、すなわち需給者間の情報の非対称性・不確実性・サービスの個別性＝属人性などの特性があることは先に述べた。こうした特性のうち情報の非対称性については、医療経済学の古典、アローによる1963年論文ですでに強調されているように、〈医療サービスの購入の結果に対する知識の格差〉が事後にわたっても継続することを想定した方がよい。ところが、サービス

購入の事後においても供給者に情報が偏在するという想定のもとでは、この市場でも競争市場のメカニズムは機能するという論者が前提とする期待効用理論——不確実性が存在する状況における効用理論——が成立するための必要条件はみたされなくなる。期待効用理論では、消費者はある複数の状態の"結果"から効用を得る——これは、結果効用（outcome utility）と呼ばれている——ことを前提とする。だが、この前提が成立するためには、反事実的条件文（the counter factual）〔それが獲得されないのであれば状況がどうなるかという判断材料〕の成立が必要となる。しかしながら、消費者によるサービス購入の事後にあっても供給者に情報が偏在し、消費者がその情報をもつことができないモデルには、期待効用理論を用いることはできない。これに代わって、医療のように反事実的条件文が欠如するばあいの効用理論として、患者が医師に意思決定権を委ねる過程そのものから効用を得るという、過程効用（process utility）の前提を提唱されている。

　過程効用の理解はさほど難しいものではない。例として、伊丹十三監督の映画『お葬式』のワンシーンを考えてみよう。そこには、他界した老人を偲ぶ場で、菅井きん演じる喪主が「やることは一応全部やってもらいました」と語る。医療サービスがもたらす効用は、まさにそういうものなのだ、というのが過程効用の意味である。

　こうした需給者間の情報の非対称性という特性に加えて、医療サービスには不確実性があるという通念のなかで消費者が危険回避的な行動をとり、しかも彼らが過程効用を得るのであれば、医療の消費者は、先端医療機器の整備度、または病院の規模の大きさ、それに医療機関の知名度、さらには医療機関が有名な医療機関と提携関係にあることなどをもとに医療機関選択を行うことになる。なぜならば、〈過程効用〉にとっては、消費行動の結果のいかんを問わず、医療機関に対する威光と信望の度合いそのものが重要となるからである。

　さらに言えば、このとき、医療供給者には価格競争を展開させる誘因はほとんどない。むしろ、表面的には、早くから指摘されていたように、医療サービス市場では〈威信財〉にみられる経済特性——価格が高いほ

ど需要が増える、右上がりの需要曲線が得られるという特性——を帯びることにもなろう。この特性は、ヴェブレン財とも呼ばれる特性であるのだが、こうした特性ゆえに、各医療機関は、患者を獲得するために、医療機関の重装備化・大規模化の誘因を強く意識して、いわば〈威信獲得競争〉を展開することになる。

　一方、医療供給機関が、威信獲得競争を展開する誘因をもたらすのは、なにも、消費者サイドの理由からのみではない。医師は、医科大学において長期にわたる学園生活を共有し、技術の習得とともに、専門職・研究者としてのアイデンティティと行動規範を確立する。こうして医師は、専門家・研究者としてのアイデンティティにもとづき、自分のスキルをできるだけ発揮できる職場環境で働くことに強いウェイトをおいた選好をもつようになる。これは専門職という職業人に共通にみられる選好である。この選好ゆえに、医師の場合は、専門家・研究者としてのアイデンティティにもとづき、重篤で急性の患者が集まり、大規模かつ重装備の病院が選好されることになる。それゆえに、医師の病床規模別賃金格差は、大規模病院になるにつれて賃金が低下していくという、一般の雇用労働者のそれと比べると特異な性格をもつことになる（図表33-6）[17]。

　こうした医師の規模別賃金格差に見られる特性から、医療機関の設備投資は医師への賃金支払い、もしくは福利厚生と等しい意味を持つとみなすこともできる。医師の選好を視野に入れて、患者の大病院指向という現象と考えあわせてみると、病院経営は、患者を獲得するためにも、また、高いスキルを持つ医師を惹きつけて、雇用されている１人１人の医師たちのモラールを高めるためにも、より高度な医療を提供することができる人的および物的資本の整備を意識した〈威信獲得行動〉という社会経済行動をとると考えられる。

　病院経営の〈威信獲得行動〉に類した社会経済行動については、すでに40年ほど前にLee（1971）で論じられている。彼の仮説はまず、病院経営者の

17）　権丈（2005〔初版2001〕）109頁。

図表33-6　医師の病床規模別賃金格差

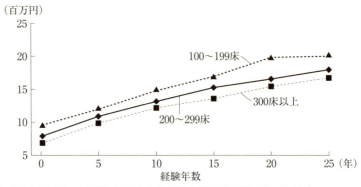

資料：日本病院会総務・人事労務合同研究会『'92病院職種別賃金実態資料』日本病院会。
注：1．年間賃金＝所定内外賃金＋賞与・一時金
　　　ただし、1990年4月～1991年3月までの1年間に実際に支給された額。
　　2．経験年数：中途採用者の場合の経験年数については、他病院の経験年数を当該病院の給与規定
　　　により換算した年数。
　　3．資料では、500床以上、400-499床、300-399床、200-299床、150-199床、100-149床の6区分であるが、
　　　ここでは、各区分内の平均年間賃金を各区分内サンプル数で加重平均している。
出所：権丈（2005［初版2001］）109頁。

　選好は相互依存的なものであることを前提とする。そして病院経営者には、所得というよりもステータスに関連づけられた効用の極大化行動をとることが想定される。さらに病院経営者のステータスは、彼が属する病院で行うことができる診療行為の多様性、量の多さ、複雑性によって得られるものと仮定される。具体的には、カバーしている診療行為の範囲、高価でありしかも高度に専門化された医療機器の整備度と、医師を含む医療マンパワーの充実度などが、病院経営者のステータスを高めることになると仮定される。

　この仮説を提示したリーは、病院の生産関数は利潤極大化行動の仮定から導き出される生産関数とは異なることを強調する。そして、ここにも登場してくるヴェブレンの概念にならって、病院経営者の効用極大化行動の仮定から導き出される病院の生産関数を、〈誇示的生産関数〉と呼ぶ。この誇示的生産関数を持つ医療機関は、利潤の極大化のためではなく、経営者の自尊心を満足させるための競争の場に置かれている。こうした競争のもとでの病院経営では、費用極小化は省みられず、病院経営者の職場である病院のステータスを高めることにつながる診療行為、設備投資、そして医療マンパワーの

採用が行われる。

　先にも論じたように、医療が持つ、需給者間の情報の非対称性、不確実性、および個別性を考慮すれば、医療で競争が激化した場合に、価格競争が展開される可能性はほとんどない。ところが、医療を通常の財・サービスと同様に見て、医療で競争が起こると、価格競争が展開される結果、医療費が減ると考える人たちがいるのが不思議である。

　「利潤＝収入マイナス支出」である。医療のように情報問題が深刻である財・サービスと異なり、この問題を無視することが許される普通の財・サービスの場合には、需要という確固たる供給者行動の制約条件が存在すると仮定してもさほど問題はなく、その場合には、収入の増加という企業の経営戦略の１つは、強く足枷を科されることになる。よって競争の激化は、経営の重心を支出の削減に向かわせることになる。ところが医療の場合には、収入の増加を図ろうと思えば、技術的にはさほど難しいことでなく、医師の職業倫理という自己規制がなければ、実は相当のことができると言ってもよい。しばしばそうした医療行為に走る医師が摘発されることもあるが、そうした行為の露見はかなりの犠牲者が出た後であるということ自体が問題の深刻さを示しているのである。

　他にも医療政策論議で不思議に見えることがある。経済学者の多くは、医療の情報問題を、供給者が消費者の情報を正確に把握できないゆえに市場が失敗するという、逆選択の問題に焦点を当てる傾向がある。しかし、あのアメリカ──医療保障を市場に任せるという社会実験をしてくれているアメリカ──の状況などを観察すれば分かるように、医療を市場に任せることによる顕著な問題は、逆選択ではなく、まさに逆選択とは反対の〈順選択〉、すなわち、保険者や医療機関が被保険者や患者を選択するという問題なのである。保険者や医療機関の順選択が、〈クリーム・スキミング〉と呼ばれる現象であり、そこでは、病弱な者は収益性の低いバッド・リスクとして切り捨てられる恐れがある。

　competitionの訳に〈競争〉という言葉をあてたのは、福澤諭吉である。福澤が訳語を考え出した当初は、〈競争〉に〈争〉の語が含まれていたために、「争い事とは何事か」と批判されたようではあるが、〈経済学の普及のお

かげもあってか）今や、〈競争〉は望ましい意味を持つ言葉として、世の中では用いられている。しかしながら、医療における競争は、初歩的な経済学教科書が教えるような意味での望ましさが保障されるとは限らない。つまり「専門情報を司る職業」の最たる医療の世界では、「悪貨が良貨を駆逐する」（グレシャムの法則）や、「良い人よりも悪い人が選ばれる」（古代ギリシアの劇作家アリストパネスの台詞）が、悲しいかな実によくあてはまってしまいそうなのである。

　教科書に書いてある経済学の世界から、外生的に与えられる需要の存在を取り除いてしまうと、経済学の論理体系の一切がなくなってしまい、研究者にはほとんどゼロからの思考が強いられることになる。ここで言っておきたいことは1つ。普通の財・サービスにおいても、厳密に言えば供給者の意思決定と独立した需要が存在するわけではないのであるが、その影響は比較的小さいために政策論議のなかで捨象しても許されるのかもしれない。しかしながら、医療で同じことをやると、許されざる虚構の世界での議論に陥ってしまうということである。

　さて、問題は、市場理論の展開に必須の存在である需要を定義することが難しい状況においては、どのようにして望ましい制度をデザインするかということである。神聖不可侵視されている需要の存在に疑問を投げかけ、需要をあてにできない場合の経済制度のあり方について、先に登場した制度派経済学の創始者ヴェブレンは専門技術者の役割に期待し、さらにヴェブレンをアメリカが生んだ最高の経済学者とみなすガルブレイスはテクノクラートの役割の重要性を言う。こうした論を敷衍すれば医療の場合には、医師をはじめとした専門家集団の役割に期待せざるをえなくなるということになろう。このことは、医療経済学の碩学フュックスの次の論と符合する。

　　「多くの政策アナリストは専門職規範を不当にも無視し、市場と政府規制のどちらが利益があるかという論争に明け暮れてきた。医療技術が複雑でダイナミックな特性を持つこと、および患者の医師受診の多くが極めて個人的かつ情緒的側面を持つことを考慮すると、競争と規制のどちらも、あるいは両者の混合も、医療の社会的規制のための適切な基礎

第33講 2025年に向け、医療専門職集団に求められるもの 389

とはなりえない。私は専門職規範が決定的に重要な第3の要素だと考えている」[18]。

さて、これまで論じてきた医療の経済特性を考慮しながら、現存する医療政策の制度的枠組みをまとめてみよう（図表33-7）。概念的には医療制度は、医師と患者が相対する「売手独占市場」というミクロ部分と、医師集団と財源調達者が相対する「双方独占的な政治交渉の場（双方独占市場）」というマクロ部分から構成される。

ミクロ・レベルで医師と患者が相対する医療サービス市場を「売手独占市

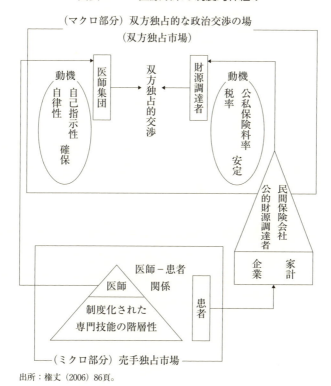

図表33-7 医療政策の制度的枠組み

出所：権丈（2006）86頁。

---

18) Fuchs（2000）, p. 147.〔邦訳（2000）95頁〕

場」と呼ぶのは、医療サービスの物理的技術特性——何度も言うように、医療供給が提供するサービスが受給者間の情報の非対称性、診療効果というアウトカム（成果）の不確実性、個別性＝属人性などの性質——ゆえに、この市場が売手独占市場の性質を本質的に備えているからである。こうした医師―患者関係ゆえに、日常の診療の場では、供給者と需要者との間での双方が要求を牽制しあう関係とは、似ても似つかぬものとなっている。

　医療政策の制度的枠組みのなかでは、医師が持つ市場支配力への牽制力は財源調達者が備えることになり、医師集団―財源調達者との間での関係は、「双方独占的な政治交渉の場（双方独占市場）」と呼ばれる性質を帯びる。すなわち、医療政策の支配権をめぐる医師集団と財源調達者との間の拮抗関係という形で、医師集団の市場支配力は調整されることになる。この点、アメリカのように全国民に対する医療保障制度を持たず、したがって、総医療費に占める公的医療費の割合が低い国では、「双方独占的な政治交渉の場（双方独占市場）」の役割が小さくなり、結果、医療提供者集団の市場支配力が強くなって、医療費のコントロールが難しくなる。そうした状況下にあるアメリカでは、民間保険が医療提供を直接コントロールする動きが出てくるのであるが、医療費の長期趨勢を見るかぎり、民間医療保険による総医療費の抑制効果は低い。もっとも、民間医療保険は保険料収入そのものの増加は大いにウェルカムであり、民間保険会社の主な関心は利潤のマイナス項目である保険金の支払い——アメリカの医療保険会社の言うところの Medical Loss（医療損失）——の極小化にある。アメリカの民間医療保険の医療損失率（＝医療損失額／保険料収入×100）は平均81％程度と言われ、公的医療保険（高齢者医療保険「メディケア」）の医療損失98％と比べてはるかに小さい[19]。つまりはその分、付加保険料——保険会社が事業を運営するために必要とするコスト——が高くなっているということである。民間医療保険に医療費の抑制を期待するということは、スタート地点からおかしな話だということである。

　また、医療という必需性が高く、所得弾力性の低いサービスは、企業に

19）　李啓充（2006）「第26回日本医学会総会ポストコングレス公開シンポジウム（2006年3月）抄録」より。

とっては労働者を惹きつける格好の手段として視野に入ることになり、労働力を安定的に確保する競争のなかで、労務管理上の福利厚生として個々の労働者の医療費・医療保険料の負担を引き受けざるをえなくなる。市場に多くを委ねすぎたアメリカの民間企業が、医療費の負担に苦しんでいるのは、そのためである。

医療提供体制の制御機構

　ところで、皆保険制度下にある日本は、総医療費に占める公的医療費の割合がきわめて高いために、医療費の抑制に対しても広範囲な政策手段を持っていた。しかしながら、医療制度の質の問題に対しては、他の先進国と比して、あまり手段を持っていなかった。これが、社会保障制度改革国民会議において永井良三委員が発言したところであった。

　　永井委員　日本は市場原理でもなく、国の力がそれほど強いわけではないですから、データに基づく制御ということが必要になると思います。ところが、その肝心のデータがほとんどない。……その制御機構がないまま日本の医療提供体制が作られているというところに一番の大きな問題があるのではないかと思います。……そうした制御機構をどうつくるかという視点からの議論を是非していただきたいと思います[20]。

　こうした永井委員の問題意識に発する国民会議における議論を反映したのが、報告書において次に紹介する一連の文章となる。

　　（２）医療問題の日本的特徴
　　日本の医療政策の難しさは、これが西欧や北欧のように国立や自治体立の病院等（公的所有）が中心であるのとは異なり、医師が医療法人を設立し、病院等を民間資本で経営するという形（私的所有）で整備されてきた歴史的経緯から生まれている。公的セクターが相手であ

---

20)　2013年6月13日第15回会議。

> れば、政府が強制力をもって改革ができ、現に欧州のいくつかの国では医療ニーズの変化に伴う改革をそうして実現してきた。医療提供体制について、実のところ日本ほど規制緩和された市場依存型の先進国はなく、日本の場合、国や自治体などの公立の医療施設は全体のわずか14％、病床で22％しかない。ゆえに他国のように病院などが公的所有であれば体系的にできることが、日本ではなかなかできなかったのである。
>
> 　しかしながら、高齢化の進展により更に変化する医療ニーズと医療提供体制のミスマッチを解消することができれば、同じ負担の水準であっても、現在の医療とは異なる質の高いサービスを効率的に提供できることになる。2008年の社会保障国民会議から5年経ったが、あの時の提言が実現されているようには見えないという声が医療現場からも多く、ゆえに、今般の当国民会議には多方面から大きな期待が寄せられてきた[21]。

　ここにある医療現場からの声とは、たとえば次のような発言による。

> 　堺（常雄）日本病院会会長　私が非常に気になるのは、2008年に社会保障国民会議があって、その間、5年経っているのですが、余り前進していないような感じ、恐れがあるのです。ですから、下手をすると今回もそういうことになるのだったら、なかなか残念だなというか、医療現場の我々も大変だし、国民の皆さんも大変だということになるので、これは我々だけではなくてここにいらっしゃる委員の方々もしっかりとその辺を認識していただいて、明確な道筋を作っていただければ、それ以上幸せなことはないと思います[22]。

　国民会議の報告書は、続けて次のように言う。

---

21)　『社会保障制度改革国民会議報告書』22頁。
22)　2013年3月27日第7回会議。

> 　さらには、医療政策に対して国の力がさほど強くない日本の状況を鑑み、データの可視化を通じた客観的データに基づく政策、つまりは、医療消費の格差を招来する市場の力でもなく、提供体制側の創意工夫を阻害するおそれがある政府の力でもないものとして、データによる制御機構をもって医療ニーズと提供体制のマッチングを図るシステムの確立を要請する声が上がっていることにも留意せねばならない。そして、そうしたシステムの下では、医療専門職集団の自己規律も、社会から一層強く求められることは言うまでもない。
> 　一方、医療における質的な需給のミスマッチが続いてきたとは言え、日本の医療費の対 GDP 比は、現在、OECD 諸国の中では中位にあり、世界一の高齢化水準を鑑みれば、決して高い水準にあるとは言えない。日本のような皆保険の下では、価格交渉の場が集権化され、支払側が供給側と比較的強い交渉力を持つことが、医療単価のコントロールに資してきた。こうした中、日本の医療機関は相当の経営努力を重ねてきており、国民皆保険制度、フリーアクセスなどと相まって、日本の医療は世界に高く評価されるコストパフォーマンスを達成してきたと言える[23]。

　この文章に出てくる、「医療専門職集団の自己規律」という表現は、先に紹介したフュックスの論、「私は専門職規範が決定的に重要な第3の要素だと考えている」と照らし合わせれば理解できると思われる。

　さらに、「日本のような皆保険の下では、価格交渉の場が集権化され、支払側が供給側と比較的強い交渉力を持つことが、医療単価のコントロールに資してきた」という表現も、総医療費に占める公的医療費の割合が高いほど、医療費のコントロールがしやすいことを考えてもらいたい。ただし、診療報酬・薬価基準による医療単価のコントロールはできても、医療提供体制をニーズに見合わせることは、この国の医療制度は苦手としてきた。

---

23) 『社会保障制度改革国民会議報告書』23頁。

図表33-8　現状の病床における問題点（図表1-9再掲）

○現状では、急性期を念頭に高い報酬（15,660円／1日）となっている「7対1入院基本料」を算定する病床が最も多い（患者7人に対し看護師1人）
○これは、2025年に向けた目指すべき姿とは著しく異なっており、看護師不足や受皿病院の不足、高コストの要因ともなっており、是正が必要。

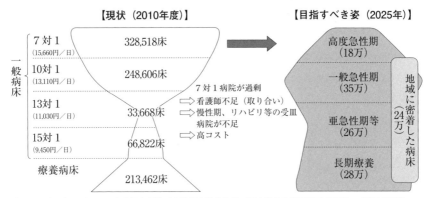

資料：平成23年11月25日　中央社会保険医療協議会総会資料、厚生労働省保険局医療課調べ（厚生労働省提出資料）。
出所：2013年10月21日　財政制度審議会配付資料。

　図表33-8・9は、2013年10月21日の財政制度審議会で配付された資料である。厚生労働省をはじめとした政府は、2008年の社会保障制度国民会議の頃から、2025年のめざすべき姿として、図表33-8の右側の図を想定していた。
　そして、厚労省は、平成18（2006）年の診療報酬改定率を算定する際に、医療提供体制を図表33-9の中央の図のようになることを期待していた。しかしながら、診療報酬による誘導は、右側の図を帰結した。
　政策当局が意図したリアクションを医療提供サイドが示さなかったことは確かではあるが、診療報酬という政策誘導によって予測される結果と言えば結果であるとも言える。報酬操作により、右に左にと政策を揺らしていると、いずれ政策当局への信頼が揺らいでくることになる。

　日本のように民間が主体となって医療・介護サービスを担っている国

図表33-9　平成18年診療報酬改定による実際の病床数の変化（図表1-8再掲）

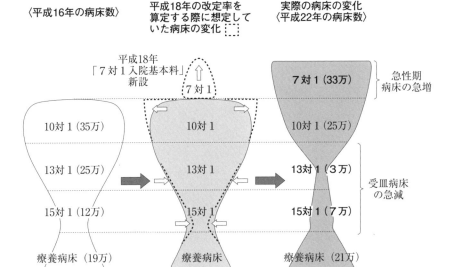

出所：2013年10月21日　財政制度審議会配付資料。

では、提供体制の改革は、提供者と政策当局との信頼関係こそが基礎になるべきである。日本の提供体制への診療報酬・介護報酬による誘導は、たしかにこれまで効き過ぎるとも言えるほどに効いてきた面があり、政策当局は、過去、そうした手段に頼って政策の方向を大きく転換することもあった。だが、そのような転換は、医療・介護サービスを経営する側からは梯子を外されるにも似た経験にも見え、経営上の不確実性として記憶に刻まれることになる。それは、政策変更リスクに備えて、いわゆる看護配置基準7対1を満たす急性期病院の位置を確保しておいた方が安全、内部留保を十二分に抱えておかなければ不安、など過度に危険回避的な行動につながり、現在の提供体制の形を歪めている一因ともなっている[24]。

---

24) 『社会保障制度改革国民会議報告書』24頁。

図表33-10 2025年に目指すべき医療供給の姿（図表1-11再掲）

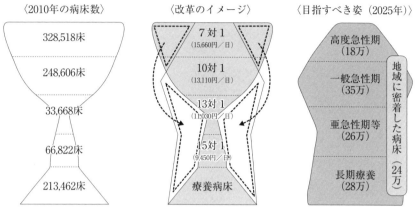

資料：平成23年11月25日　中央社会保険医療協議会総会資料、厚生労働省保険局医療課調べ（厚生労働省提出資料）。
出所：2013年10月21日　財政制度審議会配付資料。

　今後は、図表33-10の中央の図の改革のイメージを経ながら、2025年に目指すべき姿に変えていくことが期待されている。
　ところが、これまでの診療報酬による誘導では、減らすべき病床（たとえば7対1）が増え、増やすべき病床（10対1）が減るという状況が続いてきた（図表33-11）。
　そうした状況を鑑み、報告書では次のような文章が生まれてくることになる。

> 　今般の国民会議で提案される地域ごとの様々な実情に応じた医療・介護サービスの提供体制を再構築するという改革の趣旨に即するためには、全国一律に設定される診療報酬・介護報酬とは別の財政支援の手法が不可欠であり、診療報酬・介護報酬と適切に組み合わせつつ改革の実現を期していくことが必要と考えられる。医療機能の分化・連携には医療法体系の手直しが必要であり、また、病院の機能転換や病床の統廃合など計画から実行まで一定の期間が必要なものも含まれる

図表33-11　一般病棟入院基本料（7対1と10対1）の届出病床数の推移
（図表1-10再掲）

○「7対1入院基本料」を算定する病床数は、2006年度の新設以来、一貫して増加。
○一方、報酬の低い「10対1入院基本料」の病床は一貫して減少。
○2008年度、2012年度の診療報酬改定では、「7対1入院基本料」の要件を厳格化したが、この傾向は継続。

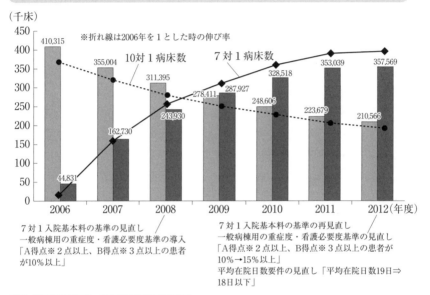

出所：2013年10月21日　財政制度審議会配付資料。

ことから、その場合の手法としては、基金方式も検討に値しよう。この財政支援については、病院等の施設や設備の整備に限らず、地域における医療従事者の確保や病床の機能分化及び連携等に伴う介護サービスの充実なども対象とした柔軟なものとする必要がある[25]。

ここにある「柔軟なもの」というのは、報告書における次の文章と対応す

---

25) 『社会保障制度改革国民会議報告書』30-31頁。

るものであり、中央からの押しつけではなく、地方や医療、介護を提供する当事者たちの地域ごとの特性を重んじるという意味である。

> 今般の国民会議の議論を通じて、地域により人口動態ひいては医療・介護需要のピークの時期や程度が大きく異なり、医療・介護資源の現状の地域差も大きい実態が浮かび上がり、医療・介護の在り方を地域ごとに考えていく「ご当地医療」の必要性が改めて確認された[26]。

医療とはQOLの維持・向上を目指すサービス

『社会保障制度改革国民会議報告書』では、医療とは何なのかということを、病気と共存しながらQOLの維持・向上をめざすことと定義した。そして日本の医療の改革の方向性を、主に青壮年期の患者を対象とした、救命・延命、治癒、社会復帰を前提とした「病院完結型」の医療から患者の住み慣れた地域や自宅での生活のための医療、地域全体で治し、支える「地域完結型」の医療に変えることを定めた。そうなると、医療と介護の境界はなくなり、医療提供体制の改革は介護の改革と一体となって進めなければならなくなる。

報告書のこうした方向性は、大島伸一委員の一連の問いかけに負っている。ここでは、まとまって発言されている箇所を紹介しておこう。

> 医療の側から、どちらかというと医療・介護、もちろん介護にもかかわっていますけれども、もともとは医療の側なものですから、医療の側からのこれに向って話をするときには、治す医療から、治し支える医療。治す医療というのは、いつまでたっても技術は進歩しますから、これは絶対に必要であることは間違いないですね。支えるというのは何を支えるかというと、生活を支えるということでして、生活を支える医療というのは、あえて治す医療と支えると分けたというのは、今までが、治す

---

26) 『社会保障制度改革国民会議報告書』25頁。

ということは生活へ戻すために直すわけで、目標というのは、もともとは医療の目標というのは生活あるいは人生を全うしてもらうためにいかにそういう状況に戻していくのかということですから、目標と言えば生活ということになるのですが、あえて今まで治すということだけにこだわり続けてきたのは、それが一直線でつながっているからあえて言わなくてもよかった。したがって、今までの医療は手段がそのまま目的につながっていた。

　ところが、これからはダウンヒルになって最後は死に向かうわけですから、完全に戻るということはあり得ないのです。その中でいかに満足、納得してもらうかという人生に貢献できるかという医療に変わるわけですから、あえて支える。しかし、考えてみれば、生活を支えるというのは、介護がそのまま言っていたことであって、医療の目的と介護の目的で何が違うのか。これは一緒なのです。だから、あえてこれから高齢者ということを強調して言う場合には、医療の目的も介護の目的も、両方の目的がほとんど同じ言葉で語られるような状況に変わります。

　これは医者の側にとってみると、言ってみれば物すごく大きなパラダイム転換なのです。医療も介護も目標は一緒ですよと、同じ言葉で語られる。あえて医療側からこれをしいて言えば、これからの医療というのは介護抜きであれば恐らく成立しない。そういう状態に変わっていくのだというような形になる。それが地域包括ケアの中で健康とか生活を支援していくために体の状況をどうケアしていくのかという視点から見たときの医療の役割であり、同時に介護の役割であるという形に変わっていく、その面から地域包括ケアにどう貢献できるかというのが医療の役割だろうと考えて、そういうお話をさせてもらっているのです[27]。

　こうした議論を、報告書では、医療・介護の一体改革というキーワードに置き換えていき、これまで、介護で言われていた地域包括ケアの世界に医療者の参加を求めていく。それとともに、2008年6月の「社会保障国民会議第

---

27)　2013年6月13日第15回会議。

二分科会中間とりまとめ」では医療分野で用いられていた「ネットワーク」を、今回の国民会議では、医療・介護内のそれぞれの網の目をもつなぐ言葉として用いることになる。

地域における医療機能のネットワーク化

これまでのような、診療所―地域の病院―高次専門病院といった階層的な機能分担ではなく、病院と病院、病院と診療所が、それぞれの特性を生かして地域の中で相互に機能を分担し合い、連携することで地域全体を面的にカバーしていく「ネットワーク型」の医療提供システムを構築する。このことにより、個々の病院単位での「施設完結型」ではなく、地域の医療機関ネットワーク全体で必要な医療を保障する「地域完結型」の医療提供体制を実現する。病院のみならず地域の診療所をも一体として同じネットワークに組み込み、医療機関相互のネットワークを文字通り網の目（ウェッブ）状にはりめぐらすことにより、地域の医療資源を最大限効率的に活用しつつ地域全体の医療ニーズをカバーする提供体制を実現する[28]。

こうして、医療なくして介護なし、介護なくして医療なしの関係が意識された医療・介護提供者間のネットワーク化、医療・介護の一体改革という言葉が書かれることになる。

> 「病院完結型」の医療から「地域完結型」の医療への転換が成功すると、これまで1つの病院に居続けることのできた患者は、病状に見合った医療施設、介護施設、さらには在宅へと移動を求められることになる。居場所の移動を伴いながら利用者のQOLを維持し家族の不安を緩和していくためには、提供側が移動先への紹介を準備するシステムの確立が求められる。ゆえに、高度急性期から在宅介護までの一連の流れ、容態急変時に逆流することさえある流れにおいて、川上に

---

28) 2008年6月19日『社会保障国民会議第二分科会中間とりまとめ』8頁。

> 位置する病床の機能分化という政策の展開は、退院患者の受入れ体制の整備という川下の政策と同時に行われるべきものであり、川上から川下までの提供者間のネットワーク化は新しい医療・介護制度の下では必要不可欠となる。そして、こうしたネットワークの中で、患者の移動が円滑に行われるよう、患者側にもインセンティブが働くシステムとなることが望ましい[29]。

> いずれにせよ、地域包括ケアシステムの確立は医療・介護サービスの一体改革によって実現するという認識が基本となる。こうした観点に立てば、将来的には、介護保険事業計画と医療計画とが、市町村と都道府県が共同して策定する一体的な「地域医療・包括ケア計画」とも言いうるほどに連携の密度を高めていくべきである[30]。

患者側の意識とインセンティブ

上述の『報告書』25頁の「患者側にもインセンティブが働くシステム」に触れる箇所については、永井良三委員の次の発言に基づいている。

> 医療機能の分担、連携は意外と難しい。患者さんが急性期、亜急性期、慢性期とステージに従って移動しないといけないということが起こって参ります。それをどのように制御するかということを考慮しないといけないと思います[31]。

> 川上から川下までの提供者間のネットワーク化や地域完結型の医療ということが述べられています。これは、前回私が意見書でも述べさせていただきましたけれども、患者さんが移動するということが必須になり

---

29) 『社会保障制度改革国民会議報告書』25頁。
30) 『社会保障制度改革国民会議報告書』30頁。
31) 2013年7月28日第18回会議。

ますので、どのように患者さんあるいは医療機関にインセンティブを与えるかということをもう少し詳しく述べられたほうがよろしいのではないかと思います[32]。

　ここで、永井委員が「前回の意見書」と呼んでいるのは、7月28日第18回会議に永井委員が提出した意見書の中の次の箇所である。

　　医療機関の機能分担を制御するシステムの構築
　　　医療機能の分担と連携には、患者が病状に応じて医療機関や病棟を移動する必要があります。しかしながら、本来、急性期を中心とする高度医療機関に、亜急性期や慢性期の患者が長期入院するケースが多くみられます。これは、職員数の多い病院を患者が好むためです。患者が急性期、亜急性期、慢性期というステージにしたがって病院や病棟を移動するためには、患者側と医療機関側の双方に何らかのインセンティブが必要であり、これを早急に講ずるべきと考えます。医療機能の分担と連携のための制御システムをどのように作るか、草案に記載いただきたいと思います。

　　病状にふさわしい提供体制への改革と効率化の意味
　　　医療の経済特性で触れたが、患者は本質的に大病院指向を持っている。この指向性を変えるのは難しく、その状況下で、患者の行動を変えなければならない。そこで患者の意識改革も必要となるのであるが、それは至難の業となる。しかしながら、そうした意識改革は、何よりも患者の病状に最もふさわしい医療サービスが提供されるようになるために必要なのである。

　　　上記のような受診行動が普及するには、医師が今よりも相当に身近な存在となる地域包括ケアシステムへの取組も必要であり、医療の提供を受ける患者の側に、大病院にすぐに行かなくとも、気軽に相談でき

---

32) 2013年8月2日第19回会議。

> るという安心感を与える医療体制の方が望ましいことを理解してもらわなければならず、患者の意識改革も重要となる[33]。

> 医療改革は、提供側と利用者側が一体となって実現されるものである。患者のニーズに見合った医療を提供するためには、医療機関に対する資源配分に濃淡をつけざるを得ず、しかし、そこで構築される新しい提供体制は、利用者である患者が大病院、重装備病院への選好を今の形で続けたままでは機能しない。さらにこれまで、ともすれば「いつでも、好きなところで」と極めて広く解釈されることもあったフリーアクセスを、今や疲弊おびただしい医療現場を守るためにも「必要な時に必要な医療にアクセスできる」という意味に理解していく必要がある。そして、この意味でのフリーアクセスを守るためには、ゆるやかなゲートキーパー機能を備えた「かかりつけ医」の普及は必須であり、そのためには、まず医療を利用するすべての国民の協力と、「望ましい医療」に対する国民の意識の変化が必要となる[34]。

　医療の経済特性で論じたように、大病院指向を持っているのは、患者に限らず医療者も、そして病院の経営者においてもそうである。こうした医療が持つ本質的特性を鑑みながら、病院の機能分化と連携は進められなければならない。

　そしてこれはきわめて重要なことであるが、患者の大病院指向に基づいて患者自身が考えている「望ましい医療」は、患者自らの病状に見合った最適な医療であるとは必ずしも言えないことである。そして、今回の国民会議では、患者の病状にふさわしい医療を受けることができる提供体制のあり方を、効率的な医療提供体制とみなすことになる。ここでは、効率という言葉は、費用の削減を意味するのではなく、限られた資源をより有効に使うべきという意味で使われている。

---

[33]　『社会保障制度改革国民会議報告書』35頁。
[34]　『社会保障制度改革国民会議報告書』24頁。

> 高齢化の進展により更に変化する医療ニーズと医療提供体制のミスマッチを解消することができれば、同じ負担の水準であっても、現在の医療とは異なる質の高いサービスを効率的に提供できることになる[35]。

職能集団の責務

『社会保障制度改革国民会議報告書』では、医師会、病院会などへの職能集団の責務が強く問われている。

> 急性期から亜急性期、回復期等まで、患者が状態に見合った病床でその状態にふさわしい医療を受けることができるよう、急性期医療を中心に人的・物的資源を集中投入し、入院期間を減らして早期の家庭復帰・社会復帰を実現するとともに、受け皿となる地域の病床や在宅医療・在宅介護を充実させていく必要がある。この時、機能分化した病床機能にふさわしい設備人員体制を確保することが大切であり、病院のみならず地域の診療所をもネットワークに組み込み、医療資源として有効に活用していくことが必要となる。
> その際、適切な場で適切な医療を提供できる人材が確保できるよう、職能団体には、中心となって、計画的に養成・研修することを考えていく責務がある[36]。

この文章は、次の大島伸一委員の発言に基づいている。

> 5ページの2つ目の段落のところで、「その際、適切な場で適切な医療を提供できる人材が確保できるよう、職能団体が中心となって」というパラグラフがありますが、少し弱いと思いますので、ここを「職能団

---

35) 『社会保障制度改革国民会議報告書』23頁。
36) 『社会保障制度改革国民会議報告書』22頁。

体には、中心となって計画的に養成研修することを考えていく責務がある」と言い切っていただきたいと思います。

　大きく医療が変わるということについてはきちんと説明されていまして、それに伴ってシステムを変更しなければいけないというのは当然文脈としては当たり前ですが、そのシステムを変更しても、そのシステムの中に適正な能力を持った医師が適正に機能しているという状態が同時にないとシステムは機能しなくなります。

　したがって、言葉を変えて言えば、医師が理解をして行動変容を起こして新しい時代に合った医療のあり方にマッチングしていくような形で動いてくれれば、この改革というのは大半が成功したと、ちょっと言い過ぎかも分かりませんが、そういうように考えてもいいのではないかと私は思っています。

　この問題は、実はすごく根深いものがありまして、どの分野でどういうような医療を行うかというのは、個人の問題で考えれば、個人の職業の自由であり、権利であるわけですから、個人の医師を対象にして行動変容を起こすことを依頼してもほとんど不可能な話です。したがって、職能集団が国民に対して医療団体として医療専門職能団体としてどういう責任があるのかということを、こういう大きな転換の時期こそ、その責任を明快に発揮しなければいけないときで、職能団体が一致してこの状態をきちんと把握した上で新しいシステムに適合する能力を持った医師の養成と配置について、積極的に中心となって動いていく。それを行政が全面的にバックアップしていく。こういう体制で進まないと、多分この計画というのは頓挫する可能性があるだろうと思っています。

　ここからは、この答案用紙に書くかどうかまでは考えていませんが、もしそれでもできないようであれば、制度的にある程度強制的にでも医師の適正な分野別の養成と配置というのは、国の責任としてやらざるを得ないと私は考えています[37]。

37）2013年8月2日第19回会議。

大島委員が医療関係者に求める責務については、医療団体のトップが参加して繰り広げられた、次のやりとりも重要である。

> **大島委員** 今、皆さん方のお話を伺っていて、各論の部分に触れ始めると既に法律があって何ともしがたいとか、あるいは意見を出せば厳しい反対意見がたくさん出てきて何ともできない、相当な厳しい意見が出てくるだろう、あるいは1つの団体だけで何かやろうと思ってもいかんともしがたいとか、要するに何か具体的な話になるとそういう御意見が必ずついて、全てと言っているわけではないですが、出てくる。では、今、置かれている状態が一体どういう状況なのかということです。私は最初にも少し触れましたけれども、このままいくと国の社会保障制度そのものが危ないという前提に立って、私はそういう理解をしているものですから、こういう国民会議が開かれたというのはそういうことなのだという理解をしているのです。
> 　そうすると、次に何かどうするかという、ほとんどの方は御提案のように問題の構造をきちんと捉えていますから、それをひっくり返せば解決の提案になるのだろうと思いますが、そこまでは踏み込まない。そこの話になるとむしろ難しい話ばかりが出てきて、ダメだダメだと聞こえてくるのです。これは一体どういうことなのか。結局やる気がないのかと。非常に大雑把な言い方をすると、答えはもうほとんど出ているにもかかわらず結局はできないのだと、いろんな要因が重なってできないのだということを皆さん言いたいのかと邪推までしてしまうのですが、大久保(満男)会長〔日歯会長〕は全然お話しされていませんが、大久保会長の最初のページを見て、一番冒頭に「国家と国民の責務」と書かれているのです。これは私非常に感動いたしました。全体のお話しされたことも、もちろん歯科医療という専門職能団体のお立場から何ができるのかということも触れられていますが、これからの日本の動向とその中における専門職能団体の位置づけというのを本当に短い時間に見事に表現されたのかなと思います。今の御議論を聞いていてどういうふうにお考えなのか、御意見をお伺いしたいと思います。

この日、日本歯科医師会会長として「診療所完結型から地域完結型へ、つまり地域全体で患者さんを支えていく、あるいは要介護者の方々のQOLを維持しようということをやります。それを特に在宅医療、在宅歯科診療で支えたい」と語られていた大久保会長は、大島委員の話を受けて次のように答えられる。

大久保会長　医療連携というのは、言葉は先ほど今村先生〔日医副会長〕がおっしゃっていましたが、カテゴリーは随分昔からありました。私どもが実際に医療連携を進めていこうとするときの大きな垣根は、それぞれ専門家が集まってその専門家が垣根を越えて手を結ぶということの難しさです。私はいつも言うのですが、ベルリンの壁は作るなと。それは相手からこちらに来させない、こちらも向こうに行かないような壁を作ったら、これは医療連携などできっこない。かといって、自分がここの部分は自分の専門職だという竹垣みたいな、つまり、向こうもこちらも見えて、必要だったらこちら側も少し入っていく、向こうもこちらに入って来る、そこだけを結べるような状況を専門職としてまず自分たちのあり方を決めておこうと。そして、その上で、どこでどう手をつなげるかということを模索する、それが私は医療連携の本来であり、同時に、今専門化してしまった医療の中で、それしか１人の患者さんを医療全体で支えていくことは不可能なのだと。

　したがって、正直申し上げて、私どもの歯科は極めて単純化していて、歯科医療しかしないということでありますから、非常にわかりやすい部分を持っているのですけれども、その専門家がそれぞれ専門の垣根を持ちながら、なおかつそれを越えて手を結ぶという状況をどう作っていくのかというのが、先ほど私は「国家と国民の責務」と言いましたが、実はここに書かなかった医療提供者の最大の責務はそこにあると思っています。そのために本当に心を開いて、今でも少しずつ始まっていますけれども、それぞれの専門職の垣根を持ちながら、その垣根をどう越えるかという努力をしないと、大島先生のお言葉を借りれば、社会保障制度はまさに崩壊するし、国民の医療は守れないと思っています。

堺日本病院会会長 大島委員のおっしゃっているのは全くそのとおりなのですけれども、問題は、結局なぜこういう国民会議があるかというのは、現場ではなかなか物事を決めかねているからだと思っています。いろんな意見があるし、いろんな思惑があるので、それは事実なので、それをやめてしまえというのはなかなか難しいと思います。だからこそ我々はここに来て意見を言っているわけですから、しっかりした指導性を誰が出すのかということなのです。それは医療現場が出すのか。もちろん、意見は言いますけれども、全体を鑑みて、例えば急性期医療、在院日数を短くするのだったら、私などは慢性期医療もしっかり整備してくださいよとお願いするわけではないですか。そうすると、しっかりした指導力、リーダーシップを発揮していただくのは、この国民会議だと思うのです。もし、大島先生が医療現場、我々にどうこう決めてくれとおっしゃるのだったら、それはなかなか難しいのは過去数十年の歴史が物語っているので、その辺を御理解いただければと思うのです。

今村日医副会長 大島先生が非常に医療現場に対して御不満があるというのはよくわかりましたけれども、先生も在宅医療連携拠点事業の全国的な展開を今ご覧になって御発言されており、これはメディアを通してですけれども、医師会と国が本気になってやる気になればこんなに進むのだということを改めて認識したとおっしゃっていただいているわけなのです。ですから、先生も私どもとして同じ職業をされているわけで、現場は一生懸命やっている人たちがたくさんいるのです。だけれども、それがなかなかシステムとしてうまく機能しなかったりしているという現状もあります。ですから、是非ともこういう形で頑張れという応援を逆にしていただきたいと思うのです。我々はやれと言われたことについて何も後ろ向きに逃げる気はありませんし、やらなければいけないことはやっていきたいと思っています。先ほど申し上げたような、あるいは先ほど偏在の話もありましたけれども、課題は今、堺先生もおっしゃったようにいろんな課題があるわけです。ですから、我々だけで何かをやろうと言ってできるのだったら、こんな簡単なことはないわけで、私ども医師がそのまますぐ実現できないいろいろなハードルがあるからこそ

みんなで話し合ってやっていこうということで、医科と歯科の連携だって今は物すごく進んでいるのです。ですから、そういう意味で、チーム医療も一歩一歩、そのスピードは先生から見たら遅いと思われるかもしれないけれども、是非とも応援の立場でいろいろやっていただければありがたいと思っています。

大島委員　私も医者を40年以上、現場で30年以上やってきた人間ですから、先生が御指摘されることはもう言われるまでもなくよくわかり切っています。わかり切った上で今の状態というのは相当に危ないということで、それこそ今お話の中で触れられた、やる気もあるし、やるつもりだという言葉をお伺いしたかったのです。ネガティブ要因を挙げたら本当に切りがないと思います。しかし、もうそういう時期ではないと思うのです。ですから、もちろん職能団体は腹をくくって前に進む。国ももちろんそれを全面的に支援するというのか、全体で総力戦のような形でもってやっていくという形をとらない限り、今の問題は多分クリアできないのではないかと私は思っています[38]。

また、医師の配置については、今村日医副会長の次の発言も参考となる。

今村日医副会長　地域における診療所の適正な配置ということについては、従来、適正配置ということで地域の医師会がある一定の距離の中にその診療科は認めないというような時期があったように伺っております。しかしながら、それは民間の一団体がそういった職業選択の自由を制限することはまかりならぬという独禁法にかかるということで、今、自由に開業が許されているということでありまして、私どもも本当にある地域に同じような診療科が、ただターミナルがあるからだとか、人が多いということで集まってくることをよしとは全くしておりません。そのためにどういった解決法があるかということについては、日本医師会も今後提言をしていかなければいけないと思っています。……

---

[38]　2013年3月27日第7回会議。

医療連携について、特に病診連携につきましては、病院が入院医療だけできちんとなりたっていくような診療報酬になっていただかなければいけないと思います。……これは本当に個人的な体験で恐縮ですけれども、うちの近くにある大病院の先生が、自分の患者を全て地域にかかりつけ医を持ってもらうということで逆紹介しました。そのことによって、実はその科の患者さんが減ったかというと、逆にどんどん地域の先生から紹介が来て、非常に医療連携が活発になりました。これは診療所の側から、医師会の側からいくら医療連携を進めろと言っても、病院側の先生たちがそういう意識を持って患者さんに地域のかかりつけ医を持ってほしいということを言わない限り進展しません[39]。

　ここで語られた病診連携については、「個人的な体験」に基づく一事例の話にとどまらず、現在、大病院が地域の診療所の医師に働きかけるという初動があってはじめて病診連携が機能し始めたという事例は他にもある。大病院側から見れば、後述する「かかりつけ医機能（休日や夜間も患者に対応できる体制など）」を果たしていない診療所に患者を紹介しても、すぐに病院に戻ってくるだけだと思うかもしれない。しかし大病院側からの初動を契機に病診連携が機能し始めた地域は、患者に診療所を選択する際の基準――たとえば夜間対応してくれるのかなどなど――を伝え、そうした基準で診療所を大いに選択するべし、できれば診療所の医師に直接聞いてみるべし、どの診療所も応じてくれないならばこの病院に帰ってくればよしとして、病診連携に向けた初めの一手を打っていたりする。その結果、そうした地域での診療所間の健全な競争が促され、診療所サイドの「かかりつけ医機能の整備」が進んだりしているのである。病診連携に向けた初動は大病院側にあるというのは、そういう意味である。

　日本医師会横倉会長は、3月27日は先約と重なり、日を改めて4月19日に出席する。その日の大島委員と横倉会長とのやりとりは次のようなものであった。

---

[39]　2013年3月27日第7回会議。

大島委員 少し御質問させていただきたいと思うのですが、今、国民会議がこのように開催されているということは、会長も指摘されましたように皆保険制度を堅持する。堅持するということは、どうも今は危ないぞという状況に今は直面しているという背景があると理解しています。

その社会背景というのは、説明するまでもなく急速に進んでいる少子高齢化で、50年にわたる皆保険制度の制度疲労が明らかに出てきている。このまま同じ制度を続けていくというのは相当困難であろうと。しかも、高齢者がこれだけ増えてくるということになりますと、医療の中身そのものも見直さなければいけないということがはっきりと見えてきています。これまでいろいろとマイナーチェンジというのか、リフォームというのか制度改正というような形で乗り切ってきたわけですけれども、今回はとてもその程度の手の入れ方では無理だろう、ということは、ある意味でのリセットが必要な状況に来ているのだろうという理解をしているのです。ということになりますと、これは医療界全体がまとまってこの状況に対する現状認識を共有して、もちろん、それぞれ会員の団体ですから医師会は医師会員の利益を守るというのは当然重要ですし、病院団体は病院団体で病院団体の会員の利益を守るというのは当たり前ですけれども、それ以前のレベルのところで大変な問題になっているということで、問題の共有をして、日本の医療全体のかじを切り替えなければいけないというような状況にあるのではないかと思います。このようなときに医師会が一体どういう役割を果たしていただけるのか、その辺についてのお考えを伺いたいと思います。

横倉日本医師会会長 まず初めに、抜本的な医療改革をしていかなければいけないということは多分共通した認識だと思っております。実は、5～6年前、医療崩壊が叫ばれました。立ち直るラストチャンスだという認識を今の時期持っております。そのために医師会が何をできるかということでありますが、私は固く信じたいのでありますが、医師たる者、医師になった時に、ある意味で自分の人生は国民の健康を守るために捧げるという決意で私個人は医師になっている。多くの医師もそうであると思っている[40]。

皆保険を堅持していくために、抜本的な医療改革をしていかなければならない。そのあたりは、国民会議の報告書では、次のように記されることになる。

> 皆保険の維持、われわれ国民がこれまで享受してきた日本の皆保険制度の良さを変えずに守り通すためには、医療そのものが変わらなければならないのである[41]。

ちなみに、2013年8月19日に、日本医師会と四病院団体協議会が共同でとりまとめた「医療提供体制のあり方――日本医師会・四病院団体協議会合同提言――」が、厚労大臣に提出されている。この合同提言には、「かかりつけ医機能」という項目があり、そこには4つの機能が記されている。ここでは、チーム医療、夜間対応に関係するはじめの2つを紹介しておこう。

「かかりつけ医機能」
- かかりつけ医は、日常行う診療においては、患者の生活背景を把握し、適切な診療及び保健指導を行い、自己の専門性を超えて診療や指導を行えない場合には、地域の医師、医療機関等と協力して解決策を提供する。
- かかりつけ医は、自己の診療時間外も患者にとって最善の医療が継続されるよう、地域の医師、医療機関等と必要な情報を共有し、お互いに協力して休日や夜間も患者に対応できる体制を構築する[42]。

なお、社会保障制度改革国民会議の報告書には、「かかりつけ医」という言葉は5回使われている。その初出時は、次のように、「かかりつけ医（診療所の医師）」となっている。

---

40) 2013年4月19日第9回会議。
41) 『社会保障制度改革国民会議報告書』23頁。
42) 『医療提供体制のあり方――日本医師会・四病院団体協議会合同提言』4頁。

> 救急医、専門医、かかりつけ医（診療所の医師）等々それぞれの努力にもかかわらず、結果として提供されている医療の総体が不十分・非効率なものになっているという典型的な合成の誤謬ともいうべき問題が指摘されていたのであり、問題の根は個々のサービス提供者にあるのではない以上、ミクロの議論を積み上げるのでは対応できず、システムの変革そのもの、具体的には「選択と集中」による提供体制の「構造的な改革」が必要となる。要するに、今のシステムのままで当事者が皆で努力し続けても抱える問題を克服することは難しく、提供体制の構造的な改革を行うことによって初めて、努力しただけ皆が報われ幸福になれるシステムを構築することができるのである[43]。

医療職種の業務見直しと医師不足

国民会議の報告書には、医療職種の業務見直しと医師不足の問題を関連づけた次の文章がある。

> 医療職種の職務の見直しは医師不足問題にも資するものがある。医師不足と言われる一方で、この問題は必ずしも医師数の問題だけではなく、医師でなければ担えない業務以外の仕事も医師が担っているために医師不足が深刻化している側面がある。その観点から、医師の業務と看護業務の見直しは、早急に行うべきである[44]。

この文章は、永井委員が会議で何度も強調された発言に基づいている。とくに4月19日の第9回会議では分野別医師数の日米比較など「医師不足」問題の本質を考えさせる興味深い資料も提出されており、必読である。詳細は、当日の国民会議ホームページ[45]にアップされているので、ぜひ参照されたい。

---

43) 『社会保障制度改革国民会議報告書』22頁。
44) 『社会保障制度改革国民会議報告書』31頁。
45) http://www.kantei.go.jp/jp/singi/kokuminkaigi/dai 9 /gijisidai.html

フリーアクセス

　今回の国民会議の特徴は、フリーアクセスの意味を変えるところにもあった。現状の「いつでも、好きなところで」というフリーアクセスの解釈に対する議論は、3月27日第7回会議で次のような形でなされた。

　　権丈委員　フリーアクセスについて質問させてください。この国はフリーアクセスを持っておりまして、これは非常に価値のあるルールだと思います。ただ、価値はあるけれども、メリットもあるけれども、デメリットもやはりあるのです。先ほどの病診連携のところも大きく関わってくるところですけれども、このままフリーアクセスを続けることができるのか、あるいは続けようとすると、外来の数が国際比較をしても圧倒的に多すぎるというようなこととか、患者の大病院志向というのは問題があるのではないかというような問題、弱点があると突かれます。そうした弱点をどんどん突かれていって、大元のフリーアクセスそのものが危なくなってくる可能性が出てくるのです。そういうときにフリーアクセスを皆さんどういうふうに考えられているのか、このまま今の状態で続けるべきと考えられているのか、幾つかの改善点を考えられた上でこの制度を守るべきだと考えられているのか。それとも、もうフリーアクセスというのは無理があるのではないか。

　　堺日本病院会会長　フリーアクセスというのはうまくいけば世界に冠たるシステムであるのです。例えば国会議員の方でもイギリスにいらして足をけがして手術をやってもらえないとかいろいろあったということを伺いますけれども、そういう意味では良いのですけれども、問題は、日本はフリーアクセスしか今まで経験していないですね。ですから、これでやめてしまうのかというと、なかなかすぐそうだと言えないところがあると思うのです。そうすると、ある程度今先生がおっしゃったように段階を経て、それだったらこういう手立てをやってみよう、次にこの手立てをやってみようとやって、それだからこうという結論に行く必要があると思うのです。ですから、例えば先ほど私が申し上げたのは、ゲートキーパーというとおかしいですけれども、最初の入口は診療所の先生、

あるいはかかりつけで良いと思うのです。そこでキャッチボールすればかなり良いと思うのです。

　夜間救急もウォークイン・クリニックのようなことはやめてほしいというのがあるので、そういうところを一挙に解決するのはなかなか難しいので、あるカテゴリーを決めて、今回はこのことをやってみよう、それで評価しよう、次はこうとやっていかないと、いきなり今の状況はよくないからフリーアクセスをやめようという議論にはなかなかなりにくいのではないかと思います。

山崎日本精神病院協会会長　フリーアクセスの話ですが、一般診療を含めてかなりの診療所が9時5時に特化した診療をしているので、24時間のフリーアクセスというのは完全に壊れていると思っています。……

今村副会長　私ばかり申し上げて恐縮なのですけれども、同じ医療界で意見の齟齬が出ると困るのですけれども、今、山崎先生のほうから、診療所は9時5時だという御発言がありましたが、中にはそういう先生もいらっしゃるかもしれませんが、非常に遅い時間までやっている先生もたくさんいらっしゃいます。特に関西方面では夜診といって夜の10時までやっておられるようなのが常識にもなっているわけで、9時5時については一部にそういうところがあるかもしれないという御理解をしておいていただきたいと思います。

　フリーアクセスにつきましては、やはり日本の医療の最大の利点であるとは思いますけれども、それが権丈先生のおっしゃるようにいろいろな問題点が生じているのは間違いないと思います。私は強制的にゲートキーパーでここを通らなければ次にいけないというようながっちりしたものではないと思います。やはり国民にどうやって今の日本の医療を理解していただくか、医療の優れた、実は日本の国民というのは、OECDからこれだけ高評価を受けているということを知りません。自分の健康度は悪いと国民自身が思っているというのは、世界のOECDの先進国の中で日本だけなのです。ずっとこういう状態が続いています。まず国民に日本の医療の状況をよく理解していただくという啓発は我々もしていくし、国にもしていただきたいと思っています。そういう中で、「緩

やかなゲートキーパー」の機能というものをかかりつけ医が持って、必要なときにはきちんと最終的に必要な医療につながるという意味でのフリーアクセスというものがきちんと維持できていければ良いのではないかと思っています。

堺日本病院会会長 病診連携に関連してですけれども、例えば確かに9時5時の先生もいらっしゃると思うのですが、市によって、地域によっては医師会が非常に頑張っているところがあるのです。具体的にいいますと、例えば私の出身である浜松などは医師会の夜間救急室が非常に頑張っていて、4～5年前に小児科不足、医師不足があったときに、小児科医会が集まって夜間診療をやると決めてくれたのです。それを医師会も広報で市民にPRして行った結果、私どもの病院などは夜間の緊急ではない患者さんの受診が随分減ったのです。当院の小児科医師の負担軽減に繋がりました。問題は何が良い、何が悪いではなくて、そういうときにどういうことができるかというシステムとしてつくれば良いと思うのです。例えば浜松ではできたのですけれども、できない地域もあると思うので、それだったらどういうことをやるか。そういうことを一つ一つきっちりやっていかなければならないので、それをやらないで全てだめだという議論にはならないので、今の状態の中でも改善の方策は幾つかあるのではないかという感じがしております。

大久保日本歯科医師会会長 基本的には今村先生と同じ考えなのですが、フリーアクセスは極めて大事な我が国の国民皆保険の土台になっていると思います。ただ、権丈先生が御心配されているのだと思いますが、今のままで本当にフリーアクセスをこのまま守れるのかというと大変難しい点がある。ただ、それが今村先生と同じなのですが、余りにも強制的な方法で規制をかけると、ただし私は規制が全く必要ないとは言っていないので、ドアが自由に開くためには蝶番が壁に留められていなければならないという言葉のように、規制は制度を維持するために最低限必要だと思います。けれども、ドアを自由に開け閉めするためにフリーアクセスを外側から決めるというのもたしかに一つの方法ではありますが、我々医療担当者が例えば診療所の役割、病院の役割、それより地域の中

で、医療界の内部でしっかり議論して、自分たちの役割分担として決めていくという方法を作っていかないと、フリーアクセスをこのまま本当に継続できるのかということについては、危機感はあることはあります。それは我々がそこの努力をすべきだという部分も必要なのだと思っています[46]。

こうした議論から、国民会議における次のような文章が生まれてくる。

> これまで、ともすれば「いつでも、好きなところで」と極めて広く解釈されることもあったフリーアクセスを、今や疲弊おびただしい医療現場を守るためにも「必要な時に必要な医療にアクセスできる」という意味に理解していく必要がある[47]。

フリーアクセスの基本は守りつつ、限りある医療資源を効率的に活用するという医療提供体制改革に即した観点からは、医療機関間の適切な役割分担を図るため、「緩やかなゲートキーパー機能」の導入は必要となる。こうした改革は病院側、開業医側双方からも求められていることであり、大病院の外来は紹介患者を中心とし、一般的な外来受診は「かかりつけ医」に相談することを基本とするシステムの普及、定着は必須であろう。そのため、紹介状のない患者の一定病床数以上の病院の外来受診について、初再診料が選定療養費の対象となっているが、一定の定額自己負担を求めるような仕組みを検討すべきである。このことは、大病院の勤務医の負担軽減にもつながる。もちろん、上記のような受診行動が普及するには、医師が今よりも相当に身近な存在となる地域包括ケアシステムへの取組も必要であり、医療の提供を受ける患者の側に、大病院にすぐに行かなくとも、気軽に相談できるという安心感を与える医療体制の方が望ましいことを理解してもらわなければならず、患者の意識

---

46) 2013年3月27日第7回会議。
47) 『社会保障制度改革国民会議報告書』24頁。

改革も重要となる[48]。

　先進国でのフリーアクセスと医療の自己負担率との関係を見ると、フリーアクセスの度合いが低ければ低いほど自己負担率も低いというパターンがある。つまり自己負担率が低い国は、アクセスもしにくい。逆に言えば、アクセスが不便だから自己負担率を低くしておいても大丈夫ということである。そして、日本のように、フリーアクセスの度合いが高いと、価格による利用量の制御をねらって自己負担を高くしろという声は、当然に出てくる。
　こうした声に対しては、フリーアクセスの度合いを狭めて、自己負担を高めない方向をとるという形で答えることもできる。フリーアクセスをこのままにしておくと、自己負担を高めていく方向に圧力がかかり続ける。国際的にはすでに十分に高くなってしまった自己負担を高めないままでバランスをとるためには、緩やかなゲートキーパー機能などを導入して、フリーアクセスそのものを守っていかざるをえない。

国民健康保険の都道府県化と被用者保険のあり方

> 効率的な医療提供体制への改革を実効あらしめる観点からは、国民健康保険に係る財政運営の責任を担う主体（保険者）を都道府県とし、更に地域における医療提供体制に係る責任の主体と国民健康保険の給付責任の主体を都道府県が一体的に担うことを射程に入れて実務的検討を進め、都道府県が地域医療の提供水準と標準的な保険料等の住民負担の在り方を総合的に検討することを可能とする体制を実現すべきである[49]。

　このあたりについては、保健事業で創意工夫を働かせ、他地域と比較して住民の健康面で際だった成果をあげている長野県川上村の藤原忠彦村長（全

---

48) 『社会保障制度改革国民会議報告書』35-36頁。
49) 『社会保障制度改革国民会議報告書』27頁。

国町村会会長）の発言が参考になる。

藤原忠彦川上村村長　こうした様々な取組を行った結果として、現在の村の姿を一部御紹介したいと思います。まず、要介護・要支援の認定を受けていない人の割合、村独自の指標で健康老人率というものをつくっております。これが85％。65歳から74歳に限れば97％に上がっております。在宅看取り率は年によって変動がありますが、平均して3割から5割となっております。全国平均を大きく上回っております。また、自宅以外で亡くなられた方でも、そのうち6割は何らかの在宅サービスを受けております。健康高齢化率というのは、支援を受けないということです。非認定という考え方で、独自の村の指標として持っております。その結果、一人当たりの医療費については長野県が全国でも一番低い方でありますが、その中で毎年、川上村は低水準、最低水準であります。医療費の削減はあくまでも結果であるということでありますが、数年間低い医療費で抑えられております。
……
　一本化というのは最終目標であるかと思います。国が制度運営に責任を持って、国と地方で役割分担をしっかり明確にして運営していくということかと思います。……国保の場合は都道府県単位化した方がいいというのが、市町村の考え方であります。これは都道府県が行っている健康増進事業や医療の効率的な提供等があるわけでありまして、そういうものとうまく組み合わせて、都道府県が保険者となってやることが一番適当ではないか。また、市町村は資格管理等の実務は現場でやらなければいけないということでありますので、そこもしっかりした役割分担を図ってやる。
……
　私も財政運営は都道府県、資格管理等の実務は市町村というのを、しっかり位置付けしてやっていただいた方が国保の財政の安定にもつながると思います[50]。

また、次の流れもある。

> 増田委員　都道府県がこうした赤字の問題が解決されるのであれば国保の保険者になる覚悟があると、国民健康保険の保険者のあり方についても検討すべきというのは、そういう意味に読み取れるのですけれども、この点についてそういう理解でよろしいかどうか、これは全国知事会の福田知事にお尋ねしたいと思います。
> 福田栃木県知事　積極的に責任を担う覚悟があると、何度も知事会としては申し上げているところでございます。ただ、先ほど市長会、町村会からもお話がありましたように、構造的な問題を国保は抱えている、そして持続可能な制度に脱皮をしていかなければならないという課題があります[51]。

　こうした一連のやりとり、すなわち、これまで国保の運営を担っていた市町村と、これまで保険者であることに対して消極的であった都道府県の共同声明としての国保の都道府県化を受けて、次の文章は生まれてくることになる。

> こうした国民健康保険の保険者の都道府県移行は積年の課題であったが、時恰も、長年保険者となることについてはリスク等もあり問題があるという姿勢をとり続けてきた知事会が、国民健康保険について、「国保の構造的な問題を抜本的に解決し、将来にわたり持続可能な制度を構築することとした上で、国保の保険者の在り方について議論すべき」との見解を市長会・町村会と共同で表明し、さらに、知事会単独で、「構造的な問題が解決され持続可能な制度が構築されるならば、市町村とともに積極的に責任を担う覚悟」との見解を表明している[52]。

---

50)　2013年2月28日第5回会議。
51)　2013年2月28日第5回会議。

52)『社会保障制度改革国民会議報告書』27頁。なお、国民会議におけるこのあたりの様子は、「社会保障国民会議が「岩盤」に穴」『FACTA』(June, 2013) がよくとらえている。

　　これまで医療改革が思うように進まなかった一因として、都道府県が医療保険の担い手になることを拒み続けてきたことがあった。……この数年間に、事態は大きく動き出している。……背景には医師不足など地域医療の深刻化を座視できなくなっていることや、道州制導入論が次第に力を増す中で、都道府県の存在意義が問われていることが上げられる。……対立から協働へ──。地方3団体は社会保障改革の提言で足並みをそろえた。その象徴が、第5回会合（2月28日）で全国知事会、全国市長会、全国町村会の3団体が連盟で出した「社会保障制度改革について」と題したペーパーだった。……そして社会保障に精通する国民会議の委員は、この動きを見逃さなかった。
　　国民会議の第9回会合（4月19日）では、前回までの地方団体や経済団体などへのヒアリングを踏まえて、委員による討議が3時間にわたって続けられた。ここで知事経験者の増田寛也委員や財政学の重鎮である神野直彦委員（東京大学名誉教授）から、地方3団体の決断を評価する意見が相次いだ。いわく、「常に対立してきた3団体が共通のペーパーで国保の新しい保険者を検討すると言っている。この機会を逃すとまたの機会はない」（増田委員）。「（高齢者医療への保険者間の分担額を見直す）総報酬割を導入して、国保財政を土台から立て直すのが筋。今こそ一挙に改革をやっておくべきだ」（神野委員）。
　　国保の都道府県化と「車の両輪」の働きをなすのが、医療提供体制の改革だ。このテーマでは、第9回会合で権丈委員が提出したペーパーが注目を集めた。題して、「国民の医療介護ニーズに適合した提供体制改革への道筋──医療は競争よりも協調を」。消費税増税で生まれた医療・介護制度改革に用いることのできる財源を「千載一遇のチャンス」ととらえる権丈委員は、「医療・介護需要がピークを迎えるまでの地域医療・包括ケアビジョンを、2次医療圏単位で作るべき」と提唱した。ここでもキーパーソンを務めるべきとされているのが、入院医療の基本となる2次医療圏を域内に複数持つ都道府県であり、市町村や医療・介護関係者、住民とともに改革の青写真を描いていくことが想定されている。……都道府県が医療改革でリーダーシップを発揮するためには、国や学識経験者の助けが必要なる。そこで権丈委員は診療情報の解析などで専門能力を持つ学者や国の職員からなる「地域医療・包括ケアデータ解析専門チーム」の編成と自治体への支援を提案。適正な形での病院、診療所間の連携や医師や看護師、介護職員の確保など、地域医療・介護の「あるべき姿」を描いていく必要性について述べている。そして医療機能の分化・連携の財源として、消費税を用いた「地域医療・包括ケア創生基金」の創設を提唱した。

こうした国保の都道府県化については、『ランセット』誌による提言が紹介された次の発言を見ておこう。

> **神野委員** 国民健康保険の保険者、市町村から道府県に移していく。これは保険料格差の問題とか医療サービス体制の整備の責任者を一致させるとか様々な根拠はありますけれども、保険者を移していくということについてどう考えるか。……
>
> **横倉日本医師会会長** まず、国保の保険者を市町村から拡大するかどうか。私は地元の、当時町でございましたが、人口1万5,000～6,000の町の国民健康保険運営委員をしておりまして、約十数年間させていただきました。小さな市町村では非常に大変な思いで運営をしているということはよく承知しております。実はこれを解消するためにどういう道があるか。やはり広域化しかないだろうということで、都道府県に拡大するということは非常に重要なことだと思います。
>
> ……
>
> 　もう一つは、御案内と思いますが、『ランセット』というイギリスの医学誌がございます。一昨年、日本の皆保険50周年を記念して日本特集を出しました。その中の提言の中に、負担と給付のバランスを日本の皆保険でとるためには、都道府県単位にするのが1つ、もう1つは、医療給付のことを考えるともう少し広域化したほうがいいのではないかというような提案もその中でされているということがございます。そういうことで、まず市町村だけでやるということはかなり無理が来ているというのは事実だという理解であります[53]。

ちなみに、この日の横倉会長の医療保険制度に関する発言は、今後、視野に入れて考えていかなければならないであろう。少なくとも、起草委員会では議論された。

---

53) 2013年4月19日第9回会議。

神野委員 先ほど総報酬割の導入についてということはお触れになったのですが、その浮いた財源の使い道、投入先でございますが、いわば現在の国民健康保険、というよりも国民皆保険のラストリゾートに国保がなっておりますので、ここの財政の立て直しに投入すべきではないかという意見と、いろいろ割れておりますが、ここについて医師会はどういう御見解なのか。……

横倉日医会長 総報酬割をした場合、財源に余裕ができたときにどう使うかということでございますが、当然医療費の財源というものが非常に厳しい中での話であるということであれば、先生のおっしゃったように国保が最後のラストリゾートということであるならば、全体、保険制度にかかわらず当然そういうものを投与していくということが必要かと思っております。

　日本医師会の昔々からでありますが、保険の一元化ということを武見太郎先生の時代からの主張でございますが、そういうことをずっと唱え続けてきたということでございます。そういうことが将来的には必要かなと思っているところであります。

神野委員 一元化というのは、今、職域別などに分立しているものをまとめるという意味での一元化と理解してよろしいですね。

横倉会長 はい。ですから、雇用者保険は雇用者保険、まず第1段階、第2段階、第3段階とあるかと思いますが、徐々にそういうことを目標に、国民全てを支えるというような制度にしていただければということであります[54]。

　会社で働く被用者の保険、雇用者保険の一元化は、今の都道府県単位の協会けんぽへの一元化ならば、技術的に可能である。そうした被用者保険一元化で犠牲になることがあるとすれば、健保組合が自らの存在意義を言う際の保険者機能と呼ばれるものになるであろう。しかしながら、はたして企業単位の医療保険において、そうした保険者機能はどれほど働いているのか。次

---

54) 2013年4月19日第9回会議。

の資料に見るように健保組合間の保険料率の格差が3倍程度存在することを肯定しうるほどに、各保険者の保険者機能は働いているのだろうか。有権者の1票の格差については、1であることが理想であるとはなかなか考えにくいが、格差が、ある一定の水準を超えると問題視されるようになる。医療保険料のあり方も似たような問題を抱えており、はたして、日本の被用者のあいだの医療保険料の格差については、許容される範囲に収まっているのか、多くの人が、各保険者の保険者としての努力によって保険料に現状の格差が生まれていると、本当に納得しているのか。問われているのは、そういう問題である（図表33-12・13）。

そして、報告書では、

> 健保組合の中でも3倍程度の保険料率の格差がある。この支援金負担について、平成27年度からは被用者保険者間の負担の按分方法を全面的に総報酬割とし、被用者保険者間、すなわち協会けんぽと健保組

図表33-12　健康保険組合間の保険料格差

(%)

保険料率下位 10組合の料率	保険料率上位 10組合の料率
3.12	9.62
3.12	9.62
3.20	9.593
4.20	9.589
4.35	9.573
4.40	9.564
4.40	9.562
4.40	9.54
4.50	9.538
4.50	9.536

出所：2013年4月19日第9回会議　筆者配付資料。

図表33-13　日・独・仏における被用者保険（医療）の保険料率および労使負担割合

日本 (2009)	8.2%[注1] 労使折半
フランス (2008)	13.85%[注2] 被用者：0.75%、事業主：13.10% 別途、年金・医療・介護・家族手当を目的とした「一般社会拠出金」として、労働所得に7.50%賦課（うち医療分：5.29%）
ドイツ (2009)	14.6%[注3] 労使折半

注1：全国健康保険協会管掌健康保険の保険料率。
　2：民間商工業の被用者、公務員、年金受給者を対象とした一般制度における保険料率。
　3：公的医療保険における保険料率。
出所：図表33-12と同じ。

合、さらには共済組合の保険料負担の平準化を目指すべきである。この負担に関する公平化措置により、総数約1400の健保組合の4割弱の健保組合の負担が軽減され、健保組合の中での保険料率格差も相当に縮小することにもなる。
……
　日本の被用者保険の保険料率は、医療保障を社会保険方式で運営しているフランスやドイツ等よりも低いことや、前述のとおり健保組合間で保険料率に大きな格差があること、その他被用者保険の状況等を踏まえ、被用者保険における共同事業の拡大に取り組むことも検討が必要である[55]。

提供体制の再編とホールディング、そしてまちづくり

　『社会保障制度改革国民会議報告書』の1つの特徴は、医療介護の提供体制の再編を説いていることにある。

(3) 医療法人制度・社会福祉法人制度の見直し
　医療法人等の間の競合を避け、地域における医療・介護サービスのネットワーク化を図るためには、当事者間の競争よりも協調が必要であり、その際、医療法人等が容易に再編・統合できるよう制度の見直しを行うことが重要である。
　このため、医療法人制度・社会福祉法人制度について、非営利性や公共性の堅持を前提としつつ、機能の分化・連携の推進に資するよう、たとえばホールディングカンパニーの枠組みのような法人間の合併や権利の移転等をすみやかに行うことができる道を開くための制度改正を検討する必要がある。
　複数の医療法人がグループ化すれば、病床や診療科の設定、医療機器の設置、人事、医療事務、仕入れ等を統合して行うことができ、医

---

[55] 『社会保障制度改革国民会議報告書』34-35頁。

> 療資源の適正な配置・効率的な活用を期待することができる。
>
> 　あわせて、介護事業者も含めたネットワーク化や高齢化に伴いコンパクトシティ化が進められているまちづくりに貢献していくことも見据えて、医療法人や社会福祉法人が非営利性を担保しつつ都市再開発に参加できるようにする制度や、ヘルスケアをベースとしたコンパクトシティ作りに要する資金調達の手段を、今後慎重に設計されるべきヘルスケアリート等を通じて促進する制度など、総合的な規制の見直しが幅広い観点から必要である[56]。

　こうした文章は、次のような議論から生まれてきた。

　増田委員　これ以上、余り詳しくは申し上げませんけれども、後の資料で例えば23ページに柏市の例なども書いてございますが、都市づくりで例えばコンパクトシティをやっていく上でも、まだ手段というか道具立てが不足でありまして、18ページに3点ばかり大きな柱を書いておりますが、例えば医療法人制度の経営統合を促進するような形にして、もっと運営を人的にも資金的にもきちんと行われるような体制づくりをする。そうした医療法人が大きな都市開発に主体的に参画できるような制度を考え出していく。そして、今、REITの市場が非常に活発化しておりますが、要は都市づくりに非常に大きくお金がかかるわけですが、資金調達手段を考えなければいけませんので、アメリカのようにヘルスケアについてもヘルスケアリートなど普及する手法を考えていく必要があると思います。こうしたことを考え、手段を実現していくことによって2040年とか2050年に非常にボリュームの増える医療・介護体制をきちんと地域として受けとめることができていくのではないかと思います[57]。

　宮武委員　増田委員から地域の複数の病院がホールディングカンパニー

---

56) 『社会保障制度改革国民会議報告書』28頁。
57) 2013年4月19日第9回会議。

を作っていくという提案がございました。それによって、病床数であるとか診療科目ということを整理できますし、また医療機器や検査機器の適正配置や薬品の一括購入という大変効率的な面も出て参りますので、いわばそういう新しい制度をここで打ち出していくということを是非重視してほしいと思います。こういうホールディングカンパニー的な発想・考え方は、介護保険の分野でも弱小の社会福祉法人の連携に関して活用できるのではないかなと思っています[58]。

増田委員 これから新しいまちづくりに医療分野からどんどん積極的に入っていってそこを主導するような政策も必要だろうと思いますし、端的にそういうことをしていく上では、今の医療法人制度をもっと、これは社会福祉法人もそうですが、経営統合して、私のプレゼンの資料ではホールディングカンパニー型の新しい法人類型というのをつくって、それをテコにそういった望ましいまちづくりを実現していったらいいのではないかとか、あるいは当然医療法人ですから非営利性は担保されなければいけないのですが、そこが積極的に都市再開発に参加していって、主導的に都市再開発をリードするようなこと、そういう方策も打ち出していっていいのではないか[59]。

なお、提供体制の再編を言う国民会議の報告書には次があった。

> （３）医療法人制度・社会福祉法人制度の見直し
>   医療法人等の間の競合を避け、地域における医療・介護サービスのネットワーク化を図るためには、当事者間の競争よりも協調が必要であり、その際、医療法人等が容易に再編・統合できるよう制度の見直しを行うことが重要である[60]。

---

58) 2013年4月22日第10回会議。
59) 2013年6月10日第14回会議。
60) 『社会保障制度改革国民会議報告書』28頁。

ここで、「競争よりも協調」とあるのは、現在の医療提供体制の状況を説明するために私が2013年4月19日に提出した資料「国民のニーズにマッチした医療介護体制の整備——競争よりも協調を」のなかの次の文章に基づいている。

なぜ、競争ではなく協調なのか
- 個々の経営体が競争する状況下では、機能の分化はおろか、仮に機能分化ができたとしても連携は不可能——診療報酬により利益誘導できる話ではない。
- 量的拡張を目指す時代には、競争は有効だった。
- しかし、量的には整備された段階でも、今までのような競争を続けていけば、囚人のジレンマ状況に陥って、みんなが辛い状態の均衡に陥る——いや、陥っている。医療提供者のみならず、患者も。

囚人のジレンマに陥っている日本の医療
- 現状は、囚人のジレンマ状態
  ——全員で協調すれば皆にとってよい結果になることがわかっているにも関わらず、皆が自身の利益を優先している状況下では互いに裏切りあって逆に損をしてしまうというジレンマをさす。
- 現状は、ゲームのルールに問題あり
  ——ゲームのルールに問題があるため、医療提供者側からルール改革を医療界の外の枠組みで、たとえばこの国民会議主導で行ってもらいたいという要請が出ている状況（四病協の報告参照）[61]。

QOLとQOD
　最後に、

> 医療の在り方については、医療提供者の側だけでなく、医療を受ける

---

61) 2013年4月19日第9回会議、筆者配付資料。

> 国民の側がどう考え、何を求めるかが大きな要素となっている。超高齢社会に見合った「地域全体で、治し・支える医療」の射程には、そのときが来たらより納得し満足のできる最期を迎えることのできるように支援すること——すなわち、死すべき運命にある人間の尊厳ある死を視野に入れた「QOD（クォリティ・オブ・デス）を高める医療」——も入ってこよう。「病院完結型」の医療から「地域完結型」の医療へと転換する中で、人生の最終段階における医療の在り方について、国民的な合意を形成していくことが重要であり、そのためにも、高齢者が病院外で診療や介護を受けることができる体制を整備していく必要がある[62]。

報告書におけるこのあたりの記述は、大島委員の発言によるものである。

　大島委員　高齢者に対する医療というのは何かというと、いわゆるQOLの維持・改善を目指すものです。生活の質をいかに改善させるか。そして、もう一つ踏み込んで言えばQODです。Dというのはデスです。死に向かうときの満足度をいかに高めるか。こういう医療が求められてくるのです。徹底的に治す医療からそういう方向に変わってくる医療になっていくということであれば、医療を提供する体制そのものも根本から変えていかないともたないということになるのは、理屈では誰もが分かるのです。ところが、現実は20世紀型のあり方をずっと踏襲してきて、その延長上にあるものですから、国の政策としては地域包括ケアとか、あるいは病院から地域へという非常に大きな政策展開をしようとしているにも関わらず、現場がそれにキャッチアップできていないという状況になっている[63]。

大島委員は、後日、私との対談のなかで、この発言を国民会議でした時の

---

62)　『社会保障制度改革国民会議報告書』32頁。
63)　2013年6月10日第14回会議。

ことを回顧して、次のように語っている。

　大島　死の問題に関しては、治すことを最大の使命としてきた医療の在り方の中で、死をどういう位置付けにしたらよいのか、医療界に戸惑いがありました。私は1970年に医師になりました。患者さんがどのように終末期に至るかが医師には見えるのですが、当時は、「もうこれで寿命が尽きる」ということを絶対に言ってはならないと徹底的に指導されました。最後の最後まで治療に取り組むことが次の新しい技術の開発につながるという教え方をされてきたのです。呼吸も心臓も止まるという状況になるまで心臓マッサージを行うのですが、だんだんむなしさを覚えるようになってきます。患者さんに対する医療の在り方に対する意識の高い看護師から、「先生、そんなことをやっていて意味があるのですか」、「それは本当に患者さんやご家族にとって良いことですか」と正面切って言われるとドキッとしましたが、「そういうやり方なのだ」ということでずっと続けてきました。医療界にはそうした一つの流れがあって、正面切って反論することはとても勇気がいることです。現在、約80％の人が病院で亡くなっており、2011年には約125万人である死亡者数が2040年には約167万人が亡くなると予測されています。どこでどのように死を迎えるかは個人的な問題を超えて社会的な問題となっています。医療界周辺から死の問題をどう扱うのかということが言われ出し、緩和医療や終末期医療という問題が一つの重要な位置付けになるということが少しずつ出てきました。公的な文書の中に"QOD"という言葉が出たのは初めてだと思いますが、これは画期的なことで避けて通ることができない流れだと考えます。

　権丈　人間がモータルな運命にある以上、医療を"QOLの維持・向上"と定義し、超高齢社会に見合った「地域全体で、治し・支える医療」をめざすとすると、その射程には死すべき運命にある人間の尊厳ある死を視野に入れた"QOD"も当然入ってくることになります。〔社会保障制度改革国民会議で〕大島先生がQODの話をされたとき、私は病理学者で、東大総長や日本病院会会長もなされていた森亘先生の「美しい死」とい

う文章を思い出していました。……[64]

　ここに私が言う「美しい死」とは、2013年の3月に刊行された森亘先生（元東大総長、元日本医学会会長）のご遺稿『医とまごころの道標』（2013）にある文章である。森先生のこの文章は、1997年11月の日本医師会創立50周年記念大会における特別講演のものである。

　「美しい死」という、何か思いつきのような、勝手な演題を付けさせて頂きました。こうしたお祝いの会にはいささかそぐわないものであろうかと怖れますが、私ども医師にとっては、患者に対し、「いかに健康な生活を図るか」ということと共に、他方、人生の終演として「いかなる死を看とるか」ということも極めて大切なことであり、ことに最近のように医学・医療が格段に発達した状況の下では大いに心すべきことである、という私の認識に免じて、お許し頂きたいと存じます。

　この講演をなされる数か月ほど前の1997年4月、前医学会会長の太田邦夫先生が亡くなられて、その晩に病理解剖が行われ、森先生は立ち会われる。その時、太田先生の高弟の1人から、「解剖を拝見しての感想はいかがですか？」と問われた森先生は、「美しい死であったと感じました」と答えられる。

　思わず口をついて出た言葉が「美しい死であったと感じました」というものでありました。これは、何の考えもなく、思ったまま、というよりはむしろ意識にも上る以前の、感じたままの気持ちがそのまま、ついうっかり、口から出てしまったようなものでございました。
　……
　では私はいったい、なぜ美しいと表現したのか。何をもって美しさを測る物差しとしたのでしょうか。自問自答せざるを得ない結果となったの

---

[64]　『アムニス』2014年78号（対談は2013年11月22日）。本書第31講では、上述の箇所は重複を避けるために省略している。

です。

病理学が専門であった森先生は、自らの長年の経験をたどり、

　その後さらに年を取り、さらなる経験を重ねてまいりますと、やがていつの間にか、いわゆる病気の終末像としての病理解剖学的所見・診断のほかに、生前その患者に与えられた医療内容にも思いをはせるようになりました。人間の死後の内臓には、病変と共に生前受けたいろいろな治療の痕跡が残されております。また、それらの総決算として、その患者がどのような死を迎えたかもある程度分かります。必要にして十分、要するに適度な治療が施された遺体には、それらを見事に反映している実像・所見、といったものがあることに気づくようになりました。そして、このように適度な医療が施された後の遺体には、その内臓にはそれなりの美しさが感じられることに気づいた次第であります。

続けて、

　すなわち必要にして十分な治療の結果は、その疾患の結末として起こるべくして起こった変化の集まりであり、余り大きな修飾は感じられないように思われます。別の言葉を用いるならば、節度ある医療の結果とも申せましょう。

さらに、

　医学・医療では取り扱う対象が人間の身体である以上、そこにいう美しさとは、合理性一点張りの結果であろうはずがありません。暖かい「こころ」に裏打ちされた合理性こそが、ここでいう節度に相当するものと考えます。

森先生は、「私自身の独断と偏見かと存じますが」と断りながらも、

私は実は、節度ある医療とは同時に品位ある医療であると考えております。そしてこれは、単に狭い意味での医学・医療の面から見て適切であるばかりでなく、患者の人間としての尊厳が守られることにも通じるものであります。品位ある医療とは、先ほども申し上げましたように、暖かい「こころ」に裏打ちされた合理性を基礎とするものと考えておりますが、これは決してガイドラインなどによって導き得るものではありません。1人の医師と、1人の患者が、その時々の個々の症例について考える問題であり、また一方、決して、医学的知識・医療技術だけでは解答が得られない問題です。すなわち、個々の医師自身にもそれらに対処できるだけの医学的力量と共に人間的教養、ならびに品位が求められると申してよかろうかと存じます。
　このような意味での「節度ある医療」の結果は、一面、「自然の死」に近い形の死を意味しているとも考えられます。

　私は、報告書のなかに、はじめ、モータルな運命にある人間という言葉を書いていたのだが、モータルはさすがに分かりづらいという話があり、「死すべき運命にある人間の尊厳のある死」という表現を用いた。このあたりについて、森先生は、

　　人間というものが、しょせん、いつかは死を迎えなくてはならない運命にあることを考えれば、そうしてそうした死が多くの場合、医療の最終段階として訪れるものであることに思いを致すならば、医療というものは、他方、人間の、人間らしい自然の死を助けるためのものでもあるかと思われます。自分の身体の中に秘められている自然の力による治癒を側面から助けると共に、その人生の最終段階においては自らに運命づけられた自然の死を助けるのもまた、医療の持つ役目でありましょう。

そして、森先生は、医師に求められる資質として、

　　先ほどから繰り返し申し上げている「必要にして十分な医療」「節度あ

る医療」あるいは「品位ある医療」、こうした事柄についての的確な判断は、「知識、」「教養」、「品位」の三者を併せ持っている医師によってのみ初めて下しうるものであり、逆から申すならば、今日の医師にはこうした高度の資質が求められております。また一方、そもそも医師という道を選んだ以上は、その人生において、自らをある程度犠牲にしてでも、健康維持の面で広く人々に奉仕せねばならない使命と運命を背負ってしまったことを自覚せねばなりません。

ここで、森先生は「では、それらに対する報酬は何か？」と続ける。

それらに対する報酬は何か？と問われる方があるかもしれません。率直に申して、それに見合うだけの物質的な報酬は必ずしも期待できません。得られるものがあるとすれば、それは一方では自らの誇りであり、他方、社会の中での尊敬でありましょう。誇りや尊敬というものの有する価値は、今日の日本では著しく下がってしまったような印象を持っておりますが、それでも私はなお、知的社会においては何にもまして価値あるものと心得ております。

このようにして、個々の医師が持つべき「品位」ならびにその医師たちが社会において占める位置、社会からの期待などを総合したものが、恐らく「良識」でありましょう。すなわち、医師自身の判断による「品位ある医療」とは、他面、社会の中における「良識ある医療」とも呼ぶことができると存じます。これこそまさに社会から求められる医師であり、医療でありましょう。

続いて、森先生は次のように話を進められる。

ご存知のように、現在、医師、あるいはその集団である医療機関には大きな裁量権が認められております。こうした裁量権は、それが良識をもって行使されるならば末永く医師、あるいは医療機関のものであり続けるでありましょう。しかし、もしそれらが良識を欠く行使の下に置か

れるならば、やがてそうした裁量権はだれかに取り上げられてしまうことが明白であります。こうして「良識ある医療」は、将来のわれわれ自身を守っていくためにもまた、絶対に必要な事例であると考えております。

　この森先生の言葉が、本稿[65]の副題を「医療専門職集団に求められているもの」とした理由である。そしてこの国で、「医療者の自己改革」を長く言われてきた、日本福祉大学学長であり、当医療政策会議の委員でもある二木立先生の言葉を借りれば、

　「社会的には（相対的に）まだ強い立場にある医師・医師会は、主観的には『譲りすぎ』と思うほど譲って自己改革を進めないと、国民やジャーナリズムの信頼は得られないと思っています。古い諺を使えば、『韓信の股くぐり』です」[66]。（大望を抱く者はよく忍耐するの意）。

　もっとも、「医療者の自己改革」を言い続けてきた二木先生や、その考えに同意する私が日本医師会の医療政策会議のメンバーであることは、今日の医師会の姿が、多くの人がかつての医師会を基にして抱くイメージとは異なることを意味しているのかもしれない。

---

[65]　本稿の原題は、「医療・介護の一体改革、2025年をめざして――医療専門職集団に求められているもの」である（日本医師会『平成24年・25年度医療政策会議報告書』所収）。

[66]　二木立（2007）38頁。

あとがき

　2014年7月2日の年金シンポジウム「平成26年財政検証について」（Ⅶ巻第4講参照）の会場で、私が日頃考えていることの、うん分の一くらいしか話していなかった様子を見ていた妻、英子が、後で「年金の本を書くのは気が進まないだろうけど、まとめてみたら」と。

　1980年代の学部生の頃から年金研究の世界を眺めていた私は、年金論の混乱ってほとんどが政治家や研究者による人災で、自分が同じような年金研究者と思われるのも嫌だったので、これまで出した年金の本も、『年金改革と積極的社会保障政策』とか『医療年金問題の考え方』というように、年金だけの研究者でないことを何かと示そうとしてきた経緯がある。ちなみに、慶應でゼミを始めて17年、いまだに年金で卒論を書いた学生は1人もいない——いつも「年金は卒論に向かないから止めときな。あれは考える訓練にはならない」と言い続けてきたからである。そうしたことを知る妻の「年金の本を書くのは気が進まないだろうけど」という言葉だったわけである。

　たしかになぁっと思い、でも、やっぱり、年金の本だけを出して、一緒にされるのは困ると思って、医療介護と財政の本も出して、そっちに優先順位を置こうと考えて『医療介護の一体改革と財政』、『年金、民主主義、経済学』の作業に取りかかったのが昨年、2014年の夏のことであった。ところが、「忘れっぽいという民主主義の欠点」を補う「歴史の記録」をも意識してできあがったものは、はたしてこれは本という形に成りうるものなのか？という代物。

　自費出版も考えていろいろと調べてみたりもしたなか、勇気を出して、これまで再分配政策の政治経済学シリーズでお世話になった慶應義塾大学出版会の木内鉄也さんに相談したのが、2014年の10月頃であった。本書「はじめ

に」を書いたのはその頃である。その後、社会保障教育の世界でいろいろとおもしろいことがあって、2015年の年が明けて新しく加筆していったりと、出版会には大変なご協力をいただいた。おかげでこの度、再分配政策の政治経済学シリーズのⅥ巻、Ⅶ巻として同日に出版することができる運びとなった。

思えば、2002年の春から夏にかけて、大学の紀要に「年金改革論議の政治経済学」と「積極的社会保障政策と日本の歴史の転換」を書いていた時――この頃の話はⅦ巻第Ⅰ講参照――の紀要の担当者が木内さんであった。校正作業の過程で私の文章を読んでいた彼から「本にしましょう」との提案があり、「再分配政策の政治経済学Ⅱ」として出した本が、再分配政策の政治経済学のシリーズ化の始まりであった。

今回、Ⅵ巻、Ⅶ巻という、2冊合わせて900頁超の本ができたわけだが、やはり、自分の本は、ないよりはあったほうがよいみたいであるし、便利でもある。医療介護と年金の本、2冊同日出版という、この遊び半分の企画の構想と実現では、妻と木内さんに、どうもありがとうと言いたい。そしてもちろん、この10年間に知り合い、一緒に仕事をしてきた人たち、そしてさまざまなかたちで応援してくれた人たちに、心より感謝している。何よりもみんなは、世の中がまんざら捨てたものではないことを私に教えてくれた。

2015年5月3日

権丈 善一

主要参考文献

Fuchs, V. R. (2000), "The Future of Health Economics," *Journal of Health* 19(2), pp. 1-24.（V・R・フュックス氏による国際医療経済学会第2回世界大会（1999年6月30日於ロッテルダム）の基調講演「医療経済学の将来」〔二木立訳（2000）『医療経済学研究』(Vol.8, pp. 91-105)〕）

Lee, M. L. (1971), "A Conspicuous Production Theory of Hospital Behavior," *Southern Economic Journal* 38, pp. 48-58.

Ranade, W. ed (1998), *Markets and Health Care: A Comparative Analysis*, London: Longman.

Sintonen, H. and Linnosmaa, I. (2000), "Economics of dental services," in A. J. Culyer and J. P. Newhouse eds., *Handbook of health economics* 1(B), Chapter 24, Amsterdam, Elsevier.

Weinstein, M. C. and Stason, W. B. (1977), "Foundations of Cost-effectiveness Analysis for Health and Medical Practices," *The New England Journal of Medicine*, 296, pp. 716-721.

宇沢弘文（2000）『社会的共通資本』岩波書店ご晶屓

大久保満男・大島伸一編（2012）『歯科医師会からの提言 食べる——生きる力を支える1 生活の医療（第2版）』中央公論新社

小野善康（1996）『金融』岩波書店

クライン、ナオミ著／幾島幸子・村上由見子訳（2011）『ショック・ドクトリン——惨事便乗型資本主義の正体を暴く（上・下）』岩波書店

クルーグマン、ポール著／伊藤隆敏監訳／北村行伸・妹尾美起訳（1995）『経済政策を売り歩く人々——エコノミストのセンスとナンセンス』日本経済新聞社

クルーグマン、ポール／ウェルス、ロビン著／大山道弘・石橋孝次・塩澤修平・白井義昌・大東一郎・玉田康成・蓬田守弘訳（2009）『クルーグマン マクロ経済学』東洋経済新報社

ケインズ、J. M. 著／大野忠雄訳（1980）『人物評伝（ケインズ全集 第10巻）』東洋経済新報社

ケインズ、J. M. 著／宮崎義一訳（1981）『説得論集（ケインズ全集 第9巻)』東洋経済新報社

ケインズ、J. M. 著／間宮陽介訳（2008）『雇用、利子および貨幣の一般理論（上・下）』岩波書店

権丈善一（2005〔初版2001〕）『再分配政策の政治経済学Ⅰ——日本の社会保障と医療（第

2版)』慶應義塾大学出版会
―――（2006）『医療年金問題の考え方――再分配政策の政治経済学Ⅲ』慶應義塾大学出版会
―――（2007）『医療政策は選挙で変える――再分配政策の政治経済学Ⅳ（増補版）』慶應義塾大学出版会
―――（2009）『社会保障の政策転換――再分配政策の政治経済学Ⅴ』慶應義塾大学出版会
―――（2012a）「社会保障としての国民皆保険制度〜皆保険という不安定な政治均衡」『医薬ジャーナル』第48巻第9号、77-82頁。
―――（2012b）「社会保障と係わる経済学の系譜序説」『三田商学研究』55巻5号
―――（2013）「社会保障と係わる経済学の系譜（1）」『三田商学研究』55巻6号
―――（2015）『年金、民主主義、経済学――再分配政策の政治経済学Ⅶ』慶應義塾大学出版会
権丈善一・権丈英子（2009〔初版2004〕）『年金改革と積極的社会保障政策――再分配政策の政治経済学Ⅱ（第2版）』慶應義塾大学出版会
坂口一樹（2009）「米国医療関連産業の政治力、米国政府の対日圧力、およびそれらがわが国の医療政策に与えてきた影響」『日医総研ワーキングペーパー』No.198
社会保障制度改革国民会議（2013）「社会保障制度改革国民会議報告書――確かな社会保障を将来世代に伝えるための道筋」
鈴木玲子（2004）「医療分野の規制改革――混合診療解禁による市場拡大効果」八代尚宏・日本経済研究センター編『新市場創造への総合戦略――規制改革で産業活性化を』日本経済新聞社
スティグリッツ、ジョセフ E. 著／鈴木主税訳（2003）『人間が幸福になる経済とは何か』徳間書店
スミス、アダム著／山岡洋一訳（2007）『国富論――国の豊かさの本質と原因についての研究（上・下）』日本経済新聞社出版社
竹中平蔵・峰崎直樹・田村達也（2011）「セミナー講演録「経済と生活の再建」VS「社会保障と税の一体改革」――経済低迷、大震災、深刻な原発トラブル、厳しい情勢下での経済政策を考える」『季刊社外取締役』Vol.28
辻村江太郎（2001）『はじめての経済学』岩波書店
二木立（1990）『現代日本医療の実証分析――続 医療経済学』医学書院
―――（2007）『医療改革――危機から希望へ』勁草書房
日本医師会医療政策会議（2014）『平成24・25年度 医療政策会議報告書 日本における社会保障のあり方――欧州の社会保障の比較・検証から』
ハーヴェイ、デヴィッド著／渡辺治監訳／森田成也・木下ちがや・大屋定晴・中村好孝訳（2007）『新自由主義――その歴史的展開と現在』作品社
橋本英樹・泉田信行編（2011）『医療経済学講義』東京大学出版会
ヘンリ・フォード／豊土栄訳（2003）『20世紀の巨人産業家 ヘンリー・フォードの軌跡』

創英社
マルサス、T. R. 著／小林時三郎訳（1968）『経済学原理（上・下）』岩波書店
森嶋通夫（1994）『思想としての経済学』岩波書店
森亘（2013）『医とまごころの道標』東京大学出版会
吉原健二編（2014）『医療経営白書　2014-2015年版』日本医療企画
米山武義・吉田光由・佐々木英忠・橋本賢二・三宅洋一郎・向井美恵・渡辺誠・赤川安正
　　　（2001）「要介護高齢者に対する口腔衛生の誤嚥性肺炎予防効果に関する研究」
　　　『日歯医学会誌』Vol.20, pp. 56-68
李啓充（2006）「市場原理と医療――米国の失敗を後追いする医療改革」「第26回日本医学
　　　会総会ポストコングレス公開シンポジウム（2006年3月）抄録」

索引

Alphabet

ALWAYS 三丁目の夕日　184
CEA → 費用有効性分析
GDP キャップ制　53
GPIS → 年金積立金管理運用独立行政法人
HTA → 医療技術評価
medical cost　243
NHS → 国営保険サービス
Normative analysis → 規範経済学
Positive analysis → 実証経済学
QALY → 質調整生存年
QOD: Quality of Death　284, 350, 374, 428, 429
QOL: Quality of Life　284, 428
　——の維持向上　374, 379
QWERTY 経済学　213
REIT → 不動産投資信託
『SiCKO』　377
TFP → 全要素生産性
『Vision と戦略』　28, 290, 291
WHO → 世界保健機構

あ

青木昌彦　218
赤字国債　133
上げ潮派　266
アダム・スミス（A. Smith）　205, 220, 223
新しい日本を作る国民会議　129
新しい年金　232-234
悪貨が良貨を駆逐する　388
甘えの構造　340
あるべき医療・介護　53, 84, 271, 330, 345

アロー（K. J. Arrow）　383
　——の不可能性定理　255, 256, 259

い

医業健康保険組合　21, 227
いざなぎ景気　266
居酒屋タクシー　162
医師
　——会　21
　——国民健康保険　21, 104, 276, 227, 273
　——不足　413
石橋湛山　98
威信獲得競争　385
威信財　384
磯野波平　327
痛みの伴う改革　340
一次分配　15, 31
1.57 ショック　324, 326
一里塚　235
一般的過剰供給　197
1 票の格差　424
いつでも、誰でも、どこでも　374
イノベーション　39, 41, 215
茨城県医師会　73
医療
　——・介護に係る長期推計　245
　——・介護情報の活用による改革の推進に関する専門調査会　3, 54
　——・介護費用のシミュレーション　42, 54, 85, 91, 92
　——・介護の一体化　349
　——・介護の一体改革　51, 399
　——科学研究所　263
　——ガバナンス　373

――技術評価　*249*
――経営白書　*61*
――経済研究機構　*84*
――経済フォーラム　*22, 357, 369*
――者の自己改革　*435*
――職種の職務　*413*
――政策会議　*435*
――政策会議報告書　*4, 19, 39*
『――政策は選挙で変える』　*73-75*
――専門職集団の自己規律　*560, 393*
――損失（Medical Loss）　*390*
――損失率　*390*
――ツーリズム　*100, 194, 212*
――提供体制のあり方――日本医師会・四病院団体協議会合同提言　*412*
――と介護の境界　*69, 349, 398*
――ニーズと提供体制のマッチング　*57*
――の政策フィールド　*375*
――費の将来見通しに関する検討会　*85, 86, 286, 310*
――法人制度　*65, 427*
いわずもがな３大トピック　*94*

う

ヴェブレン（T. B. Veblen）　*202, 386, 388*
　――財　*385*
上杉謙信　*74*
ウォール街　*206*
宇沢弘文　*261*
臼杵市　*161*
美しい死　*430, 431*
売手独占市場　*389*

え

永遠の嘘をついてくれ　*156*
エーデル改革　*338*

お

応能原則　*290*
応能負担　*287*
　――の徹底　*303, 353*
オーカン（A. M. Okun）　*243*
大河内一男　*217*
『お葬式』　*384*

か

カーター政権　*210*
介護なくして医療なし、医療なくして介護なし　*349, 400*
階層消費　*279, 299, 375*
介護保険推進全国サミット　*161*
会保障国民会議報告の復活復権　*245*
皆保険制度　*104*
かかりつけ医　*335, 403, 413*
　――機能　*410, 412*
学問ニ凝ルノ勿レ（勿凝学問）　*291*
閣議決定　*133*
過少消費論　*197, 212*
霞が関人事　*28, 340*
家族機能　*16*
　――の弱体化　*16*
肩車型　*239*
価値観明示主義　*260*
価値判断　*251, 257*
過程効用（process utility）　*384*
ガルブレイス（J. K. Galbraith）　*388*
川上村　*419*
灌漑　*203*
　――政策としての社会保障　*40, 202*
還元率　*14*
患者申出療養　*6*
完全雇用余剰　*31*
官製ワーキングプア　*100*
岩盤規制　*5*
官僚たちの冬　*77, 190*

き

企業単位の医療保険　*363*
基金方式　*288, 397*
記者の耳　*224*

索引　445

基数的効用　253, 255
規制改革　5, 343
「規制緩和」という錦の御旗　210
基礎的財政収支　7, 32
基礎年金の国庫負担　151, 230
期待効用理論　384
規範経済学　251
騎馬戦型　239
義務的経費　28, 358
逆選択　387
キャッチアップ段階　213
救貧機能　17
給付水準　42
教育の混合診療化　178
競争よりも協調　62, 65, 425, 428, 338
協議の場　60
行政機関の定員に関する法律　99

く

空白の3年3か月　333, 340
空想的社会保障論者　145, 157, 187
国のガバナンス問題　4, 40, 62
熊さん・八つぁん　131
クラーク（C. G. Clark）　222
クラーク（J. M. Clark）　200, 202
クライン（L. R. Klein）　206
クリーム・スキミング　387
クルーグマン（P. R. Krugman）　206, 213
グレシャムの法則　388
君子豹変　153

け

経営者の自尊心　386
経済界のわがまま　339
経済学の本質と意義　254
経済産業省設置法　5
経済同友会　129, 359
経済発展の理論　39
計数感覚に欠ける善良な市民　164
ケインズ（J. M. Keynes）　98, 196, 257, 262
ゲートキーパー　342
ゲゲゲの女房　218
結果効用（outcome utility）　384
欠席裁判　172
毛鉤　127
限界効用逓減の法則　252-254
健康保険組合は解散して協会けんぽに　23
健康保険組合連合会（健保連）　23, 360
　──執行部　21, 22
　──乗っ取り作戦　23
憲政史上最大の確信犯的な公約違反　127
建設国保 → 全国建設工事業国民健康保険組合
現代の貧困　100

こ

小泉郵政選挙　229
高額療養費制度　342
後期高齢者医療制度　28
　──の財源調達　21
　──の廃止　233
後期高齢者支援金　358
公共選択論　210
合計特殊出生率　324
貢献原則　16, 166
交渉上の地歩（バーゲニング・ポジション）　68, 363
高所得健保組合　364
厚生経済学　252
厚生年金保険法　44
厚生年金の適用拡大　362
合成の誤謬　19, 42, 196, 205, 217, 339, 413
厚生労働委員会　354
厚生労働省陰謀説　90, 310
公的債務のストック問題　8, 38
公的年金に関する定量的なシミュレーション　95, 331

公的扶助　18
高負担・中福祉　192, 236, 334
功利主義　255
効率　337
合理的無知　207
綱領　230
高齢者医療制度に関する検討会　96, 364
高齢者3経費　14
公を心の底から憎む国民　180
国営保険サービス　342
国民医療を守る議員の会　343, 352
国民皆保険　9
　——制度　342, 355
　——制度発足以来の大事業　332
国民健康保険　225, 276
　——の都道府県化　421
国民の医療介護ニーズに適合した提供体制
　　改革への道筋　65
国民の生活が第一　131
国民負担率　317
誇示的生産関数　386
子育て保険　326
国家と国民の責務　407
ご当地医療　68, 285, 348, 398
言葉で未来を約束する仕事　191
『雇用、利子および貨幣の一般理論』　98
混合診療　5, 342
　——の全面解禁　247
混合経済　17
今後の経済財政動等についての点検会合
　　33
コンパクト・シティ　45, 426

さ

在宅医療連携拠点事業　408
在宅歯科診療　407
財務省主税局　307
最低でも県外　233
最低保障年金　155, 191
最適課税論　259
財源調達　104

　——力　14, 308
財政
　——運営戦略　117, 146, 151, 234
　——健全化責任法案　117, 157
　——検証　142
　——赤字　102
詐欺選挙　132
サッチャー（M. H. Thatcher）　342
サブプライムローン　267
三師会　21
三大臣合意　225, 274
三党合意　268, 334
三党実務者協議　304
三面等価の原則　216

し

G20サミット宣言　137
歯科医師会　21
歯科医師国民健康保険組合　227, 276
歯科口腔保健　281
シカゴ大学　343
シカゴ学派　206, 210
時間的な再分配　17
自己負担率　342, 418
自助・共助・公助　63
静かなる革命　77, 190
次世代に残した未来　236
持続可能な社会保障構築とその安定財源確
　　保に向けた中期プログラム　157
持続可能な中福祉　118
自治体病院全国大会　298
しっかりとした中福祉　9
実証経済学　251
質調整生存年　258, 262
疾病保険　277, 281
資本収益率　35
資本主義的民主主義　207, 362
社会サービスのありがたみ　45
社会的共通資本　61, 68
社会的厚生　253
　——関数　259

社会福祉法人　65, 427
社会保障改革の推進について　133
社会保障改革プログラム法　3, 48
社会保障機能強化　32
　——のための工程表　95
社会保障・税一体改革　5, 123, 147, 189
　——成案について　133, 189, 232, 303
　——素案について　133
　——大綱について　133, 303
社会保障国民会議　8, 42, 76, 124, 141, 157, 192, 232, 271, 282, 344, 394
　——第二分科会中間とりまとめ　245, 336, 399
　——における検討に資するために行う医療・介護費用のシミュレーション　245
　——の中間報告　84
社会保障審議会介護部会　172
社会保障制度改革国民会議　3, 31, 48, 52, 55, 65, 272, 282
　——のヒアリング　286
　——報告書　309
社会保障制度改革推進法　49, 247, 304, 344, 370
社会保障制度改革推進本部　52
社会保障統計年報　320
『社会保障の政策転換』　74, 76
社会保障4経費　15
借金のストック問題　174
主体的浮動票　75
集合的意思決定過程　81
囚人のジレンマ　66, 340, 428
自由放任の終焉　19, 196
終末期医療　359
シュンペーター（J. A. Schumpeter）　39, 196, 215
小選挙区と比例代表との並立制　101
消費の平準化　17
消費税　5, 10, 102, 325
　——の軽減税率　146
　——増税　33
　——増税の集中点検会合　295
情報の非対称性　384
食料品への軽減税率　137
序数的効用　255
所得再分配　15
所得代替率　42, 43
人口減少社会　45
診療所　413
診療報酬　25
　——改定　313
　——操作　365
真性ねじれ　147

す

垂直的再分配　17
スティグラー（G. J. Stigler）　209, 210, 343
スティグリッツ（J. E. Stiglitz）　210
スパロウ（J. Sparrow）　75
スピーナムランド制度　31

せ

セイ（J.-B. Say）　197
　——の法則　19, 197, 198
生活自己責任原則　204
生活保護　18
正義の論　339
政権交代　101
　——の仕方の是非　159
政策
　——INDEX　190
　——転換　187
　——は、所詮、力が作る　6, 242, 362
　——マグナカルタ　153
政治
　——空白　149
　——的モラルハザード　191
　——の失敗　210
成長戦略　5, 38, 42, 339
制度の普遍性　308
整備新幹線　230

政府の規模と国の形　　14
世界保健機構　　380
世代間格差　　290, 340
世代間不公平論　　302, 340
積極的社会保障政策　　19, 98
積極的貿易政策　　214
前期高齢者医療制度　　22
選挙制度　　101
全国建設工事業国民健康保険組合（建設国保）　　225
全国市長会　　421
全国知事会　　171, 421
全国町村会　　421
全国保険医団体連合会（保団連）　　17, 321
全日本民主医療機関連合会（民医連）　　322
全面総報酬割　　21, 358
専門職　　385
　　——規範　　389
専門職者の職業的自律性　　50
専門職能団体　　406
前門の虎、後門の狼　　158
全要素生産性　　39, 216
戦略的貿易論　　212, 213

そ

総合確保推進法　　3
総合診療医　　373
相互扶助　　16
相似形の拡大　　272
総定員法　　4, 5
総報酬割　　21, 363, 421, 423
双方独占市場　　389
総力戦　　343, 409
ソロー（R. M. Solow）　　40, 216

た

大海に浮かぶ小舟　　357
第3号被保険者　　40, 214
タイタニック号　　377

大病院指向　　383, 402
ダグラス（T. C. Douglas）　　377
脱施設化　　339
建て替えのタイミング　　288
縦の皆保険　　247
だまし絵　　127
タロック（G. Tullock）　　209, 210

ち

地域医療　　372
　　——計画　　350
　　——構想（ビジョン）　　50, 332
　　——の再興　　372
　　——・包括ケア計画　　349, 401
　　——・包括ケア創生基金　　421
　　——・包括ケアデータ解析専門チーム　　421
　　——・包括ケアビジョン　　421
地域完結型医療　　52, 284, 379, 398
地域包括ケア　　51, 348, 399
　　——システム　　52, 284, 372
地域で治し支える医療　　52
地域間格差　　172
チーム医療　　373
チキンゲーム　　132
地方の個性　　171
中央社会保険医療協議会（中医協）　　227, 275
中間層の保護育成　　18
中期プログラム　　14, 86, 95
中選挙区制　　101, 102
中負担・低福祉　　192, 236, 334
長期金利　　37

て

低所得健保組合　　364
データに基づく制御　　56, 335, 350, 391
敵に塩を送る　　132
撤退戦　　365
デフレスパイラル　　217
デフレマインド　　8, 44

デマゴーグ　　131, 150
デンマーク方式　　137

と

道州制導入論　　421
投票者の合理的無知　　353
党内融和　　189
東京外環道路　　230
東京都医師国民健康保険組合　　226
東京都23区直轄領　　172
胴上げ型　　239
道徳科学（moral science）　　257
特殊平等主義　　195, 301
得票率極大化行動　　207
特例公債法　　133
特例国債　　133
豊臣秀吉　　160
虎の門フォーラム　　22, 361
『トランスフォーマー』　　26
トリクルダウン理論　　199
取引費用　　383
トロントG20サミット　　115

な

内閣不信任案　　147
ナイチンゲール（F. Nightingale）　　338
治す医療から治し支える医療へ　　344, 345, 398
『なごり雪』　　193
ナショナルミニマム　　171
7対1病床　　24
7万円の最低保障年金　　233

に

ニーチェ的な英雄主義の世界　　215
2次医療圏　　58, 61
『21世紀の資本』　　35
21世紀臨調　　129
ニスカネン（W. A. Niskanen）　　210
日医ニュース　　9, 207
日露戦争　　45

日本医師会　　10, 23, 354, 408, 411, 422
　　——のマニフェスト評価　　76
　　——110周年パーティ　　296
日本医療の物的生産性　　220
『日本経済新聞』　　290, 302
日本経済団体連合会　　97, 289, 359, 360
日本歯科医師会　　407, 416
日本商工会議所　　359, 362
日本精神病院協会　　415
日本病院会　　408, 414, 416
人間社会の機微　　261

ね

ねじれ国会　　147
ネットバブル　　267
ネットワーク型医療提供システム　　400
年金
　　——一元化　　233
　　——改革　　42
　　——経済学者　　250
　　——制度の一元化　　134
　　——制度をはじめとする社会保障制度に関する両院合同会議　　150
　　——積立金管理運用独立行政法人　　6
　　——の日　　131
　　——落語　　130

の

ノーベル記念経済学スウェーデン国立銀行賞　　208, 256
　　——を用いたプロパガンダ　　211

は

パート労働の厚生年金適用　　30
ハイエク（F. A. v. Hayek）　　196, 209
『パイレーツ・オブ・カリビアン』　　75
梯子を外されるにも似た経験　　395
バッド・リスク　　387
パラダイム変換　　399
パレート効率性　　255
ハローワーク　　100

ハロッド（R. F. Harrod） *257*
反事実的条件文（the counter factual） *384*
反社会保障キャンペーン　*9, 10, 20*
ハンセン（A. H. Hansen）　*202*
　――＝サミュエルソンモデル　*200*
販路法則　*19, 198*

ひ

非営利ホールディングカンパニー　*62, 67, 371*
東日本大震災　*138, 160*
ピグー（A. C. Pigou）　*252, 262, 263*
　――の3命題　*252*
　――の第2命題　*254*
非正規雇用　*31*
必要原則　*16, 166*
必要な時に必要な医療を　*374, 417*
1粒で2度おいしい公約（キャンペーン）　*156, 181*
病院完結型医療　*52, 284, 379, 398*
病院完結型から地域完結型へ　*335, 344, 352*
病院のステータス　*386*
被用者保険本来の姿　*31*
病診連携　*410*
平等消費　*279, 299*
平等主義型の医療サービス　*105*
費用有効度分析　*250*

ふ

ファースト・ベストの経済学　*374*
不安定な政治均衡　*244*
フーラスティエ（J. Fourastié）　*221, 222*
フォード（H. Ford）　*204*
付加価値　*41*
　――生産性　*220, 224*
　――税　*14*
ブキャナン（B. J. Buchanan）　*209, 210*
福澤諭吉　*294, 387*

福祉
　――マインド　*48*
　――国家　*136*
　――政策の実行可能領域　*38*
負担
　――増のビジョン　*102*
　――能力別の思考軸　*341*
　――の公平性　*358*
普通税　*14*
物価連動国債　*6*
ブッシュ政権　*210*
物的生産性　*220, 224*
普天間問題　*97*
不動産投資信託　*426*
浮動票　*75*
フュックス（V. R. Fuchs）　*222, 242, 248, 258, 388, 393*
プライマリーバランス　*7*
フリーアクセス　*342, 374, 380, 403, 414*
フリードマン（M. Friedman）　*206, 209*
ブレア（A. C. L. Blair）　*319*
プロパガンダ　*194*
プロフェッショナル・オートノミー → 専門職者の職業的自律性

へ

ペイアズユーゴー　*115*
平成21年度税制改革附則104条　*133, 136, 157, 189, 228, 232*
平成26年度予算の編成等に関する建議　*25*
兵站学　*348*
ヘルスケアリート　*48, 426*

ほ

防貧機能　*17*
ホールディングカンパニー　*425, 427*
保険医協会　*321*
保険外併用療養費　*143, 210, 277, 342, 352*
保険局調査課　*88*

保険者機能　17, 362, 363, 423
　　——の本来の意味　363
保健的再分配　17
ほころびのある中福祉　8
捕囚理論　210
保団連 → 全国保険医団体連合会
ポピュリズム　77, 131, 187, 190
　　——と闘う静かなる革命戦士　76
ホブソン（J. A. Hobson）　199
ポランニー（K. Polanyi）　242
ポルト蔵　176
本位論　294
ポンコツな医療保険　96
本能寺の変　160

ま

舞鶴市　67, 371
埋蔵金　131
マクロ経済スライド　43
　　——のデフレ下でのフル適用　326
マニフェスト　74, 76, 123, 319
　　——違反　234
　　——選挙　229
　　——総崩れ　228
　　——2010　134
　　——の中間検証　229
　　——発表会見　154
　　——不履行　230
マネタイゼーション　37
丸い風船　299
マルサス（T. R. Malthus）　197, 202, 222, 223

み

三浦友和　193
見せかけの相関　267
　　——論者　268
ミッチェル（W.C.Mitchell）　202
見積書　271
ミュルダール（K. G. Myrdal）　257, 260
民医連 → 全日本民主医療機関連合会

民主主義のリスク　295
民主党マニフェスト　127, 134

む

むき出しの市場　243
無政府状態　147, 149
ムダ退治　131

め

名目成長率　36
恵まれた環境　123
メディケア　167
メディケイド　167

も

目的税　14
最も偉大なカナダ人　377
モラル・サイエンス　262, 263

や

薬剤師会　21
薬剤師国民健康保険組合　227, 276
八ッ場ダム　230

ゆ

『夕刊フクニチ』　327
緩やかなゲートキーパー機能　335, 403, 415, 417

よ

横の皆保険　247
与謝野馨　123, 127, 147, 159, 189, 233, 303, 347
予算制約線　106
予防保険　281
4病院団体　289

ら

『ランセット』　380, 422

り

リーマン・ショック　*173, 219*
リカード（D. Ricardo）　*197*
利潤　*41*
流動性プレミアム　*218*

れ

レーガン政権　*210*
レコンキスタ（失地回復運動）　*325*
連合　*129, 307, 308*
レントシーキング　*339*

ろ

労使関係　*111*
ロールズの maximin 原理　*255*
ロビイング活動　*211, 362*
ロビンズ（L. C. Robbins）　*254, 262, 263*
ロンドン五輪　*342*

わ

ワニの口　*32*
われわれが次世代に残した未来　*192*

権丈 善一（けんじょう　よしかず）
慶應義塾大学商学部教授　博士（商学）
1962年福岡県生まれ。1985年慶應義塾大学商学部卒業、1990年同大学院商学研究科博士課程修了。嘉悦女子短期大学専任講師、慶應義塾大学商学部助手、同助教授を経て、2002年より現職。この間、1996年～1998年ケンブリッジ大学経済学部訪問研究員、2005年ケンブリッジ大学ダウニングカレッジ訪問研究員。
公務では、社会保障審議会、社会保障国民会議、社会保障制度改革国民会議、社会保障制度改革推進会議の委員や社会保障の教育推進に関する検討会の座長など、他にもいくつか引き受けたり、いくつかの依頼を断ったり、また、途中で辞めたり。
主要業績に、『年金、民主主義、経済学——再分配政策の政治経済学Ⅶ』（2015年）、『社会保障の政策転換——再分配政策の政治経済学Ⅴ』（2009年）、『医療政策は選挙で変える——再分配政策の政治経済学Ⅳ［増補版］』（2007年〔初版2007年〕）、『医療年金問題の考え方——再分配政策の政治経済学Ⅲ』（2006年）、『年金改革と積極的社会保障政策——再分配政策の政治経済学Ⅱ』（2004年、労働関係図書優秀賞）、『再分配政策の政治経済学Ⅰ——日本の社会保障と医療［第2版］』（2005年〔初版2001年、義塾賞〕）（以上、慶應義塾大学出版会）、『医療経済学の基礎理論と論点（講座 医療経済・政策学　第1巻）』（共著、勁草書房、2006年）、翻訳としてV. R. フュックス著『保健医療政策の将来』（共訳、勁草書房、1995年）などがある。
URL　http://kenjoh.com/

医療介護の一体改革と財政
――再分配政策の政治経済学Ⅵ

2015年12月31日　初版第1刷発行

著　者―――権丈善一
発行者―――坂上　弘
発行所―――慶應義塾大学出版会株式会社
　　　　　　〒108-8346　東京都港区三田2-19-30
　　　　　　TEL　〔編集部〕03-3451-0931
　　　　　　　　　〔営業部〕03-3451-3584〈ご注文〉
　　　　　　　　　　〃　　　03-3451-6926
　　　　　　FAX　〔営業部〕03-3451-3122
　　　　　　振替　00190-8-155497
　　　　　　http://www.keio-up.co.jp/
装　丁―――桂川　潤
印刷・製本――株式会社加藤文明社
カバー印刷――株式会社太平印刷社

Ⓒ2015 Yoshikazu Kenjoh
Printed in Japan　ISBN 978-4-7664-2195-8

慶應義塾大学出版会

再分配政策の政治経済学 I
日本の社会保障と医療[第2版]

権丈善一著　公共政策のもつ「所得の再分配」という側面に着目し、民主主義社会における統治者と有権者の間の権力の作用や価値判断の問題を明示的に扱った政治経済学的分析を行う。社会保障の経済研究に新たな視点で切り込む。　　　　　　　　　　　　　　◎3,400円

年金改革と積極的社会保障政策
再分配政策の政治経済学 II [第2版]

権丈善一・権丈英子著　年金制度改革に向け積極的賦課方式支持論を展開しつつ、社会保障の拡充と経済成長論とを結びつけた第2次ケインズ革命を提唱し、近年の社会保障政策の転換を予見した快著の第2版。初版は第27回労働関係図書優秀賞受賞。　　　　　　　◎3,400円

医療年金問題の考え方　再分配政策の政治経済学 III

権丈善一著　2004年年金国会以降の学界・政界・マスコミの動向を分析した好評ウェブエッセイに関連論文を加え書籍化。少子高齢化、保険料と税、医療給付費総枠規制、混合診療問題など社会保障制度改革の主要論点に答える。　　　　　　　　　　　　　　◎3,800円

医療政策は選挙で変える　再分配政策の政治経済学 IV【増補版】

権丈善一著　「医療・介護、保育・教育サービスを、所得・地域・年齢・性別にかかわらず皆が自由に使える『共有地』のようにしよう！」と呼びかける著者が、今日の政治に対して辛口しかしユーモラスに切り込む痛快エッセイ集。　　　　　　　　　　　◎1,800円

社会保障の政策転換　再分配政策の政治経済学 V

権丈善一著　崩壊する医療介護に、不信高まる年金に、疲弊する地方に、そして手付かずの少子化に、この処方箋が効く！　ますます混迷を深める日本社会に「積極的社会保障政策」という内需主導型の新たな経済成長論を展開する。　　　　　　　　　　　◎1,600円

年金、民主主義、経済学　再分配政策の政治経済学 VII

権丈善一著　この10年余りの年金論争を総括し、次なる改革の道筋を示す！　折々の政治経済状況を織り交ぜながら、社会保障問題はもちろん財政、民主主義、経済思想など多彩な論点を取り上げ、目指すべき日本の将来像を語る。　　　　　　　　◎4,600円

表示価格は刊行時の本体価格（税別）です。